FORSCHUNGSBERICHTE DES LANDES NORDRHEIN-WESTFALEN

Nr. 3233 / Fachgruppe Wirtschafts- und Sozialwissenschaften

Herausgegeben vom Minister für Wissenschaft und Forschung

Dr. Manfred Kops

Finanzwissenschaftliches Forschungsinstitut
an der Universität zu Köln
Geschäftsführender Direktor: Prof. Dr. K.-H. Hansmeyer

Möglichkeiten und Restriktionen einer Berücksichtigung von Sonderbedarfen im Länderfinanzausgleich

Westdeutscher Verlag 1989

CIP-Titelaufnahme der Deutschen Bibliothek

Kops, Manfred:
Möglichkeiten und Restriktionen einer Berücksichtigung von Sonderbedarfen im Länderfinanzausgleich / Manfred Kops. Finanzwiss. Forschungsinst. an d. Univ. zu Köln. - Opladen : Westdt. Verl. 1989
(Forschungsberichte des Landes Nordrhein-Westfalen ; Nr. 3233 : Fachgruppe Wirtschafts- und Sozialwissenschaften)
ISBN 978-3-531-03233-7 ISBN 978-3-322-87592-1 (eBook)
DOI 10.1007/978-3-322-87592-1
NE: Nordrhein-Westfalen: Forschungsberichte des Landes...

Der Westdeutsche Verlag ist ein Unternehmen der Verlagsgruppe Bertelsmann.

Herstellung: Westdeutscher Verlag

ISBN 978-3-531-03233-7

Gliederung Seite

Verzeichnis der Abbildungen im Text

Verzeichnis der Tabellen im Text

TEIL I: PROBLEMSTELLUNG

1. Der politische Streit um den Länderfinanzausgleich als Ausgangspunkt der Untersuchung

Moderne Staatswesen setzen sich aus einer Vielzahl öffentlicher Aufgabenträger zusammen. In der Bundesrepublik sind die wichtigsten die Gebietskörperschaften (Bund, Länder, Gemeinden und Gemeindeverbände) und die Sozialversicherungsträger (Arbeitslosen-, Kranken-, Renten- und Unfallversicherungsanstalten); daneben existieren z. B. Berufs- und Wirtschaftskammern, Arbeitgeber- und Arbeitnehmerverbände, Religionsgemeinschaften und andere "intermediäre Finanzgewalten" (Parafisci).

Für ein effizientes und planvolles Wirtschaften des Staates ist es erforderlich, die Zuständigkeiten dieser öffentlichen Aufgabenträger gegeneinander abzugrenzen und aufeinander abzustimmen, die Entscheidungs- und Durchführungszuständigkeiten zwischen den Aufgabenträgern zu regeln und auch die Rechte zur Bestimmung ("Findung"), Ausgestaltung und Inanspruchnahme öffentlicher Einnahmequellen derart zu verteilen, daß die Aufgabenträger über die zur Aufgabenerfüllung erforderlichen Einnahmen verfügen. Wegen der Auslegungsfähigkeit und -bedürftigkeit der Aufgabenprioritäten und -intensitäten und ihrer sich wandelnden Beurteilung durch Bevölkerung und Politiker gehört es zum politischen Alltag, daß dabei die Zuständigkeiten zwischen den verschiedenen Aufgabenträgern ständig diskutiert und neu verteilt werden - vor allem, wenn es um die Verteilung der Ertragskompetenzen (primäre Einnahmenverteilung) und deren Korrektur durch innerstaatliche Zuweisungen zwischen "armen" und "reichen" Aufgabenträgern (sekundäre Einnahmenverteilung) geht.

Auch die in der Bundesrepublik zwischen den Ländern ausgetragenen Auseinandersetzungen um den Länderfinanzausgleich sind in diesen Kontext einzuordnen; auch hier stehen die Verteilung von Ressourcen und die damit verbundenen Einflußnahme- und Gestaltungsmöglichkeiten zur Diskussion. Von der Sache her damit nicht ungewöhnlich, sind sie in der Art, in der sie ausgetragen werden, und in ihrem Ausmaß dennoch neu: Die mit Beginn der Achtziger Jahre einsetzenden und sich dann ständig ausweitenden Konflikte um die Einnahmenverteilung konnten schließlich weder innerhalb der Ländergemeinschaft noch in Zusammenarbeit bzw. unter Vermittlung mit dem Bund gelöst werden; stattdessen wurde das Bundesverfassungsgericht aufgefordert, über die zwischen den Ländern strittigen Fragen zu entscheiden und Grundsätze einer konsensfähigen Regelung zu entwickeln.[1]

---

[1] Zur Entstehungsgeschichte und zum Verlauf des Verfassungsstreits bis 1986 siehe z. B. RENZSCH 1986b; HEILMANN 1987, S. 36ff.; mit den vermutlichen Ursachen dieser Eskalation befaßt sich GESKE 1985b.

Auch die Zahl der am Konflikt beteiligten Länder ist ungewöhnlich hoch: Im Verlauf der Auseinandersetzungen wurden sechs der zehn am Länderfinanzausgleich Beteiligten direkt involviert, indem sie als Kläger vor dem Bundesverfassungsgericht auftraten; [2] indirekt wurden - durch die Auswirkungen, die sich aus den strittigen Regelungen des Länderfinanzausgleichs ergeben - praktisch sogar alle Bundesländer betroffen. Daher haben sich mit Ausnahme Berlins, das am Länderfinanzausgleich nicht teilnimmt, auch diejenigen Länder, die vor dem Verfassungsgericht nicht als Kläger aufgetreten sind, in der einen oder anderen Form zu den strittigen Elementen dieses Regelungswerks geäußert.[3]

Dabei bestanden die Auseinandersetzungen zunächst lediglich in der recht spezifischen Frage, inwieweit die einem Bundesland (Niedersachsen) aus einer Einnahmenart (Förderzins) zufließenden Einnahmen bei der Finanzkraftberechnung im Länderfinanzausgleich berücksichtigt werden sollten. Erst als in dieser Frage zwischen Niedersachsen und den anderen Bundesländern keine Einigung erzielt werden konnte und auch der Bund keine Initiative zur Entscheidung dieser Frage erkennen ließ, sah sich Baden-Württemberg gezwungen, in dieser Angelegenheit das Bundesverfassungsgericht anzurufen. Hierdurch wurden in der Folge dann auch andere Elemente des Länderfinanzausgleichs zum Gegenstand politischer Auseinandersetzungen: zunächst die Frage der Einbeziehung weiterer Steuer- bzw. Finanzkraftkomponenten der Länder und ihrer Gemeinden, sodann aber auch die Methode der Finanzbedarfsberechnung der Länder und schließlich auch die Art und Intensität, in der zwischen originärer Finanzkraft und Finanzbedarf festgestellte Differenzen aus- bzw. angeglichen werden sollten.[4]

Im Endergebnis waren schließlich nahezu sämtliche Elemente des Länderfinanzausgleichs, sowohl was den horizontalen Ausgleich zwischen den Ländern als auch was den vertikalen Ausgleich zwischen Bund und Ländern ("Bundesergänzungszuweisungen") betrifft, in Frage gestellt. Es ist mithin kaum übertrieben, wenn Kommentatoren des Verfassungsstreits davon sprechen, daß die gesamte föderative Ordnung der Bundesrepublik auf dem Prüfstand stehe und die föderativen Beziehungen der Länder untereinander, aber auch zwischen einzelnen Ländern und dem Bund, einer harten Belastung ausgesetzt seien.[5]

---

[2] Siehe HEILMANN 1987, S. 36ff. Verfassungsklagen wurden von Nordrhein-Westfalen (Juni 1983), Baden-Württemberg (September 1983), Bremen (Dezember 1983), Hessen (Februar 1984), Hamburg (August 1985) und dem Saarland (August 1985) eingereicht.

[3] Siehe die Stellungnahmen zu dem vom Bundesverfassungsgericht im Vorfeld des Verfassungsurteils allen Bundesländern vorgelegten Fragenkatalog; zusammenfassend auch die Referierung der Länderpositionen im Urteil des Bundesverfassungsgerichts vom 24. Juni 1986 (im folgenden LFA-VERFASSUNGSURTEIL 1986 genannt), S. 9ff.; HEILMANN 1987, S. 36ff.

[4] Zur Systematisierung der im Verlauf des Verfassungsstreits debattierten Elemente des Länderfinanzausgleichs siehe z. B. GESKE 1985, HEILMANN 1987, S. 36ff.

[5] Vgl. in diesem Sinne etwa RUDOLPH 1985; RENZSCH 1986a.

Mit dem am 24. Juni 1986 ergangenen Verfassungsurteil zum Länderfinanzausgleich hat sich an dieser Lage wenig geändert, da sich dieses Urteil zwangsläufig auf einige Grundregeln und Gestaltungsprinzipien beschränken mußte, die für konkrete Gesetzesregelungen zu pauschal und abstrakt sind:[6] Hinsichtlich der notwendigen Konkretisierung vertraten die Länder völlig unterschiedliche Standpunkte; überdies zeigte sich, daß neue, in den Normenkontrollanträgen nicht bemängelte und im Verfassungsurteil nicht angesprochene Elemente des Länderfinanzausgleichs zum Gegenstand zusätzlicher Kontroversen wurden. In diese wurde schließlich auch der Bund verstärkt involviert, der nach Meinung einiger Länder die ihm vom Verfassungsgericht übertragene Aufgabe einer Neuregelung des Finanzausgleichs ohne die gebotene Neutralität des "ehrlichen Maklers" und nicht im geforderten Umfang wahrnahm, andererseits einige gegenüber dem Verfassungsurteil neue und durch dieses nicht begründbare Änderungen vorschlug.[7]

Der vom Bund Mitte 1987 vorgelegte Gesetzentwurf stieß damit auf den Widerstand nahezu aller Länder.[8] Obwohl die Bundesregierung diese Änderungen angesichts der massiven Kritik weitgehend zurücknahm,[9] gelang es in verschiedenen Beratungen im Bundestag und Bundesrat nicht, sich auf einen von allen Ländern akzeptierten Entwurf zu einigen. Die

---

[6] Siehe PATZIG 1986.

[7] Der aufgrund des Verfassungsurteils erforderlich gewordene Neuregelungsentwurf des Bundesfinanzministeriums (Entwurf eines Achten Gesetzes zur Änderung des Gesetzes über den Finanzausgleich zwischen Bund und Ländern vom 15. 9. 1987) beschränkte sich auf die unumgängliche Korrektur derjenigen Regelungen, die im Verfassungsurteil eindeutig als verfassungswidrig bezeichnet wurden, d. h. im wesentlichen auf die Ausweitung des Finanzkraftbegriffes (um die vollen Förderzinseinnahmen), auf die Neuordnung der Bundesergänzungszuweisungen und die rückwirkende Entschädigung vorenthaltener Bundesergänzungszuweisungen an Bremen für die Jahre 1983 bis 1985 sowie an Nordrhein-Westfalen für das Jahr 1986. Darüber hinausgehende, im Verfassungsurteil aufgezeigte Möglichkeiten einer grundlegenderen Neuregelung des Gesamtsystems wurden nicht genutzt; stattdessen aber mit der verstärkten Einbeziehung der Gemeindesteuern in die Finanzkraftberechnung sowie mit der Festschreibung des Volumens der Bundesergänzungszuweisungen zwei im Verfassungsurteil nicht enthaltene Änderungen vorgeschlagen.

[8] Siehe etwa die zusammenfassende Kritik durch die Minister BIRGEL, GOBRECHT, PALM und POSSER in der Juli-Ausgabe der Zeitschrift "Wirtschaftsdienst", oder - ausführlicher - die im Bundesrat formulierten Stellungnahmen der Länder zum FAG-GESETZENTWURF (stenographischer Bericht der 579. Sitzung des Bundesrats vom 10. Juli 1987, S. 221Bff., Plenarprotokoll Nr. 579, teilweise abgedruckt in der Zeitschrift "Das Parlament", Nr. 30/31 vom 25.7./1.8.1987).

[9] Bezüglich der Gemeindesteuern kehrte der Bund zur urspünglichen hälftigen Einbeziehung zurück, bezüglich der Bundesergänzungszuweisungen konzidierte er sogar eine Aufstockung auf 1,775 Mrd DM für das Jahr 1987 und auf 2 % des Umsatzsteueraufkommens (gegenüber bisher 1,5 %) für die Jahre 1988 - 1993; weitere kleinere Änderungen wurden bei der Abgeltung der Sonderlasten aus der Unterhaltung und Erneuerung der Seehäfen vorgenommen; außerdem wurde bei den Bundesergänzungszuweisungen die Referenzperiode zur Berechnung der mangelnden Finanzkraft nach horizontalem Finanzausgleich verändert, allen Nehmerländern ein zusätzlicher Überleitungsbetrag und Rheinland-Pfalz ein Vorabbetrag von 20 Mio DM (für die Kosten politischer Führung) eingeräumt.

Ende 1987 verabschiedete Neuregelung des Finanzausgleichsgesetzes[10] erfüllte deshalb zwar formal die Neuregelungsforderung des Bundesverfassungsgerichts innerhalb des vorgegebenen Zeitraums, stellte aber keinen "tragfähigen Kompromiß" dar. Der Bundesrat konnte sich im Gegenteil nur unter dem durch das Verfassungsurteil gesetzten Zeitdruck und mit der denkbar knappesten Mehrheit dazu entschließen, dem vom Bundestag verabschiedeten Gesetzentwurf zuzustimmen: Im Finanzausschuß stimmten bei zwei Enthaltungen (Berlin und Rheinland-Pfalz) fünf Länder (Hessen, Baden-Württemberg, Schleswig-Holstein, Niedersachsen und Bayern) für und vier Länder (Nordrhein-Westfalen, Hamburg, Saarland und Bremen) gegen ein Anrufungsbegehren des Vermittlungsausschusses.[11]

Dieses Procedere war nicht geeignet, die Kompromißbereitschaft der Länder zu fördern und ein von allen Ländern als "fair" empfundenes Ergebnis zu erzielen. Im Zuge des Gesetzgebungsverfahrens kam es vielmehr zu einer zunehmenden (parteipolitischen) Polarisierung. Nach Meinung der oppositionsregierten Länder hat sich die Bundesregierung "mit einer ausschließlich nach parteipolitischen Abhängigkeitsmerkmalen bestimmten Ländergruppe, die ihr eine Bundesratsmehrheit auch zu anderen Gesetzesvorhaben sichern soll ..., auf eine Lösung geeinigt, die in den Beratungen im Deutschen Bundestag und seinen Ausschüssen sowie im Finanzausschuß des Bundesrates in keinem einzigen Punkt mehr abgeändert werden durfte."[12]

Die Auseinandersetzungen um den Länderfinanzausgleich wurden mit der Verabschiedung des novellierten Finanzausgleichsgesetzes daher auch keineswegs beendet. Verschiedene Länder fühlten sich durch die Gesetzesnovellierung benachteiligt und erwogen erneute Verfassungsklagen. Im März 1988 haben Hamburg und Bremen, vor allem wegen der empfundenen Benachteiligung bei der Einwohnergewichtung, dann tatsächlich erneute Verfassungsklagen in Karlsruhe eingereicht.[13]

Im gleichen Monat unterbreitete der Niedersächsische Ministerpräsident Albrecht dann den Vorschlag, der Bund solle die Hälfte der derzeit von Ländern und Gemeinden getragenen Sozialhilfe übernehmen; als Ersatz sollten die Länder einer Erhöhung der Mineralölsteuer zustimmen

---

[10] Als Achtes Gesetz zur Änderung des Gesetzes über den Finanzausgleich zwischen Bund und Ländern vom 4. 12. 1987.

[11] Siehe die Niederschrift über die 566. Finanzausschußsitzung des Bundesrats am Donnerstag, dem 3. 12. 1987, Teil II.

[12] So der Vorwurf des nordrhein-westfälischen Ministers Einert in der Sitzung des Deutschen Bundesrates am 18. Dezember 1987 (Plenarprotokoll 584, S. 456).

[13] Bremen, Hamburg und Nordrhein-Westfalen hatten bereits unmittelbar nach Verabschiedung des Änderungsgesetzes angekündigt, sich mit einer erneuten Klage an das Bundesverfassungsgericht zu wenden. Vgl. z. B. die diesbezüglichen Äußerungen in der 47. Sitzung des Deutschen Bundestags vom 4. 12. 1987 (Plenarprotokoll 11/47) sowie in der 584. Sitzung des Deutschen Bundesrats am 18. Dezember 1987 (Plenarprotokoll 584).

und einen Teil ihrer Umsatzsteueranteile an den Bund abtreten. Eine solche Zentralisierung der Finanzierungszuständigkeiten hätte zu erheblichen Verteilungseffekten zwischen den Ländern geführt: Die finanzschwachen norddeutschen Länder hätten dadurch vier Mrd DM mehr erhalten, die vier süddeutschen Länder Bayern, Baden-Württemberg, Rheinland-Pfalz und Hessen jedoch nur 750 Mio DM. Albrechts Vorschlag scheiterte folglich auch - vor allem wegen des massiven Widerstandes der süddeutschen Länder. Stattdessen wurde dem Bund die Zusage einer sog. "Strukturhilfe" in Höhe von jährlich 2,4 Mrd DM abgerungen, die über einen Zeitraum von 10 Jahren an "strukturschwache" Länder gezahlt werden soll. Als Bemessungsgrundlagen für diese Zuweisungen, die außer Baden-Württemberg und Hessen allen Bundesländern zukämen, wurden nach langwierigen Beratungen und Proberechnungen im Oktober 1988 das Bruttoinlandsprodukt je Einwohner, die Arbeitslosenquoten sowie die Beschäftigungsentwicklung innerhalb der Länder vorgeschlagen.

Es ist offensichtlich, daß auch diese "Strukturhilfen" beträchtliche horizontale Verteilungswirkungen zwischen den Ländern hervorrufen würden und nicht losgelöst vom horizontalen Länderfinanzausgleich beurteilt werden könnten.[14] Baden-Württemberg und Hessen haben auch bereits massive Vorbehalte gegen die Strukturhilfen vorgebracht und mit einer Verfassungsklage gedroht. Weitere gravierende Auseinandersetzungen innerhalb der Ländergemeinschaft wie auch zwischen einzelnen Ländern und dem Bund sind daher zu erwarten.

[14] Nach dem Entwurf der Bundesregierung würde Bayern 158 Mio. DM, Berlin 72 Mio. DM, Bremen 63 Mio. DM, Hamburg 113 Mio. DM, Niedersachsen 652 Mio. DM, Nordrhein-Westfalen 756 Mio. DM, Rheinland-Pfalz 272 Mio. DM, das Saarland 112 Mio. DM und Schleswig-Holstein 252 Mio. DM erhalten. Baden-Württemberg und Hessen würden leer ausgehen.

2. Der Ausgleich von Sonderbedarfen als Kern der Auseinandersetzungen und als Untersuchungsfrage

Nachdem der ursprüngliche Anlaß der Verfassungsklagen und Ausgangspunkt der gesamten Auseinandersetzungen - die Einbeziehung der niedersächsischen Förderzinseinnahmen in die Finanzkraftberechnung - durch das Verfassungsurteil eindeutig geklärt und im folgenden auch nicht mehr problematisiert worden ist, hat die Anerkennung von Sonder-lasten zentrale Bedeutung erlangt. Kernpunkt der derzeitigen wie auch der zu erwartenden künftigen Auseinandersetzungen ist daher die Bestim-mung des Finanzbedarfs der Länder, insbesondere die Frage, ob und in welchem Maß im horizontalen Länderfinanzausgleich, bei den Bundesergänzungszuweisungen sowie bei sonstigen Bundeshilfen Sonderbedarfe einzelner Länder anerkannt werden sollen.

Als solche wurden bis zur Neuregelung des Finanzausgleichsgesetzes Lasten aus der Unterhaltung und Erneuerung der Seehäfen, aus der überdurchschnittlichen Einwohnerzahl und -dichte der Gemeinden eines Landes, aus dem Stadtstaatenstatus sowie aus der "Strukturschwäche" einzelner Länder berücksichtigt. Die Berechtigung und quantitative Bedeutung solcher Sonderbedarfe wurde im Zuge der geschilderten Streitigkeiten jedoch zunehmend in Frage gestellt; einzelne Sonderbedarfe wurden vom Bundesverfassungsgericht auch als unzulässig bezeichnet und bei der Neuregelung durch das Achte Änderungsgesetz nicht mehr in den Finanzausgleich übernommen.

Andererseits haben verschiedene Länder neue Sonderbedarfe angemeldet, vor allem Nordrhein-Westfalen und das Saarland, die auf ihre Lasten aus der Kohlevorrangpolitik hingewiesen haben, aber auch Bayern (das "Mehrbelastungen durch die Landwirtschaft und durch lagebedingte Nachteile", "Belastungen aufgrund der Grenzlage" und "Mehrbelastungen aufgrund überdurchschnittlicher Hochschulkapazitäten" ausgeglichen haben möchte)[15] sowie Hamburg und Niedersachsen (die die Sozialhilfeausgaben ihrer Gemeinden berücksichtigt haben wollen).[16] Noch weiter ging Schleswig-Holstein,[17] das beantragt hat, "eine Arbeitsgruppe des Bundes und der Länder unter Federführung des Bundes einzusetzen, die auf der Grundlage wissenschaftlicher Untersuchungen bis zum 1. Januar 1989 eine zusammenfassende Darstellung über den Finanzbedarf der Gemeinden erstellt" und hierbei als ausgleichsrelevant erkannte kommunale Sonderbedarfe, insbesondere die Sozialhilfeausgaben der Gemeiden, in die Systematik des Länderfinanzausgleichs einbeziehen will. Auch der

---

[15] Vgl. den Antrag des Landes Bayern zum Entwurf eines Achten Gesetzes zur Änderung des Gesetzes über den Finanzausgleich zwischen Bund und Ländern, Anlage zu Punkt 1 der Niederschrift über die 561. Finanzausschußsitzung am 25. Juni 1987.

[16] Vgl. die Anträge Hamburgs und Niedersachsens, ebenda.

[17] Ebenda.

Bund selbst hat mit seinem Vorschlag, Strukturhilfen nach Maßgabe des BIP je Einwohner, der Arbeitslosenquote und der Beschäftigungsentwicklung zu verteilen, neue Bedarfsmerkmale in die Diskussion gebracht.

Angesichts der im Länderfinanzausgleich umverteilten Finanzmittel - im Jahr 1987 wurden im horizontalen Länderfinanzausgleich 3,184 Mrd DM, im vertikalen Länderfinanzausgleich (Bundesergänzungszuweisungen) 1,775 Mrd DM umverteilt - ist die Anerkennung solcher Sonderbedarfe auch keinesfalls nur von akademischem Interesse. Einige Bundesländer haben ihn vielmehr zu einem zentralen Anliegen gemacht, von dem sie sich eine Lösung drückender Haushaltsprobleme erhoffen. Vor allem Nordrhein-Westfalen hat in mehreren Stellungnahmen seit Jahren betont, daß ihm durch die Erfüllung einer gesamtstaatlichen Aufgabe (Sicherung der nationalen Energieversorgung) Sonderlasten aufgebürdet würden, die seine finanzielle Leistungsfähigkeit auf Dauer überforderten;[18] im Jahr 1987 hat dieses Bundesland nach eigenen Berechnungen für den Steinkohlenbergbau ca. 1,5 Mrd DM verausgabt (insbesondere Absatzhilfen),[19] im Zeitraum zwischen 1966 und 1987 insgesamt sogar Kohlelasten von mehr als 15 Mrd DM getragen.[20]

Diese finanzpolitische Bedeutung steht im Gegensatz zu einer vergleichsweisen Vernachlässigung der Thematik durch die Finanzwissenschaft. Zwar hat die traditionelle Finanzwissenschaft in Deutschland sich - vornehmlich aus institutionell-kameralistischer Sicht - mit der Frage des Finanzbedarfs von Gebietskörperschaften stets befaßt; sie hat dabei aber versäumt, objektive und operable Kriterien zu entwickeln und die konkrete Bedarfsbestimmung als "politisch" zu entscheidende Aufgabe angesehen, zu der die Wissenschaft nichts beitragen könne. Andererseits erlaubte auch die stärker theoretisch ausgerichtete Finanzwissenschaft des englischsprachigen Raums, etwa die ökonomische Theorie des Föderalismus, keine Konkretisierung des Finanzbedarfs von Gebietskörperschaften, zumal dem auch die institutionellen Besonderheiten entgegen gestanden hätten, die bei einer Quantifizierung des Finanzbedarfs von Gebietskörperschaften eine zentrale Rolle spielen. Die heftigen und andauernden Kontroversen über die Anerkennung von Sonderbedarfen im Länderfinanzausgleich sind daher wohl auch Ausdruck und Folge dieses Theoriedefizits.

Das häufig vorgebrachte Argument, der Finanzbedarf von Gebietskörperschaften sei keine nach wissenschaftlichen Kriterien bestimmbare Größe, sondern könne nur "politisch" bestimmt werden, verdeckt dieses

---

[18] So hat Finanzminister Posser beispielsweise bei der Vorstellung des Haushaltsentwurfs für 1988 wiederum betont, daß für ihn der finanzielle Ruin unabweisbar kommen müsse, falls Nordrhein-Westfalen im Länderfinanzausgleich nicht wesentlich bessergestellt werde. (Siehe Handelsblatt Nr. 133 vom 16.7.1987, S. 5 "Posser: NRW droht der finanzielle Ruin".)

[19] FINANZMINISTER NW 1987, S. 28.

[20] Ebenda.

Defizit und erklärt überdies, warum die Finanzwissenschaft der Quantifizierung des Bedarfs von Gebietskörperschaften vergleichsweise wenig Aufmerksamkeit gewidmet hat. Das Argument ist aber falsch, sofern man unter dem Finanzbedarf einer Gebietskörperschaft die zur Erfüllung ihrer **vorgegebenen** Aufgaben erforderlichen Finanzmittel versteht. Während die Bestimmung dieser Aufgaben dann in der Tat ein primär politisches Problem ist, bei dem die relative Bedeutung konkurrierender Ziele und Maßnahmen festgelegt werden muß, stellt die Quantifizierung der zur Erfüllung dieser Aufgaben erforderlichen Finanzmittel ein primär instrumentelles Problem dar, dessen Lösung wissenschaftlich abgesicherter Ziel-Mittel-Aussagen bedarf.

Die vorliegende Arbeit strebt mithin keine Aussagen über die relative Dringlichkeit öffentlicher Aufgaben und daraus resultierender wünschenswerter Aufgabenkataloge für die am Finanzausgleich beteiligten Gebietskörperschaften an, sondern behandelt diese Aufgabenkataloge als vorgegeben. Ihr geht es um die Frage, ob bei der Umwandlung solcher Aufgabenkataloge in einen für die innerstaatliche Ressourcenverteilung benötigten quantitativen Maßstab - den "Finanzbedarf" im gerade erläuterten engen Sinn - Faktoren wirksam sind, die eine unterschiedliche Behandlung der beteiligten Gebietskörperschaften rechtfertigen, sowie um die adäquaten Abgeltungsverfahren solcher ggf. anerkannter Sonderbedarfe im Rahmen des ergänzenden aktiven Finanzausgleichs.[21] So wird also - um ein Beispiel zu nennen - nicht etwa erörtert, ob die Küstenländer Seehäfen unterhalten sollten, sondern nach den Konsequenzen gefragt, die sich für den ergänzenden Finanzausgleich zwischen den Ländern ergeben, falls die Erfüllung dieser Aufgabe politisch als erforderlich erachtet wird.

Diese Betrachtungsweise widerlegt auch die bisweilen vertretene Meinung, die Gestaltung von Finanzausgleichsverfahren im allgemeinen und die Bestimmung des (Sonder-)Bedarfs der am Ausgleich beteiligten Gebietskörperschaften im besonderen könne von diesen frei ausgehandelt werden; letztlich komme es nur auf die mehrheitlich durchgesetzten Verteilungsergebnisse des gesamten Verfahrens an, deren einzelne Elemente überdies nicht isoliert voneinander, sondern nur in der Gesamtbetrachtung beurteilt werden könnten.[22] Eine solche Auffassung übersieht, daß Finanzausgleichsverfahren eine Vielzahl allokativer, distributiver und (weni-

---

[21] Durch die Begrenzung auf den ergänzenden aktiven Finanzausgleich bildet die primäre Einnahmenverteilung, innerhalb derer ggf. anerkannte Sonderbedarfe möglicherweise ebenfalls abgegolten werden könnten, eine weitere Rahmenbedingung der vorliegenden Arbeit.

[22] So etwa die in der mündlichen Verhandlung vor dem Bundesverfassungsgericht vom Prozeßbevollmächtigten des Landes Niedersachsen, Professor Ossenbühl, vorgetragene Argumentation. Bezeichnenderweise wird eine solche Position vornehmlich von den Vertretern solcher Gebietskörperschaften geäußert, die an der Erhaltung eines für sie vorteilhaften Status quo interessiert sind bzw. sich Chancen ausrechnen, in einem primär politisch ausgehandelten Finanzausgleich ein besseres Ergebnis zu erreichen als in einem Verfahren, das regelgebundenen und systematischen Gestaltungskriterien folgt.

ger relevanter) konjunktureller Wirkungen auslösen, aus aufeinander bezogenen Einzelelementen bestehen, die nur nach einer feststehenden logischen Abfolge geregelt werden können, und alle diese Elemente mithin "auch unabhängig vom Endresultat, zu dem sie nur einen Beitrag leisten, je für sich bestimmten normativen Anforderungen genügen (müssen)".[23] Bei der Umwandlung politisch festgelegter Aufgabenkataloge in Finanzbedarfe sowie bei der Beseitigung von Diskrepanzen zwischen diesen Finanzbedarfen und den originären Einnahmen der Gebietskörperschaften hat der ergänzende Finanzausgleich daher unabhängig vom Gesamtergebnis für sämtliche Einzelelemente des Verfahrens bestimmte Gestaltungs- und Verfahrensprinzipien zu beachten.

Das Urteil des Bundesverfassungsgerichts vom Juni 1986 bestätigt - bezogen auf den ergänzenden Länderfinanzausgleich der Bundesrepublik nach Art. 107 Abs. 2 GG - diese Auffassung, wenn es ausführt, daß dieser "dem freien Aushandeln der Länder untereinander entzogen und in die Verantwortung des Bundesgesetzgebers (hier mit Zustimmung des Bundesrates) gegeben (ist), der als solcher den Ländern insgesamt gegenübersteht und ihnen gegenüber zur Bundestreue verpflichtet ist. Zum anderen wird er darüber hinaus nicht einfach der freien politischen Gestaltung des Bundesgesetzgebers überlassen, sondern gewissen normativen Vorgaben unterstellt, die sich aus Art. 107 Abs. 2 GG und dessen Regelungszusammenhang ergeben."[24] Das Verfassungsurteil betont damit zugleich, daß der Bundesgesetzgeber "von der Verfassung in die Pflicht genommen (wird), die gesetzliche Regelung so zu gestalten, daß sie den nor-

---

[23] HEILMANN 1987, S. 43. Das Bundesverfassunggericht hat diese Auffassung in seinem Urteil vom 24.6.1986 (S. 63) wie folgt zum Ausdruck gebracht: "Diese Ordnungsfunktion der Finanzverfassung schließt es aus, ihre Regelung - sei es insgesamt, sei es in Teilen - als Recht von minderer Geltungskraft anzusehen, das etwa bis zur Willkürgrenze abweichenden Kompromissen und Handhabungen zugänglich ist, sofern nur ein vertretbares Ergebnis erreicht wird. ... Das Grundgesetz hat auch in diesem Bereich, der nicht das Verhältnis des Bürgers zum Staat, sondern das Verhältnis zwischen Bund und Ländern sowie der Länder untereinander betrifft, rechtliche Positionen, Verfahrensregeln und Handlungsrahmen festgelegt, die Verbindlichkeit beanspruchen. Dadurch erhalten politische Kooperation und Auseinandersetzung der Glieder des föderativen Staatsverbandes Regeln und Form." An anderer Stelle des Urteils (S. 56) heißt es: "Ziel dieser Verteilung (des Finanzaufkommens) ist, Bund und Länder finanziell in die Lage zu versetzen, die ihnen verfassungsrechtlich zukommenden Aufgaben auch wahrzunehmen; erst dadurch kann die staatliche Selbständigkeit von Bund und Ländern real werden, können sich Eigenständigkeit und Eigenverantwortlichkeit der Aufgabenwahrnehmung entfalten. Im Hinblick auf die mit dieser Aufgabenverteilung verknüpfte Ausgabenbelastung ... soll im Rahmen der vorhandenen Finanzmasse Bund und Ländern, soweit möglich, eine angemessene Finanzausstattung verschafft werden. Von diesem Ansatzpunkt her regelt das Grundgesetz die Verteilung des Finanzaufkommens in verschiedenen, aufeinander aufbauenden und aufeinander bezogenen Stufen, wobei jeder Stufe bestimmte Verteilungs- und Ausgleichsziele zugeordnet sind. Daraus er-gibt sich insgesamt ein verfassungsrechtlich normiertes Gefüge des Finanzausgleichs, das zwar in sich durchaus beweglich und anpassungfähig ist, dessen einzelne Stufen aber nicht beliebig funktional ausgewechselt oder übersprungen werden können."

[24] Urteil des Zweiten Senats zum Länderfinanzausgleich vom 24. Juni 1986, S. 70.

mativen Anforderungen des Grundgesetzes genügt (und) er sich nicht etwa damit begnügen (darf), politische Entscheidungen einer Ländermehrheit ohne Rücksicht auf deren Inhalt zu bekunden."[25]

Der Bund hat die ihm zugeschriebene Rolle als "ehrlicher Makler" dagegen bisher so verstanden, daß er lediglich die von der Ländermehrheit getroffenen Entscheidungen beurkunden und finanzausgleichstechnisch vollziehen müsse[26] bzw. - kritischer formuliert - lediglich "die Bürokräfte für das Aufschreiben eines von der Mehrheit der Länder durchgesetzten Kuhhandels zur Verfügung"stelle.[27] Die ihm zugewiesene Gestaltungs- und Initiativfunktion[28] kann der Bund bei einem derartigen Rollenverständnis offensichtlich nicht erfüllen; die jeweiligen Ländermehrheiten werden im Gegenteil geradezu veranlaßt, den Finanzausgleich "bis zur Grenze offensichtlicher Willkür"[29] zu ihren Gunsten zu verändern; den Länderminderheiten bleibt umgekehrt als einziger Weg die erneute Verfassungsklage. Negative Auswirkungen auf den Rechtsfrieden und die föderativen Beziehungen zwischen den Ländern wären die Folge.

Um solche Fehlentwicklungen zu verhindern, muß der Bundesgesetzgeber seiner Gestaltungsaufgabe besser gerecht werden. Zudem ist es aber auch notwendig, die vom Bundesverfassungsgericht angesprochenen "normativen" Anforderungen der Verfassung an den ergänzenden Finanzausgleich zu konkretisieren und die Auslegungsspielräume der dort verwendeten unbestimmten Rechtsbegriffe einzugrenzen. Hierzu ist neben anderen Disziplinen auch und vor allem die Finanzwissenschaft aufgerufen, handelt es sich beim Finanzausgleich doch vor allem um ein Verfahren, das eine primär ökonomisch - oder enger: finanzwirtschaftlich - sinnvolle Einnahmenverteilung herbeiführen soll. Die vorliegende Arbeit möchte hierzu einen Beitrag leisten, indem sie der in diesem Zusammenhang zu klärenden Frage nachgeht, inwieweit und in welcher Form im ergänzen-

---

[25] Ebenda.

[26] Bei der Verhandlung vor dem Bundesverfassungsgericht am 14./15. Januar 1985 äußerte der Vertreter der Bundesregierung (der parlamentarische Staatssekretär des BMF, Voß) beispielsweise folgende Meinung (zitiert nach dem vorab an die Presse verteilten autorisierten Redemanuskript, S. 11): "Finanzausgleichsregelungen, auch soweit sie sich nur auf Teilaspekte des Finanzausgleichs beziehen, dürften in aller Regel dann als verfassungskonform anzusehen sein, wenn sich die Bundesländer im Kompromißwege darauf geeinigt haben. Nach Wortlaut und Sinn der Finanzausgleichsbestimmungen des Grundgesetzes ... hat die Einigung der Bundesländer derart große Bedeutung, daß die Annahme ausscheidet, eine einvernehmlich getroffene Entscheidung könne willkürlich gewesen sein oder sonst gegen Art. 107. GG verstoßen haben."

[27] So die Formulierung von Finanzminister Posser, in: Ergänzungszuweisungen des Bundes unter Ausschluß der SPD regierten Länder geregelt?", Handelsblatt Nr. 206 vom 27. 10 1987, S. 7. Posser bezog sich mit dieser Formulierung auf eine sinngemäße Frage, die der damalige Vorsitzende des Bundesverfassungsgerichts, Zeidler, in der mündlichen Verhandlung der Normenkontrollanträge zum Länderfinanzausgleich an den Vertreter des Bundesfinanzministeriums richtete.

[28] Vgl. hierzu etwa FISCHER-MENSHAUSEN 1983.

[29] Verfassungsurteil, S. 71

den Finanzausgleich zwischen Gebietskörperschaften Bedarfsunterschiede berücksichtigt werden sollten und welche Konsequenzen sich aus der Beantwortung dieser Fragen für die Ausgestaltung des Länderfinanzausgleichs in der Bundesrepublik ergeben.

Das Bundesverfassungsgericht hat diese Frage in seinem Urteil von 1986 zwar dahingehend beantwortet, daß die Berücksichtigung von Sonderbedarfen - zumindest im horizontalen Länderfinanzausgleich - grundsätzlich unzulässig sei; zugleich hat es aber einzelne Sonderbedarfe (aus Stadtstaatenstatus und Seehäfen) ausnahmsweise anerkannt, ohne eine dies rechtfertigende Systematik entwickelt zu haben. Zudem ist diese verfassungsrechtliche Entscheidung aus finanzwissenschaftlicher Sicht ohnehin nicht als Dogma zu betrachten; vielmehr ist hier die Frage nach der Einbeziehung von Bedarfsfaktoren und Bedarfsunterschieden zwischen öffentlichen Aufgabenträgern anhand ökonomischer Kriterien zu beantworten, die im Urteil des Verfassungsgerichts - soweit man dies den relativ knappen Ausführungen zu diesem Komplex entnehmen kann - nicht ausreichend gewürdigt worden sind. Die Frage nach der Ausgleichsberechtigung von Sonderbedarfen bedarf damit auch nach dem Urteil des Bundesverfassungsgerichts der Klärung.

Ihre Beantwortung ist insofern schwierig, als sie entscheidend davon abhängt, ob der Sonderbedarf einer Gebietskörperschaft als extern, d. h. als von den Bundesländern nicht steuerbar, oder als intern ("hausgemacht") angesehen wird (abgesehen von einigen Ausnahmefällen ist prinzipiell nur ersterer ausgleichsberechtigt). Da diese Frage je nach Einschätzung der den verschiedenen föderalen Ebenen offenstehenden Handlungsspielräume ganz unterschiedlich beurteilt wird, spielen bei der Anwendung dieses Grundprinzips auf konkrete Finanzausgleichsfragen die oben erwähnten politischen Auffassungen eine entscheidende Rolle. Gleiches gilt auch für die Quantifizierung der ggf. anzuerkennenden Höhe des Sonderbedarfs, vor allem wenn - wie in der politischen Praxis häufig der Fall - ein Zusammenwirken von internen und externen Ursachen von Sonderbedarfen angenommen wird. Auch hier gilt aber der Grundsatz, daß anhand theoretischer Grundprinzipien gefällte Entscheidungen auch dann einer rein (macht-)politischen Einigung vorzuziehen sind, wenn bei der Operationalisierung dieser Grundprinzipien Auslegungsspielräume verbleiben. Die damit verbundenen politischen Gestaltungsspielräume dürften zumindest kleiner sein als diejenigen, die sich bei einem Verzicht auf jedwede Gestaltungsprinzipien eröffnen.

3. Aufbau der Arbeit

Zur Beantwortung der genannten Untersuchungsfragen wird zunächst der ergänzende aktive Finanzausgleich in das System der innerstaatlichen Aufgaben- und Einnahmenverteilung (Finanzausgleich i.w.S.) eingeordnet (**Teil II**, Abschnitt 1), um Funktion und Notwendigkeit ergänzender Ausgleichszahlungen als Regulativ zwischen originärer Aufgabenverteilung (und daraus resultierendem Finanzbedarf) und originärer Einnahmenverteilung deutlich zu machen; zugleich können damit auch die Anforderungen beschrieben werden, die ein zielgerechter ergänzender Finanzausgleich zu erfüllen hat und die bei der Beantwortung der Untersuchungsfrage berücksichtigt werden müssen. Im folgenden werden dann die materiellen Finanzausgleichsregelungen der Bundesrepublik dargestellt, um das für eine Beurteilung und Kritik des Länderfinanzausgleichs benötigte Faktenwissen zu vermitteln: Abschnitt 2 beschreibt die materiellen Regelungen des horizontalen und vertikalen Länderfinanzausgleichs; Abschnitt 3 ordnet diese Regelungen in die im 1. Abschnitt entwickelte Systematik des Finanzausgleichs i.w.S. ein, stellt die im Länderfinanzausgleich enthaltenen Bedarfselemente zusammen und listet die diesbezüglich kritisierten Verbesserungsforderungen auf.

Der folgende **Teil III** befaßt sich mit der **theoretischen Beurteilung von Bedarfsunterschieden** zwischen Gebietskörperschaften. In ihm wird zunächst der Begriff des Bedarfs von Gebietskörperschaften präzisiert (Abschnitt 1). Sodann werden zwischen Gebietskörperschaften bestehende Bedarfsunterschiede aus allokativer Sicht (Abschnitt 2.1.) und distributiver Sicht (Abschnitt 2.2.) beurteilt und die zwischen beiden Kriteriengruppen bestehenden Zusammenhänge erörtert (Abschnitt 2.3.). In Abschnitt 2.4. werden die hierbei sichtbar gewordenen Kriterien für die Ausgleichsrelevanz von Sonderbedarfen zu präzisieren versucht.

Stärker praxisorientiert ist der **Teil IV**, der sich mit der **Operationalisierung bedarfsorientierter Finanzausgleichsverfahren** befaßt. In ihm werden sog. ex-ante- und ex-post-Verfahren zur Quantifizierung des ausgleichsrelevanten Bedarfs von Gebietskörperschaften vorgestellt (Abschnitt 1), Regeln für die Bestimmung von Ausgleichsbeteiligten und Ausgleichsrichtung entwickelt und technische Ausgestaltungsmerkmale bedarfsorientierter Ausgleichsverfahren erörtert (Abschnitt 3). Als solche werden der auflagengebundene versus auflagenfreie (3.1.), regelgebundene versus diskretionäre (3.2.), abstrakte versus konkrete (3.3.), monetäre versus reale (3.4.) und direkte versus indirekte (3.5.) Ausgleich von Sonderbedarfen verglichen.

Ohne diese Grundsätze auf die Vielzahl der im Länderfinanzausgleich zur Zeit kontrovers diskutierten Sonderbedarfe übertragen zu können, werden im abschließenden **Teil V** einige **Folgerungen für den materiellen Länderfinanzausgleich der Bundesrepublik** gezogen. Zu diesem Zweck werden die für die unterschiedlichen Arten von Sonderbedarfen geeigneten Ausgleichsinstrumente systematisiert und mit den derzeit praktizierten Ausgleichsverfahren verglichen. Hieraus werden einige Empfehlungen für die Beantwortung aktueller Probleme des bedarfsorientierten Länderfinanzausgleichs abgeleitet.

TEIL II: EINORDNUNG DES BEDARFSORIENTIERTEN ERGÄNZENDEN FINANZAUSGLEICHS IN DAS SYSTEM DER INNERSTAATLICHEN AUFGABEN- UND EINNAHMENVERTEILUNG

1. Systematisierung der innerstaatlichen Aufgaben- und Einnahmenverteilung

Die vorliegende Arbeit befaßt sich mit der Frage, ob im sog. ergänzenden (aktiven) Finanzausgleich zwischen Gebietskörperschaften Sonderbedarfe berücksichtigt werden sollten. Sie untersucht damit die Ausgestaltung eines Elementes innerhalb des "Finanzausgleichs im weiten Sinne"), d.h. des Gesamtsystems der innerstaatlichen Aufgaben- und Einnahmenverteilung.[30] Da dieses System aus einer Vielzahl voneinander abhängiger Elemente besteht, die nur in einer feststehenden logischen Abfolge geregelt werden können,[31] ist es erforderlich, zunächst die Stellung und Funktion des ergänzenden Finanzausgleichs innerhalb der innerstaat-lichen Aufgaben- und Einnahmenverteilung zu beschreiben; zugleich wird dadurch deutlich, welche Anforderungen an einen zielgerechten ergänzenden Finanzausgleichs zu stellen sind und inwiefern dies die Anerkennung von Sonderbedarfen erlaubt oder erfordert.

1.1. Die Aufgabenverteilung (der "passive" Finanzausgleich)

1.1.1. Der originäre passive Finanzausgleich

Die verschiedenen Formen des Finanzausgleichs und die zwischen ihnen bestehenden logischen Beziehungen sind in Abbildung 1 aufgeführt, die die Grundlage für die folgende Systematisierung bildet. Aus ihr läßt sich eine erste grundlegende Unterteilung des "Finanzausgleichs i. w. S."

---

[30] Die Regelung der Aufgaben- und Einnahmenverteilung zwischen öffentlichen Aufgabenträgern wird im folgenden - der eingeführten Terminologie folgend - als Finanzausgleich i. w. S. bezeichnet. Der Begriff ist insofern unglücklich gewählt, als er suggeriert, es gehe dabei lediglich um die Verteilung der Einnahmen (der Finanzen); auch ist das Wort "Ausgleich" mißverständlich, da es den Eindruck erweckt, es sei nur ein Ausgleich zwischen bereits anderweitig festgelegten Größen vorzunehmen. Der im anglo-amerikanischen Bereich verwendete Begriff "intergovernmental fiscal relations" umschreibt den Inhalt besser.

Dagegen gibt der Begriff die Bedeutung des sog. Finanzausgleichs "im engen Sinne", bei dem es um den Ausgleich von Finanzkraft-/Finanzbedarfsunterschieden zwischen öffentlichen Aufgabenträgern geht, treffend wieder. Auch der in der vorliegenden Untersuchung im Mittelpunkt stehende Länderfinanzausgleich ist dieser Form des Finanzausgleichs zuzurechnen.

[31] Einen zusammenfassenden Überblick über diese Logik des Finanzausgleichs vermittelt KOPS 1984; siehe auch HANSMEYER/KOPS 1984a.

Abbildung 1: Formen des Finanzausgleichs und zwischen ihnen bestehende Interdependenzen

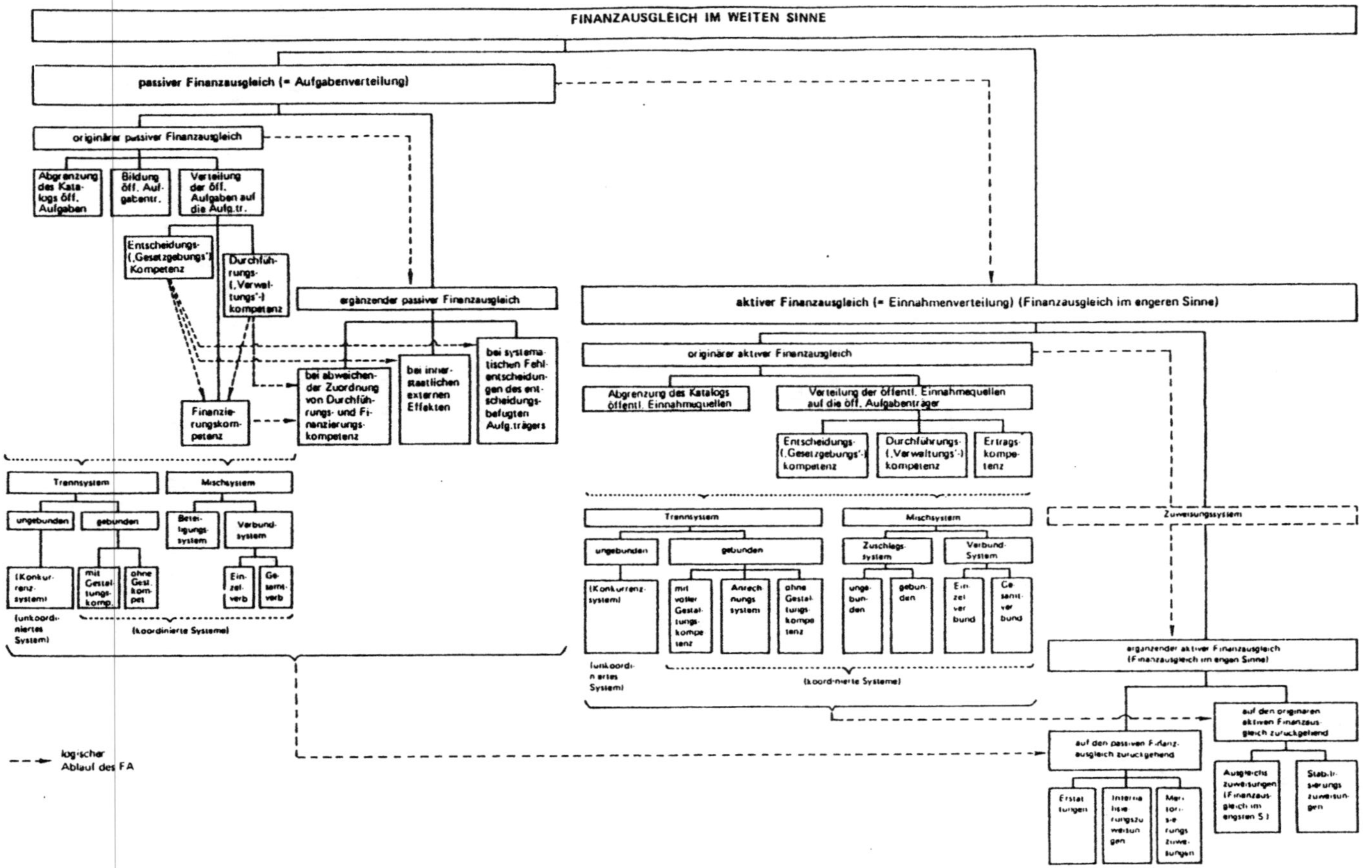

erkennen, die sich aus der Art der geregelten Bereiche ergibt: Bei der Verteilung der Aufgaben spricht man vom *passiven* Finanzausgleich, bei der Verteilung der Einnahmen vom *aktiven* Finanzausgleich. Der passive Finanzausgleich läßt sich seinerseits nochmals in einen originären und einen ergänzenden Teil aufgliedern;[32] ersterer beinhaltet die Bestimmung der öffentliche Aufgaben und Aufgabenträger sowie die Verteilung dieser Aufgaben auf die Aufgabenträger, letzterer umfaßt diejenigen Regelungen, die die originäre Aufgabenverteilung aus noch zu erläuternden Gründen ergänzen oder modifizieren.

1.1.1.1. Abgrenzung des Katalogs öffentlicher Aufgaben

Für die Darstellung des formalen Finanzausgleich empfiehlt es sich, von den konkreten, historisch gewachsenen Regelungen zu abstrahieren und die zu lösenden Teilaufgaben unter der Fiktion eines noch nicht eingerichteten Staatswesens zu entwickeln. In diesem Fall besteht die erste Teilaufgabe des passiven Finanzausgleichs in der Entscheidung darüber, welche Aufgaben staatlich, d. h. von öffentlichen Aufgabenträgern, gelöst werden sollen; zugleich ist damit über diejenigen Aufgaben entschieden, deren Erfüllung dem privaten Sektor überlassen bleibt.

Es handelt sich bei diesem ersten Regelungsbereich des passiven Finanzausgleichs damit um ein Allokationsproblem, bei dem es darum geht, das Gesamtvolumen (Niveau) der öffentliche Aufgaben einerseits und ihre Zusammensetzung (Struktur) andererseits festzulegen. Zu berücksichtigen sind dabei vorrangig die Präferenzstrukturen der dem Gemeinwesen Angehörigen (bzw. ihrer politischen Vertreter): In wirtschaftlich hoch entwickelten Volkswirtschaften werden z. B. Güter, die nur von öffentlichen Aufgabenträgern angeboten werden können, stärker nachgefragt als in unterentwickelten Ländern, in denen Grundbedürfnisse dominieren, die überwiegend vom privaten Sektor befriedigt werden können. Zu berücksichtigen ist auch, daß die Erfüllung öffentlicher Aufgaben und die privatwirtschaftliche Bedürfnisbefriedigung miteinander konkurrieren: In dem Ausmaß, in dem öffentliche Aufgaben ausgeweitet werden, müssen auch die öffentlichen Einnahmen erhöht, d. h. dem privaten Sektor Ressourcen entzogen werden. Der Staatsanteil ist daher nur solange auszuweiten, solange der Grenznutzen öffentlicher Aufgabenerfüllung höher ist als die Grenzkosten der verringerten Möglichkeit privatwirtschaftlicher Bedarfsbefriedigung (Theorie des optimalen Budgets). -- Die Struktur der öffentlichen Aufgaben bestimmt sich theoretisch nach dem gleichen Prinzip: Die

[32] Wenngleich diese Trennung in der Literatur kaum anzutreffen ist (für den aktiven Finanzausgleich ist sie dagegen gebräuchlich), wird sie hier verwendet, da sie zu einem besseren Verständnis der Logik des Finanzausgleichs i. w. S. beiträgt und insbesondere auch eine theoretische Begründung der verschiedenen Formen innerstaatlicher Zuweisungen erlaubt.

vordringlichste öffentliche Aufgabe wird solange ausgeweitet, bis ihr Grenznutzen kleiner wird als derjenige der zweitdringlichsten Aufgabe etc.[33]

1.1.1.2. Bildung öffentlicher Aufgabenträger

Die zweite Aufgabe des passiven Finanzausgleichs besteht im Aufbau eines Staatswesens, mit Hilfe dessen der Katalog öffentlicher Aufgaben bestmöglich erfüllt werden kann. Die Abgrenzung der Aufgabenträger wird dabei primär anhand regionaler Kriterien erfolgen; bei Aufgaben ohne oder mit nur geringem räumlichem Bezug kann sie aber auch anhand funktionaler Kriterien vorgenommen werden; selbst eine Kombination von regionalen und funktionalen Kriterien ist denkbar.[34]

Die ökonomische Theorie des Föderalismus hat zur Lösung dieses Problems (wie auch der weiter unten zu behandelnden Zuordnung der öffentlichen Aufgaben auf die Aufgabenträger) eine Reihe von Regeln entwickelt, sowohl was die Strukturierung des Problems als auch was die zu berücksichtigenden Abgrenzungskriterien anbelangt.[35] Danach müssen logisch zunächst zwei Teilprobleme voneinander unterschieden werden: 1. ist für jede öffentliche Aufgabe separat über die zu ihrer Erfüllung bestgeeignete Anzahl von Aufgabenträgern zu entscheiden. 2. ist zu prüfen, ob nicht mehrere Aufgaben zusammengefaßt werden können, so daß sie von dem gleichen Aufgabenträger erfüllt werden können.

1. Bei der Bestimmung der optimalen Zahl von Aufgabenträgern (und damit bei der Festlegung ihres regionalen oder funktionalen Zuständigkeitsbereichs) sprechen einige Gesichtspunkte für eine geringe Zahl von Aufgabenträgern (und c. p. größere Zuständigkeitsbereiche), andere für eine größere Zahl von Aufgabenträgern (und c. p. kleinere Zuständigkeitsbereiche). Zu ersterer Gruppe gehören die Wohlstandsverluste, die eintreten, wenn Personen von Entscheidungen (über öffentliche Aufgaben) betroffen werden, ohne an der Entscheidungsfindung beteiligt gewesen zu sein (externe Effekte); mit Ausweitung der Zuständigkeitsbereiche der Aufgabenträger (und Verminderung ihrer Anzahl) läßt sich diese Gefahren verringern. Andererseits erlaubt eine größere Anzahl von Aufgabenträgern (mit kleineren Zuständigkeitsbereichen)

---

[33] In der Praxis werden die öffentlichen Aufgaben wegen der Schwierigkeiten der Nutzenmessung und des Nutzenvergleichs, wegen der Mittelbarkeit der politischen Entscheidungen und einer Reihe anderer "Störvariablen" allerdings (auch) nach anderen Kriterien bestimmt. Dazu gehören die Einschätzung der Leistungsfähigkeit staatlicher versus privatwirtschaftlicher Aufgabenerfüllung ebenso wie die sich für Einzelne und Gruppen ergebenden verteilungspolitischen Konsequenzen einer Einschränkung oder Ausweitung öffentlicher oder privater Aufgabenbereiche.

[34] In der Bundesrepublik sind beispielsweise die Gesetzlichen Krankenkassen anhand einer Kombination regionaler und funktionaler Kriterien abgegrenzt.

[35] Einen Überblick über diese Arbeiten vermittelt der Sammelband von KIRSCH 1977; zusammenfassend PEFFEKOFEN 1981 und ZIMMERMANN 1983.

eher, hinsichtlich der Art der Aufgabenerfüllung bestehende Präferenzunterschiede zu berücksichtigen; dabei sollten die Zuständigkeitsbereiche c. p. um so kleiner sein, je größer die Präferenzunterschiede sind und je eher diese durch die Aufteilung der Zuständigkeitsbereiche innerhalb der einzelnen Aufgabenträger verringert werden können. -- Für jede öffentliche Aufgabe ist unter Abwägung solcher (De-)Zentralisierungsvor- und -nachteile dann die optimale Zahl von Aufgabenträgern festzulegen.

2. Das Ergebnis eines derartigen Vorgehens ist eine sog. Multiföderation, in der für jede öffentliche Aufgabe ein anderer Aufgabenträger zuständig ist. Da dies einen hohen Verwaltungsaufwand bedeutet und vor allem auch die Bürger bei der Präferenzbekundung, bei der Legitimierung und bei der Kontrolle der verschiedenen Aufgabenträger überfordern würde, ist es sinnvoll, Aufgaben mit sich ähnelnden Zuständigkeitsbereichen zusammenzufassen und einem einzigen Aufgabenträger zu übertragen und dadurch den Staatsaufbau zu vereinfachen. Bei einer regionalen Zuständigkeitsabgrenzung ließen sich z. B. lokale, regionale, nationale und internationale Aufgaben zu je einem "Ausgabenpaket" zusammenfassen, so daß sämtliche öffentliche Aufgaben von wenigen (hier: vier) Aufgabenträgerebenen erfüllt werden könnten. -- Der dadurch erreichten Verringerung von Verwaltungsaufwand und Informations-, Partizipations- und Kontrollkosten sind allerdings die mit einer Aufgabengruppierung ebenfalls verbundenen Nachteile gegenüberzustellen: Die Präferenzunterschiede der jedem Aufgabenträger zugeordneten Bürger sind höher als in einer Multiföderation und lassen sich wegen der Abstimmung über "Aufgabenpakete" weniger gut bekunden; auch das Ausmaß externer Effekte ist größer als bei einer die individuelle Reichweite jeder öffentlichen Aufgabe getrennt berücksichtigenden Abgrenzung der Aufgabenträger. Die Intensität der Aufgabengruppierung muß daher unter Abwägung aller Vor- und Nachteile bestimmt werden.

Ergebnis dieses zweistufigen Abwägungsprozesses ist ein dezentraler Staatsaufbau mit einer begrenzten Zahl öffentlicher Aufgabenträger (die jeweils für mehrere Aufgaben ähnlicher Wirkungsbereiche zuständig sind). Diese können alle der gleichen föderalen Ebene angehören (einstufiger Staatsaufbau) oder - was die Regel ist - sich auf mehrere föderale Ebenen verteilen (mehrstufiger Staatsaufbau).

1.1.1.3. Verteilung der öffentlichen Aufgaben auf die Aufgabenträger

In einem nächsten Schritt des passiven Finanzausgleichs sind die Zuständigkeiten für die einzelnen Aufgaben auf die gebildeten Aufgabenträger zu verteilen. Bei einem mehrstufigen Staatsaufbau kann dabei zwischen einer horizontalen Aufgabenverteilung (zwischen Aufgabenträgern der gleichen Ebene) und einer vertikalen Aufgabenverteilung (zwischen Aufgabenträgern unterschiedlicher Ebenen) unterschieden werden, wiewohl die Problematik im Prinzip in beiden Fällen die gleiche ist.

Bei dieser Aufgabenverteilung sind mehrere Teilkompetenzen voneinander zu unterscheiden und den Aufgabenträgern getrennt, d. h. anhand unterschiedlicher Kriterien, zuzuweisen:[36]

1. die sog. *Entscheidungszuständigkeit*/(-kompetenz), d. h. das Recht bzw. die Pflicht, Art und Intensität der Aufgabenerfüllung zu planen, durch Gesetze, Verordnungen u. ä. zu konkretisieren, für die ordnungsgemäße Durchführung der Aufgabe Sorge zu tragen (was nicht mit der Verpflichtung gleichgesetzt werden darf, die Aufgabe selbst durchführen zu müssen), zu kontrollieren und ggf. auftretende Verstöße zu sanktionieren. -- Von den im juristischen Schrifttum unterschiedenen Teilkompetenzen der Aufgabenerfüllung wären mithin die Planungs-, Gesetzgebungs- und Kontrollkompetenz der Entscheidungskompetenz zuzurechnen;

2. die sog. *Durchführungszuständigkeit*/(-kompetenz), d. h. das Recht oder die Pflicht, eine öffentliche Aufgabe unter Beachtung der vom entscheidungsbefugten Aufgabenträger erlassenen Richtlinien durchzuführen, ohne selbst Art und Intensität der Aufgabenerfüllung nennenswert zu beeinflussen. - Diese Teilkompetenz entspricht der juristischen Verwaltungskompetenz (Vollzugskompetenz), wenn die Art der Aufgabendurchführung vom Gesetzgeber derart genau präzisiert ist, daß bei der Durchführung keine nennenswerten Gestaltungsspielräume bestehen (andernfalls beinhaltet die Verwaltungskompetenz sowohl Gestaltungs- als auch Durchführungselemente);

3. die sog. *Finanzierungszuständigkeit*/(-kompetenz), d. h. das Recht oder die Pflicht, die mit der Durchführung einer Aufgabe verbundenen Aufwendungen zu tragen.

1.1.1.3.1. Die Verteilung der Entscheidungskompetenzen

Bei der Verteilung der Entscheidungszuständigkeiten sind die gleichen Kriterien zu beachten und gegeneinander abzuwägen, die auch für die Bestimmung der Zahl öffentlicher Aufgabenträger ausschlaggebend sind: Externe Effekte sind zu minimieren (was für eine Zuordnung der Aufgabe an einen zentralen Aufgabenträger spricht), bezüglich der Aufgabenerfüllung bestehende Präferenzunterschiede sollten aber berücksichtigt werden können (was eine Zuordnung auf dezentrale Aufgabenträger mit engem Zuständigkeitsbereich nahelegt).

---

[36] Siehe zur Abgrenzung der Kompetenzarten der Aufgabenzuständigkeit im einzelnen HANSMEYER/KOPS 1984, S. 128ff.

Grundsätzlich soll die Entscheidungszuständigkeit für eine Aufgabe einem einzigen Aufgabenträger zugewiesen werden, um Kompetenzstreitigkeiten zu vermeiden und Transparenz, Kontrollierbarkeit und Legitimierbarkeit der Entscheidungen für die Bürger zu gewährleisten. Allerdings sind dann "suboptimale" Regelungen infolge auftretender externer Effekte und systematischer Fehlentscheidungen der entscheidungsbefugten Aufgabenträger möglicherweise nicht vermeidbar (vgl. Abbildung 1):

1. Bei einer Zuweisung der Entscheidungskompetenz auf einen einzigen öffentlichen Aufgabenträger lassen sich bei manchen öffentlichen Aufgaben *externe Effekte* horizontaler Art (zwischen Aufgabenträgern der gleichen Ebene) oder vertikaler Art (zwischen Aufgabenträgern unterschiedlicher Ebenen) nicht vermeiden, wenn nur eine begrenzte Zahl von Aufgabenträgern gebildet worden ist. Es ist dann zwar möglich, die Entscheidungszuständigkeit zwischen den betroffenen Aufgabenträgern aufzuteilen, um die externen Effekte zu internalisieren.[37] Allerdings sind mit einer solchen Aufteilung der Entscheidungskompetenzen (wie auch der dem gleichen Zweck dienenden Bildung von Entscheidungsverbänden = "Zweckverbänden") ähnliche Nachteile verbunden wie mit einem multiföderalen Staatsaufbau (Gemeinschaftsaufgaben und Entscheidungsverbände stellen einen Schritt in diese Richtung dar). Sie sollten daher nur bei wenigen öffentlichen Aufgaben in Betracht gezogen werden, zumal der ergänzende passive Finanzausgleich eine alternative Möglichkeit zur Internalisierung innerstaatlicher Effekte bietet (s. u.).[38]

2. Bei manchen öffentlichen Aufgaben kann jeder der gebildeten Aufgabenträger aus unterschiedlichen Gründen zu *systematischen Fehlentscheidungen* neigen, d. h. als Träger der Entscheidungskompetenz nicht optimal geeignet sein. So mögen lokale Aufgabenträger bei Entscheidungen über regionale Investitionen die gesamtstaatlichen Belange systematisch vernachlässigen, zentrale Aufgabenträger umgekehrt nicht die erforderliche Ortskenntnis besitzen. Gleichgültig, welchem Aufgabenträger man die Entscheidungskompetenz dann überträgt, wird es zu Fehlentscheidungen kommen. Allerdings können diese im Rahmen des ergänzenden passiven Finanzausgleichs ebenfalls korrigiert werden (s. u.).

---

[37] Solche "Gemeinschaftsaufgaben" kommen insbesondere in Betracht, wenn sich mehrere Aufgabenträger "ohne Verstoß gegen die Kompetenznormen neben- oder miteinander betätigen und ihre Funktionen so miteinander verzahnt sind, daß eine trennscharfe Kompetenzabgrenzung nicht möglich ist" (FISCHER-MENSHAUSEN 1980, S. 644).

[38] Vgl. hierzu im einzelnen HANSMEYER/KOPS 1984.

1.1.1.3.2. Die Verteilung der Durchführungskompetenzen

Die Eignung zur Durchführung öffentlicher Aufgaben hängt vor allem von *produktionstechnischen Kriterien* ab: Bei Aufgaben mit economics of scale werden die optimalen Betriebsgrößen bei höheren Ausbringungsmengen liegen, entsprechend sollten sie von (zentralen) Aufgabenträgern mit größeren Zuständigkeits-(Versorgungs-)bereichen durchgeführt werden; bei Aufgaben mit diseconomies of scale werden die optimalen Betriebsgrößen bei kleineren Ausbringungsmengen liegen, so daß ihre Durchführung (dezentralen) Aufgabenträgern mit kleinen Zuständigkeitsbereichen übertragen werden sollte.

Da die Durchführungskompetenz mithin nach anderen Kriterien zu verteilen ist als die Entscheidungskompetenz, brauchen beide Teilkompetenzen einer Aufgabe nicht bei dem gleichen Aufgabenträger zu liegen. Vielmehr kann eine Aufgabe, über die von einem zentralen Aufgabenträger entschieden wird, möglicherweise besser von einem dezentralen Aufgabenträger durchgeführt werden. Auch der umgekehrte Fall ist denkbar.[39]

Ein Auseinanderfallen von Entscheidungs- und Durchführungskompetenz ist allerdings auch mit Nachteilen verbunden.[40] So erschwert es die innerstaatliche Abstimmung zwischen Planung und Gesetzgebung einerseits und Durchführung (Vollzug) einer Aufgabe andererseits. Will der mit der Entscheidungskompetenz ausgestattete Aufgabenträger sicherstellen, daß die Aufgabe von einem anderen Aufgabenträger in seinem Sinne vollzogen wird, so hat er zudem detailliertere und erschöpfendere Gesetzes- und Verwaltungsvorschriften zu erlassen als dann, wenn er die Aufgabe selbst durchführt. Schließlich besteht die Gefahr, daß eine Aufgabe, über die von einem Aufgabenträger entsprechend der Präferenzen seiner Mitglieder (insbesondere der politischen Auffassungen und Mehrheitsverhältnisse) entschieden worden ist, von anderen Aufgabenträgern mit u. U. anderen Präferenzen durchgeführt werden muß; dies kann zu einer Umdeutung des Gesetzeswillens im Verwaltungswege, zumindest aber zu politischen Friktionen führen. Ob unter Abwägung solcher Vor- und Nachteile die Kon-

---

[39] So sollte z. B. die Entscheidungskompetenz über das Paßwesen beim Zentralstaat liegen; die Durchführung der Aufgabe kann aber (unter Beachtung der bundeseinheitlichen Vorschriften) dezentralen Aufgabenträgern überlassen werden. Umgekehrt sollte beispielsweise über bestimmte Bauinvestitionen (Schwimmbäder, Sportanlagen), bei denen regionale Präferenzunterschiede bestehen, von den dezentralen Aufgabenträger entschieden werden; die Bauausführung könnte dagegen, soweit "standardisierte Bauelemente" verwendet sind, einem zentralen Aufgabenträger zugewiesen werden, um economies of scale nutzen zu können. -- Für die materielle Kompetenzverteilung in der Bundesrepublik bildet die nicht deckungsgleiche Verteilung von Entscheidungs- und Durchführungszuständigkeit im übrigen eher die Regel als die Ausnahme, da erstere überwiegend beim Bund, letztere überwiegend bei den Ländern liegt.

[40] Diese werden ausführlich erörtert bei SCHARPF u.a. 1976, S. 36ff. sowie FÜCHSEL 1984, insbes. S. 243 ff.

gruenz zwischen Entscheidungs- und Durchführungskompetenz durchbrochen wird, läßt sich dann nur unter Berücksichtigung der Besonderheiten der einzelnen Aufgaben entscheiden.

1.1.1.3.3. Die Verteilung der Finanzierungskompetenzen

Als letzte Teilkompetenz des passiven Finanzausgleich ist die Verpflichtung zur Finanzierung der mit der Aufgabenwahrnehmung verbundenen Ausgaben zu regeln. Hierbei sind drei Fälle zu unterscheiden:

1. Falls Entscheidungs- und Durchführungskompetenz beim gleichen Aufgabenträger liegen, kann die Verteilung entsprechend des allgemeinen Konnexitätsgrundsatzes erfolgen: "Die Ausgabenverteilung (Finanzierungskompetenz) folgt der Aufgabenverteilung (Entscheidungs- und Durchführungskompetenz)". -- Durch diese Regelung wird eine verwaltungsökonomisch wünschenswerte "Rückkoppelung" erreicht: Auf Gestaltung und Durchführung einer Aufgabe zurückgehende unzweckmäßige oder unwirtschaftliche Folgen der Aufgabenerfüllung schlagen sich im Budget des verantwortlichen Aufgabenträgers nieder, so daß Anreize zur Neuregelung der Aufgabengestaltung bzw. zur wirtschaftlicheren Durchführung bestehen.

2. Falls Entscheidungs- und Durchführungskompetenz bei verschiedenen Aufgabenträgern liegen, ist zunächst zu klären, ob unter "Aufgabenwahrnehmung" die Entscheidungs- oder Durchführungskompetenz zu verstehen ist.[41] Ökonomische Gesichtspunkten sprechen für erstere Auslegung, da die Höhe der anfallenden Kosten von der Gebietskörperschaft bestimmt wird, die über die Entscheidungshoheit verfügt, nicht aber von der durchführenden Gebietskörperschaft. Anreize zu wirtschaftlicher und sparsamer Aufgabenerfüllung ergeben sich dann also durch die Kopplung zwischen Entscheidungshoheit und Finanzierungsverpflichtung.

   Da die Entscheidungskompetenz nicht mit Gesetzgebungskompetenz und die Durchführungskompetenz nicht mit der Verwaltungskompetenz identisch sein müssen (s. o.), folgt aus dem Konnexitätsgrundsatz nicht notwendigerweise, daß die Finanzierungskompetenz der Gesetzgebungskompetenz folgt: Vielmehr ist auch die über die Verwaltungskompetenz einer Aufgabe verfügende Gebietskörperschaft im Ausmaß der ihr eingeräumten Entscheidungsspielräume an der Finanzierungsverpflichtung zu beteiligen, um auch hier die Anreize für ein wirtschaftliches und sparsames Handeln des Staates zu schaffen.

---

[41] Vgl. zu dieser Frage ERICHSEN 1968; FÜCHSEL 1984, S. 213ff.

3. Falls die Entscheidungskompetenz auf mehrere Aufgabenträger verteilt ist, können diese im Verhältnis zu den Entscheidungs-(Gestaltungs-)Anteilen auch auf die Höhe der anfallenden Kosten einwirken. Aus den erörterten Gründen wäre es daher angebracht, die Finanzierungskompetenz im Verhältnis zur Entscheidungskompetenz aufzuteilen. Dies würde beispielsweise in der Bundesrepublik eine Aufteilung der Finanzierungskompetenz nahelegen, da hier sowohl der Bund (durch seine Gesetzgebungskompetenzen) als auch die Länder (durch die Ermessensspielräume innerhalb ihrer Verwaltungskompetenzen) Entscheidungsanteile besitzen.[42]

Allerdings können die Entscheidungsanteile für eine öffentliche Aufgabe in der Praxis wohl nie exakt gemessen werden, so daß Kompetenz- und Finanzierungsstreitigkeiten zu erwarten wären. Überdies spricht auch der erhöhte Verwaltungsaufwand und die Ausweitung innerstaatlicher Verrechnungen und Finanzzuweisungen gegen eine solche Aufteilung der Finanzierungszuständigkeiten. -- Aus diesen Gründen sollte in allen Fällen, in denen der Entscheidungsanteil eines Aufgabenträgers dominiert, diesem - abweichend vom Grundsatz der Konnexität zwischen Entscheidungs- und Finanzierungszuständigkeit - die volle Finanzierungszuständigkeit zugeordnet werden.[43] Eine Aufteilung der Finanzierungszuständigkeit wäre unter Berücksichtigung dieser Regel dann nur noch bei Aufgaben angebracht, bei denen sich die Gestaltungskompetenz zu etwa gleichen Teilen auf die beteiligten Aufgabenträger verteilt.[44]

[42] FÜCHSEL (1984, S. 215) hat zu Recht darauf aufmerksam gemacht, daß der allgemeine Lastentragungsgrundsatz des Art. 104a Abs. 1 GG dieser ökonomischen Grundregel widerspricht. "Wenn es dort heißt, das der 'Bund und die Länder ... gesondert die Ausgaben' tragen, 'die sich aus der Wahrnehmung ihrer Aufgaben ergeben', wird die Ausgabenkompetenz an die Wahrnehmung der Verwaltung nach außen geknüpft." Eine der Aufteilung von Entscheidungskompetenzen entsprechende Teilung der Finanzierungszuständigkeiten findet sich in der Bundesrepublik lediglich bei den sog. Gemeinschaftsaufgaben nach Art. 91a,b GG sowie bei den Geldleistungsgesetzen nach Art. 104 Abs. 3 GG.

[43] Bestimmt z. B. ein Aufgabenträger über Planung, Gesetzgebung und (mit Hilfe von Verwaltungsrichtlinien) auch wesentlich über die Durchführung einer Aufgabe, so hat er diese auch dann alleine zu finanzieren, wenn die Aufgabe von einem anderen Aufgabenträger, der die Durchführungskompetenz für eine Aufgabe besitzt, mit der ausschließlichen Finanzierung belastet werden, wenn die Gesetzgebung sich auf grobe Vorgaben beschränkt und dem vollziehenden Aufgabenträger dadurch die Aufgabengestaltung und -durchführung weitgehend belassen ist.

[44] Hierin liegt wohl die Erklärung für die in der Bundesrepublik bei vielen Aufgaben fehlende Konnexität zwischen Gesetzgebungs- und Verwaltungskompetenz: " Würde die Lastentragung nur generell an der Entscheidungskompetenz anknüpfen, bedeutete dies in einer wesentlich vom formal-modalen Trennsystem geprägten bundesstaatlichen Ordnung nicht nur, daß dann eine Vielzahl von Aufgaben mischzufinanzieren wäre; Auseinandersetzungen um die Bedeutung der jeweiligen (Mit-)Entscheidungskompetenzen würden zudem die Lastenverteilung zusätzlich verunklaren." (FÜCHSEL 1984, S. 215; ähnlich auch HANSMEYER/KOPS 1984, S. 134.

1.1.1.3.4. Der "Vermischungsgrad" der Aufgabenverteilung

Die im Einzelfall gewählte Zuordnung der Teilkompetenzen des passiven Finanzausgleichs läßt sich hinsichtlich ihres "*Vermischungsgrades*" charakterisieren. Dieser wird zum einen davon bestimmt, ob die verschiedenen Teilkompetenzen einer öffentlichen Aufgabe kongruent (d. h. alle dem gleichen Aufgabenträger) oder inkongruent (d. h. zwei oder mehreren unterschiedlichen Aufgabenträgern) zugewiesen wurden, zum anderen davon, ob die einzelnen Teilkompetenzen ungeteilt einem einzigen Aufgabenträger zugewiesen oder auf zwei oder mehrere Aufgabenträger aufgeteilt wurden.

Den geringsten Vermischungsgrad weisen diejenigen Aufgaben auf, bei denen alle Teilkompetenzen ungeteilt und dem gleichen Aufgabenträger (kongruent) zugewiesen sind (extremes Trennsystem); den höchsten Vermischungsgrad weisen umgekehrt diejenigen Aufgaben auf, bei denen alle Teilkompetenzen geteilt und den Aufgabenträgern inkongruent zugeordnet sind (extremes Mischsystem). Dazwischen liegen diejenigen Aufgaben, bei denen eine oder zwei der Teilkompetenzen geteilt und/oder inkongruent zugeordnet sind (siehe Abbildung 2).

Abbildung 2:
Kompetenzarten der Aufgabenzuständigkeit und zwischen ihnen bestehende Interdependenzen

		kongruente Verteilung von Entscheidungs- und Durchführungskompetenz				inkongruente Verteilung von Entscheidungs- und Durchführungskompetenz			
		ungeteilte Entscheidungskompetenz		geteilte Entscheidungskompetenz		ungeteilte Entscheidungskompetenz		geteilte Entscheidungskompetenz	
		ungeteilte Finanzierungskompetenz	geteilte Finanzierungskompetenz	ungeteilte Finanzierungskompetenz	geteilte Finanzierungskompetenz	ungeteilte Finanzierungskompetenz	geteilte Finanzierungskompetenz	ungeteilte Finanzierungskompetenz	geteilte Finanzierungskompetenz
ungeteilte Durchführungskompetenz	kongruente Verteilung von Entscheidungs- u. Finanzierungskompetenz	((1/1))	1/2	2		((5/1))	5/2	6/1	((6/2))
	inkongruente Verteilung von Entscheidungs- u. Finanzierungskompetenz	1/3	1/4			5/3	5/4	(6/3)	6/4
geteilte Durchführungskompetenz	kongruente Verteilung von Entscheidungs- u. Finanzierungskompetenz	3		4/1	((4/2))	((7/1))	7/2	8/1	((8/2))
	inkongruente Verteilung von Entscheidungs- u. Finanzierungskompetenz			(4/3)	4/4	7/3	7/4	(8/3)	8/4

Quelle: HANSMEYER/KOPS 1984a, S. 133

Sowohl die Trennung als auch die Vermischung der Aufgabenzuständigkeiten weist spezifische Vor- und Nachteile auf; diese lassen sich aber kaum exakt bemessen und hängen wesentlich von politischen und ideologischen Grundpositionen ab.[45] Der Vermischungsgrad der in der Bundesrepublik getroffenen Aufgabenverteilung (wie auch der vergleichbarer Industriestaaten) hat sich im Zeitablauf erhöht;[46] in jüngerer Vergangenheit werden allerdings die Nachteile der Aufgabenvermischung stärker in den Vordergrund gestellt[47] und Tendenzen einer Aufgabenentmischung (-entflechtung) sichtbar.[48]

1.1.2. Der ergänzende passive Finanzausgleich

Unter dem ergänzenden passiven Finanzausgleich sind alle Regelungen zu verstehen, durch die die originäre Verteilung der Entscheidungs-, Durchführungs- und Finanzierungszuständigkeiten zwischen Gebietskörperschaften verändert werden, wobei solche Regelungen dann erforderlich sind, wenn es im originären passiven Finanzausgleich nicht gelungen bzw. bewußt darauf verzichtet worden ist, die Aufgaben derart zu verteilen, daß die von der Aufgabenerfüllung ausgehenden Wirkungen ausschließlich den über die Aufgabe entscheidenden Aufgabenträger (bzw. dessen Mitglieder) betreffen.[49]

---

[45] "Das Problem dieses Optimierungskalküls liegt darin, daß ein Zentralist die glied- und zentralstaatlichen Präferenzenkosten sicherlich anders gewichten wird als ein Föderalist." (FÜCHSEL 1984, S. 314)

[46] Zur zusammenfassenden Beschreibung und Erklärung dieser Entwicklung vgl. EDLING 1984.

[47] Kritisiert wurde die Aufgabenverflechtung - unter dem Schlagwort der "Politikverflechtung" in der Bundesrepublik vor allem von SCHARPF u.a. 1976. Ähnlich dann auch beispielsweise GANSER 1978; HINKEL 1978; SCHUSTER 1979a; DERS. 1979b; MÄDING u.a. 1980.

[48] Diese Entwicklungen sind beispielsweise beschrieben bei ELLWEIN 1983, S. 76ff.; FÜCHSEL 1984, S. 94ff; KLATT 1985; BENZ 1985, S. 40ff.

[49] Die Rechtslehre hat sich mit dem ergänzenden passiven Finanzausgleich insbesondere im Rahmen der sog. "Delegationslehre" beschäftigt. Unter dem Begriff der Delegation versteht sie "die Änderung von Organisationsnormen, auf denen Zuständigkeiten beruhen, wobei zwischen echter und unechter Delegation zu unterscheiden ist. Der Unterschied zwischen diesen beiden Delegationsformen besteht darin, daß die echte Delegation eine freie Willensentscheidung des Deleganten voraussetzt, während die unechte Delegation solche Zuständigkeits- und Kompetenzänderungen umfaßt, die ohne Rücksicht auf den Willen des bisherigen Zuständigkeitsinhabers vorgenommen werden. Im übrigen beinhalten beide Delegationsformen, daß durch sie die ordentliche Zuständigkeit (in unserer Terminologie also die originäre Aufgabenverteilung, d.V.) des Deleganten aufgehoben, gleichzeitig eine außerordentliche Zuständigkeit (in unserer Terminologie also eine ergänzende Aufgabenverteilung) in der Person des Delegatars begründet und mit ihr eine Kompetenzübertragung vom Deleganten auf den Delegatar verbunden wird. " PAGENKOPF 1975a, S. 105ff. Vgl. zum Delegationsgedanken in der Rechtslehre auch TRIEPEL 1942; OBERMAYER 1956; RASCH 1957; LAUSCHER 1968.

1.1.2.1. Regelungen infolge inkongruenter Verteilung von Entscheidungs- und Durchführungskompetenz

Eine erste Ursache für eine derartige Modifizierung originärer Zuständigkeiten kann darin bestehen, daß eine Aufgabe aus "produktionstechnischen" Überlegungen von einem Aufgabenträger ausgeführt werden sollte, dem (aus anderen Gründen) im originären passiven Finanzausgleich nicht die Durchführungskompetenz für diese Aufgabe zugewiesen wurde. Für den "vollziehenden" Aufgabenträger bedeutet die Aufgabe damit eine Weisungs bzw. Pflichtaufgabe, für die er gegenüber dem originär zuständigen Aufgabenträger ein Anrecht auf Erstattung der mit der Durchführung verbundenen Aufwendungen besitzt, solange ihm nicht die originäre Durchführungskompetenz (i.d.R. dann aber auch die Ertrags- und Entscheidungskompetenz) für die Aufgabe zugeteilt worden ist.

Im ergänzenden passiven Finanzausgleich ist dieses Anrecht im einzelnen zu regeln.[50] So ist z. B. festzulegen, ob lediglich die Zweckausgaben oder auch die Verwaltungskosten erstattet werden sollen, nach welchem Verfahren (Einzelkosten- oder Pauschalabrechnung) die Aufwendungen berechnet werden sollen, welcher Kostenmaßstab bei einer Pauschalabrechnung zugrunde gelegt werden soll etc.

1.1.2.2. Regelungen infolge externer Effekte

Eine zweite Ursache für den ergänzenden passiven Finanzausgleich ergibt sich aus der Existenz sog. externer Effekte. Diese bestehen im vorliegenden Zusammenhang darin, daß die von einer Gebietskörperschaft erfüllten Aufgaben positive oder negative Auswirkungen für die Einwohner anderer Gebietskörperschaften haben können.

Solche räumlichen "Spill-Overs" lassen sich nicht völlig vermeiden, weil die exakte Abgrenzung von Gebietskörperschaften gemäß ihrem räumlichen Wirkungsbereich bei der Vielzahl staatlicher Aufgaben zu einer "Multiföderation" mit unvertretbarem Informations- und Koordinationsaufwand (Transaktionskosten) für den Staat und die Bürger führen würde. Abgesehen davon könnten solche Spill-overs wegen der Existenz von Aufgaben mit mehreren Gutskomponenten (unterschiedlicher regionaler Wirkungskreise) selbst in einem multiföderativen Staat nicht vollständig vermieden werden.[51]

---

[50] Ein Überblick über die materiellen Ermächtigungsregelungen zur Aufgabendelegation zwischen Gemeinden (Gemeindeverbänden) findet sich bei PAGENKOPF 1975a, S. 106ff.

[51] Dadurch ergibt sich die gleiche Problematik, wie sie bei der Erklärung für das Auftreten systematischer Fehlentscheidungen beschrieben wurde. Man könnte daher das Auftreten externer Effekte auch als Sonderfall suboptimal zugeordneter Entscheidungskompetenzen betrachten. Internalisierungszuweisungen wären dann eine Sonderform der (De-)Meritorisierungszuweisungen.

Externe Effekte finden sich vor allem zwischen benachbarten Gebietskörperschaften der gleichen föderalen Ebene. Ein Beispiel für (positive) externe Effekte zwischen Gemeinden wären etwa die zentralörtlichen Einrichtungen einer Stadt, die von den Einwohnern der Umlandgemeinden mitgenutzt werden;[52] positive externe Effekte zwischen Ländern gehen beispielsweise von den Seehäfen aus, die auch für die (Einwohner der) Binnenländer Transport- und Versorgungsaufgaben erfüllen, die keine Seeanrainer sind. Externe Effekte finden sich aber auch zwischen Gebietskörperschaften unterschiedlicher föderaler Ebenen. So weist z. B. Nordrhein-Westfalen seit langem auf seine Aufwendungen zur Sicherung der Energieversorgung hin, die den Bund von dieser - nationalen - Aufgabe entlasteten und von daher durchaus als Form vertikaler externer Effekte betrachtet werden könnten.

Da solche externen Effekte sowohl zu distributiven als auch zu allokativen Wohlfahrtsverlusten führen, sollten sie internalisiert werden. Im ergänzenden passiven Finanzausgleich sind die hierfür notwendigen Regelungen zu treffen, d. h. Anspruchsvoraussetzungen, Anspruchsrichtung, Ausgleichsform und Ausgleichsverfahren zu bestimmen. In der Regel führen diese Regelungen dann in der Form monetärer Zahlungen zu Konsequenzen für den ergänzenden aktiven Finanzausgleich (s. u.). Es ist aber auch denkbar, daß die Internalisierung im Rahmen des ergänzenden passiven Finanzausgleichs abschließend geregelt wird (etwa in Form kompensatorischer Realtranfers oder in der Duldung gegenläufiger externer Effekte).

1.1.2.3. Regelungen infolge systematischer Fehlentscheidungen der entscheidungsbefugten Aufgabenträger

Eine dritte Ursache für die Notwendigkeit eines ergänzenden passiven Finanzausgleichs ergibt sich ebenfalls aus der Existenz von Aufgaben mit mehreren Gutskomponenten. Falls nicht ein einziger Aufgabenträger über alle diese Gutskomponenten (am besten) entscheiden kann, die Gutskomponenten aber als Kuppelprodukte nicht getrennt erstellt werden können, sind systematische Fehlentscheidungen unvermeidlich, ganz gleich welchem Aufgabenträger die Entscheidungsbefugnis letztlich zugewiesen wird. Ein Beispiel sind etwa die Investitionen der örtlichen Daseinsvorsorge, die sowohl regional begrenzte (am besten von den Gemeinden zu beurteilende) Allokationswirkungen als auch gesamtwirtschaftliche Konjunkturwirkungen haben, über deren Steuerung der Zentralstaat besser befinden könnte.

---

[52] Umgekehrt können von dieser Stadt aber auch negative externe Effekte für das Umland, beispielsweise in Form von Umweltschädigungen, ausgehen.

Die Entscheidung über einzelne Gutskomponenten fallen aus diesem Grund suboptimal aus, sofern sie nicht - ähnlich wie bei externen Effekten - durch Zuweisungen der hierfür besser geeigneten Aufgabenträger beeinflußt werden. Solche Beeinflussungen der Konsum- und Produktionsentscheidungen durch (positive oder negative) Zuweisungen sind im Verhältnis zwischen öffentlichem und privatem Sektor gang und gäbe und dort mit der "Theorie der meritorischen Güter" zu rechtfertigen versucht worden. Analog sollen die dem gleichen Zweck dienenden Zuweisungen zwischen öffentlichen Aufgabenträgern als "innerstaatliche (De-)Meritorisierungszuweisungen" bezeichnet werden.

Solche (De-)Meritorisierungseingriffe führen - zwischen staatlichem und privatem Sektor ebenso wie innerhalb des staatlichen Sektors - allerdings nur dann zu gesamtwirtschaftlichen Wohlfahrtsgewinnen, wenn die ihnen zugrunde liegende Prämisse richtig ist, daß die Präferenzen der entscheidungsberechtigten Aufgabenträger von den "wahren" Präferenzen abweichen und durch die (De-)Meritorisierung mit diesen in Übereinstimmung gebracht werden.[53] Problematisch ist dabei (wie bei meritorischen Eingriffen des Staates in den Privatsektor), daß i. d. R. die Präferenzen des (De-)Meritorisierenden Aufgabenträger den Maßstab für die "wahren" Präferenzen abgeben, ohne diese objektiv ermitteln zu können. Innerstaatliche (De-)Meritorisierungseingriffe werden entsprechend dieser Argumente vor allem von zentralen gegenüber dezentralen Aufgabenträgern als erforderlich angesehen. Prinzipiell ist aber auch eine (De-)Meritorisierung zwischen hierarchisch gleichgestellten Aufgabenträgern möglich; selbst eine (De-)Meritorisierung "von unten nach oben" ist vorstellbar.

Im ergänzenden passiven Finanzausgleich sind die Voraussetzungen und Verfahrensweisen solcher innerstaatlicher (De-)Meritorisierungseingriffe zu regeln. Dabei ist festzulegen, welche Aufgabenträger an/von welche(n) anderen Aufgabenträger(n) (De-)Meritorisierungszuweisungen in welcher Höhe leisten und annehmen dürfen (oder müssen) und welche Bedingungen dabei hinsichtlich der Empfangs-, Verwendungs- und Eigenbeteilungsauflagen vereinbart werden dürfen.

[53] Als Ursachen solcher Fehleinschätzungen werden z. B. die lückenhafte oder falsche Informationsbasis, die fehlende "Objektivität" oder "Interessenneutralität", der Einfluß sachfremder Gesichtspunkte wie Konkurrenz- oder Prestigedenken, der nicht gesehene Sachzusammenhang mit anderen Aufgaben oder die Vernachlässigung überregionaler oder gesamtwirtschaftlicher Belange genannt; besonders letztere Argumente zeigen, daß die Übergänge zu den Internalisierungsargumenten (s. o.) fließend sind.

1.1.3. Interdependenzen zwischen den Regelungsbereichen des passiven Finanzausgleichs

1.1.3.1. Interdependenzen zwischen den Regelungsbereichen des originären passiven Finanzausgleichs

Die Abgrenzung der öffentlichen Aufgaben, die Bildung öffentlicher Aufgabenträger und die Verteilung der Aufgaben auf diese Aufgabenträger wurden bisher als voneinander unabhängige, nacheinander und isoliert voneinander lösbare Teilprobleme des originären passiven Finanzausgleichs behandelt; ebenso die innerhalb dieser Teilprobleme unterschiedenen Einzelschritte. Diese der Logik des Finanzausgleichs folgende und unter didaktischem Aspekt vorteilhafte Betrachtungsweise ist allerdings nicht realistisch: In Wirklichkeit sind die einzelnen Regelungsbereiche des originären passiven Finanzausgleichs voneinander abhängig und nur iterativ, unter Berücksichtigung der in den jeweils anderen Teilbereichen getroffenen Regelungen lösbar.[54]

So kann die Abgrenzung der öffentlichen Aufgaben nicht unabhängig von der Leistungsfähigkeit des öffentlichen im Vergleich zum privaten Sektor getroffen werden. Diese aber wird nicht zuletzt bestimmt von der Zweckmäßigkeit des Staatsaufbaus, von der Leistungsfähigkeit der einzelnen öffentlichen Aufgabenträger und von der sinnvollen Verteilung der Aufgaben und Einnahmen zwischen ihnen - und damit von Finanzausgleichsfaktoren, über die nach der dargestellten (Chrono-)Logik des Finanzausgleichs erst nach der Abgrenzung der öffentlichen Aufgaben entschieden wird. Ebenso werden bei der Abgrenzung der öffentlichen Aufgabenträger die Möglichkeiten einer Gruppierung von Aufgaben mit ähnlichen Wirkungsbereichen antizipiert. – Aufgabenträgerabgrenzung und Aufgabenverteilung sind daher nicht, der Logik des passiven Finanzausgleich entsprechend, nacheinander, sondern eher gleichzeitig und iterativ zu regeln.

Andererseits stehen bei der Lösung konkreter Probleme des passiven Finanzausgleichs in der Regel nur Einzelfragen zur Diskussion und Disposition, die infolge politischer Restriktionen in der Tat isoliert geregelt werden können bzw. müssen. So muß z. B. häufig ein historisch gewachsener Staatsaufbau und Katalog bestehender öffentlichen Aufgaben als (zumindest kurzfristig) politisch nicht veränderbar behandelt werden.[55]

Solche politischen Vorgaben können adäquate Problemlösungen erschweren; sie verhindern andererseits übereilte und gravierende Fehlentscheidungen, wie sie bei einer von Grund auf neuen Gesamtregelung des

---

[54] Vgl. zum folgenden ausführlich HANSMEYER/KOPS 1985.

[55] Dies erklärt im übrigen, warum die Abgrenzung öffentlicher Aufgaben und Aufgabenträger häufig nicht als Regelungsbereiche des passiven Finanzausgleich angesehen, sondern in dessen "Vorfeld" verlagert werden.

Finanzausgleichs möglich wären. In jedem Fall wird die Lösung materieller Finanzausgleichsprobleme der beschriebenden Ablauflogik häufig nicht folgen (können). Deren theoretische Erklärungskraft ändert sich dadurch gleichwohl nicht.

1.1.3.2. Interdependenzen zwischen originärem und ergänzendem passivem Finanzausgleich

Die bisherigen Ausführungen haben deutlich gemacht, daß die Ursachen für im ergänzenden passiven Finanzausgleich erforderliche Regelungen letztlich darin bestehen, daß der originäre passive Finanzausgleich suboptimal gestaltet wurde. Die sich damit prima facie aufdrängende Vermutung, durch eine Verbesserung bzw. Ergänzung des originären passiven Finanzausgleichs könne jeder ergänzende passive Finanzausgleich überflüssig gemacht werden, ist allerdings nicht richtig. Abgesehen davon, daß ein solcher Weg bei materiellen Finanzausgleichsregelungen wiederum an politischen Restriktionen scheitern könnte (s. o.), ist er auch theoretisch ausgeschlossen, da im originären passiven Finanzausgleich z. T. miteinander konfligierende Ziele erfüllt werden müssen und ergänzende Regelungen erforderlich machende Zielverzichte unumgänglich sind.[56]

Es kann daher nicht darum gehen, den originären passiven Finanzausgleich derart regeln zu wollen, daß ergänzende Finanzausgleichsbestimmungen vollkommen überflüssig werden. Umgekehrt sollte aber auf die Beseitigung vermeidbarer Unzulänglichkeiten des originären passiven Finanzausgleichs nicht deshalb verzichtet werden, weil ihre negativen Folgen nachträglich mit Hilfe des ergänzenden passiven Finanzausgleich wieder geheilt werden können. Vielmehr sollte der ergänzende passive Finanzausgleich eine subsidiäre Korrekturfunktion erfüllen, indem er diejenigen Mängel beseitigt, die aufgrund konstitutiver Zielkonflikte des originären passiven Finanzausgleichs unumgänglich sind. -- Erfahrungsgemäß werden solche, im originären Teil als unlösbar angesehene Probleme im materiellen Finanzausgleich häufiger auftreten (und damit in den ergänzenden Finanzausgleich verlagert) als im formalen Finanzausgleich.

---

[56] So würde etwa der Versuch, die öffentlichen Aufgabenträger derart abzugrenzen, daß keinerlei externe Effekte entstehen, einen multiföderalen Staatsaufbau erfordern, der mit anderen Zielen des passiven Finanzausgleichs (Übersichtlichkeit des Staatsaufbaus, Kontroll-, Partizipations- und Legitimierungsmöglichkeiten für den Bürger) nicht vereinbar wäre. Ähnlich würde der Versuch, im originären passiven Finanzausgleich die Notwendigkeit meritorischer Korrektureingriffe zu verhindern, eine Vielzahl von den Erfordernissen der einzelnen öffentlichen Aufgaben jeweils optimal angepaßten Aufgabenträger erfordern. Gegen eine deckungsgleiche Verteilung von Finanzierungs- und Durchführungskompetenz schließlich (mit dem dadurch erreichbaren Verzicht auf innerstaatliche Erstattungen) sprechen die dann entfallenden allokativen Vorteile innerstaatlicher Aufgabenteilung.

1.2. Die Einnahmenverteilung (der "aktive" Finanzausgleich)

Auch der aktive Finanzausgleich läßt sich in mehrere Teilbereiche aufgliedern (siehe wiederum Abbildung 1, S. 15). Zunächst kann er, wie der passive Finanzausgleich, in einen originären (auch "primären") und einen ergänzenden (auch: "sekundären") Finanzausgleich unterteilt werden. Ersterer beinhaltet die Verteilung der originären öffentlichen Einnahmequellen, letzterer die Regelungen, durch die die originäre Einnahmeverteilung - aus noch zu erläuternden Gründen - verändert wird, insbesondere die Regelungen, durch die es zu einer Umverteilung bereits im öffentlichen Sektor befindlicher Finanzmittel kommt.

1.2.1. Der originäre aktive Finanzausgleich

Innerhalb des originären aktiven Finanzausgleichs können dann nochmals verschiedene Regelungsbereiche voneinander abgegrenzt werden (Abbildung 1, S. 15). So ist einmal das Gesamtvolumen der öffentlichen Einnahmen und deren Struktur (d. h. Art und Höhe der einzelnen Einnahmearten) festzulegen; zum anderen sind die Einnahmearten auf die einzelnen öffentlichen Aufgabenträger zu verteilen.

1.2.1.1. Abgrenzung der öffentlichen Einnahmen

Die öffentlichen Aufgabenträger können kraft ihrer staatlichen Autorität die unterschiedlichsten Tatbestände zur Grundlage ihres Einnahmenzugriffs machen. Im Vordergrund stehen dabei die verschiedenen Bestands- und Bewegungsgrößen, die eine Steuerpflicht begründen können (Steuerquellen); daneben kann sich der Staat aber auch Einnahmen aus anderen Quellen verschaffen, etwa aus staatlichen Leistungen, die für gebühren- oder beitragspflichtig erklärt werden, oder aus staatlichen Aktivitäten, bei denen das Zwangselement zurücktritt, etwa aus unmittelbarer Beteiligung am Marktprozeß (Erwerbseinkünfte) oder aus einer Veränderung der öffentlichen Vermögensstruktur (insbesondere aus öffentlicher Verschuldung).

Je vielfältiger und umfassender diese Einnahmenquellen (die "GesamtBemessungsgrundlage") und je intensiver ihre Ausschöpfung (der "Einnahmesatz"), desto höher ist die Summe der öffentlichen Einnahmen. Im Extrem könnten die öffentlichen Haushalte die gesamte Wertschöpfung einer Periode vereinnahmen; unter Rückgriff auf Vermögensbestände kurzfristig sogar diese Grenze überschreiten (beispielsweise in Kriegs- und Krisenzeiten). Im Regelfall werden die öffentlichen Einnahmen - nicht zuletzt wegen der anderenfalls auf den Privatsektor ausgeübten "disincentives" - wesentlich unter dieser Grenze zurückbleiben.[57] Sie haben den Finanzbedarf abzudecken, der zur Erfüllung der im passiven

[57] Siehe SCHMÖLDERS/HANSMEYER 1981, S. 97.

Finanzausgleich festgelegten öffentlichen Aufgaben benötigt wird, d. h. ihre Höhe wird letztlich durch die Nutzenabwägung zwischen öffentlichen und privaten Aufgaben bzw. Gütern bestimmt.[58] Diese Forderung einer "Bedarfsgerechtigkeit" des öffentlichen Einnahmensystems gilt sowohl für das Einnahmevolumen insgesamt als auch für die Einnahmen jedes einzelnen öffentlichen Aufgabenträgers.

1.2.1.2. Die Verteilung der öffentlichen Einnahmearten auf die einzelnen Aufgabenträger

Stehen Art und Volumen der einzelnen öffentlichen Einnahmearten fest, so sind sie derart auf die öffentlichen Aufgabenträger zu verteilen, daß diesen die Erfüllung ihrer (im passiven Finanzausgleich ausgewiesenen) Aufgaben möglich ist. Um dies zu gewährleisten, ist insbesondere die Höhe bzw. Ergiebigkeit der einzelnen Einnahmearten zu berücksichtigen, daneben aber auch eine Reihe anderer Eigenschaften (wie z. B. Konjunktur- und Wachstumsreagibilität, Merklichkeitsgrad u. a.), die die Erfüllung öffentlicher Aufgaben erschweren oder erleichtern können. Bei einem mehrstufigen Staatsaufbau kann, wie beim passiven Finanzausgleich, zwischen einer vertikalen und einer horizontalen Einnahmenverteilung unterschieden werden, obwohl die Problematik prinzipiell - wiederum analog zum passiven Finanzausgleich - in beiden Fällen die gleiche ist.

Auch im Hinblick auf die Notwendigkeit, mehrere Teilkompetenzen voneinander zu unterscheiden, und hinsichtlich der ökonomisch sinnvollen Abgrenzung dieser Teilkompetenzen bestehen zwischen passivem und aktivem Finanzausgleich Parallelen. Es bietet sich die Unterscheidung dreier Teilkompetenzen der Einnahmenzuständigkeit an:

1. Eine *Entscheidungskompetenz*. Dabei handelt es sich um das Recht bzw. die Pflicht, Art und Höhe einer öffentlichen Einnahme zu bestimmen. Die Entscheidungskompetenz läßt sich damit unterteilen in eine Objektkompetenz (-hoheit), die sich auf die Wahl der Einnahmequelle (das Einnahmeobjekt) bezieht, und in eine Gestaltungskompetenz (-hoheit), die die Inanspruchnahme der Einnahmequelle im einzelnen regelt. Hierzu gehört die zeitliche und sachliche Konkretisierung von Bemessungsgrundlage und Steuerpflicht und die Festlegung von Tarifstruktur (einschl. Freigrenzen und Freibeträgen etc.) und Tarifniveau (bzw. Hebesätzen). Der häufig verwendete Begriff der "Gesetzgebungskompetenz" bezeichnet diese Teilkompetenz nur unzulänglich, da Entscheidungsspielräume auch außerhalb der Einnahmegesetzgebung (z. B. bei der Verwaltung, s. u.) bestehen.

---

[58] Das Volumen der öffentlichen Gesamteinnahmen ergibt sich somit aus der (im passiven Finanzausgleich zu treffenden) Festlegung des sog. "optimalen Budgets". Siehe hierzu MACKSCHEIDT 1971.

2. Eine *Durchführungskompetenz*. Dabei handelt es sich um das Recht bzw. die Pflicht, unter Beachtung der vom entscheidungskompetenten Aufgabenträger (s. o.) erlassenen Regelungen eine öffentliche Einnahme einzuziehen. Der Begriff der Verwaltungskompetenz ist mit dem der Durchführungskompetenz nur dann identisch, wenn der entscheidungsbefugte Aufgabenträger die Verwaltung der Einnahme derart erschöpfend geregelt hat, daß hierbei keine Entscheidungsspielräume verbleiben. Sind solche Spielräume - wie in der Praxis üblich - aber vorhanden (z. B. in Form von Auslegungsmöglichkeiten oder Stundungsvoraussetzungen oder eines möglichen Verzichts auf den Einzelnachweis steuerpflichtmindernder Tatbestände), so beinhaltet die Verwaltungskompetenz Elemente der Durchführungs- und der Entscheidungszuständigkeit.

3. Eine *Ertragskompetenz*. Diese beinhaltet das Recht, über die aus einer Einnahmequelle fließenden Finanzmittel zu verfügen.

Folgt man dieser Einteilung, so sind diese Kompetenzarten im originären aktiven Finanzausgleich - analog der Vorgehensweise beim passiven Finanzausgleich - getrennt voneinander und nach unterschiedlichen Kriterien zuzuweisen. Bei der Verteilung der ersten Kompetenzart, der **Entscheidungskompetenz**, d. h. dem Recht, Art und Höhe der zu erhebenden öffentlichen Einnahmen, insbesondere der Steuern (auf deren Darstellung wir uns im folgenden konzentrieren) zu bestimmen, sind die gleichen Gesichtspunkte zu berücksichtigen wie bei der Verteilung der Entscheidungskompetenzen für die öffentlichen Aufgaben: Externe Effekte sind möglichst zu minimieren, Präferenzunterschiede möglichst zu berücksichtigen.

Zur Erfüllung der ersten Forderung sollte jedem Aufgabenträger die Entscheidungskompetenz (und Ertragskompetenz, s. u.) über Steuerquellen zugewiesen werden, die eine Steuer(trag)last ausschließlich für die ihm zugeordneten Einwohner/Mitglieder bewirken. Ist auch auf der Ausgabenseite eine Vermeidung externer Effekte gelungen, so ergibt sich dadurch eine "fiskalische Äquivalenz" zwischen Nutzern und Zahlern der von den Aufgabenträgern erbrachten Leistungen. Aus dieser Zielsetzung folgt als Regel für den originären aktiven Finanzausgleich, den dezentralen Aufgabenträgern die Entscheidungskompetenz für örtlich radizierbare Steuern mit engem Wirkungsbereich, den(m) zentralen Aufgabenträger(n) demgegenüber die Kompetenz(en) für örtlich nicht radizierbare Steuern und/oder für Steuern mit nicht radizierbarem Wirkungsbereich zu übertragen. Aus dem gleichen Grund sollten den(m) zentralen Aufgabenträger(n) die Entscheidungskompetenz über Steuern zugeteilt werden, die nach dem Leistungsfähigkeitsprinzip bemessen werden, d. h. verteilungspolitischen Zielen dienen. Schließlich sollte den(m) zentralen Aufgabenträger(n) auch die Entscheidungskompetenz über konjunkturreagible Steuern übertragen werden, um externe Effekte in Form prozyklischen Budgetverhaltens der dezentralen Aufgabenträger zu vermeiden. -- Umgekehrt sollten die Entscheidungskompetenzen über Steuern, die nach dem

Äquivalenzprinzip für regional radizierbare Leistungen erhoben werden, auch deshalb den dezentralen Aufgabenträgern überlassen werden, damit diese die bezüglich solcher Leistungen bestehenden Präferenzunterschiede der Bürger berücksichtigen können.

Die verschiedenen für die Zuordnung der Entscheidungskompetenz relevanten Kriterien können allerdings zu widersprüchlichen Empfehlungen führen.[59] Durch eine Aufteilung der Entscheidungszuständigkeit auf zwei oder mehrere Aufgabenträger kann in diesen Fällen allerdings versucht werden, die hinsichtlich der verschiedenen Eigenschaften der Steuer jeweils geeignetsten Aufgabenträger an der Entscheidungsfindung zu beteiligen.[60] Allerdings ist eine solche Teilung der Entscheidungszuständigkeiten auch mit Nachteilen verbunden. Sie erfordert innerstaatliche Abstimmungen und verursacht damit Transaktionskosten für die beteiligten Aufgabenträger. Für den Bürger ist außerdem nicht mehr erkennbar, welcher Aufgabenträger für die Steuergestaltung, insbesondere für die Höhe der Steuerlast verantwortlich ist; dies erschwert ihm die Urteilsfindung und politische Partizipation. Die Aufteilung von Entscheidungskompetenzen ist daher keine von Nachteilen freie Methode, die im Hinblick auf die verschiedenen Eigenschaften einer Steuer jeweils entscheidungskompetentesten Aufgabenträger am Entscheidungsprozeß zu beteiligen. Es wird deshalb häufig vorgezogen, die Entscheidungshoheit über eine Steuer einem einzigen Aufgabenträger zu überlassen und dabei in Kauf zu nehmen, daß ein im Hinblick auf einzelne Eigenschaften der Steuer kompetenterer Aufgabenträger nicht an der Entscheidung beteiligt wird. Es kommt dann zwar zu ähnlich "suboptimalen" Lösungen des originären aktiven Finanzausgleich, wie sie bereits vom originären passiven Finanzausgleich bekannt sind. Wie dort sind solche Suboptimalitäten jedoch im Rahmen des ergänzenden Finanzausgleich, hier: des ergänzenden aktiven Finanzausgleich, korrigierbar (s. u.).

Für die Verteilung der **Durchführungszuständigkeiten**, hier der Erhebung der verschiedenen Steuerarten, sind - wiederum analog zum passiven Finanzausgleich - primär "produktionstechnische" Faktoren maßgebend: Eine Steuer soll von demjenigen Aufgabenträger erhoben werden, dem dies zum geringsten Erhebungsaufwand (für den öffentlichen Sektor) und Entrichtungsaufwand (für den privaten Sektor) möglich ist. Daß dieser Aufgabenträger möglicherweise nicht die beiden anderen Teilkompetenzen des aktiven Finanzausgleichs besitzt, ist ohne Belang: Liegt die Ent-

---

[59] So kann es z. B. im Hinblick auf die örtliche Radizierbarkeit einer Steuer angebracht sein, die Entscheidungskompetenz dezentralen Aufgabenträgern zuzuweisen; im Hinblick auf redistributive Ziele kann sich dagegen eine Zuweisung an zentrale Aufgabenträger anbieten (Beispiel: Einkommensteuer).

[60] Bei der als Beispiel angeführten Einkommensteuer könnte etwa der Zentralstaat über die distributionspolitischen Ziele befinden (z. B. durch die Wahl des Tarifverlaufs); die dezentralen Aufgabenträger könnten hingegen lokale Präferenzunterschiede bezüglich des gewünschten Leistungsniveaus der dezentralen öffentlichen Haushalte berücksichtigen (z. B. durch ein Hebesatzrecht auf die Proportionalzone der Einkommensteuer).

scheidungszuständigkeit bei einem anderen Aufgabenträger, so können von diesem die Erhebungsmodalitäten detailliert festgelegt werden; liegt die Ertragskompetenz bei einem anderen Aufgabenträger, so können diesem die vereinnahmten Mittel (u. U. nach Abzug angefallener Verwaltungskosten) zugeleitet werden. Allerdings müssen in beiden Fällen die bereits vom passiven Finanzausgleich bekannten (für den aktiven Finanzausgleich aber weniger gravierenden) Nachteile einer inkongruenten Verteilung von Teilkompetenzen in Kauf genommen werden.

Es hängt dann von der Höhe der Erhebungs- und Entrichtungskosten einer Steuer ab, welcher Aufgabenträger mit ihrer Erhebung betraut wird. Bei örtlich radizierbaren Steuern, bei denen die Entscheidungskompetenz dezentralen Aufgabenträgern zugeordnet ist, die daher i. d. R. auch (regional) differenziert ausgestaltet sind (unterschiedliche Hebesätze, ggf. unterschiedliche Abgrenzung der Bemessungsgrundlagen etc.) und bei denen u. U. auch die Veranlagung unter Berücksichtigung der örtlichen Besonderheiten und unter persönlicher Mitwirkung der Zensiten erfolgt, wird das Minimum der Erhebungs- und Entrichtungskosten tendenziell bei kleineren Zuständigkeitsbereichen liegen (die Erhebungskompetenz wird folglich dezentralen Aufgabenträgern zuzuordnen sein); bei örtlich nicht radizierbaren, einheitlich geregelten und ohne Mitwirkung der Zensiten erhebbaren Steuern können demgegenüber möglicherweise economies of scale genutzt werden, ohne daß sich dadurch die Entrichtungskosten für die Zensiten erhöhen; diese Steuern sind dann zweckmäßigerweise von zentralen Aufgabenträgern einzuziehen.

Ebenso wie beim passiven Finanzausgleich die Finanzierungshoheit für eine Aufgabe mit der Entscheidungshoheit übereinstimmen sollte, sollte auch im aktiven Finanzausgleich die (das Pendant zur Finanzierungshoheit bildende) **Ertragshoheit** für eine Einnahmeart mit der Entscheidungshoheit für diese Einnahme korrespondieren. D. h. derjenige Aufgabenträger, der über Art und Höhe einer Einnahme entscheidet, sollte auch über die Verausgabung befinden dürfen. Die Konnexität erlaubt es den Aufgabenträgern, die Wahl der Einnahmequellen und deren Anspannung entsprechend ihrer Ausgabenverpflichtung und der dahinter stehenden Aufgabenentscheidungen zu variieren und Ausgaben und Einnahmen gemäß der Präferenzen ihrer Bürger aufeinander abzustimmen.

Folglich sollten bei der Verteilung der Ertragskompetenzen die gleichen Grundsätze beachtet werden, die bereits für die Verteilung der Entscheidungskompetenzen angeführt wurden: Zentrale Aufgabenträger sollten die Ertragshoheiten für redistributive, nach dem Leistungsfähigkeitsprinzip bemessene Steuern, für stark konjunkturreagible sowie für örtlich nicht radizierbare Steuern erhalten, dezentrale Aufgabenträger die Ertragshoheiten für nach dem Äquivalenzprinzip bemessene, wenig konjunkturabhängige und örtlich radizierbare Steuern. Dabei sollte ihnen der Steuerertrag nach dem Prinzip des örtlichen Aufkommens zugestanden werden, um sie zur (gesamtwirtschaftlich erwünschten) Pflege und Stärkung der zugeteilten Steuerquellen anzuregen.[61]

1.2.1.3. Typisierung der Verteilungsverfahren des originären aktiven Finanzausgleichs

Je nach gewählter Zuordnung der Entscheidungs- und Ertragszuständigkeit lassen sich verschiedene "Verteilungssysteme" des originären aktiven Finanzausgleichs unterscheiden. (Die Zuordnung der Durchführungszuständigkeit spielt dabei keine Rolle). Diese Verteilungssysteme (die folgende Tabelle 1 zeigt eine synoptische Zusammenstellung) variieren im Hinblick darauf, welche Elemente der Entscheidungskompetenz den Aufgabenträgern zur Disposition stehen und ob ihnen eine begrenzte oder unbegrenzte Ertragskompetenz eingeräumt worden ist; entsprechend lassen sich die Systeme auch hinsichtlich ihres Autonomiegrades für den einzelnen Aufgabenträger und ihrer Abstimmbarkeit auf Zielsetzungen des Gesamteinnahmesystems charakterisieren.

1. Das System mit der höchsten Einnahmeautonomie ist das sog. *Konkurrenzsystem*. Bei ihm ist weder die Wahl der Einnahmequellen noch deren Ausgestaltung koordiniert: Jeder Aufgabenträger kann nach Belieben auf jede Einnahmequelle zugreifen und Bemessungsgrundlage, Steuerpflicht, Steuertarifverlauf und -niveau frei wählen. Die daraus fließenden Einnahmen stehen ihm unbegrenzt zu.--Dem damit verbundenen Vorteil, flexibel auf veränderte Ausgabenverpflichtungen reagieren zu können, stehen allerdings eine Reihe gravierender Nachteile gegenüber (Mehrfachbesteuerung einer Steuerquelle, fehlende Koordination mit allokativen, distributiven und stabilisierungspolitischen Zielen des Gesamteinnahmesystems).
2. Dem Konkurrenzsystem als unkoordiniertem System stehen unterschiedliche Formen koordinierter Systeme gegenüber. Die geringste Koordination weist das sog. *gebundene Trennsystem mit voller Gestaltungskompetenz* auf, bei dem ausschließlich die Objektkompetenz festgelegt ist, die Aufgabenträger aber über alle Elemente der Gestaltungskompetenz frei entscheiden können. Bei diesem System wird der unkontrollierte Zugriff mehrerer Aufgabenträger auf eine Steuerquelle zwar vermieden, im übrigen bleiben aber die für das Konkurrenzsystem dargestellten Nachteile bestehen.

---

[61] Allerdings kann es bei einer den Entscheidungskompetenzen folgenden Zuteilung der Ertragskompetenzen zu einem Verstoß gegen die Zielsetzung der Bedarfsgerechtigkeit des Einnahmesystems (s. o.) kommen, was eine Abweichung vom Kongruenzprinzip erforderlich machen kann. Läßt sich z. B. eine für die dezentralen Aufgabenträger ausreichende, d. h. ihrem Finanzbedarf entsprechende, Einnahmeverteilung unter Rückgriff auf örtlich radizierbare Steuern nicht erreichen, weil zu wenige bzw. nicht ausreichend ergiebige Steuerquellen dieser Art existieren, so ist den dezentralen Aufgabenträgern die Ertragskompetenz über örtlich nicht radizierbare Steuerquellen(anteile) zuzuweisen. Die Entscheidungshoheiten über diese Steuerquellen sollten dann aber dem zentralen Aufgabenträger belassen bleiben, damit verteilungs- und konjunkturpolitische Ziele der Einnahmenverteilung berücksichtigt werden.

Tabelle 1: Formen des originären aktiven Finanzausgleichs

Teilkompetenzen des originären aktiven Finanzausgleichs \ Systeme der Einnahmenverteilung			Unkoordiniertes System („Konkurrenssystem")	koordinierte Systeme				
				gebundene Trennsysteme				Verbundsystem
				gebundenes Trennsystem mit voller Gestaltungskompetenz	Anrechnungssystem	Zuschlagssystem	gebundenes Trennsystem ohne Gestaltungskompetenz	
Entscheidungs- („Gesetzgebungs-") kompetenz	Objektkompetenz		X					
	Gestaltungskompetenz	– Bemessungsgrundlage	X	X				
		– Steuerpflicht	X	X	X			
		– Tarifstruktur	X	X	X			
		– Tarifniveau	X	X	X	X		
Ertragskompetenz		– begrenzt	X	X	X	X	X	
		– unbegrenzt			(X)	(X)	(X)	X

hoch ◄— Grad der Einnahmeautonomie für den Aufg.tr. —► gering

gering ◄— Grad der Abstimmbarkeit auf Ziele des Gesamteinnahmesystems —► hoch

Abb. in Anlehnung an HENKE 1983, S. 152

3. Auch beim sog. *Anrechnungssystem* wird eine Mehrfachbesteuerung vermieden, indem eine Steueranrechnung oder -abzugsmöglichkeit eingeräumt wird. Dadurch kann die Steuer, die ein Wirtschaftssubjekt an einen öffentlichen Aufgabenträger entrichtet, gegen die Steuerschuld gegenüber einem anderen öffentlich Aufgabenträger aufgerechnet bzw. die bereits einem Aufgabenträger geleistete Steuer bei der Ermittlung der Bemessungsgrundlage für die Steuerforderung eines anderen Aufgabenträgers abgezogen werden. In beiden Fällen verzichtet derjenige Aufgabenträger, der die Steueranrechnung oder -abzugsmöglichkeit einräumt, auf Teile der Gestaltungskompetenz (Bestimmung von Bemessungsgrundlage und/oder Steuerpflicht); zugleich wird die Ertragskompetenz der Steuerquelle begrenzt. Im übrigen bleiben die Nachteile der zuvor genannten Systeme bestehen.
4. Diese werden beim *Zuschlagssystem* dadurch zu vermeiden versucht, daß lediglich einem Aufgabenträger die Objekthoheit und die gesamte Gestaltungshoheit eingeräumt werden; zweckmäßigerweise handelt es sich dabei um den zentralen Aufgabenträger, der dann gesamtstaatliche Allokations-, Distributions- und Stabilisierungsziele bei der Wahl und Ausgestaltung der Steuerquellen berücksichtigt. Den anderen (dezentralen) Aufgabenträgern wird das Recht eingeräumt, auf die Steuerschuld oder auf die Bemessungsgrundlage dieser "Basissteuern" des Zentralstaates Zuschläge zu erheben - beispielsweise mit Hilfe von Hebesätzen. Ist die Höhe dieser Zuschläge in ihr Ermessen gestellt, so spricht man von einem ungebundenen Zuschlagssystem; die Ertragskompetenz ist dann praktisch für alle Aufgabenträger unbegrenzt. Ist ein Höchstzuschlag vorgegeben, so spricht man von einem gebundenen Zuschlagssystem; die Ertragskompetenz ist dann für die zuschlagsberechtigten Aufgabenträger begrenzt.
5. Dem gebundenen Zuschlagssystem ähnlich ist das *gebundene Trennsystem ohne Gestaltungskompetenz*. Allerdings wird hier für die zuschlagsberechtigten (dezentralen) Aufgabenträger kein Höchstzuschlag vorgegeben, sondern die Höhe des Zuschlags exakt festgelegt. Dadurch ist ihnen jegliche Gestaltungskompetenz genommen. Umgekehrt wird der zentrale Aufgabenträger dadurch befähigt, die Wirkungen der Einnahme mit den Zielsetzungen des Gesamteinnahmesystems zu koordinieren. Auf die (insbesondere allokativen) Vorzüge einer Beteiligung der dezentralen Aufgabenträger an den Einnahmeentscheidungen muß dann allerdings verzichtet werden.
6. Beim *Verbundsystem* wird die Ertragskompetenz für die dezentralen Aufgabenträger nicht als fester Zuschlag (auf Steuerschuld oder -bemessungsgrundlage des zentralen Aufgabenträgers) definiert, sondern die Gesamteinnahmen einer Steuerquelle (Einzelverbund) oder mehrerer Steuerquellen (Gesamtverbund) werden als Anteilssätze (Quoten) zwischen mehreren Aufgabenträgern aufgeteilt. Die Ertragskompetenz ist dadurch nicht nur für die dezentralen Aufgabenträger, sondern (im Gegensatz zu den bisher aufgeführten Systemen) auch für den zentralen Aufgabenträger begrenzt.

In der Literatur findet sich häufig auch die Unterscheidung zwischen *Trennsystemen, Mischsystemen* und *Zuweisungssystemen*.[62] Die letzteren beziehen sich allerdings nicht auf originäre (Steuer-)Einnahmen, sondern auf bereits im öffentlichen Sektor befindliche Finanzmittel, die dann als innerstaatliche Transfers (derivative Einnahmen) an andere öffentliche Aufgabenträger weitergeleitet werden (und deshalb dem ergänzenden aktiven Finanzausgleich zuzurechnen sind). Es verbleiben damit die Trennsysteme, die in ungebundene (unkoordinierte, freie) und gebundene Systeme unterteilt werden können, und die Mischsysteme, denen das (ungebundene oder gebundene) Zuschlagssystem und das Verbundsystem (Quotensystem) zuzurechnen wären.

[62] Vgl. z. B. WITTMANN 1976, S. 132.

Sämtliche genannten Systeme können schließlich danach unterschieden werden, ob sie die Einnahmenverteilung zwischen Aufgabenträgern der gleichen Ebene (horizontale Einnahmenverteilung) oder zwischen Aufgabenträgern unterschiedlicher Ebenen (vertikale Einnahmenverteilung) betreffen. Möglich ist auch, die vertikale und horizontale Einnahmenverteilung uno actu zu regeln (sog. vertikale Einnahmenverteilung mit horizontalem Effekt).

1.2.1.4. Der "Vermischungsgrad" der originären Einnahmenverteilung

Wie die Aufgabenverteilung kann auch die Einnahmenverteilung hinsichtlich ihres Vermischungsgrades charakterisiert werden. Dieser hängt davon ab, ob die Entscheidungs-, Ertrags- und Durchführungskompetenzen einer Einnahmeart kongruent, d. h. sämtlich dem gleichen Aufgabenträger, oder inkongruent, d. h. unterschiedlichen Aufgabenträgern zugeordnet sind, und ob die einzelnen Teilkompetenzen ungeteilt einem einzigen Aufgabenträger zugeordnet oder auf zwei oder mehrere Aufgabenträger aufgeteilt sind.

Der Vermischungsgrad ist dann bei denjenigen Einnahmearten am geringsten, bei denen alle Teilkompetenzen ungeteilt und einem einzigen Aufgabenträger zugewiesen sind (Konkurrenzsystem): Den höchsten Vermischungsgrad weisen diejenigen Einnahmearten auf, bei denen alle Teilkompetenzen geteilt und den Aufgabenträgern inkongruent zugeordnet sind; dies wäre z. B. bei Einnahmen möglich, die nach dem gebundenen Trennsystem verteilt werden. Dazwischen liegen diejenigen Einnahmen, bei denen eine oder zwei der Teilkompetenzen geteilt und/oder inkongruent zugeordnet sind. Typisches Beispiel hierfür sind etwa die nach dem Verbundsystem verteilten Einnahmen, bei denen die Ertragskompetenz auf mehrere Aufgabenträger aufgeteilt ist, die Entscheidungskompetenz hingegen ungeteilt bei einem (i. d. R. beim zentralen) Aufgabenträger liegt.

1.2.2. Der ergänzende aktive Finanzausgleich

Grundsätzlich dienen die im ergänzenden aktiven Finanzausgleich gewährten innerstaatlichen Zuweisungen dazu, Unzulänglichkeiten der Aufgabenverteilung oder der originären Einnahmenverteilung zu beseitigen. Entsprechend können diese Zuweisungen zunächst danach unterschieden werden, ob sie auf suboptimale Regelungen der Aufgabenverteilung oder der originären Einnahmenverteilung zurückgehen.

1.2.2.1. Aus der Aufgabenverteilung abgeleitete Zuweisungen

Bei der Darstellung des passiven Finanzausgleich wurde bereits hervorgehoben, daß infolge von miteinander rivalisierenden Zielen "suboptimale" Zuordnungen der Aufgabenzuständigkeiten in Einzelfällen unvermeidlich sind, durch korrigierende Bestimmungen des ergänzenden passiven Finanzausgleichs, die zum Anspruch eines öffentlichen Aufgabenträgers auf die Gewährung von Zuweisungen durch andere Aufgabenträger führen, jedoch eine Korrektur solcher suboptimaler Aufgabenverteilungen erreicht werden kann. Als die wichtigsten dieser Zuweisungen sind innerstaatliche Erstattungen, Internalisierungszuweisungen und Meritorisierungszuweisungen zu nennen.

Erstattungen: Falls eine öffentlichen Aufgabe von einem Aufgabenträger durchgeführt wird, ohne daß dieser die Entscheidungs- (und damit auch die Finanzierungs-) Zuständigkeit besitzt, so sind ihm die mit der Aufgabendurchführung verbundenen Ausgaben vom für die Finanzierung zuständigen Aufgabenträger zu erstatten. Diese Erstattungen können sich - je nach konkreter Regelung der Aufgabenzuständigkeit - ausschließlich auf die sog. Zweckausgaben oder auch auf die (anteiligen) Verwaltungsausgaben beziehen.

Internalisierungszuweisungen: Sind mit der Erfüllung öffentlicher Aufgaben eines Aufgabenträgers externe Effekte für (die Mitglieder) andere(r) Aufgabenträger verbunden, so können diese durch innerstaatliche Zuweisungen internalisiert werden. Je nach den im passiven Finanzausgleich getroffenen Regelungen handelt es sich dabei um

- Zuweisungen für die Reduzierung oder Einstellung einer mit negativen externen Effekten behafteten öffentlichen Aufgabe vom betroffenen an den verursachenden Aufgabenträger,
- Zuweisungen für die Ausweitung oder Aufnahme einer mit positiven externen Effekten behafteten öffentlichen Aufgabe vom Begünstigten an den verursachenden Aufgabenträger,
- Zuweisungen für die Duldung einer mit negativen externen Effekten behafteten öffentlichen Aufgabe vom verursachenden an den betroffenen Aufgabenträger oder
- Zuweisungen für die Unterlassung der Ausweitung oder Aufnahme einer mit positiven externen Effekten behafteten öffentlichen Aufgabe vom potentiell verursachenden an den potentiell begünstigten Aufgabenträger.

Die Aufzählung zeigt, daß der Ausgleich externer Effekte (und damit auch die weiter unten ausführlich zu erörternde Abgeltung daraus ggf. resultierender Bedarfsunterschiede zwischen Gebietskörperschaften) von den im passiven Finanzausgleich getroffenen Kompetenzen der Gebietskörperschaften abhängt (man könnte in diesem Zusammenhang auch von den "innerstaatlichen Eigentumsrechten" sprechen). Zugleich wird deutlich, daß es zwischen Gebietskörperschaften um so seltener zu Auseinandersetzungen über die Internalisierungberechtigung und -richtung kommen dürfte, je vollständiger und eindeutiger solche innerstaatlichen Eigentumsrechte geregelt sind.

(De-)Meritorisierungszuweisungen: Aus erläuterten Gründen kann es im originären passiven Finanzausgleich nicht gelungen sein, einen für eine öffentliche Aufgabe optimal geeigneten Entscheidungsträger zu bilden. Die dann zu erwartenden systematischen Fehlentscheidungen infolge der Überschätzung oder Unterschätzung des gesamtwirtschaftlichen Nutzens der betreffenden Aufgabe können allerdings durch (De-)Meritorisierungszuweisungen von anderen Aufgabenträgern korrigiert werden. Je nach den im ergänzenden Finanzausgleich bezüglich solcher (De-)Meritorisierungsrechte getroffenen Regelungen lassen sich dann analog zu den Internalisierungszuweisungen vier Formen solcher (De-)Meritorisierungszuweisungen unterscheiden.[63] [64]

1.2.2.2. Aus der originären Einnahmenverteilung abgeleitete Zuweisungen

Je nachdem, gegen welche Ziele des originären aktiven Finanzausgleichs verstoßen wird - bzw. wegen unauflösbarer Zielkonflikte verstoßen werden muß -, lassen sich unterschiedliche Arten von aus der originären Einnahmenverteilung abgeleiteten Zuweisungen unterscheiden. Eine der wichtigsten Zielsetzungen der originären Einnahmenverteilung besteht in einer bedarfsgerechten (d. h. der aus der Aufgabenverteilung resultierenden Finanzbelastung entsprechenden) Einnahmenverteilung. Wird dieses Ziel im originären aktiven Finanzausgleich nicht erreicht, weil keine Einnahmequellen existieren, die mit dem Finanzbedarf exakt korrespondieren oder weil infolge der notwendigen Berücksichtigung anderer, konkurrierender Ziele auf eine bedarfsgerechte originäre Einnahmenverteilung verzichtet werden muß, so kann diese im Rahmen des ergänzenden akti-

---

[63] Allerdings verzichtet man in der Praxis aus politischen sowie auch aus verfassungsrechtlichen Gründen meist auf Demeritorisierungszuweisungen, bei denen öffentliche Aufgabenträger wegen der Wahrnehmung demeritorischer Aufgaben Zuweisungen an anderer Aufgabenträger abführen müssen (negative Sanktionierung); man beschränkt sich in der Regel vielmehr auf Meritorisierungszuweisungen, bei denen Zuweisungen für die Wahrnehmung bzw. Ausweitung meritorischer Aufgaben gewährt werden (positive Sanktionierung). Demeritorisierung wird dann allenfalls indirekt (über eine Meritorisierung konkurrierender Aufgaben) oder über nichtfiskalische Instrumente Ge- und Verbote) vorgenommen.

[64] Neben den genannten Formen werden in der Literatur weitere, weniger wichtige (und größtenteils auch unter die genannten subsumierbare) Zuweisungsformen erwähnt, die als Versuche zur Korrektur der Aufgabenverteilung betrachtet werden können. So nennt z. B. SMEKAL (1980, S. 191ff.) "Zuweisungen zur Unterstützung von Konsumentenpräferenzen", "Zuweisungen zur Veränderung bzw. Erhaltung regionaler Strukturen" und "Zuweisungen zur Durchsetzung politischer Ziele" (wie z. B. die Beeinflussung/Honorierung des Wählerverhaltens und die Dezentralisierung oder Zentralisierung öffentlicher Haushaltsentscheidungen).

ven Finanzausgleichs dennoch nachträglich erreicht werden. Hierzu sind denjenigen Aufgabenträgern mit Finanzkraft-/Finanzbedarfsrelationen ("Deckungsrelationen") von < 1 ergänzende Zuweisungen *(Ausgleichszuweisungen)* zu gewähren, die von Aufgabenträger mit Deckungsrelationen > 1 aufgebracht werden müssen.

Bei den Zuweisungen, die im Länderfinanzausgleich horizontal (zwischen den Ländern) und vertikal (zwischen Bund und Ländern) transferiert werden, handelt es sich damit um Formen solcher Ausgleichszuweisungen. Auf deren adäquate Ausgestaltung wird in den folgenden Teilen des Gutachtens ausführlich einzugehen sein, so daß im vorliegenden Übersichtskapitel nur die Grundprinzipien ihrer Berechnung skizziert werden. Dabei werden zweckmäßigerweise drei Teilprobleme unterschieden: 1. ist der aus der Aufgabenverteilung resultierende Finanzbedarf jedes Aufgabenträgers zu bestimmen; 2. ist die originäre Einnahmekraft jedes Aufgabenträger zu berechnen; 3. sind Finanzbedarf und originäre Finanzkraft jedes Aufgabenträgers einander gegenüberzustellen und gegebenenfalls festzustellende Differenzen zwischen beiden Größen ganz oder teilweise auszugleichen.

> *Ad 1:* Grundlage für die *Berechnung des Finanzbedarfs*[65] bilden die im passiven Finanzausgleich zugewiesenen Aufgaben. Insoweit handelt es sich bei der Finanzbedarfsberechnung um eine (dem ergänzenden aktiven Finanzausgleich vorgelagerte und bereits für den originären aktiven Finanzausgleich erforderliche) primär politische Aufgabe. In diese gehen (z. B. in bezug auf den Finanzbedarf von Gemeinden) also auch (raumordnungs-)politische Vorstellungen über das angemessene Ausstattungsgefälle mit öffentlichen Bildungs-, Freizeit- oder Kultureinrichtungen ein, das zwischen Gemeinden unterschiedlichen Typs oder unterschiedlicher Größe bestehen sollte.[66] Sind die Aufgaben jedes Aufgabenträgers nach Art und Qualität/Intensität erschöpfend geregelt, so kann in einem zweiten Schritt der zur Aufgabenerfüllung erforderliche Finanzbedarf berechnet werden. Hierbei handelt es sich dann primär um eine haushaltstechnisch-methodische Aufgabe, obwohl auch hier politische Auffassungen Einfluß nehmen, da lediglich der bei "sparsamem und wirtschaftlichem Finanzgebaren" erforderliche Finanzbedarf anerkannt werden sollte und zudem Mehr- oder Minderausgaben, die auf vom Aufgabenträger autonom zu verantwortende Faktoren zurückgehen, ebenfalls nicht berücksichtigt werden sollten.

[65] Der Begriff des Finanzbedarfs wird in Teil III, Abschnitt 1 präzisiert; auf seine Quantifizierung wird in Teil III, Abschnitt 2, ausführlicher eingegangen..

[66] Vgl. SEILER 1980.

Ad 2: Die auf den ersten Blick einfache *Berechnung der originären Finanzkraft* wird dadurch erschwert, daß keine Gleichsetzung mit den tatsächlich anfallenden originären Einnahmen möglich ist, sondern einzelne Bestandteile der tatsächlichen Einnahmen unberücksichtigt bleiben und andere, nicht erzielte, aber unter bestimmten Bedingungen erzielbare Einnahmen fiktiv hinzugerechnet werden müssen. Die dabei zu beachtenden Prinzipien sind auf einer abstrakten Ebene den bei der Finanzbedarfsberechnung anzuwendenden Regeln vergleichbar: Auf vom Aufgabenträger autonom zu verantwortende Faktoren zurückgehende Einnahmenunterschiede (z. B. infolge unterschiedlicher Steuer- oder Gebührenanspannung) sollten unberücksichtigt bleiben (KIRCHHOF 1980).

Ad 3: Sind Finanzbedarf und originäre Finanzkraft ermittelt, so sind zwischen beiden Größen bestehende Differenzen, d. h. *Unterschiede in den Deckungsrelationen, auszugleichen* bzw. zu verringern. Aus finanzausgleichstheoretischen Überlegungen würde man sich prima facie für einen vollständigen Ausgleich aussprechen: Wenn einem Aufgabenträger im originären aktiven Finanzausgleich Finanzmittel zufließen, die seinen politisch anerkannten Finanzbedarf unter- bzw. überschreiten, so sollte im ergänzenden aktiven Finanzausgleich die volle Differenz zugeschossen bzw. entzogen werden. Gegen einen vollen Ausgleich werden allerdings eine Reihe primär allokativer Argumente vorgebracht (insbesondere. das dann verminderte Interesse der Aufgabenträger an einer Ausschöpfung und Pflege eigener Einnahmequellen), die einen nur teilweisen Ausgleich rechtfertigen. Der Ausgleichsgrad (Nivellierungsgrad) hängt damit davon ab, ob eher allokative Ziele (der gesamtwirtschaftlich positive Anreiz zur Ausschöpfung und Pflege zugewiesener eigener Einnahmequellen) oder eher innerstaatlich-distributive Ziele (für alle Aufgabenträger gleiche finanzielle Voraussetzungen zur Erfüllung der übertragenen Aufgaben) in den Vordergrund gestellt werden.

Ein weiteres wichtiges Ziel des originären aktiven Finanzausgleichs besteht in einer für stabilisierungspolitische Aufgaben des Staates geeigneten Verteilung der Einnahmequellen. Auch bei einem Verstoß gegen dieses Ziel kann versucht werden, mit Hilfe innerstaatlicher Zuweisungen eine nachträgliche Verbesserung der Einnahmenverteilung zu erreichen. Soweit es dabei lediglich darum geht, im Konjunkturablauf auftretende, dem Finanzbedarf nicht parallele Verschiebungen der originären Einnahmenverteilung zu korrigieren, können derartige Zuweisungen als Sonderform der oben behandelten Ausgleichszuweisungen betrachtet werden; ihre Ausgestaltung und Bemessung hat sich dann nach den für diese geltenden Prinzipien zu richten. Soweit es jedoch darum geht, über die Ausgleichsziele hinausgehende stabilisierungspolitische Ziele zu verwirklichen, ist eine andere Vorgehensweise angebracht. Die Zentralebene wird dann z. B. in Rezessionsphasen den dezentralen Aufgabenträgern zusätzlich zu den Ausgleichs- und Lenkungszuweisungen weitere Zuweisungen für stabilisierungspolitische Zwecke *(Stabilisierungszuweisungen)* gewähren, um die staatliche Nachfrage auch der dezentralen Haushalte auszuweiten. Umgekehrt kann das Volumen solcher Stabilisierungszuweisungen in Boomphasen überproportional eingeschränkt werden, um die Nachfrage der dezentralen Aufgabenträger antizyklisch zu variieren.

Häufig werden solche stabilisierungspolitischen Ziele aber nicht (nur) durch explizite Stabilisierungszuweisungen, sondern (auch) durch die Variation der Höhe von Ausgleichs- und Lenkungszuweisungen zu erreichen versucht. In Rezessionsphasen erhöht der Zentralhaushalt dann das Volumen der Ausgleichs- und Lenkungszuweisungen über das unter dem Ausgleichs- und Lenkungsziel gebotene Maß hinaus; in Boomphasen werden Ausgleichs- und Lenkungszuweisungen umgekehrt überproportional gekürzt. Die "Stabilisierungszuweisungen" lassen sich dann nicht mehr materiell-haushaltstechnisch von den Ausgleichs- und Lenkungszuweisungen trennen, sondern fließen - nach dem Modell des MUSGRAVEschen multiplen Haushalts - untrennbar in die Ausgleichs- und Lenkungsziele ein.[67]

1.2.3. Interdependenzen zwischen originärem und ergänzendem aktivem Finanzausgleich

Die mehrfach betonte Tatsache, daß die im ergänzenden aktiven Finanzausgleich gewährten Zuweisungen auf suboptimale Regelungen der originären Aufgaben- und Einnahmenverteilung zurückzuführen sind, könnte zu der Vermutung verleiten, durch eine Verbesserung dieser beiden Regelungsbereiche des Finanzausgleichs könne der ergänzende aktive Finanzausgleich vollkommen entbehrlich, d. h. innerstaatliche Zuweisungen gänzlich überflüssig gemacht werden. Wie bereits in bezug auf die zwischen originärem und ergänzendem passivem Finanzausgleich bestehenden Interdependenzen betont wurde, wäre eine solche Schlußfolgerung jedoch falsch: Da Zielverstöße im originären passiven und aktiven Finanzausgleich infolge unlösbarer Zielkonflikte nie völlig vermieden werden können und überdies in materiellen Finanzausgleichssystemen die bestmöglichen Regelungen auch häufig an politischen Restriktionen scheitern, wird man auf ergänzende innerstaatliche Zuweisungen nie vollständig verzichten können.

---

[67] In diesem Fällen sind Konflikte zwischen Stabilisierungszielen einerseits und Ausgleichszielen und Lenkungszielen andererseits nicht auszuschließen. So kann es im Interesse einer erforderlichen Rücknahme der gesamtwirtschaftlichen Nachfrage z. B. erforderlich sein, die Ausgleichszuweisungen oder Lenkungszuweisungen an die dezentralen Aufgabenträger überproportional zu kürzen und damit vorübergehende Verstöße gegen ausgleichs-(versorgungs-)politische und lenkungs-(allokations-)politische Ziele in Kauf zu nehmen. Das Ausmaß der Zielverzichte beim einen oder anderen der konkurrierenden Ziele hängt dann von deren relativer Gewichtung ab.

Andererseits ist es richtig, auch hier die subsidiäre Funktion des ergänzenden aktiven Finanzausgleichs zu betonen: Zunächst sollte stets versucht werden, eine Verbesserung der originären Aufgaben- und Einnahmenverteilung zu erreichen; nur falls und insoweit dies nicht gelingt, ist eine "Nachbesserung" mit Hilfe ergänzender Zuweisungen zulässig und angeraten. [68]

---

[68] In Abbildung 1 (Seite 15), die die einzelnen Regelungsbereiche und Formen des Finanzausgleichs i. w. S. systematisiert, sind diese Interdependenzen und die logische Abfolge der im Finanzausgleich zu lösenden Teilprobleme mit Hilfe von Wirkungspfeilen deutlich gemacht.

2. Die materielle Ausgestaltung des Länderfinanzausgleichs der Bundesrepublik Deutschland

Nach der Beschreibung der verschiedenen formalen Finanzausgleichsformen und der mit ihnen angestrebten Zielsetzungen ist nunmehr die materielle Ausgestaltung des Finanzausgleichs darzustellen. Unter Berücksichtigung der Untersuchungsfrage liegt dabei das Schwergewicht auf dem ergänzenden aktiven Finanzausgleich zwischen den Ländern bzw. zwischen Bund und Ländern. Der originäre aktive Finanzausgleich kann demgegenüber vergleichsweise knapp beschrieben werden. Seine Regelung bedarf auch keiner Bewertung, sondern wird als vorgegebene Rahmenbedingung des ergänzenden aktiven Finanzausgleichs betrachtet. Als solche ist seine Kenntnis und Darstellung daher trotz des unterstellten Charakters einer nicht veränderbaren Rahmenbedingung erforderlich.

Die folgenden Darstellungen und statistischen Daten stellen den Gesetzesstand innerhalb des betrachteten Untersuchungszeitraums zwischen 1970 und 1986 dar. Die durch das Verfassungsgericht in seinem Urteil von 1986 geforderten und mit der Verabschiedung des (Achten) Änderungsgesetzes im Dezember 1987 eingetretenen Veränderungen bleiben dabei also noch unberücksichtigt; sie sind in den Abschnitten 2.1.5 (horizontaler LFA) und 2.2.5. (vertikaler LFA) im Zusammenhang dargestellt. Auf eine quantitative Darstellung der nach der Nivellierung eingetretenen Verteilungswirkungen mußte infolge der vielfachen und kurzfristigen Änderungen der Gesetzgebungs- und Datenlage im vorliegenden Gutachten verzichtet werden.

2.1. Die materielle Ausgestaltung des horizontalen Länderfinanzausgleichs

2.1.1. Die originäre Steuerverteilung als korrekturbedürftiger Ausgangstatbestand

Eine Beurteilung des ergänzenden aktiven Finanzausgleichs zwischen den Bundesländern hat bei den Ergebnissen des originären aktiven Finanzausgleichs anzusetzen, wobei grundsätzlich die Regelungen aller Kompetenzen, also sowohl der Gestaltungs-(Gesetzgebungs-) als auch der Durchführungs-(Verwaltungs-) als auch der Ertragskompetenz zu beachten sind.[69]

---

[69] Die Ertragskompetenz, als die für den ergänzenden aktiven Finanzausgleich wichtigste Kompetenzart, wird dabei detaillierter dargestellt als die anderen Kompetenzarten.

2.1.1.1. Die Verteilung der Gesetzgebungskompetenz

Die Verteilung der Kompetenz für die Steuergesetzgebung ist für die Bundesrepublik in Art. 105 GG geregelt:[70]

Abbildung 3:
Verteilung der Steuergesetzgebungskompetenz in der Bundesrepublik Deutschland

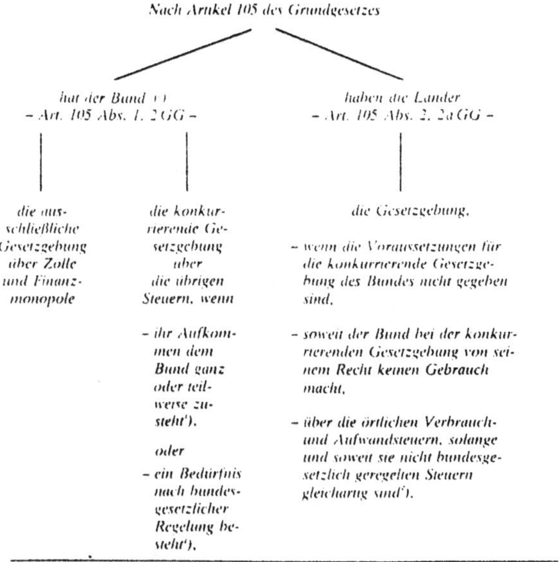

1) Gesetzgebungskompetenz des Bundes für Steuerverteilung, Finanzausgleich und Finanzverwaltung:
- *über die Verteilung der Umsatzsteuer zwischen Bund und Ländern (Art. 106 Abs. 4 GG)*
- *über den Gemeindeanteil an der Einkommensteuer und die Einführung eines Hebesatzrechts der Gemeinden für diesen Anteil (Art. 106 Abs. 5 GG)*
- *über die Beteiligung von Bund und Ländern an dem Gewerbesteueraufkommen durch eine Umlage (Art. 106 Abs. 6 GG)*
- *über die Abgrenzung und Zerlegung des örtlichen Steueraufkommens sowie über den Finanzausgleich (Art. 107 GG)*
- *über den Aufbau der Landesfinanzbehörden und die Ausbildung der Steuerbeamten (Art. 108 Abs. 2 GG)*
- *über das Zusammenwirken von Bundes- und Landesfinanzverwaltungen und die Übertragung von Verwaltungszuständigkeiten (Art. 108 Abs. 4 GG)*
- *über das bei den Landesfinanzbehörden anzuwendende Verfahren (Art. 108 Abs. 5 GG)*
- *über die Finanzgerichtsbarkeit (Art. 108 Abs. 6 GG)*

2) Bundesgesetze über Steuern, deren Aufkommen den Ländern oder den Gemeinden (Gemeindeverbänden) ganz oder zum Teil zufließt, bedürfen der Zustimmung des Bundesrates (Art. 105 Abs. 3 GG).

3) Siehe dazu die Darstellung „Ertragskompetenz", und zwar: „Bundessteuern" und „Gemeinschaftsteuern".

4) Voraussetzungen hierfür siehe in Art. 72 Abs. 2 GG.

5) Die Länder haben außerdem die Gesetzgebungskompetenz für die Kirchensteuer (Art. 140 GG i. V.m. Art. 137 der Weimarer Verfassung).

Quelle: Bundesministerium der Finanzen: Unsere Steuern von A - Z, Ausgabe 1986, S. 39f.

---

[70] Wir beschränken uns auf die Darstellung der Zuständigkeit für die Steuereinnahmen.

"(1) Der Bund hat die ausschließliche Gesetzgebung über die Zölle und Finanzmonopole.

(2) Der Bund hat die konkurrierende Gesetzgebung über die übrigen Steuern, wenn ihm das Aufkommen dieser Steuern ganz oder zum Teil zusteht oder die Voraussetzungen des Artikels 72 Abs. 2 vorliegen.

(2a) Die Länder haben die Befugnis zur Gesetzgebung über die örtlichen Verbrauch- und Aufwandsteuern, solange und soweit sie nicht bundesgesetzlich geregelten Steuern gleichartig sind.

(3) Bundesgesetze über Steuern, deren Aufkommen den Ländern oder den Gemeinden (Gemeindeverbänden) ganz oder zum Teil zusteht, bedürfen der Zustimmung des Bundesrates."

2.1.1.2. Die Verteilung der Verwaltungskompetenz

Die Verteilung der Kompetenz für die Steuerverwaltung wird durch Art. 108 GG geregelt:

(1) Zölle, Finanzmonopole, die bundesgesetzlich geregelten Verbrauchssteuern einschließlich der Einfuhrumsatzsteuer und die Abgaben im Rahmen der Europäischen Gemeinschaften werden durch Bundesfinanzbehörden verwaltet. Der Aufbau dieser Behörden wird durch Bundesgesetz geregelt. Die Leiter der Mittelbehörden sind im Benehmen mit den Landesregierungen zu bestellen.

(2) Die übrigen Steuern werden durch Landesfinanzbehörden verwaltet. Der Aufbau dieser Behörden und die einheitliche Ausbildung der Beamten können durch Bundesgesetz mit Zustimmung des Bundesrates geregelt werden. Die Leiter der Mittelbehörden sind im Einvernehmen mit der Bundesregierung zu bestellen.

(3) Verwalten die Landesfinanzbehörden Steuern, die ganz oder zum Teil dem Bund zufließen, so werden sie im Auftrage des Bundes tätig. Artikel 85 Abs. 3 und 4 gilt mit der Maßgabe, daß an die Stelle der Bundesregierung der Bundesminister der Finanzen tritt.

(4) Durch Bundesgesetz, das der Zustimmung des Bundesrates bedarf, kann bei der Verwaltung von Steuern ein Zusammenwirken von Bundes- und Landesfinanzbehörden sowie für Steuern, die unter Absatz 1 fallen, die Verwaltung durch Landesfinanzbehörden und für andere Steuern die Verwaltung durch Bundesfinanzbehörden vorgesehen werden, wenn und soweit dadurch die Vollzug der Steuergesetze erheblich verbessert oder erleichtert wird. Für die den Gemeinden (Gemeindeverbänden) allein zufließenden Steuern kann die den Landesfinanzbehörden zustehende Verwaltung durch die Länder ganz oder zum Teil den Gemeinden (Gemeindeverbänden) übertragen werden.

(5) Das von den Bundesfinanzbehörden anzuwendende Verfahren wird durch Bundesgesetz geregelt. Das von den Landesfinanzbehörden und in den Fällen des Absatzes 4 Satz 2 von den Gemeinden (Gemeindeverbänden) anzuwendende Verfahren kann durch Bundesgesetz mit Zustimmung des Bundesrates geregelt werden.

(6) Die Finanzgerichtsbarkeit wird durch Bundesgesetz einheitlich geregelt.

(7) Die Bundesregierung kann allgemeine Verwaltungsvorschriften erlassen, und zwar mit Zustimmung des Bundesrates, soweit die Verwaltung den Landesfinanzbehörden oder Gemeinden (Gemeindeverbänden) obliegt."

Abbildung 4:
Verteilung der Steuerverwaltungskompetenz in der Bundesrepublik Deutschland

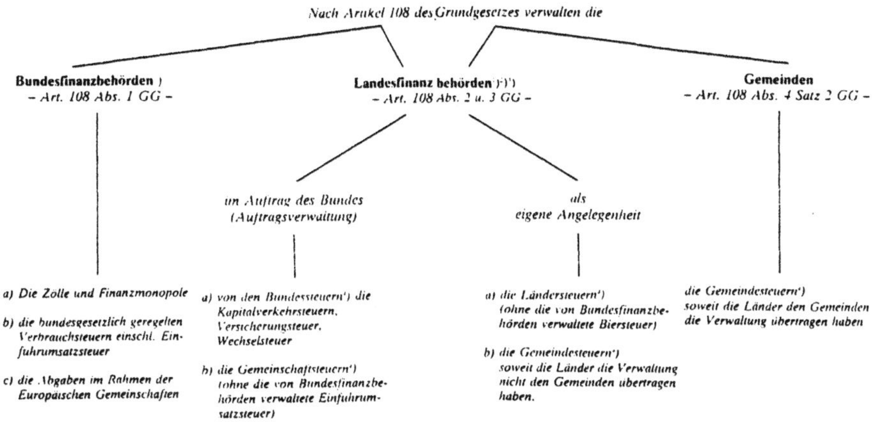

Anmerkungen:

1) Unter der Voraussetzung, daß dadurch der Vollzug der Steuergesetze wesentlich verbessert oder erleichtert wird, kann durch Bundesgesetz vorgesehen werden (Art. 108 Abs. 4 Satz 1 GG):
- ein Zusammenwirken von Bundes- und Landesfinanzbehörden (Beispiel: Mitwirkung der Bundeszollverwaltung bei der Umsatzsteuer und Kraftfahrzeugsteuer)
- für die von den Bundesfinanzbehörden verwalteten Steuern die Verwaltung durch Landesfinanzbehörden
- für die von den Landesfinanzbehörden verwalteten Steuern die Verwaltung durch Bundesfinanzbehörden (Beispiel: Erstattung von Kapitalertragsteuer und Umsatzsteuer in bestimmten Fällen durch das Bundesamt für Finanzen).

2) Die Finanzämter verwalten nicht nur Steuern, sie sind u. a. auch zuständig für die Gewährung der Prämien nach dem Sparprämien- und dem Wohnungsbauprämiengesetz und der Zulagen nach dem Investitionszulagengesetz.

3) Nach Maßgabe der Landesgesetzgebung verwalten die Finanzämter auch die Kirchensteuer.

4) Siehe dazu die Darstellung „Ertragskompetenz"

Quelle: Bundesministerium der Finanzen: Unsere Steuern von A - Z, Ausgabe 1986, S. 39f.

2.1.1.3. Die Verteilung der Ertragskompetenz

Im Rahmen der vorgegebenen Thematik konzentriert sich die Betrachtung auf diejenigen Bestimmungen des originären aktiven Finanzausgleichs, die sich mit der Verteilung der Steuerertragskompetenz befassen. Diese ist grundsätzlich in Art. 107 Abs. 1 GG geregelt:

> **"Das Aufkommen der Landesteuern und der Länderanteil am Aufkommen der Einkommensteuer und der Körperschaftsteuer stehen den einzelnen Ländern insoweit zu, als die Steuern von den Finanzbehörden in ihrem Gebiet vereinnahmt werden (örtliches Aufkommen). Durch Bundesgesetz, das der Zustimmung des Bundesrates bedarf, sind für die Körperschaftsteuer und die Lohnsteuer nähere Bestimmungen über die Abgrenzung sowie über Art und Umfang der Zerlegung des örtlichen Aufkommens zu treffen. Das Gesetz kann auch Bestimmungen über die Abgrenzung und Zerlegung des örtlichen Aufkommens anderer Steuern treffen. Der Länderanteil am Aufkommen der Umsatzsteuer steht den einzelnen Ländern nach Maßgabe ihrer Einwohnerzahl zu; für einen Teil, höchstens jedoch für ein Viertel dieses Länderanteils, können durch Bundesgesetz, das der Zustimmung des Bundesrates bedarf, Ergänzungsanteile für die Länder vorgesehen werden, deren Einnahmen aus den Landessteuern und aus der Einkommensteuer und der Körperschaftsteuer je Einwohner unter dem Durchschnitt der Länder liegen."**

In Abbildung 5 ist die sich aus diesen Bestimmungen ergebende Steuerverteilung dargestellt.

Abbildung 5:
Verteilung der Steuerertragskompetenz in der Bundesrepublik Deutschland

Nach Artikel 106 des Grundgesetzes stehen zu

dem Bund

a) **Bundessteuern:**
Finanzmonopole
Zölle
Kapitalverkehrsteuern
Versicherungsteuer
Wechselsteuer
Abgaben im Rahmen der Europäischen Gemeinschaften
Verbrauchsteuern mit Ausnahme der Biersteuer (Tabak-, Kaffee-, Tee-, Zucker-, Salz-, Schaumwein-, Leuchtmittel- und Mineralölsteuer)

b) **Anteil an den Gemeinschaftsteuern:**
Lohnsteuer und veranlagte Einkommensteuer (z. Z. 42,5 vH)
Nicht veranlagte Steuern vom Ertrag und Körperschaftsteuer (50 vH)
Umsatzsteuer – einschl. Einfuhrumsatzsteuer –[1]

c) **Anteil an der Gewerbesteuerumlage** *(50 vH)*[2]

dem Bund und den Ländern gemeinsam

a) **Gemeinschaftsteuern:**
Lohnsteuer
Einkommensteuer
Körperschaftsteuer
Umsatzsteuer (einschl. Einfuhrumsatzsteuer)[1]

b) **Gewerbesteuerumlage**[2]

den Ländern

a) **Ländersteuern:**
Vermögensteuer
Erbschaftsteuer
Grunderwerbsteuer
Kraftfahrzeugsteuer
Biersteuer
Rennwett- und Lotteriesteuer
Feuerschutzsteuer
Spielbankabgabe

b) **Anteil an den Gemeinschaftsteuern:**
Lohnsteuer und veranlagte Einkommensteuer (z. Z. 42,5 vH)
Nicht veranlagte Steuern vom Ertrag und Körperschaftsteuer (50 vH)
Umsatzsteuer – einschl. Einfuhrumsatzsteuer –[1]

c) **Anteil an der Gewerbesteuerumlage** *(50 vH)*[2]

den Gemeinden

a) **Gemeindesteuern:**
Gewerbesteuer[2]
Grundsteuer
Örtliche Verbrauch- und Aufwandsteuern (z. B. Hundesteuer, Getränkesteuer)

b) **Anteil an dem Aufkommen der Lohnsteuer und der veranlagten Einkommensteuer** *(15 vH)*

c) **Steuerzuweisungen** *durch Landesgesetzgebung*

Anmerkungen:

1) *Die Anteile von Bund und Ländern werden jeweils durch Bundesgesetz (mit Zustimmung des Bundesrates) festgesetzt; sie betragen 1984 und 1985: 65,5 vH (Bund) und 34,5 vH (Länder) – ohne Berücksichtigung der Ergänzungszuweisungen des Bundes an finanzschwache Länder in Höhe von 1,5 vH des Umsatzsteueraufkommens –. Das Beteiligungsverhältnis an der Umsatzsteuer und die Höhe der Ergänzungszuweisungen sind für die Zeit ab 1986 gesetzlich neu festzulegen.*

2) *Der Bund und die Länder werden durch eine Umlage am Aufkommen der Gewerbesteuer beteiligt (Art. 106 Abs. 6 Sätze 4 und 5 GG). Bei ihrer Einführung im Jahr 1970 betrug die Umlage ca. 40 vH des Gewerbesteueraufkommens. Infolge der mehrfachen Absenkung des Umlagesatzes zum Ausgleich kommunaler Steuerausfälle sowie der Entwicklung der Gewerbesteuerhebesätze liegt ihr Anteil am Aufkommen aus der Gewerbesteuer im Jahr 1984 bei ca. 15 vH.*

Quelle: Bundesministerium der Finanzen: Unsere Steuern von A - Z, Ausgabe 1986, S. 36f.

Betrachtet man die sich hieraus für die horizontale Steuerverteilung zwischen den Ländern ergebenden Regelungen genauer, so zeigt sich, daß zwar grundsätzlich das Prinzip des örtlichen Aufkommens angewandt, von diesem allerdings in einigen wichtigen Fällen abgewichen wird:

1. Bei der Lohnsteuer und der Körperschaftsteuer werden Zerlegungen vorgenommen, um erhebungstechnisch bedingte Abweichungen zwischen den von den Ländern tatsächlich vereinnahmten und ihnen nach dem Prinzip des örtlichen Aufkommens zustehenden Einnahmenanteilen zu beseitigen.[71] Durch diese soll somit nicht das Prinzip des örtlichen Aufkommens durchbrochen, sondern im Gegenteil die aus der Erhebungstechnik der Lohn- und Körperschaftsteuer resultierende Abweichung von diesem Prinzip nachträglich beseitigt werden.[72]

2. Zum zweiten wird bei der Umsatzsteuer vom örtlichen Aufkommen abgewichen, bei der dieses Verteilungskriterium infolge der stark ungleichmäßigen Streuung der steuerpflichtigen Unternehmen zu hohen regionalen Aufkommensunterschieden führen würde und wegen der fehlenden örtlichen Radizierbarkeit auch steuersystematisch nicht gerechtfertigt wäre.[73] Stattdessen wird "der Länderanteil an der Umsatzsteuer zu 75 vom Hundert im Verhältnis der Einwohnerzahl der Länder ... verteilt." (§ 2 Abs. 1 FAG)[74]

3. Für das letzte Viertel hat der Gesetzgeber von der in Art. 107 Abs. 1 Satz 4, 2. Halbsatz GG genannten Möglichkeit Gebrauch gemacht, maximal ein Viertel des Länderanteils an der Umsatzsteuer nicht nach der Einwohnerzahl zu verteilen, sondern zur Aufstockung der Steuereinnahmen solcher Länder zu verwenden, deren Einnahmen aus den Landessteuern und aus den Landesanteilen an der Einkommen- und Körperschaftsteuer unter dem Durchschnitt liegen (sog. Ergänzungsanteile):

> "Die Länder, deren Einnahmen aus der Einkommensteuer, der Körperschaftsteuer, der Gewerbesteuerumlage und aus den nach § 7 Abs. 1 und 2 ermittelten Landessteuern je Einwohner unter dem Länderdurchschnitt liegen, erhalten aus dem Länderanteil an der Umsatzsteuer Ergänzungsanteile in Höhe der Beträge, die an 92 vom Hundert des Länderdurchschnitts fehlen, jedoch mindestens den

---

[71] Bei der Lohnsteuer ergibt sich die Notwendigkeit zu solchen Zerlegungen vor allem durch Pendler, deren Wohnsitz und Arbeitsstätte in unterschiedlichen Bundesländern liegen, und durch zentrale Lohnabrechnungen, bei denen der Arbeitgeber die Lohnsteuer von einem anderen Unternehmenssitz abführt als von der Arbeitsstätte des Arbeitnehmers. Bei der Körperschaftsteuer ergibt sich die Notwendigkeit zur Steuerzerlegung für Unternehmen, die mehrere Betriebsstätten in unterschiedlichen Bundesländern haben und ihre Körperschaftsteuer zunächst zentral an das Bundesland abführen, in dem die Unternehmensleitung bzw. Hauptverwaltung ansässig ist.

Siehe zu den Einzelheiten der Zerlegung die Bestimmungen des Zerlegungsgesetzes (i.d.F. v. 8. 12. 1981, BGBl. I, 2355); zur finanzwissenschaftlichen Würdigung vgl. FISCHER-MENSHAUSEN 1983, S. 845ff.

[72] Bei der veranlagten Einkommensteuer ist keine Korrektur erforderlich, da die Einkommensteuerpflichtigen die Steuer unmittelbar an das für ihren Wohnort zuständige Finanzamt abführen.

[73] Vgl. FISCHER-MENSHAUSEN 1983, S. 847f.

[74] Gesetz über den Finanzausgleich zwischen Bund und Ländern vom 28. August 1969, BGBl. I, Nr. 87 v. 1.9. 1969, S. 1432

Betrag, der sich als Anteil nach der Einwohnerzahl ergeben würde. Wenn hiernach die Ergänzungsanteile insgesamt mehr als ein Viertel des Gesamtanteils an der Umsatzsteuer ergeben, so sind die Ergänzungsanteile, die den Mindestanteil nach der Einwohnerzahl übersteigen, entsprechend herabzusetzen." (§ 2 Abs 2 FAG).

"Die Länder, deren Einnahmen aus der Einkommensteuer, der Körperschaftsteuer, der Gewerbesteuerumlage und aus den nach § 7 Abs. 1 und 2 ermittelten Landessteuern je Einwohner den Länderdurchschnitt erreichen oder übersteigen, werden an dem restlichen Länderanteil an der Umsatzsteuer im Verhältnis ihrer Einwohnerzahl beteiligt. Wenn hiernach die Einnahmen eines Landes aus der Einkommensteuer, der Körperschaftsteuer, der Umsatzsteuer, der Gewerbesteuerumlage und den Landessteuern unter dem Länderdurchschnitt liegen, so ist der Anteil dieses Landes an der Umsatzsteuer um den Fehlbetrag zu erhöhen und die Beteiligung der anderen unter Satz 1 fallenden Länder entsprechend herabzusetzen."[75] (§ 2 Abs. 3 FAG).

Gegenüber einer ausschließlichen Verteilung nach dem örtlichen Aufkommen enthält die originäre Steuerverteilung zwischen den Ländern damit bereits einige Regelungen, durch die sich Wirtschaftskraftunterschiede zwischen den Ländern nicht im gleichen Maß in Steuerkraftunterschieden niederschlagen: die Zerlegung der Lohn- und Körperschaftsteuer, der nach der Einwohnerzahl verteilte Anteil an der Umsatzsteuer sowie vor allem die Ergänzungsanteile, durch die allen Ländern eine Mindeststeuerkraft von 92 % des Bundesdurchschnitts garantiert wird.

Das Ausmaß notwendiger Ausgleichszahlungen im ergänzenden aktiven Finanzausgleich wird durch diese Regelungen naturgemäß verringert. Andererseits hat der Gesetzgeber sich nicht - wie des öfteren gefordert und sowohl bei der Abfassung des Grundgesetzes[76] als auch bei der Neuregelung des Finanzausgleichs im Rahmen der Finanzreform 1969[77] erwogen - dafür entschieden, einen Teil der originären Steuerverteilung nach einem Schlüssel zu verteilen, der die originäre Finanzkraft und den Finanzbedarf gegenüberstellt und damit einen ergänzenden aktiven Finanzausgleich überflüssig machen würde.[78] Vielmehr dominiert bei der ori-

---

[75] "Der Anteil des Landes Berlin an der Umsatzsteuer wird vor der Ermittlung der Anteile der anderen Länder im Verhältnis seiner Einwohnerzahl berechnet" (§ 2 Abs. 4 FAG). "Für die Berechnung der Anteile der einzelnen Länder an der Umsatzsteuer ist die Einwohnerzahl maßgebend, die das Statistische Bundesamt am 30. Juni des Rechnungsjahres festgestellt hat." (§ 2 Abs. 5 FAG).

[76] Vgl. hierzu PAGENKOPF 1981, S. 144ff.

[77] Vgl. BT-DRUCKSACHE V/3005, zur damaligen parlamentarischen Diskussion PATZIG 1969, S. 434; FINANZBERICHT 1970, S. 170; TIMMER 1980, S. 480.

[78] In diesem Sinn etwa der Hinweis von FISCHER-MENSHAUSEN (1983, S. 846): "Der Verfassungsgeber hätte, ohne mit Fundamentalnormen der bundesstaatlichen Ordnung (Art. 79 III) zu kollidieren, für einzelne Steuern, z. B. für den Länderanteil an der Einkommen- und Körperschaftsteuer, eine vom örtlichen Aufkommen abweichende, an Bedarfsmaßstäben orientierte Verteilungsregelung ebenso treffen können wie für die Umsatzsteuer. Eine solche Regelung, kombiniert mit dem Einbau geeigneter Lastenausgleichsfaktoren in das steuerliche Verbundsystem, hätte den technischen Vorteil geboten, daß der horizontale Ausgleichseffekt automatisch mit der vertikalen Verteilungsregelung erreicht und das horizontale Verfahren, soweit überhaupt noch erforderlich, auf einen Spitzenausgleich beschränkt werden kann."

ginären Steuerverteilung trotz teilweiser Nivellierungselemente noch immer das Kriterium des örtlichen Aufkommens. Durch eine solche mittlere Lösung wird der ergänzende aktive Finanzausgleich somit entlastet, nicht aber entbehrlich.

Das originäre Steueraufkommen zwischen den Bundesländern variiert mithin auch beträchtlich. Die größten Unterschiede zeigen sich dabei naturgemäß für die nach dem örtlichen Aufkommensprinzip verteilten Landessteuern. So schwankte z. B. im Jahr 1986 das Pro-Kopf-Aufkommen aus der Vermögensteuer (Tabelle A1) zwischen 36,99 DM (im Saarland) und 151,78 DM (in Hamburg); Nordrhein-Westfalen wies einen mittleren Wert von 69,79 DM auf. Die entsprechenden Werte für die Erbschaftsteuer (Tabelle A2) betrugen (jeweils 1986) 12,75 DM (Saarland), 51,92 DM (Hamburg) und 29,09 DM (Nordrhein-Westfalen); für die Kfz-Steuer (Tabelle A3) 138,41 DM (Bremen), 162,77 DM (Hessen), 151,38 DM (Nordrhein-Westfalen); für die Rennwett- und Lotteriesteuer (Tabelle A4) 22,32 DM (Bayern), 46,68 DM (Hamburg) und 27,39 DM (Nordrhein-Westfalen) und für die Biersteuer (Tabelle A5) 10,92 DM (Schleswig-Holstein), 40,79 DM (Bremen) und 22,64 DM (Nordrhein-Westfalen).

Noch gravierender sind die Aufkommensunterschiede bei den Gemeinschaftssteuern, wobei diese sich wegen ihrer absoluten Höhe in besonders starken Steuerkraftunterschieden niederschlagen. So schwankt der Länderanteil an der Einkommen- und Körperschaftsteuer (wiederum pro Kopf für 1986) zwischen 1.079,79 DM im Saarland und 2.495,90 DM in Hamburg; Nordrhein-Westfalen nimmt auch hier mit 1.617,63 DM eine mittlere Position ein (Tabelle A6). Ähnliche Unterschiede zeigen sich - wenngleich in quantitativ geringerer Bedeutung - für die Länderanteile an der Gewerbesteuerumlage (Tabelle A7).

Insgesamt resultiert aus diesen Unterschieden für die Summe der nach dem Aufkommen verteilten Steuern ein beträchtliches Steuerkraftgefälle (Tabelle 2). Es reichte beispielsweise im Jahr 1986[79] von einem Mindestwert von 1.360,13 DM pro Einw. im Saarland bis zu einem Maximalwert von 2.967,46 DM in Hamburg. Dazwischen rangieren mit 1.554,41 DM Niedersachsen, mit 1.582,30 DM Schleswig-Holstein, mit 1.729,90 DM Rheinland-Pfalz, mit 1.913,78 DM Bayern, mit 1.954,79 DM Nordrhein-Westfalen, mit 2.021,47 DM Bremen, mit 2.207,40 DM Hessen und mit 2.234,63 DM Baden-Württemberg. Nordrhein-Westfalen liegt also auch hier im Mittelfeld und stimmt nahezu exakt mit dem Durchschnittswert von 1.953,11 DM überein. -- Die Standardabweichung beläuft sich auf 433,25 DM, der Variationskoeffizient auf 22,18 %.[80]

---

[79] Die Werte für den gesamten Betrachtungszeitraum seit 1970 finden sich in Tabelle A8 im Anhang.

[80] Der Variationskoeffizient ist die Standardabweichung ausgedrückt als Vom-Hundert-Satz des Mittelwerts.

Tabelle 2:
Steuern der Länder nach dem Aufkommen in DM pro Einw., 1986

Bundesland	
Saarland	1.360,13 DM
Niedersachsen	1.554,41 DM
Schleswig-Holstein	1.582,30 DM
Rheinland-Pfalz	1.729,90 DM
Bayern	1.913,78 DM
Nordrhein-Westfalen	1.954,79 DM
Bremen	2.021,47 DM
Hessen	2.207,40 DM
Baden-Württemberg	2.234,63 DM
Hamburg	2.967,46 DM
Bundesdurchschnitt	1.953,11 DM
Standardabweichung	433,24 DM
Variationskoeffizient	22,18 %

Quelle: FAG-Durchführungsverordnung 1986; eigene Berechnungen

Zu einer Verringerung der Steuerkraftunterschiede kommt es durch die Länderanteile an der Umsatzsteuer. Gemäß dem oben dargestellten Verfahren setzt sich dieses zusammen:

1. aus den nach der Einwohnerzahl verteilten drei Vierteln,[81]

2. aus dem an steuerschwache Länder gewährten Viertel (Ergänzungsanteile), durch das deren Steuerkraft auf 92 % des Bundesdurchschnitts aufgestockt wird,[82] und

3. aus ggf. zu leistenden Auffüllungen, durch die garantiert wird, daß jedes Land mindestens so hohe Umsatzsteueranteile erhält, wie ihm bei einer vollständigen Verteilung nach der Einwohnerzahl zukäme.[83]

4. Die sich danach ergebenden Beträge unterliegen allerdings der Revisionsklausel des § 3 Satz 3 FAG, so daß die "Umsatzsteueranteile nach Kontrollrechnung" entsprechend geringer zu bemessen sind, wenn die Summe der Umsatzsteuereinnahmen der Schritte 1 - 3 mehr als ein Viertel des Gesamtanteils an der Umsatzsteuer ergeben.[84]

---

[81] Gemäß § 3 Abs. 1 FAG; siehe für den Betrachtungszeitraum die Aufgliederung in Tabelle A9.

[82] Gemäß § 3 Abs. 2 FAG, siehe Tabelle A10.

[83] Gemäß § 3 Abs. 2, 2. Halbsatz FAG; siehe Tabelle A11.

[84] Siehe Tabelle A12.

Addiert man diese Umsatzsteueranteile zu den nach dem örtlichen Aufkommen verteilten Landessteuern und Länderanteilen an den Gemeinschaftssteuern hinzu und addiert man weiterhin 50% der Einnahmen aus dem Förderzins,[85] so zeigt sich, daß die Steuerkraftunterschiede zwischen den Ländern vermindert werden (Tabelle 3). Für 1986 errechnet sich bspw. ein Variationskoeffizient von 13,80 % - im Vergleich zu einem Koeffizienten für die nach dem örtlichen Aufkommen verteilten Steuereinnahmen in Höhe von 22,18 %.[86]

Tabelle 3:
Steuern der Länder nach dem Aufkommen (Sp.1), 50 % des Aufkommens aus der Förderabgabe (Sp. 2), Steuern der Länder aus der Umsatzsteuer (Sp. 3), Summe 1-3 (Sp. 4), in DM pro Einw., 1986

Bundesland	(1)	(2)	(3)	(4)
Saarland	1.360,13	0,00	914,62	2.274,75
Niedersachsen	1.554,41	101,13	720,35	2.375,89
Schleswig-Holst.	1.582,30	2,74	692,46	2.277,50
Rheinland-Pfalz	1.729,90	0,74	637,18	2.367,82
Bayern	1.913,78	0,92	637,18	2.551,88
Nordrhein-Westf.	1.954,79	0,00	635,51	2.590,30
Bremen	2.021,47	0,00	578,31	2.599,78
Hessen	2.207,40	0,02	578,31	2.785,73
Baden-Württemb.	2.234,63	0,58	578,31	2.813,52
Hamburg	2.967,46	1,64	578,32	3.547,42
Bundesdurchschn.	1.953,11	12,77	637,18	2.603,06
Standardabw.	433,24	30,13	98,80	359,25
Variationskoeff.	22,18%	235,94%	15,50%	13,80%

Quelle: FAG-Durchführungsverordnung 1986; eigene Berechnungen

[85] Im Jahr 1986 (wie in allen anderen Jahren) ergaben sich quantitativ erhebliche Einnahmen aus dem Förderzins (1,45 Mrd. DM) lediglich für das Land Niedersachsen. Vgl. Tabelle A13.

[86] Außerdem zeigt der Vergleich von Tabelle 2 und 3, daß sich die relative Finanzposition Niedersachsens (infolge seiner Förderzinseinnahmen) im Verhältnis zu Schleswig-Holstein und Rheinland-Pfalz verändert hat; ebenso ist Bremen (wegen der ihm eingeräumten Abzugsmöglichkeit von Sonderlasten für seinen Seehafen) hinter Nordrhein-Westfalen zurückgefallen.

2.1.2. Die stufenweise Angleichung der Deckungsrelationen

Als Ergebnis der vorhergehenden Betrachtungen läßt sich festhalten, daß die originäre Steuerkraftverteilung - trotz der Nivellierungswirkungen der Länderanteile an der Umsatzsteuer - noch erhebliche Steuerkraftunterschiede aufweist. Infolge der Dominanz der nach dem örtlichen Aufkommensprinzip verteilten Steuern ist dies auch nicht verwunderlich. Überdies berücksichtigen die bei der originären Steuerverteilung angewandten Verteilungsschlüssel nicht, ob bzw. in welchem Umfang zwischen den Ländern ggf. Unterschiede im Finanzbedarf bestehen. Es ist damit zu vermuten, daß die originäre Steuerverteilung korrekturbedürftig ist, da sie das Ziel einer bedarfsgerechten Finanzkraftverteilung zumindest nicht explizit berücksichtigt.[87]

Genau dies ist eine der Aufgaben des ergänzenden aktiven Finanzausgleichs, der grundsätzlich als Instrument zur Korrektur suboptimaler Regeln des passiven und des originären aktiven Finanzausgleichs anzusehen ist. Im Hinblick auf die im aktiven Finanzausgleich anzustrebende Zielsetzung einer bedarfsgerechten Verteilung der öffentlichen Einnahmen zwischen den verschiedenen öffentlichen Aufgabenträgern, insbesondere den Gebietskörperschaften, bedeutet dies, daß im Rahmen des ergänzenden aktiven Finanzausgleich die originäre Finanzkraft von öffentlichen Aufgabenträgern korrigiert werden muß, falls diese nicht bedarfsgerecht, d. h. im Verhältnis zu den zugewiesenen Aufgaben zu hoch oder zu gering, bemessen ist.

Um diese Korrektur vornehmen zu können, sind originäre Finanzkraft und Finanzbedarf der öffentlichen Aufgabenträger gegenüberzustellen und das Ergebnis dieses Vergleichs, die sog. Deckungsrelation,[88] aus- oder zumindest anzugleichen. Bei horizontalen Deckungsrelationen kann dies durch horizontale Ausgleichszahlungen zwischen den Gebietskörperschaften einer föderalen Ebene oder aber durch vertikale Zuweisungen mit horizontalem Effekt innerhalb der Nehmer- oder Geberebene erfolgen.

In der Bundesrepublik wird der Ausgleich von Deckungsquotenunterschieden zwischen den Bundesländern anhand beider Methoden vorgenommen: Zum einen werden horizontale Ausgleichszuweisungen zwischen den Ländern direkt geleistet, zum anderen gewährt der Bund einzelnen

---

[87] Man könnte allerdings den Standpunkt vertreten, daß der Finanzbedarf der Länder implizit dadurch berücksichtigt wird, daß zwischen den Merkmalen, anhand derer die Steuern verteilt werden (insbesondere also der örtlichen Steuerkraft), und dem Finanzbedarf der Länder eine ausreichend enge Korrelation besteht. Prüfen läßt sich dies aber nur, wenn der Finanzbedarf explizit ermittelt und der originären Finanzkraft gegenübergestellt wird. Insofern ist die im ergänzenden aktiven Finanzausgleich vorgenommene Gegenüberstellung von originärer Finanzkraft und Finanzbedarf im Interesse einer expliziten Beweisführung auch dann wünschenswert, wenn man eine nachträgliche Korrektur der originären Steuerverteilung (wegen der angenommenen Korrelation mit der Finanzbedarfsverteilung) nicht für erforderlich hält.

[88] Zum Begriff der Deckungsrelation siehe Teil II, Abschnitt 2.1.2.1.

Ländern vertikale Ausgleichszuweisungen, die infolge ihrer unterschiedlichen Höhe innerhalb der Länderebene einen horizontalen Verteilungseffekt bewirken und damit ebenfalls die horizontalen Deckungsrelationen verändern. Das Verfahren wird im folgenden für beide Formen dargestellt.

2.1.2.1. Der Begriff der Deckungsrelation

Grundlage für die Berechnung der Deckungsrelationen zwischen den Bundesländern bildet Art. 107 Abs. 2 GG:

> "Durch das Gesetz ist sicherzustellen, daß die unterschiedliche Finanzkraft der Länder angemessen ausgeglichen wird; hierbei sind die Finanzkraft und der Finanzbedarf der Gemeinden (Gemeindeverbände) zu berücksichtigen. Die Voraussetzungen für die Ausgleichsansprüche der ausgleichsberechtigten Länder und für die Ausgleichsverbindlichkeiten der ausgleichspflichtigen Länder sowie die Maßstäbe für die Höhe der Ausgleichsleistungen sind in dem Gesetz zu bestimmen...".

Der Verfassungsauftrag ist damit vergleichsweise allgemein gehalten und überträgt die Konkretisierung der einfachen Gesetzgebung. Seit der Finanzreform 1969[89] erfolgt diese durch das "Gesetz über den Finanzausgleich zwischen Bund und Ländern" vom 28. August 1969 (in Verbindung mit verschiedenen seitdem erlassenen Ergänzungen)[90].

Der horizontale Finanzausgleich unter den Ländern ist im zweiten Abschnitt dieses Gesetzes geregelt:

---

[89] Zur Regelung des Länderfinanzausgleichs vor der Finanzreform siehe die Darstellung der historischen Entwicklung des Länderfinanzausgleichs in der Bundesrepublik bei PAGENKOPF 1981; ZABEL 1983.

[90] Es sind dies im einzelnen das Änderungsgesetz vom 12. 3. 1971 (BGBl. I S. 187); das Zweite Änderungsgesetz vom 27. 10. 1972 (BGBl. I S. 2049); das Dritte Änderungsgesetz vom 8. 5. 1974 (BGBl. I S. 1045); das Vierte Änderungsgesetz vom 21. 1. 1976 (BGBl. I S. 173; das Fünfte Änderungsgesetz vom 17. 3. 1978 (BGBl. I S. 409); das Sechste Änderungsgesetz vom 10. 5. 1980, in Kraft mit Wirkung vom 1. 1. 1979 (BGBl. I S. 560); das Haushaltsbegleitgesetz 1983 vom 20. 12. 1982 (BGBl. I S. 1857); das Steuerentlastungsgesetz 1984 vom 22. 12. 1983 (BGBl. I S. 1583) und das Siebte Änderungsgesetz vom 21.12.1984 (BGBl. I S. 1754).

§ 4: Ausgleichsleistungen

Zur Durchführung des Finanzausgleichs unter den Ländern werden aus Beiträgen der ausgleichspflichtigen Länder (Ausgleichsbeiträge) Zuschüsse an die ausgleichsberechtigten Länder (Ausgleichszuweisungen) geleistet.

§ 5: Ausgleichspflichtige und ausgleichsberechtigte Länder

(1) Ausgleichspflichtig sind die Länder, deren Steuerkraftmeßzahl in dem Rechnungsjahr, für das der Ausgleich durchgeführt wird (Ausgleichsjahr), ihre Ausgleichsmeßzahl übersteigt.

(2) Ausgleichsberechtigt sind die Länder, deren Steuerkraftmeßzahl im Ausgleichsjahr ihre Ausgleichsmeßzahl nicht erreicht.

Im Länderfinanzausgleichsgesetz wird die Deckungsrelation eines Bundeslandes somit als Verhältniszahl aus seiner Steuerkraftmeßzahl und seiner Ausgleichsmeßzahl (Bedarfsmeßzahl) definiert. Für die Ermittlung beider Meßzahlen sowie den - je nach Höhe der Deckungsrelation unterschiedlichen - Ausgleich zwischen beiden Größen finden sich im FAG dann weitere Regelungen, die im folgenden in dieser Dreiteilung - Finanzkraftberechnung (Abschnitt 1.1.2.2.), Finanzbedarfsberechnung (1.1.2.3.) und Ausgleich zwischen Finanzkraft und Finanzbedarf (2.2.4.) - dargestellt werden.

2.1.2.2. Die Messung der originären Finanzkraft

Die originäre Finanzkraft wird im horizontalen Finanzausgleich verkürzt als originäre Steuerkraft ermittelt: Nach § 6 Abs. 1 FAG ist "die Steuerkraftmeßzahl eines Landes die Summe der Steuereinnahmen des Landes nach § 7 und der Steuereinnahmen seiner Gemeinden nach § 8."

§ 7 Abs. 1 FAG bestimmt dann die Steuereinnahmen der Länder:

"(1) Als Steuereinnahmen eines Landes gelten die ihm im Ausgleichsjahr zugeflossenen Einnahmen

1. aus seinem Anteil an der Einkommensteuer und der Körperschaftsteuer;

2. aus seinem Anteil an der Gewerbesteuerumlage nach § 6 des Gemeindefinanzreformgesetzes;

3. aus der Vermögensteuer, der Erbschaftsteuer, der Kraftfahrzeugsteuer, der Biersteuer und der Rennwett- und Lotteriesteuer mit Ausnahme der Totalisatorsteuer.

Als Steuereinahmen eines Landes gelten ferner die nach § 2 für das Ausgleichsjahr festgestellten Anteile an der Umsatzsteuer."

Auch innerhalb der Steuereinnahmen werden damit nicht alle Steuerarten bei der Steuerkraftermittlung berücksichtigt.

Nach 7 § Abs. 2 - 4 FAG sind von den in Abs. 1 aufgelisteten Steuereinnahmen der Länder verschiedene Positionen abzusetzen:

(2) Von den Einnahmen eines Landes aus der Vermögensteuer werden die Beträge abgesetzt, die das Land als Zuschuß nach § 6 Abs. 2 des Lastenausgleichsgesetzes in der Fassung des Achten Gesetzes zur Änderung des Lastenausgleichsgesetzes vom 26. Juli 1957 (Bundesgesetzblatt I S. 809) für das Ausgleichsjahr an den Ausgleichsfonds zu leisten hat. Von den Einnahmen des Saarlandes aus der Vermögensteuer wird der Hundertsatz abgesetzt, um den die Vermögensteuereinnahmen der anderen Länder nach Satz 1 gekürzt werden.

(3) Zur Abgeltung der Sonderbelastungen, die den Ländern Bremen, Hamburg und Niedersachsen aus der Unterhaltung und Erneuerung der Seehäfen Bremen, Bremerhaven, Hamburg und Emden erwachsen, werden von den Steuereinnahmen

des Landes Bremen	35.000.000 DM
des Landes Hamburg	55.000.000 DM
des Landes Niedersachsen	6.000.000 DM

abgesetzt. Wenn sich die Sonderbelastungen aus der Unterhaltung und Erneuerung der Seehäfen erheblich ändern, können die Abgeltungsbeträge dieser Änderung durch Rechtsverordnung des Bundesministers der Finanzen, die der Zustimmung des Bundesrates bedarf, angepaßt werden.

(4) Zur Abgeltung übermäßiger Belastungen werden von den Steuereinnahmen

des Saarlandes	55.000.000 DM
des Landes Schleswig-Holstein	30.000.000 DM
des Landes Rheinland-Pfalz	20.000.000 DM

abgesetzt. Der für das Land Rheinland-Pfalz vorgesehen Betrag vermindert sich vom Ausgleichsjahr 1973 an um jährlich 2.500.000 DM.

In Tabelle 4 sind die sich daraus errechnenden Abgeltungsbeträge pro Einwohner für alle Länder und über den gesamten Geltungszeitraum des FAG aufgelistet. Für die Länder Nordrhein-Westfalen, Bayern, Baden-Württemberg und Hessen wurden über den gesamten Zeitraum keinerlei Abgeltungsbeträge berücksichtigt. Rheinland-Pfalz sind bis 1972 geringe Abgeltungen von ca 5 DM/Einwohner eingeräumt worden, die ab 1973 mit der stufenweisen Verminderung um jährlich 2,5 Mio. DM abgebaut wurden und seit 1980 ganz entfielen. -- Der dem Land Niedersachsen gewährte Abgeltungsbetrag für Hafenlasten in Höhe von 5 Mio. DM schlägt sich in einem geringen Pro-Kopf-Betrag von 0,83 DM/Einw. nieder; für das Land Schleswig-Holstein bedeuten die eingeräumten 30 Mio. DM zur Abgeltung "übermäßiger Belastungen" einen Pro-Kopf-Betrag von ca. 11,50 DM. -- Höhere Begünstigungen ergeben sich aus den Abgeltungen für die Hafenlasten von Hamburg (55 Mio. DM) bzw. Bremen (25 Mio. DM): Pro Einwohner betragen sie - infolge des Einwohnerschwunds der beiden Stadtstaaten mit steigender Tendenz - zwischen ca. 30 DM und 35 DM bzw. 34 DM und 38 DM. -- Pro Einwohner am stärksten begünstigt wird das Saarland, dem zur Abgeltung "übermäßiger Belastungen" ein Abzugsbetrag von 55 Mio. DM eingeräumt wird. Auf den Einwohner umgerechnet bedeutet dies einen Betrag von mindestens 49,10 DM (1970) und höchstens 62,30 DM (1986).

Tabelle 4:
Im FAG nach § 7 Abs. 2 - 4 eingeräumte Abgeltungen für Sonderlasten der Länder, 1970 - 1986, in DM pro Einw.

Jahr	Nordrh.W.	Bayern	Baden-W.	Nieders.	Hessen	RH.Pfalz	Schles-H	Saarland	Hamburg	Bremen	Insges.
70	0,00	0,00	0,00	(0,85)	0,00	(5,48)	(12,02)	(49,10)	(30,63)	(33,95)	(3,26)
71	0,00	0,00	0,00	(0,84)	0,00	(5,45)	(11,85)	(49,00)	(30,75)	(33,90)	(3,23)
72	0,00	0,00	0,00	(0,83)	0,00	(5,43)	(11,74)	(49,06)	(30,99)	(33,94)	(3,20)
73	0,00	0,00	0,00	(0,83)	0,00	(4,73)	(11,66)	(49,30)	(31,30)	(34,18)	(3,15)
74	0,00	0,00	0,00	(0,83)	0,00	(4,06)	(11,62)	(49,63)	(31,57)	(34,42)	(3,10)
75	0,00	0,00	0,00	(0,83)	0,00	(3,40)	(11,61)	(49,99)	(31,87)	(34,67)	(3,07)
76	0,00	0,00	0,00	(0,83)	0,00	(2,74)	(11,61)	(50,32)	(32,21)	(35,04)	(3,04)
77	0,00	0,00	0,00	(0,83)	0,00	(2,06)	(11,60)	(50,66)	(32,58)	(35,39)	(3,00)
78	0,00	0,00	0,00	(0,83)	0,00	(1,38)	(11,59)	(51,08)	(32,89)	(35,67)	(2,96)
79	0,00	0,00	0,00	(0,83)	0,00	(0,69)	(11,56)	(51,41)	(33,17)	(35,88)	(2,92)
80	0,00	0,00	0,00	(0,83)	0,00	0,00	(11,52)	(51,50)	(33,36)	(35,99)	(2,87)
81	0,00	0,00	0,00	(0,83)	0,00	0,00	(11,47)	(51,67)	(33,54)	(36,13)	(2,86)
82	0,00	0,00	0,00	(0,83)	0,00	0,00	(11,45)	(51,87)	(33,73)	(36,28)	(2,86)
83	0,00	0,00	0,00	(0,83)	0,00	0,00	(11,46)	(52,20)	(34,00)	(36,64)	(2,87)
84	0,00	0,00	0,00	(0,83)	0,00	0,00	(11,47)	(61,81)	(34,37)	(37,22)	(3,05)
85	0,00	0,00	0,00	(0,83)	0,00	0,00	(11,48)	(62,01)	(34,68)	(37,68)	(3,06)
86	0,00	0,00	0,00	(0,83)	0,00	0,00	(11,48)	(62,30)	(34,91)	(38,02)	(3,06)

Quelle: FAG-Durchführungsverordnungen, 1970 - 1986

Im Vergleich zur Steuerkraft, wie sie sich nach § 7 Abs. 1 FAG (d. h. ohne Absetzungen) ergibt, veränderte sich durch diese Steuerabsetzungen die im Finanzausgleich veranlagte Steuerkraft. Für das Ausgleichsjahr 1986 sind diese Veränderungen in Tabelle 5 ausgewiesen. Die Zahlen zeigen, daß sich durch die Absetzungen die Steuerkraft des - ohnehin steuerschwächsten - Saarlandes noch stärker vom Bundesdurchschnitt weg bewegte. Andererseits wurde aber auch die Steuerkraft der steuerstarken Staatstaaten näher an den Bundesdurchschnitt herangeführt, so daß die Steuerkraft unter Abzug der Absetzungen insgesamt sogar geringfügig weniger schwankte (Variationskoeffizient 13,0 %) als ohne Absetzungen (13,8 %).

Tabelle 5:
Steuern der Länder nach dem Aufkommen (Sp. 1), Steuern der Länder insg. (Sp. 2), Abgeltung von Sonderlasten gem. § 7 Abs. 2-3 FAG (Sp. 3), ausgleichsrelevante Steuern der Länder im LFA insg. (Sp.4); in DM pro Einw.; 1986

Bundesland	(1)	(2)	(3)	(4)
Saarland	1.360,13	2.274.75	-62,29	2.212,46
Niedersachsen	1.554,41	2.375,89	- 0,84	2.375,05
Schleswig-Holstein	1.582,30	2.277,50	-11,48	2.266,02
Rheinland-Pfalz	1.729,90	2.367,82	- 0,00	2.367,82
Bayern	1.913,78	2.551,88	- 0,00	2.551,88
Nordrhein-Westfalen	1.954,79	2.590,30	- 0,00	2.590,30
Bremen	2.021,47	2.599,78	-38,02	2.561,76
Hessen	2.207,40	2.785,73	- 0,00	2.785,73
Baden-Württemberg	2.234,63	2.813,52	- 0,00	2.813,52
Hamburg	2.967,46	3.547,42	-34,90	3.512,52
Bundesdurchschnitt	1.953,11	2.603,06	- 3,05	2.600,01
Standardabweichung	433,24	359,25	21,21	338,04
Variationskoeffizient	22,18%	13,80%	695,40%	13,00%

Quelle: FAG-Durchführungsverordnung 1986; eigene Berechnungen

Die in den Tabellen 3 und 4 dargestellten, auf die Absetzungen nach § 7 Abs. 2 - 4 zurückgehenden Verringerungen der Steuerkraftmeßzahlen der begünstigten Länder schlugen sich nicht in gleichem Umfang in höheren Ausgleichszuweisungen nieder. Infolge des komplizierten, mehrstufigen Berechnungsverfahren lassen sich ihre quantitativen Auswirkungen auf die Zuweisungsbeträge nur mit Hilfe von Simulationsrechnungen exakt bestimmen.

Da die Absetzungen mit der Existenz von Sonderbedarfen der betreffenden Länder begründet werden, wäre es überdies systematisch richtiger, wenn diese Positionen nicht bei der Berechnung der Steuerkraftmeßzahlen, sondern bei der Berechnung der Ausgleichsmeßzahlen berücksichtigt würden. Zwar wären auch in diesem Fall die quantitativen Auswirkungen auf die Höhe der Ausgleichszuweisungen nicht unmittelbar ersichtlich, sie ließen sich aber einfacher abschätzen als beim derzeitigen Berechnungsverfahren. Zudem würde das Ausgleichsverfahren transparenter, da die die Zuweisungshöhe bestimmenden Faktoren - originäre Steuerkraft und Finanzbedarf - sauberer voneinander getrennt wären.

In die Steuerkraftmeßzahl der Länder gehen gemäß § 6 Abs. 1 FAG auch die Steuereinnahmen ihrer Gemeinden ein. Deren Berechnung wird in § 8 FAG geregelt:

(1) Als Steuereinnahmen der Gemeinden eines Landes gelten unter Kürzung nach den Vorschriften des Absatzes 5

1. die Gemeindeanteile an der Einkommensteuer im Ausgleichsjahr,

2. die Steuerkraftzahlen der Grundsteuer und der Gewerbesteuer vom Ertrag und Kapital, die für das Kalenderjahr ermittelt wird, das dem Ausgleichsjahr vorausgeht, vermindert um die im Ausgleichsjahr geleistete Gewerbesteuerumlage.

Für die Anteile der Gemeinden an der Einkommensteuer und für die von den Gemeinden geleistete Gewerbesteuerumlage sind die Feststellungen der Länder maßgebend.

(2) Als Steuerkraftzahlen werden angesetzt

1. die Grundbeträge der Grundsteuer von den land- und forstwirtschaftlichen Betrieben mit 180 vom Hundert;

2. von den Grundbeträgen der Grundsteuer von den Grundstücken
die ersten 100.000 Deutsche Mark einer Gemeinde mit 180 v. H.,
die weiteren 200.000 Deutsche Mark einer Gemeinde mit 200 v. H.,
die weiteren 500.000 Deutsche Mark einer Gemeinde mit 225 v. H.,
die 800.000 Deutsche Mark übersteigenden Beträge einer Gemeinde mit 250 v.H.;
die Grundbeträge der Gewerbesteuer vom Ertrag und Kapital mit 250 v. H.

Als Grundbetrag gilt das Aufkommen in dem Kalenderjahr, das dem Ausgleichsjahr vorausgeht, geteilt durch die in diesem Kalenderjahr in Geltung gewesenen Hebesätze.

(3) Für die Errechnung der Realsteuerkraft eines Landes ist die Summe der Grundbeträge maßgebend, die das Statistische Bundesamt nach dem Ergebnis der Gemeindefinanzstatistik festgestellt hat. Bei der Grundsteuer von den Grundstücken gilt für alle Gemeinden einer Gemeindegruppe einheitlich der im Durchschnitt auf eine Gemeinde entfallende Grundbetrag. Maßgebend sind die folgenden Gemeindegruppen:

Gemeinden		bis	10.000	Einw.,
Gemeinden über	10.000	bis	20.000	Einw.,
Gemeinden über	20.000	bis	50.000	Einw.,
Gemeinden über	50.000	bis	100.000	Einw.,
Gemeinden über	100.000	bis	200.000	Einw.,
Gemeinden über	200.000	bis	500.000	Einw.,
Gemeinden über			500.000	Einw.

(4) Durch Rechtsverordnung des Bundesministers der Finanzen, die der Zustimmung des Bundesrates bedarf, können

1. bei der Errechnung der Steuerkraftzahlen Ungleichheiten ausgeglichen werden, die sich aus einer verschiedenen Einheitsbewertung des Grundbesitzes im Bundesgebiet ergeben;

2. die in Absatz 2 genannten Hundertsätze geändert werden, soweit die Entwicklung der durchschnittlichen Realsteuerhebesätze eine Anpassung der Hundertsätze erforderlich macht.

(5) Die nach den Absätzen 3 bis 4 errechneten Steuerkraftzahlen der Grundsteuer von den land- und forstwirtschaftlichen Betrieben, der Grundsteuer von den Grundstücken und der Gewerbesteuer vom Ertrag und Kapital werden je für sich nach einem für alle Länder einheitlichen Hundertsatz auf die Hälfte des Betrages herabgesetzt, den die Gemeinden aus der Grundsteuer von den land- und forstwirtschaftlichen Betrieben, aus der Grundsteuer von den Grundstücken sowie aus der Gewerbesteuer vom Ertrag und Kapital einschließlich der Lohn-

summensteuer im Ausgleichsjahr eingenommen haben. Der Gemeindeanteil an der Einkommensteuer und die Gewerbesteuerumlage werden auf die Hälfte der Beträge festgesetzt, die für das Ausgleichsjahr festgestellt sind.

Bei der Berechnung der Steuerkraftzahl der Gemeindesteuern werden mithin nur die Hauptsteuerarten erfaßt; die kleinen gemeindlichen Verbrauch- und Aufwandsteuern bleiben wegen ihrer quantitativ zu vernachlässigenden Wirkung - ebenso wie im kommunalen Finanzausgleich - unberücksichtigt. Außerdem werden bei den Realsteuern nicht die tatsächlichen Einnahmen veranschlagt, sondern auf einheitliche Hebesätze umgerechnete fiktive Einnahmen, da anderenfalls eine überdurchschnittliche (unterdurchschnittliche) Steueranspannung zu erhöhten (verminderten) Ausgleichsleistungen führen würde.[92]

Hervorzuheben ist auch, daß die Steuereinnahmen der Gemeinden nach § 8 Abs. 5 FAG nur mit der Hälfte in die Steuerkraftmeßzahl eingehen. Im Vergleich zu einer vollen Einbeziehung der Gemeindesteuern sind Bundesländer mit steuerkräftigen Gemeinden hierdurch begünstigt.[93] Andererseits sind sie im Vergleich zu einer vollständigen Vernachlässigung der Gemeindesteuereinnahmen benachteiligt, so daß die im FAG getroffene hälftige Einbeziehung als politischer Kompromiß anzusehen ist. Die nach bisherigem Gesetz berechneten Gemeindesteuern sind für das Ausgleichsjahr 1986 in Tabelle 6 (Spalte 2) ausgewiesen.[94] Es zeigt sich, daß die Steuerkraftunterschiede zwischen den Ländern bei den Gemeindesteuern wesentlich größer sind als bei den Ländersteuern: Der Variationskoeffizient beträgt 24,08 % im Vergleich zu 13,00 %. Die Pro-Kopf-Werte schwanken zwischen einem Minimum von 345,90 DM für das Saarland und einem Maximum von 822,30 DM für Hamburg. Der Wert Nordrhein-Westfalens liegt mit 516,32 DM knapp unter dem Bundesdurchschnitt.[95]

---

[92] Zur Begründung siehe etwa KLEIN 1983, S. 16f. Aufgrunddessen bleiben die im LFA angesetzten Realsteuerhebesätze beträchtlich hinter den in den Ländern tatsächlich angewandten zurück. Bei der Grundsteuer A wurden beispielsweise im Ausgleichsjahr 1986 nur 69 %, bei der Grundsteuer B nur 68,8 % und bei der Gewerbesteuer nur 75,9 % der tatsächlichen Einnahmen in die Steuerkraftmeßzahl einbezogen (vgl. die vorläufige LFA-Abrechnung 1986).

[93] Vgl. die Proberechnungen bei HEILMANN 1987, S. 57.

[94] Für den gesamten Geltungszeitraum des FAG von 1970 an finden sich die entsprechenden Zahlen in Tabelle A14 im Anhang.

[95] Betrachtet man die Gemeindesteuerunterschiede getrennt nach Steuerarten (Tabellen A15 bis A19 im Anhang), so wird erkennbar, daß dies insbesondere auf die großen Aufkommensunterschiede bei der Gewerbesteuer (Tabelle A18 und bei der Einkommensteuer (Tabelle A15) zurückzuführen ist. Hinzu kommt aber auch, daß die Unterschiede bei den Ländersteuern durch die nicht nach dem örtlichen Aufkommen verteilte Umsatzsteuer abgemildert werden, während die Gemeindesteuern ohne Ausnahme nach dem örtlichen Aufkommen verteilt werden.

Tabelle 6:
Steuern der Länder im LFA (nach Abgeltung von Sonderlasten) (Sp. 1), Steuern der Gemeinden im LFA (Sp. 2), Steuerkraftmeßzahl (Sp. 3), in DM pro Einw., 1986

Bundesland	(1)	(2)	(3)
Saarland	2.212,46	345,90	2.558,36
Schleswig-Holstein	2.266.02	411,51	2.677,52
Rheinland-Pfalz	2.367.82	467,12	2.834,95
Niedersachsen	2.375.05	427,32	2.802,37
Bayern	2.551.88	509,21	3.061,08
Bremen	2.561.76	584,91	3.146,67
Nordrhein-Westfalen	2.590.30	516,32	3.106,62
Hessen	2.785.73	561,84	3.347,57
Baden-Württemberg	2.813.52	587,18	3.400,70
Hamburg	3.512.52	822,30	4.334,81
Bundesdurchschnitt	2.600.01	517,84	3.117,85
Standardabweichung	338,04	124,68	480,17
Variationskoeffizient	13,00%	24,07%	15,40%

Quelle: FAG-Durchführungsverordnung 1986; eigene Berechnungen

Aus der Addition der Steuereinnahmen der Länder und ihrer Gemeinden errechnet sich dann die Steuerkraftmeßzahl, die in Tabelle 6, wiederum für das Ausgleichsjahr 1986, ebenfalls ausgewiesen ist (Spalte 3).[96] Danach verfügt das Saarland mit 2.558,36 DM pro Einwohner über die geringste, Hamburg mit 4.334,81 DM über die höchste Steuerkraft; Nordrhein-Westfalen liegt mit 3.106,62 DM knapp unter dem Bundesdurchschnitt von 3.117,85 DM. Der Variationskoeffizient ist mit 15,40 % größer als derjenige für die Landessteuern, aber kleiner als derjenige für die Gemeindesteuern. -- Durch die Einbeziehung der Gemeindesteuern hat sich im übrigen die Rangfolge der Länder gegenüber einer ausschließlichen Berücksichtigung der Landessteuern verschoben: Niedersachsen hat mit Rheinland-Pfalz, Nordrhein-Westfalen mit Bremen die Plätze getauscht.

2.1.2.3. Die Messung des Finanzbedarfs

Der Steuerkraftmeßzahl eines Landes ist deren Ausgleichsmeßzahl gegenüberzustellen. Deren Berechnung regelt § 6 Abs. 2 FAG:

"Die Ausgleichsmeßzahl eines Landes ist die Summe der beiden Meßzahlen, die zum Ausgleich der Steuereinnahmen der Gemeinden (§ 8) getrennt festgestellt werden. Die Meßzahlen ergeben sich aus den auszugleichenden Steuereinnahmen je Einwohner im Bundesdurchschnitt, vervielfacht mit der Einwohnerzahl des Landes; hierbei sind die nach § 9 gewerteten Einwohnerzahlen zugrunde zu legen."

---

[96] Für den Zeitraum von 1970 - 1986 finden sich die Werte der Steuerkraftmeßzahl im Anhang, Tabelle A20.

§ 9 FAG konkretisiert diese Berechnung der Einwohnerzahlen:

(1) Der Ausgleichsmeßzahl eines Landes wird die Einwohnerzahl (Wohnbevölkerung) zugrunde gelegt, die das Statistische Bundesamt am 30. Juni des Ausgleichsjahres festgestellt hat.

(2) Bei der Ermittlung der Meßzahlen zum Ausgleich der Steuereinnahmen der Länder werden die Einwohnerzahlen der Länder Bremen und Hamburg mit 135 vom Hundert und die Einwohnerzahlen der übrigen Länder mit 100 vom Hundert gewertet.

(3) Bei der Ermittlung der Meßzahlen zum Ausgleich der Steuereinnahmen der Gemeinden werden die Einwohnerzahlen der Gemeinden eines Landes mit folgenden v.H.-Ansätzen je Einwohner gewertet:

die ersten	5.000	Einw. einer Gemeinde mit	100
die weiteren	15.000	Einw. einer Gemeinde mit	110
die weiteren	80.000	Einw. einer Gemeinde mit	115
die weiteren	400.000	Einw. einer Gemeinde mit	120
die weiteren	500.000	Einw. einer Gemeinde mit	125
die weiteren		Einw. einer Gemeinde mit	130.

Für Gemeinden mit mehr als 500.000 Einwohnern werden dem Land darüber hinaus bei einer Dichte von 1500 bis 2000 Einwohnern je Quadratkilometer

2 vom Hundert der Einwohnerzahl,
bei einer Dichte von 2000 bis 3000 Einwohnern je Quadratkilometer
4 vom Hundert der Einwohnerzahl,
bei einer Dichte von mehr als 3000 Einwohnern je Quadratkilometer
6 vom Hundert der Einwohnerzahl
hinzugerechnet.

Grundsätzlich fungieren damit die bundesdurchschnittlichen Pro-Kopf-Steuereinnahmen der Länder und der Gemeinden als Ausgleichsmeßzahlen. D. h. es wird unterstellt, daß der Pro-Kopf-Finanzbedarf eines Landes den bundesdurchschnittlichen Steuereinnahmen Pro-Kopf entspricht. Die Ausgleichsmeßzahl eines Landes läßt sich dann durch die Multiplikation der bundesdurchschnittlichen Pro-Kopf-Steuereinnahmen mit der Einwohnerzahl des Landes berechnen.

Dieses Grundprinzip wird allerdings in drei Fällen durchbrochen:

1. werden bei der Berechnung der Ausgleichsmeßzahlen für die Landessteuern die Einwohnerzahlen der beiden Stadtstaaten Hamburg und Bremen mit einem Faktor von 1,35 gewichtet,
2. werden bei der Berechnung der Ausgleichsmeßzahlen für die Gemeindesteuern die Einwohnerzahlen mit einem nach der Gemeindegröße gestaffelten Faktor zwischen 1,00 und 1,30 gewichtet,
3. werden bei der Berechnung der Ausgleichsmeßzahlen für die Gemeindesteuern die Einwohnerzahlen der Gemeinden mit mehr als 500.000 Einwohnern je nach Gemeindedichte mit einem Faktor zwischen 1.02 und 1.06 gewichtet.

Es finden sich damit in der Systematik der Finanzbedarfsberechnung einige - wenn auch nur grobe - Finanzbedarfsindikatoren, die bewirken, daß die Meßzahlen zum Ausgleich der Ländersteuern und der Gemeindesteuern sowie die Ausgleichsmeßzahl insgesamt (als Summe dieser beiden Meßzahlen) zwischen den einzelnen Bundesländern variieren (Tabelle 7).[97]

Tabelle 7:
Meßzahl zum Ausgleich der Ländersteuern (Sp. 1);
Meßzahl zum Ausgleich der Gemeindesteuern (Sp. 2); Ausgleichsmeßzahl (Sp. 3);
in DM pro Einw., 1986

Bundesland	(1)	(2)	(3)
Saarland	2.566,11	512,31	3.078,42
Schleswig-Holstein	2.566,11	500,59	3.066,71
Rheinland-Pfalz	2.566,11	492,62	3.058,74
Niedersachsen	2.566,11	509,02	3.075,13
Bayern	2.566,11	506,68	3.072,79
Bremen	3.464,16	561,44	4.025,59
Nordrhein-Westfalen	2.566,11	536,18	3.102,30
Hessen	2.566,11	511,83	3.077,94
Baden-Württemberg	2.566,11	506,21	3.072,79
Hamburg	3.464,16	603,62	4.067,88
Bundesdurchschnitt	2.600,01	517,84	3.117,85
Standardabweichung	359,24	32,48	388,73
Variationskoeffizient	13,80	6,27	12,47

Quelle: FAG-Durchführungsverordnung 1986; eigene Berechnungen

So betrug die Meßzahl zum Ausgleich der Ländersteuern z. B. im Jahr 1986 für die Stadtstaaten Bremen und Hamburg infolge der ihnen eingeräumten Einwohnergewichtung 3.464,26 DM/Einw., für die Flächenstaaten dagegen nur 2.566,11 DM/Einw. Bei der Meßzahl zum Ausgleich der Gemeindesteuern ergaben sich infolge der Einwohnergewichtung für Gemeindegröße und -dichte im gleichen Jahr Pro-Kopf-Werte, die zwischen 506,68 DM (für Bayern) und 603,62 DM (für Hamburg) lagen; auch für Nordrhein-Westfalen - als relativ eng besiedeltem Land mit vielen Großstädten - lag der Pro-Kopf-Wert mit 536,18 DM über dem Bundesdurchschnitt (von 517,84 DM).

Allerdings ist die Streuung der Meßzahlen zum Ausgleich der Ländersteuern (Variationskoeffizient: 13,80 %), der Gemeindesteuern (6,27 %) sowie der Summe beider Meßzahlen (12,47 %) geringer als die entsprechenden Koeffizienten für die Steuerkraftmeßzahlen (vgl. Tabelle 6). Auch dies weist nochmals darauf hin, daß es sich beim derzeit praktizierten Länderfinanzausgleich im wesentlichen um einen Steuerkraftausgleich handelt.

---

[97] Die Werte für die anderen Jahre des Betrachtungszeitraums sind in den Tabellen A21 - A23 ausgewiesen.

2.1.2.4. Die stufenweise Angleichung der Deckungsrelationen

Nach der Berechnung von Steuerkraft- und Ausgleichsmeßzahl werden diese beiden Größen einander gegenübergestellt. Je nach dem Wert der sich dadurch errechnenden Deckungsrelation werden die Differenzen zwischen beiden Größen zu unterschiedlichen Vom-Hundert-Anteilen ausgeglichen. Dieser Ausgleich erfolgt stufenweise in einem insgesamt recht komplizierten Verfahren, das in § 10 FAG unter der Überschrift "Bemessung der Ausgleichszuweisungen und der Ausgleichsbeiträge" geregelt ist.

(1) Die Ausgleichszuweisungen der ausgleichsberechtigten Länder werden mit gestaffelten Hundertsätzen von den Beträgen errechnet, um die ihre Steuerkraftmeßzahl hinter ihrer Ausgleichsmeßzahl zurückbleibt. Hierbei werden als Ausgleichszuweisungen festgesetzt

1. 100 vom Hundert des Betrages, der an 92 vom Hundert der Ausgleichsmeßzahl fehlt;

2. 37,5 vom Hundert des Betrages, der von 92 bis 100 vom Hundert der Ausgleichsmeßzahl fehlt.

(2) Die Ausgleichsbeiträge der ausgleichspflichtigen Länder werden mit einem einheitlichen Hundertsatz von den Beträgen errechnet, um die ihre Steuerkraftmeßzahl ihre Ausgleichsmeßzahl übersteigt. Hierbei bleibt die Steuerkraft, die zwischen 100 und 102 vom Hundert der Ausgleichsmeßzahl liegt, außer Ansatz, die Steuerkraft, die zwischen 102 und 110 vom Hundert der Ausgleichsmeßzahl liegt, wird mit 70 vom Hundert und die 110 vom Hundert der Ausgleichsmeßzahl übersteigende Steuerkraft voll angesetzt. Der Hundertsatz von den ausgleichspflichtigen Beträgen wird so bemessen, daß die Summe der Ausgleichsbeiträge mit der Summe der Ausgleichszuweisungen übereinstimmt.

(3) Wenn die nach § 7 Abs. 1 und 2 ermittelten Steuereinnahmen eines ausgleichsberechtigten Landes einschließlich der nach Absatz 1 ermittelten Ausgleichszuweisungen je Einwohner unter 95 vom Hundert der durchschnittlichen Steuereinnahmen der Länder liegen, so ist die Ausgleichszuweisung an diese Länder um den Fehlbetrag zu erhöhen und die Berechnung der Ausgleichsbeiträge der ausgleichspflichtigen Länder entsprechend zu berichtigen. Wenn die Steuereinnahmen eines ausgleichspflichtigen Landes nach Abzug der von ihm zu leistenden Ausgleichsbeiträge je Einwohner unter den durchschnittlichen Steuereinnahmen der Länder liegen, so ist der Fehlbetrag von den anderen ausgleichspflichtigen Ländern im Verhältnis ihrer Ausgleichsbeiträge zu übernehmen.

(4) Die Ausgleichsbeiträge der Hansestädte werden um den Betrag herabgesetzt, um den ihre Steuerkraftmeßzahl nach Abzug ihres Ausgleichsbeitrages (Absatz 2 und Absatz 3) kleiner ist als der nach Absatz 8 zu errechnende Vergleichsbetrag. Bei der Ermittlung der Steuerkraftmeßzahl werden die Landessteuereinnahmen nach § 7 Abs. 1 und 2 und die ungekürzten Steuereinnahmen nach § 8 Abs. 1 bis 4 im Ausgleichsjahr und die Beträge zur Abgeltung der Sonderlasten nach § 7 Abs. 3 angesetzt.

(5) Erreicht die Steuerkraftmeßzahl einer Hansestadt nicht ihre Ausgleichsmeßzahl und erreichen die Steuereinnahmen (Absatz 4 Satz 2) und etwaige Ausgleichszuweisungen nach Absatz 1 nicht den nach Absatz 6 zu errechnenden Vergleichsbetrag, so erhält sie den am Vergleichsbetrag fehlenden Betrag als Sonderzuweisung, jedoch nicht mehr als den Fehlbetrag zwischen Steuerkraftmeßzahl und Ausgleichsmeßzahl, höchstens aber 12.000.000 DM.

(6) der Vergleichsbetrag ist die Summe der auf den Einwohner entfallenden, um die Ausgleichsbeiträge (Absatz 2 und Absatz 3) verminderten Steuereinnahmen (§ 7) der Länder Baden-Württemberg und Nordrhein-Westfalen und der

auf den Einwohner entfallenden ungekürzten Steuereinnahmen (§ 8 Abs. 1 bis 4) der Städte Stuttgart und Köln im Ausgleichsjahr, vervielfacht mit der Einwohnerzahl der Hansestadt. § 9 Abs. 1 gilt entsprechend.

(7) Die nach den Absätzen 4 und 5 ermittelten Beträge werden von den ausgleichspflichtigen Ländern, auf die die Absätze 4 und 5 keine Anwendung finden, nach Maßgabe des Absatzes 2 zusätzlich aufgebracht.

In einer ersten Stufe werden Steuerkraftmeßzahl und Ausgleichsmeßzahl einander gegenübergestellt. Übersteigt die Steuerkraftmeßzahl die Ausgleichsmeßzahl, so ist die Differenz positiv (sog. "Überschuß"), ist die Steuerkraftmeßzahl kleiner als die Ausgleichsmeßzahl, so ist die Differenz negativ (sog. "Fehlbetrag"). Fehlbeträge werden dann, je nach ihrer Höhe vollständig oder teilweise, ausgeglichen:

1. Fehlbeträge unter 92 % der Ausgleichsmeßzahl werden zu 100 % ausgeglichen,
2. Fehlbeträge zwischen 92 % und 100 % der Ausgleichsmeßzahl werden zu 37,5 % ausgeglichen.

Für die Überschüsse werden sodann - ebenfalls nach ihrer Höhe differenziert - unterschiedlich hohe ausgleichspflichtige Anteile ermittelt:

1. Überschüsse über 110 % der Ausgleichsmeßzahl sind zu 100 % ausgleichspflichtig,
2. Überschüsse zwischen 102 % und 110 % der Ausgleichsmeßzahl sind zu 70 % ausgleichspflichtig.
3. Überschüsse zwischen 100 % und 102 % der Ausgleichsmeßzahl sind zu 0 % ausgleichspflichtig.

Von diesen ausgleichspflichtigen Beiträgen haben die Länder dann einen Prozentsatz ("Ausgleichsquote) abzuführen, der so bemessen wird, daß die Summe der Ausgleichsbeiträge mit der Summe der (zuvor ermittelten) Ausgleichszuweisungen übereinstimmt.

Durch diese Regelung verfügt nach Abschluß des horizontalen Länderfinanzausgleichs kein Bundesland über eine Steuerkraft, die ca. 105 % seines Finanzbedarfs[98] übersteigt. Andererseits ist gesichert, daß jedes Land eine finale Steuerkraft (originäre Steuerkraft plus Ausgleichszuweisungen) von mindestens 95 % der Ausgleichsmeßzahl erreicht.[99]

---

[98] Der genaue Höchstwert ist durch das Verfahren nicht bestimmt, da sich der Prozentsatz, den die ausgleichspflichtigen Länder von den Überschüssen abführen müssen, aus dem Verhältnis aus der Summe von Fehlbeträgen und Überschüssen errechnet, die nicht notwendigerweise übereinstimmen. Wird eine Übereinstimmung unterstellt, so daß die ausgleichspflichtigen Überschüsse zu exakt 100 % abgeführt werden müßten, so hätte ein Land mit einer Steuerkraftmeßzahl von 110 % der Ausgleichsmeßzahl die Überschüsse zwischen 102 % und 110 % zu 70 % abzuführen. Ihm verblieben somit 30 % dieser Überschüsse (2,4 Prozentpunkte). Zusammen mit seinen zu 100 % verbleibenden Überschüssen in der Toten Zone (100 - 102 %) verblieben ihm damit insgesamt 104,8 Prozent seiner Ausgleichsmeßzahl. Dies wäre zugleich das Maximum auch für Länder mit einer Steuerkraftmeßzahl von über 110 % der Ausgleichsmeßzahl, da die über 110 % hinausreichenden Überschüsse vollständig ausgleichspflichtig sind. Allerdings kann dieser Wert durch ein Anwendung der Revisionsklauseln des § 10 Abs. 3 Satz 2 noch verändert werden.

[99] Ein Land, dessen Steuerkraftmeßzahl genau 92 % der Ausgleichsmeßzahl beträgt (bzw. durch die 100-prozentige Aufstockung der an 92 % der Ausgleichsmeßzahl fehlenden Steuereinnahmen auf diese Höhe angehoben wird) und das damit über die geringste über-

Durch die Ausgleichszuweisungen gemäß § 10 Abs. 1 FAG kann die Steuerkraft eines ausgleichsberechtigten Landes unter 95 % des (neuen) Durchschnitts abfallen. Für diesen Fall enthält § 10 Abs. 3 Satz 1 FAG eine *Sicherungsklausel*, die bestimmt, daß die Ausgleichszuweisung an dieses Land um den Fehlbetrag zu erhöhen ist und die Berechnung der Ausgleichsbeiträge der ausgleichspflichtigen Länder entsprechend zu berichtigen sind.[100] Andererseits können infolge der Ausgleichszuweisungen, die ein ausgleichspflichtiges Land gemäß § 10 Abs. 2 FAG und ggf. auch gemäß § 10 Abs. 3 Satz 1 FAG aufzubringen hat, seine verbleibenden Steuereinnahmen unter 100 % des Länderdurchschnitts zurückfallen. In diesem Fall ist gemäß § Abs. 3 Satz 2 FAG der Fehlbetrag dieses Landes von den anderen ausgleichspflichtigen Ländern im Verhältnis ihrer Ausgleichsbeiträge zu übernehmen.

Durch die Bestimmungen des § 10 Abs. 4 - 7 FAG wird sichergestellt, daß die Stadtstaaten durch den Finanzausgleich nicht schlechter gestellt werden als die finanzstarken Flächenstaaten (*Hanseatenklausel*). Hierzu werden die Landessteuereinnahmen der Stadtstaaten je Einwohner mit den Landesteuereinnahmen der Länder Nordrhein-Westfalen und Baden-Württemberg und ihre Gemeindesteuereinnahmen je Einwohner mit denen der Städte Köln und Stuttgart verglichen. Sind die Steuereinahmen der Stadtstaaten geringer, so werden die zu zahlenden Ausgleichsbeiträge um den Unterschiedsbetrag herabgesetzt bzw. (falls die Stadtstaaten ausgleichsberechtigt sind) die Ausgleichszuweisungen entsprechend erhöht, wobei die höheren Anteile von den ausgleichspflichtigen Flächenstaaten im Verhältnis ihrer Ausgleichsleistungen zusätzlich zu tragen sind.

In Abbildung 6 sind die im Finanzausgleichsgesetz alten Rechtsenthaltenen Regelungen zum Angleichung der Deckungsrelationen in Form eines Ablaufdiagrammes zusammengestellt.

haupt mögliche Steuerkraftmeßzahl verfügt, erhält die an der Ausgleichsmeßzahl fehlenden 8 Prozentpunkte dann zu 37,5 % ausgeglichen. Dies entspricht 3 Prozentpunkten, so daß eine Mindeststeuerkraft von 92 plus 3, d. h. 95 % der Ausgleichsmeßzahl aufweist.

[100] Da hierdurch zunächst nicht unter die Garantieklausel des § 10 Abs. 3 Satz 2 FAG fallende ausgleichspflichtige Länder zusätzliche Ausgleichszuweisungen abführen müssen, können die Voraussetzungen des § 10 Abs. 3 Satz 2 FAG nachträglich erfüllt sein. In diesem Fall haben dann die verbleibenden ausgleichspflichtigen Länder wiederum dessen Fehlbeträge zu übernehmen (wodurch auch sie u.U. unter die Garantieklausel des § 10 Abs. 3 Satz 2 FAG fallen usw.). Die Kontrollrechnungen sind daher so oft zu wiederholen, bis gesichert ist, daß selbst nach der Gewährung von Zuweisungen aus der Garantieklausel kein ausgleichspflichtiges Land unter die bundesdurchschnittliche Steuerkraft absinkt.

Abbildung 6:
Stufenweise Verringerung von Unterschieden in den Deckungsquoten der Länder durch den Länderfinanzausgleich

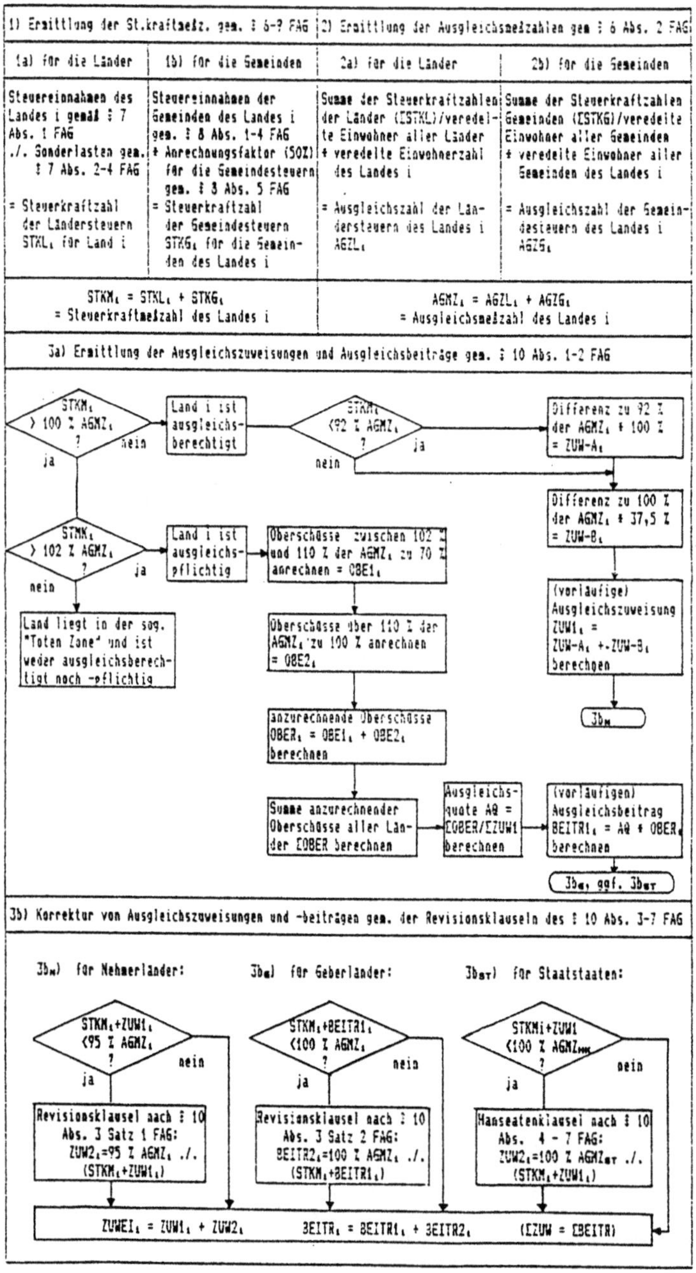

1. Zunächst werden die Steuerkraftmeßzahlen berechnet. Hierzu werden die (um im FAG anerkannte Sonderlasten verminderten) Steuereinnahmen der Länder und die (hälftigen) Steuereinnahmen der Gemeinden addiert.

2. Sodann werden, wiederum getrennt für die Länder und für ihre Gemeinden, die Ausgleichsmeßzahlen berechnet. Diese ergeben sich aus der Multiplikation der Einwohnerzahlen mit den bundesdurchschnittlichen Einnahmen je Einwohner, wobei die Ländereinwohner der Staatstaaten mit 135 % gewichtet werden und bei den Gemeindeeinwohnern eine gestaffelte Gewichtung nach der Gemeindegröße und Gemeindedichte erfolgt.

3a. Steuerkraft- und Ausgleichsmeßzahl eines Landes werden dann einander gegenüber gestellt, wobei das Land je nach Höhe der sich errechnenden Deckungsrelationen ausgleichsberechtigt ist (Steuerkraftmeßzahl < Ausgleichsmeßzahl), ausgleichspflichtig ist (Steuerkraftmeßzahl > 102% der Ausgleichsmeßzahl) oder am horizontalen Länderfinanzausgleich nicht teilnimmt (Steuerkraftmeßzahl zwischen 100 % und 102 % der Ausgleichsmeßzahl).

Für die ausgleichsberechtigten Länder lassen sich die Ausgleichszuweisungen dann unmittelbar errechnen: Die an 92% der Ausgleichsmeßzahl fehlende Differenz wird zu 100%, die zwischen 92% und 100 % der Ausgleichsmeßzahl fehlende Differenz wird zu 37,5% ausgeglichen. Für die ausgleichspflichtigen Länder errechnen sich die Ausgleichsbeiträge nach einem komplizierteren Verfahren: Zunächst werden die Beträge, mit denen die Steuerkraftmeßzahl die Ausgleichsmeßzahl übersteigt, für Deckungsquoten zwischen 102% und 110% zu 70% und für Deckungsquoten über 110% zu 100% angerechnet; danach werden diese Überschüsse über alle Länder summiert und durch die Summe der Ausgleichszuweisungen dividiert; die dadurch entstehende Ausgleichsquote wird schließlich mit den anzurechnenden Überschüssen der einzelnen Länder multipliziert, so daß die Summe der Ausgleichsbeiträge mit der Summe der Ausgleichszuweisungen übereinstimmt.

3b. Schließlich wird in einem abschließenden Schritt überprüft, ob die Summe derart berechneter Zuweisungen plus der Steuerkraftmeßzahl bei den Nehmerländern unter 95% des neuen Länderdurchschnitts bzw. die Summe aus Ausgleichsbeiträgen und Steuerkraftmeßzahl bei den Geberländern unter 100% des Länderdurchschnitts zurückgefallen ist; für die Stadtstaaten wird zudem geprüft, ob die Steuerkraft plus Zuweisungen/Beiträge unter derjenigen der in § 10 Abs. 4 - 7 FAG vorgegebenen Vergleichsmaßstäbe liegt. Ist dies der Fall, sind die entsprechenden Revisionsklauseln anzuwenden, um die genannten Bedingungen wiederherzustellen, anderenfalls werden die in Schritt 3a berechneten Ergebnisse endgültig übernommen.

2.1.3. Das Ergebnis der stufenweisen Angleichung der Deckungsrelationen

Tabelle 8 faßt das Ergebnis der stufenweisen Angleichung - wiederum für das Jahr 1986 und nach der in diesem Jahr geltenden Systematik - zusammen. Spalte 1 enthält die (bereits in Tabelle 7 ausgewiesenen) Ausgleichsmeßzahlen, Spalte 2 die (bereits in Tabelle 6 ausgewiesenen) Steuerkraftmeßzahlen. Aus der Subtraktion ergeben sich die in Spalte 3 aufgelisteten Überschüsse (+) bzw. Fehlbeträge (-), die die Grundlage für die oben ausführlich erläuterte Berechnung der Beiträge (+) bzw. Zuweisungen (-) des horizontalen Länderfinanzausgleichs (Spalte 4) bilden.[101]

Tabelle 8:
Steuerkraftmeßzahl (Sp. 1), Ausgleichsmeßzahl (Sp. 2), Überschüsse(+)/Fehlbeträge(-) (Sp. 3), Beiträge(+)/Zuweisungen(-) (Sp.4); in DM pro Einw., 1986

Bundesland	(1)	(2)	(3)	(4)
Saarland	2.558,36	3.078,42	-520,06	366,14
Schleswig-Holstein	2.677,52	3.066,71	-389,18	235,85
Niedersachsen	2.802,37	3.075,13	-272,76	119,01
Rheinland-Pfalz	2.834,95	3 058,74	-223,79	105,09
Bayern	3.061,08	3.072,79	- 11,71	4,39
Nordrhein-Westfalen	3.106,08	3.102,30	4,33	0,00
Bremen	3.146,67	4.025,59	-878,92	677,64
Hessen	3.347,57	3.077,94	269,63	-141,58
Baden-Württemberg	3.400,70	3.072,79	328,38	-187,80
Hamburg	4.334,81	4.067,88	266,92	-126,26
Bundesdurchschnitt	3.117,85	3.117,85	0,00	0,00
Standardabweichung	479,95	388,73	369,75	251,91
Variationskoeffizient	15,39	12,46	-,-	-,-

Quelle: FAG-Durchführungsverordnung 1986; eigene Berechnungen

Die in Spalte 3 aufgelisteten Überschüsse/Fehlbeträge spiegeln primär die Steuerkraftunterschiede der Länder wider: So wiesen das Saarland, Schleswig-Holstein und Niedersachsen als die Länder mit der geringsten Steuerkraft auch die höchsten Fehlbeträge auf. Finanzbedarfsfaktoren spielten für die Höhe der Fehlbeträge/Überschüsse demgegenüber

[101] Die Überschüsse/Fehlbeträge für den gesamten Zeitraum von 1970 - 1986 finden sich in Tabelle A24.

eine geringere Rolle, sieht man von der - quantitativ wichtigen - Ausnahme der den Stadtstaaten eingeräumten Einwohnerveredelung ab: Durch diese ergab sich für Hamburg trotz der weitaus höchsten Steuerkraft dieses Landes (von 4.334,81 DM/Einw.) lediglich ein Überschuß von 266,92 DM/ Einw.); für Bremen errechnete sich infolge der Einwohnergewichtung sogar der höchste Fehlbedarf aller Länder (von 878,92 DM/Einw.), obwohl die Steuerkraft Bremens (mit 3.146,67 DM/Einw.) noch über dem Bundesdurchschnitt lag.

Bremen erhielt damit im horizontalen LFA auch die höchsten Zuweisungen pro Einwohner (Tabelle 8, Spalte 4)[102]: 677,64 DM; gefolgt vom Saarland mit 366,14 DM, Schleswig-Holstein mit 235,85 DM, Niedersachsen mit 119,01 DM, Rheinland-Pfalz mit 105,09 DM und Bayern mit 4,39 DM. Finanziert wurden diese Zuweisungen aus den Beiträgen dreier Bundesländer: Baden-Württemberg mußte dabei mit 187,80 DM pro Einwohner die höchsten Zuweisungen abzuführen, gefolgt von Hessen (mit 141,58 DM/Einw.) und Hamburg (mit 126,26 DM/Einw.). Nordrhein-Westfalen befand sich im Jahr 1986 in der Toten Zone und brauchte deshalb keine Zuweisungen abzuführen.

2.1.4. Weitere horizontale Ausgleichselemente

Der horizontalen Länderfinanzausgleich nach Art. 104 Abs. 3 Satz 1 GG ist die quantitativ dominierende Form horizontaler innerstaatlicher Zuweisungen zwischen den Ländern. Der Vollständigkeit halber sei allerdings erwähnt, daß daneben einige weitere Zuweisungen zwischen Bundesländern existieren, die die horizontalen Deckungsrelationen beeinflussen. Dabei handelt es sich zum einen um bilaterale Abkommen zwischen einzelnen Ländern; zum anderen um Vereinbarungen innerhalb der Ländergemeinschaft, beispielsweise die Finanzierungsvereinbarungen für gemeinsame Ländereinrichtungen.

Für eine exakte Erfassung der finalen Deckungsrelationen der Länder müßte man diese Zuweisungen ebenfalls berücksichtigen, zumal hierbei häufig keine "verteilungsneutralen" Finanzierungsschlüssel zugrunde gelegt werden, sondern solche, durch die die finanzstarken Länder überdurchschnittlich belastet bzw. die finanzschwachen Länder entlastet werden. Bekanntes Beispiel ist der "Königsteiner Schlüssel",[103] der die Kosten gemeinsamer Einrichtungen zu zwei Dritteln im Verhältnis der Steuereinnahmen im Länderfinanzausgleich und zu einem Drittel im Verhältnis zur Einwohnerzahl zwischen den Ländern aufteilt.[104]

---

[102] Die Beiträge/Zuweisungen für den gesamten Zeitraum von 1970 - 1986 finden sich in Tabelle A25.

[103] Benannt nach dem "Königsteiner Staatsabkommen der Länder der Bundesrepublik Deutschland über die Finanzierung wissenschaftlicher Forschungseinrichtungen vom 30./31. März 1949".

[104] Siehe zum Königsteiner Schlüssel und anderen in der politischen Praxis verwendeten Verteilungsschlüsseln SIEVERS 1978.

Allerdings sind die quantitativen Auswirkungen dieser bilateralen horizontalen Zuweisungen gering (nicht zuletzt deshalb, weil das Grundgesetz solche direkten Zahlungen zwischen den Ländern nicht vorsieht).[105] Deshalb ist es auch vertretbar, diese Formen horizontaler Zuweisungen zwischen den Ländern und die davon ausgehenden Veränderungen der horizontalen Deckungsquoten in der vorliegenden Arbeit unbeachtet zu lassen.

2.1.5. Durch das Urteil des Bundesverfassungsgerichts bewirkte Veränderungen des horizontalen Länderfinanzausgleichs

Durch das LFA-VERFASSUNGSURTEIL 1986 wurde eine Neuregelung verschiedener Elemente des horizontalen Ausgleichsverfahrens notwendig, die der Gesetzgeber mit der Verabschiedung des Achten Änderungsgesetzes im Dezember 1987 vorgenommen hat.[106] Die dadurch eingetretenen Veränderungen gegenüber dem alten Rechtsstand sollen im folgenden dargestellt und - soweit bisher absehbar - auf ihre quantitativen Auswirkungen auf die Länder untersucht werden. Zu diesem Zweck wird nochmals auf die in Abbildung 6 (S. 70) enthaltene Gliederung zurückgegriffen, die unterschied zwischen: 1. Elementen der Finanzkraftmessung (2.1.5.1.), 2. Elementen der Finanzbedarfsmessung (2.1.5.2.) sowie 3. Elementen, die den Ausgleichsgrad und die Ausgleichssystematik des Gesamtsystems beeinflussen (2.1.5.3.).

2.1.5.1. Veränderungen bei der Steuerkraftmessung

Die Steuerkraftmessung nach altem Recht bezog nur einen Teil der den Ländern zufließenden Steuereinnahmen ein; die nichtsteuerlichen Einnahmen blieben vollkommen unberücksichtigt. Vor allem im Hinblick auf die *Förderzinseinnahmen*, die seit Ende der siebziger Jahre für ein Bundesland (Niedersachsen) ein beträchtliches Aufkommen erreichten, erschien diese Regelung ungerechtfertigt, so daß sie für mehrere Bundesländer (Baden-Württemberg, Nordrhein-Westfalen, Hessen) den Hauptanlaß für die Einreichung ihrer Normenkontrollanträge beim Bundesverfassungsgericht bildeten.[107] Nordrhein-Westfalen forderte zudem, daß auch die *Einnahmen aus der Grunderwerbsteuer, der Feuerschutzsteuer, der Spielbankabgabe und der Zinseinnahmen* in die Steuerkraftmessung (besser: Finanzkraftmessung) einbezogen werden sollten. Hamburg kritisierte

---

[105] Vgl. hierzu FISCHER-MENSHAUSEN 1983, S. 844f., mit weiteren Nachweisen.

[106] Achtes Gesetz zur Änderung des Gesetzes über den Finanzausgleich zwischen Bund und Ländern vom 4. 12. 1987; B-rats-Drs. 527/87.

[107] So haben Baden-Württemberg, Hessen und Nordrhein-Westfalen in ihren Normenkontrollanträgen eine volle Einbeziehung der Einnahmen aus der bergrechtlichen Förderabgabe gefordert, Nordrhein-Westfalen überdies die Einbeziehung bis dahin unberücksichtigter Steuerarten sowie der Zinseinnahmen. Vgl. die zusammenfassende Referierung der Standpunkte im LFA-VERFASSUNGSURTEIL 1986, S. 19ff.

zudem die primäre Verteilung der Einkommensteuer, da das dabei angewandte *Wohnsitzprinzip* die durch Arbeitspendler entstehenden Lasten nicht berücksichtige; zusätzlich forderte Hamburg die Abschaffung der sog. *Ehegattenklausel*.

Das Bundesverfassungsgericht hat diesen Klagen in seinem LFA-VERFASSUNGSURTEIL 1986 teilweise stattgegeben. So hat es betont, daß der Begriff der Finanzkraft auch nichtsteuerliche Einnahmen grundsätzlich einschließe und bei ihrer Berechnung sämtliche Steuerarten sowie sämtliche vom Volumen her bedeutsamen und nicht gleichmäßig anfallenden nicht-steuerlichen Einnahmen zu berücksichtigen seien.[108] Im Gesetzentwurf der Bundesregierung zum Länderfinanzausgleich für 1988 war daher auch vorgesehen, die Förderzinseinnahmen in vollem Umfang sowie die Einnahmen aus der Grunderwerbsteuer, der Feuerschutzsteuer und der Spielbankabgabe zu berücksichtigen. Nachdem dieser Abschnitt des Gesetzentwurfs von den Ländern bei den Beratungen im Bundesrat[109] akzeptiert wurde, ging dieser Vorschlag unverändert in das Achte Änderungsgesetz ein. Damit ist die Steuerkraft gemäß § 7 FAG n.F. nunmehr wie folgt zu ermitteln:

(1) Als Steuereinnahmen eines Landes gelten die ihm im Ausgleichsjahr zugeflossenen Einnahmen

1. aus seinem Anteil an der Einkommensteuer und der Körperschaftsteuer;

2. aus seinem Anteil an der Gewerbesteuerumlage nach § 6 des Gemeindefinanzreformgesetzes;

3. aus der Vermögensteuer, der Erbschaftsteuer, der Kraftfahrzeugsteuer, der Biersteuer, der Totalisatorsteuer, der Grunderwerbsteuer, der Feuerschutzsteuer und der Spielbankabgabe mit Ausnahme der Sonderabgabe und der Troncabgabe.

Als Steuereinnahmen eines Landes gelten ferner die nach § 2 für das Ausgleichsjahr festgestelllten Anteile an der Umsatzsteuer.

(2) Den Einnahmen der Länder nach Absatz 1 wird das Aufkommen aus der Förderabgabe nach § 31 des Bundesberggesetzes hinzugesetzt.

Auseinandersetzungen gab es hingegen darüber, zu welchem Anteil die Gemeindesteuern in die Finanzkraftberechnung einbezogen werden sollten, eine Frage, zu der das Verfassungsurteil nicht Stellung genommen hatte. Einige Länder vertraten in dieser Frage den Standpunkt, die im FAG a.F. enthaltene hälftige Einbeziehung beizubehalten (Baden-Württemberg, Hessen, Nordrhein-Westfalen); andere Länder, vor allem Niedersachsen, plädierten dagegen für die Einbeziehung eines höheren Anteils.

---

[108] Ebenda, S. 74ff.

[109] Siehe PLENARPROTOKOLL 579, S. 221Bff. sowie die Empfehlungen der Ausschüsse zum Entwurf eines Achten Gesetzes zur Änderung des Gesetzes über den Finanzausgleich zwischen Bund und Ländern, BR-Drs. 225/1/87 vom 29.6. 1987 (im folgenden zitiert als FAG-AUSSCHUSSEMPFEHLUNGEN).

Dieser Auffassung schloß sich zunächst auch die Bundesregierung an, die in ihrem Neuregelungsentwurf 1987 von einer Quote von 60 Prozent ausging. Im Bundesrat einigten sich die Länder dann aber mit knapper Mehrheit darauf, die hälftige Einbeziehung beizubehalten, was dann auch von der Bundesregierung akzeptiert wurde. Gegenüber dem FAG a.F. ergeben sich durch das Achte Änderungsgesetz in dieser Frage mithin keine Neuerungen.

2.1.5.2. Veränderungen bei der Finanzbedarfsmessung

Daneben wurde auch die Staffelung der Ausgleichsmeßzahl der Gemeinden nach Gemeindegröße und -dichte kritisiert, zu der sich das LFA-VERFASSUNGSURTEIL 1986 allerdings nicht geäußert hat, so daß sich in dieser Frage auch neue Auseinandersetzungen zwischen den Ländern abzeichnen[110] und die zukünftige Regelung nicht absehbar ist.

Eine Reihe von Ländern hatte bereits in den Normenkontrollanträgen die einzelnen Ländern eingeräumten *Abgeltungsbeträge für Sonderlasten* kritisiert. Am weitesten ging hierbei Baden-Württemberg, das solche Sonderlasten als generell nicht abgeltungsfähig ansah. Nordrhein-Westfalen vertrat in dieser Frage einen gemäßigteren Standpunkt und argumentierte, die eingeräumten Sonderlasten seien willkürlich gewählt und durch andere Sonderlasten, insbesondere die Nordrhein-Westfalen entstehenden Kohlelasten, zu ergänzen.

Das Verfassungsgericht hat in seinem Urteil die Abgeltung von Sonderbedarfen im Rahmen des horizontalen Länderfinanzausgleichs grundsätzlich für unzulässig erklärt, allerdings gleichzeitig den Sonderbedarf aus dem Stadtstaatenstatus und aus den Hafenlasten als begründete Ausnahmen zugelassen.[111] Zudem hat es die Möglichkeit offengelassen, Sonderbedarfe beim vertikalen Länderfinanzausgleich (Bundesergänzungszuweisungen) zu berücksichtigen (s. u.).

Bezüglich der Höhe der den Stadtstaaten eingeräumten Einwohnerveredlung hat das Verfassungsgericht angeregt, den im FAG a.F. enthaltenen Gewichtungsfaktor von 1,35 durch einen Aufgaben- bzw. Ausgabenvergleich zu überprüfen. Die zu diesem Zweck beim IFO-Institut in Auftrag gegebenen Studie[112] kommt unter alternativen Annahmen zu Gewichtungsfaktoren zwischen 119 und 143.[113] Da diese Ergebnisse nach Meinung

---

[110] Schleswig-Holstein hat in einem neuen Antrag zur Änderung des FAG-GESETZ-ENTWURFS (BR-Drs. 225/26/87 vom 9. 7. 1987) die Auseinandersetzungen auf die Messung des kommunalen Finanzbedarfs ausgedehnt, indem die Gewichtung der Gemeindeeinwohnerzahl nach der Gemeindegröße und -dichte für änderungsbedürftig bezeichnet wurde.

[111] Vgl. zur Darstellung und Kritik Teil III, Abschnitt

[112] HUMMEL/LEIBFRITZ 1987, im folgenden zitiert als IFO-GUTACHTEN 1987.

[113] IFO-GUTACHTEN 1987, S. 82ff.

der Bundesregierung und der Mehrheit der Länder den derzeit angewandten Gewichtungsfaktor bestätigt haben, ist dieser im FAG n.F. unverändert geblieben; die Staatstaaten konnten sich mit ihrer Forderung nach Anhebung des Gewichtungsfaktors auf 1,50 (Hamburg)[114] bzw. 1,63 (Bremen)[115] damit nicht durchsetzen, obwohl sie die Ergebnisse der IFO-Studie als Beweis für die von ihnen geforderte Erhöhung der Einwohnerwer-tung interpretierten und für den Fall einer Ablehnung ihrer Forderung eine erneute Verfassungsklage androhten. Diese Klage haben sie im März 1988 auch eingereicht.

Änderungen haben sich demgegenüber bei den nach § 7 (3) FAG eingeräumten Abgeltungen für Sonderbelastungen ergeben. Da das Bundesverfassungsgericht im Rahmen des horizontalen Länderfinanzausgleichs mit Ausnahme des Staatstaatenstatus und der Hafenlasten die Berechtigung solcher Sonderlasten verneint hat, entfallen nach neuem Recht die Schleswig-Holstein (30 Mio. DM) und dem Saarland (65 Mio.) DM eingeräumten Sonderlastabzüge für die Abgeltung "übermäßiger Belastungen". Andererseits sind die Bremen und Hamburg eingeräumten Abzüge für die Kosten der Seehäfen - der Empfehlung des Verfassungsgerichts folgend - angehoben worden. Die Länder haben sich hier - nach erheblichen Kontroversen - auf einen Betrag von 90 Mio DM für Bremen, 142 Mio DM für Hamburg und 18 Mio DM für Niedersachsen geeinigt; der Gesetzgeber hat diese Beträge im Achten Änderungsgesetz übernommen. § 7 Abs. 3 FAG hat in der neuen Fassung mithin folgenden Text:

> "Zur Abgeltung der Sonderbelastungen, die den Ländern Bremen, Hamburg und Niedersachsen aus der Unterhaltung und Erneuerung der Seehäfen Bremen, Bremerhaven, Hamburg und Emden erwachsen, werden von den Einnahmen nach den Absätzen 1 und 2
>
> | | |
> |---|---|
> | des Landes Bremen | 90 000 000 DM |
> | des Landes Hamburg | 142 000 000 DM |
> | des Landes Niedersachsen | 18 000 000 DM |
>
> abgesetzt.

2.1.5.3. Veränderungen des Ausgleichsgrades und der Ausgleichssystematik des FAG a.F.

Baden-Württemberg hat in seiner Verfassungsklage ausgeführt, daß die Ausgleichsbestimmungen des § 10 Abs. 1 FAG in zweierlei Hinsicht verfehlt seien: Zum einen sei die Tote Zone abzuschaffen, da durch sie ungerechte Zahlungsverpflichtungen von Drittländern begründet würden; zum anderen könne es im Übergang zwischen Toter Zone und Ausgleichs-

---

[114] Niederschrift über die 561. Finanzausschußsitzung am 25. Juni 1987, Anlage 23 zu Punkt 1 der Niederschrift.

[115] Ebenda, Anlage 22.

pflichtzone zu einer Vertauschung der Finanzkraft-Reihenfolge der Länder kommen, die dem Nivellierungsverbot widerspreche.[116]

Das Bundesverfassungsgericht hat sich dieser Sichtweise zwar nicht voll angeschlossen und die Tote Zone grundsätzlich als verfassungskonform beurteilt, andererseits aber auf die Notwendigkeit hingewiesen, die in der ersten Ausgleichszone liegenden Länder mit mehr als 70 % und ggf. auch die innerhalb der Toten Zone liegenden Länder zur Finanzierung von Ausgleichsbeiträgen heranzuziehen, falls "nur so die erforderlichen Ausgleichszuweisungen aufgebracht werden können."[117]

Das Achte Änderungsgesetz zum FAG hat dieser Kritik insofern Rechnung getragen, als die Überschüsse der Länder mit Deckungsquoten zwischen 102 % und 110 % mit mehr als 70 % und ggf. auch die Überschüsse der in der Toten Zone angesiedelten Länder mit mehr als 0 % angerechnet werden, falls die Summe der Ausgleichszuweisungen größer als die Summe der ausgleichspflichtigen Beträge ist. § 10, Abs. 2 FAG erhielt mithin folgende Neufassung:

"Die Ausgleichsbeiträge der ausgleichspflichtigen Länder werden mit einem einheitlichen Hundertsatz von den Beträgen errechnet, um die ihre Finanzkraftmeßzahl ihre Ausgleichsmeßzahl übersteigt. Vorbehaltlich der Sätze 5 und 6 bleibt hierbei die Finanzkraft, die zwischen 100 und 102 vom Hundert der Ausgleichsmeßzahl liegt, außer Ansatz, und die Finanzkraft die zwischen 102 und 110 vom Hundert der Ausgleichsmeßzahl liegt, wird mit 70 vom Hundert angesetzt. die 110 vom Hundert der Ausgleichsmeßzahl übersteigende Finanzkraft wird voll angesetzt. Der Hundertsatz von den ausgleichspflichtigen Beträgen wird so bemessen, daß die Summe der Ausgleichsbeitäge mit der Summe der Ausgleichszuweisungen übereinstimmt. Ist die Summe der Ausgleichszuweisungen größer als die Summe der ausgleichspflichtigen Beträge nach den Sätzen 2 und 3, so ist die zwischen 102 und 110 vom Hundert der Ausgleichsmeßzahl liegende Finanzkraft mit einem entsprechend höheren Satz als 70 vom Hundert in die Ausgleichspflicht einzubeziehen. Reicht auch der volle Ansatz der zwischen 102 und 110 vom Hundert der Ausgleichsmeßzahl liegenden Finanzkraft nicht aus, erstreckt sich die Ausgleichspflicht auch auf die Finanzkraft zwischen 100 und 102 vom Hundert der Ausgleichsmeßzahl."

Bezüglich der sog. Hanseaten-Klausel des § 10, Abs. 5 - 7 FAG, hat das Bundesverfassungsgericht die von Baden-Württemberg, dem Saarland und Niedersachsen vorgebrachte Kritik geteilt, die diese als ungerechtfertigtes Privileg ("Wohlstandsgarantie") bezeichnet hatten.[118] Die in geregelte Hanseaten-Klausel ist im Achten Änderungsgesetz des FAG minhin ersatzlos entfallen.

---

[116] Vgl. den Nachweis in der Normenkontrollklage Baden-Württembergs sowie im Gutachten von KIRCHHOF (1982, S. 119ff). Siehe auch den mathematischen Nachweis bei BUHL/PFINGSTEN 1986.

[117] LFA-VERFASSUNGSURTEIL 1986, S. 93.

[118] LFA-VERFASSUNGSURTEIL 1986, S. 92.

2.2. Die materielle Ausgestaltung des vertikalen Länderfinanzausgleichs

2.2.1. Die nach dem horizontalen Länderfinanzausgleich bestehenden Deckungsrelationen als Ausgangstatbestand

In Tabelle 9 sind die im horizontalen Länderfinanzausgleich vorgenommenen Angleichungen der Deckungsrelationen für das Jahr 1986 zusammengefaßt: Spalte 1 enthält die Steuerkraftmeßzahlen, Spalte 2 die Ausgleichsmeßzahlen und Spalte 3 die "intermediäre Finanzkraft" (als Summe aus Steuerkraftmeßzahl und im horizontalen Länderfinanzausgleich empfangenen Zuweisungen bzw. abgeführten Beiträgen).[119] Der Vergleich zwischen Spalte 1 und Spalte 2 belegt die durch den horizontalen Länderfinanzausgleich erreichte Angleichung der Finanzkraft: zum einen in Form der verminderten Spannweite zwischen geringster und höchster Steuer-/Finanzkraft, zum anderen in Form des verminderten Variationskoeffizienten (15,39 versus 13,13).

Tabelle 9:
Steuerkraftmeßzahl (Sp. 1); Ausgleichsmeßzahl (Sp. 2); Finanzkraft nach horizontalem LFA (Sp.3); Steuerkraftmeßzahl als %-Wert der Ausgleichsmeßzahl (Sp. 4); Finanzkraft nach horizontalem LFA als %-Wert der Ausgleichsmeßzahl (Sp. 5); in DM pro Einw. bzw in %; 1986

Bundesland	(1)	(2)	(3)	(4)	(5)
Saarland	2.558,36	3.078,42	2.924,50	0,831	0,950
Schleswig-Holstein	2.677,52	3.066,71	2.913,37	0,873	0,950
Niedersachsen	2.802,37	3.075,13	2.921,38	0,911	0,950
Rheinland-Pfalz	2.834,95	3 058,74	2.940,04	0,927	0,961
Bayern	3.061,08	3.072,79	3.065,47	0,996	0,998
Nordrhein-Westfalen	3.106,62	3.102,30	3.106,62	1,001	1,001
Bremen	3.146,67	4.025,59	3.824,31	0,782	0,950
Hessen	3.347,57	3.077,94	3.205,99	1,088	1,042
Baden-Württemberg	3.400,70	3.072,79	3.212,90	1,107	1,046
Hamburg	4.334,81	4.067,88	4.208,55	1,066	1,035
Bundesdurchschnitt	3.117,85	3.117,85	3.163,94	1,000	1,015
Standardabweichung	479,95	388,73	415,54	0,106	0,039
Variationskoeffizient	15,39	12,47	13,13	10,557	3,835

Quelle: FAG-Durchführungsverordnung 1986; eigene Berechnungen

[119] Die Deckungsrelationen zwischen der Summe aus Steuerkraftmeßzahl plus horizontalen Länderfinanzausgleichszuweisungen/Beiträgen und Ausgleichsmeßzahl werden hier als intermediär bezeichnet, da sie im stufenweisen Ausgleichprozeß zwischen originären Deckungsrelationen (Steuerkraftmeßzahl/Ausgleichsmeßzahl) und den durch Einbeziehung der vertikalen Bundesergänzungszuweisungen entstehenden "finalen" Deckungsrelationen angesiedelt sind.

Aufschlußreich ist auch der Vergleich zwischen den originären Deckungsrelationen[120] (Spalte 4) und den intermediären Deckungsrelationen (Spalte 5).[121] Bei einem Bundesdurchschnitt von 1,00 (oder 100 %) schwanken erstere zwischen einem Minimum von 87,3 % (für das Saarland) und einem Maximum von 110,7 % (für Baden-Württemberg). Demgegenüber variieren die letzteren nurmehr zwischen 95 % und circa 105 %[122] des Bundesdurchschnitts.

Nordrhein-Westfalen weist im Jahr 1986 eine Steuerkraftmeßzahl von 3.106,62 DM je Einwohner und eine geringfügig darunter liegende Ausgleichsmeßzahl von 3.102,30 DM je Einwohner auf; hieraus ergibt sich eine originäre Deckungsrelation von 1,001. -- Betrachtet man die originären Deckungsrelationen Nordrhein-Westfalens im Zeitablauf (Tabelle 10), so wird deutlich, daß sich die Finanzlage dieses Bundeslandes über den gesamten Betrachtungszeitraum zwischen 1970 und 1986 nahezu kontinuierlich verschlechtert hat: Während die originären Deckungsquoten Anfang der siebziger Jahre noch ca. 105 % betrugen, sind sie seit 1974 (abgesehen von einem vorübergehenden Anstieg im Jahr 1980) ständig kleiner geworden und im Jahr 1985 dann mit 99,5 % sogar unter den Bundesdurchschnitt zurückgefallen. 1986 sind sie dann allerdings wieder auf den erwähnten Quotienten von 100,1 % angestiegen.

Tabelle 10:
Originäre Deckungsquoten als Relation
zwischen Steuerkraft- und Ausgleichsmeßzahl, 1970 - 1986

Jahr	Nordrh.W.	Bayern	Baden-W.	Nieders.	Hessen	RH.Pfalz	Schles-H	Saarland	Hamburg	Bremen	Insges.
70	1,0419	0,9601	1,0846	0,8891	1,0924	0,8835	0,8655	0,8146	1,1457	0,8522	1,0000
71	1,0481	0,9527	1,0755	0,8916	1,0671	0,8882	0,8721	0,8288	1,1777	0,9008	1,0000
72	1,0406	0,9645	1,0875	0,8819	1,0782	0,8864	0,8724	0,8383	1,1396	0,8898	1,0000
73	1,0375	0,9711	1,0771	0,8842	1,0781	0,9053	0,8745	0,8335	1,1326	0,8985	1,0000
74	1,0504	0,9452	1,0713	0,8843	1,0731	0,9000	0,8820	0,8373	1,1261	0,9130	1,0000
75	1,0437	0,9419	1,0880	0,8867	1,0551	0,9032	0,8905	0,8461	1,2018	0,9192	1,0000
76	1,0443	0,9523	1,0855	0,8882	1,0488	0,8966	0,8892	0,8461	1,1835	0,9179	1,0000
77	1,0352	0,9497	1,1035	0,8844	1,0541	0,9142	0,8863	0,8510	1,1860	0,8702	1,0000
78	1,0245	0,9647	1,0961	0,8914	1,0742	0,9096	0,8844	0,8543	1,1620	0,8695	1,0000
79	1,0187	0,9642	1,0973	0,8885	1,0779	0,9175	0,8811	0,8556	1,2093	0,8359	1,0000
80	1,0226	0,9589	1,1120	0,9067	1,0517	0,9286	0,8982	0,8381	1,1039	0,8684	1,0000
81	1,0111	0,9729	1,1208	0,8930	1,0596	0,9248	0,8827	0,8485	1,1294	0,8765	1,0000
82	1,0085	0,9840	1,1252	0,8871	1,0500	0,9272	0,8837	0,8499	1,1280	0,8428	1,0000
83	1,0042	0,9874	1,1101	0,9127	1,0563	0,9276	0,8785	0,8391	1,1212	0,8378	1,0000
84	1,0010	0,9963	1,1058	0,9080	1,0778	0,9237	0,8769	0,8350	1,0976	0,8212	1,0000
85	0,9951	0,9977	1,1018	0,9109	1,0892	0,9241	0,8762	0,8333	1,1157	0,8194	1,0000
86	1,0014	0,9962	1,1069	0,9113	1,0876	0,9268	0,8731	0,8311	1,0656	0,7517	1,0000

Quelle: LFA-Durchführungsverordnungen, 1970 - 1986, eigene Berechnungen

[120] Ausgedrückt als Quotient aus Steuerkraft- und Ausgleichsmeßzahl.

[121] Ausgedrückt als Quotient aus der Summe aus Steuerkraftmeßzahl plus horizontaler LFA-Beiträge/Zuweisungen und Ausgleichsmeßzahl.

[122] Ein exakter Oberwert läßt sich wegen des iterativen Vrfahrens nicht nennen.

Die intermediären Deckungsrelationen Nordrhein-Westfalens (Tabelle 11) zeigen einen ähnlichen Verlauf. Allerdings ist der Rückgang hier weniger stark als bei den originären Deckungsquoten, da Nordrhein-Westfalen bis 1978 (und dann nochmals 1980) im horizontalen Länderfinanzausgleich ausgleichspflichtig war. Ab 1979 fiel die originäre Steuerkraft dann aber auf weniger als 102 % des Bundesdurchschnitts zurück, so daß das Land (abgesehen von einem nochmaligen kurzfristigen Anstieg im Jahr 1980) nicht mehr ausgleichspflichtig war und intermediäre und originäre Finanzkraft übereinstimmten. 1985 wurde Nordrhein-Westfalen dann sogar ausgleichsberechtigt, so daß die intermediäre Finanzkraft größer wurde als die originäre. Aus der graphischen Darstellung beider Deckungsquoten (Abbildung 7) lassen sich diese Zusammenhänge besonders gut erkennen.

Tabelle 11:
Intermediäre Deckungsquoten nach horizontalem LFA und vor Verteilung der Bundesergänzungszuweisungen, 1970 - 1986

Jahr	Nordrh.W.	Bayern	Baden-W.	Nieders.	Hessen	RH.Pfalz	Schles-H	Saarland	Hamburg	Bremen	Insges.
70	1,0222	0,9751	1,0472	0,9500	1,0354	0,9500	0,9500	0,9500	1,0152	0,9500	1,0216
71	1,0278	0,9705	1,0355	0,9514	1,0331	0,9500	0,9500	0,9500	1,0400	0,9500	1,0203
72	1,0247	0,9778	1,0353	0,9500	1,0332	0,9500	0,9500	0,9500	1,0341	0,9500	1,0206
73	1,0237	0,9820	1,0321	0,9500	1,0323	0,9524	0,9500	0,9500	1,0329	0,9500	1,0187
74	1,0292	0,9658	1,0359	0,9500	1,0361	0,9522	0,9500	0,9500	1,0446	0,9500	1,0202
75	1,0277	0,9637	1,0420	0,9500	1,0313	0,9547	0,9500	0,9500	1,0493	0,9500	1,0194
76	1,0273	0,9702	1,0397	0,9500	1,0287	0,9511	0,9500	0,9500	1,0441	0,9500	1,0138
77	1,0246	0,9685	1,0443	0,9500	1,0304	0,9545	0,9500	0,9500	1,0447	0,9500	1,0194
78	1,0211	0,9780	1,0391	0,9500	1,0336	0,9566	0,9500	0,9500	1,0358	0,9500	1,0180
79	1,0187	0,9776	1,0423	0,9500	1,0367	0,9533	0,9500	0,9500	1,0411	0,9500	1,0183
80	1,0208	0,9743	1,0441	0,9500	1,0296	0,9570	0,9500	0,9500	1,0441	0,9500	1,0151
81	1,0111	0,9830	1,0475	0,9506	1,0331	0,9595	0,9500	0,9500	1,0479	0,9500	1,0166
82	1,0085	0,9900	1,0472	0,9500	1,0298	0,9583	0,9500	0,9500	1,0473	0,9500	1,0167
83	1,0042	0,9921	1,0508	0,9500	1,0335	0,9548	0,9500	0,9500	1,0520	0,9500	1,0136
84	1,0010	0,9977	1,0483	0,9500	1,0401	0,9523	0,9500	0,9500	1,0471	0,9500	1,0141
85	0,9969	0,9986	1,0485	0,9500	1,0445	0,9595	0,9500	0,9500	1,0496	0,9500	1,0146
86	1,0014	0,9976	1,0458	0,9500	1,0416	0,9612	0,9500	0,9500	1,0346	0,9500	1,0148

Quelle: LFA-Durchführungsverordnungen, 1970 - 1986, eigene Berechnungen

Abbildung 7
Originäre und intermediäre (zugleich finale) Deckungsrelationen Nordrhein-Westfalens, 1970 - 1986

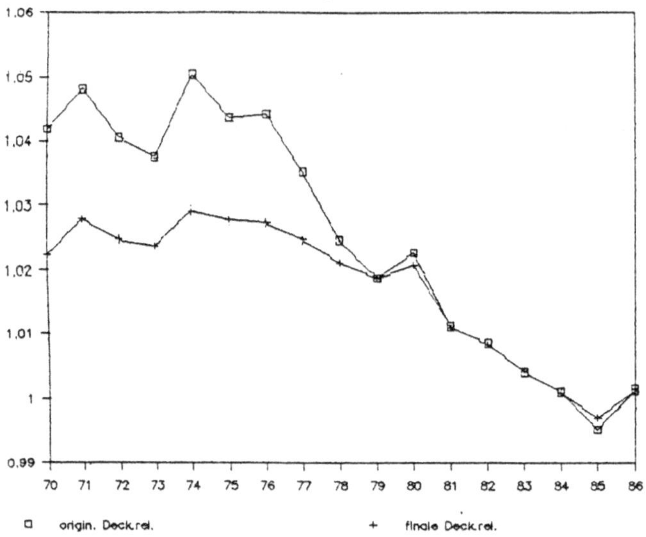

Quelle: LFA-Durchführungsverordnungen, 1970 - 1986, eigene Berechnungen

2.2.2. Die Bemessung der Ausgleichszuweisungen des Bundes an die Länder (Bundesergänzungszuweisungen)

Der Gesetzgeber hat in der Vergangenheit zunehmend die Auffassung vertreten, daß die Ausgleichsergebnisse des horizontalen Länderfinanzausgleichs nicht ausreichend seien, sondern die Deckungsrelationsunterschiede weiter vermindert werden sollten. Die verfassungsrechtliche Möglichkeit für einen solchen zusätzlichen Ausgleich bietet das Grundgesetz in Art. 107 Abs. 2 Satz 3: "Es (das Gesetz) kann auch bestimmen, daß der Bund aus seinen Mitteln leistungsschwachen Ländern Zuweisungen zur ergänzenden Deckung ihres allgemeinen Finanzbedarfs (Ergänzungszuweisungen) gewährt."

Der Bund hat von dieser Möglichkeit bereits in den fünfziger und sechziger Jahren mit unterschiedlichen Verteilungskriterien und Zuweisungsbeträgen Gebrauch gemacht.[123] Das im Betrachtungszeitraum praktizierte (und durch das Urteil des Bundesverfassungsgerichts für revisionsbedürftig erklärte) Verteilungsverfahren geht auf eine Regelung zurück, die bereits Anfang der siebziger Jahre getroffen wurde: Nach der Umgestaltung des Länderfinanzausgleichs im Rahmen der Finanzreform 1969

[123] Zur Darstellung des Verteilungsverfahrens der Bundesergänzungszuweisungen vor der Finanzreform 1969 siehe PAGENKOPF 1981, S. 213ff; ZABEL 1985, S. 365ff.

wurden vom Bund für die Jahre 1970 und 1971 zunächst jeweils 100 Mio. DM Ergänzungszuweisungen bereitgestellt, die - anlehnend an die bereits vor der Finanzreform praktizierte Vorgehensweise - die Finanzkraft derjenigen Länder, die die Mindestauffüllung in Anspruch nahmen, gleichmäßig anhoben. Beabsichtigt wurde damit eine die Rangfolge der finalen Deckungsrelationen nicht verändernde Erhöhung des durch den horizontalen Länderfinanzausgleich erreichten Nivellierungsgrades.[124]

Allerdings wurden bereits damals zwei für die spätere Entwicklung wichtige Ausnahmen von dieser Grundregel gemacht: Zum einen erhielt Bremen bereits zu jener Zeit (unter Hinweis auf die Einwohnerwertung) keine Bundesergänzungszuweisungen; zum anderen wurden umgekehrt Bayern aus "politischen Gründen" Bundesergänzungszuweisungen gewährt, obwohl es über eine originäre Deckungsrelation von über 95 % verfügte. Daraus erklärt sich, daß bereits im Jahr 1970 die durch die Bundesergänzungszuweisungen angestrebte gleichmäßige Anhebung der Dekkungsquoten aller steuerschwachen Länder nicht erreicht wurde (Tabelle 11): Bremens finale Deckungsrelation wurde auf 95 % belassen, Bayerns finale Deckungsrelation hingegen auf 97,69 % angehoben; für die übrigen Empfängerländer wurde die gleichmäßige Anhebung auf die (durch das Gesamtvolumen von 100 Mio. DM vorgegebene) finale Deckungsrelation von 95,6% - abgesehen von rundungsbedingten Differenzen[125] - erreicht.

Unter Anwendung dieses Verteilungsverfahrens ergaben sich für die Jahre 1970, 1971 und 1972 die in Tabelle 12, oberer Teil, aufgeführten Verteilungsquoten der Bundesergänzungszuweisungen. Der für 1972 festgelegte Verteilungsschlüssel wurde dann im Zusammenhang mit der Dynamisierung des Bundeszuweisungsvolumens (s. u.) ab 1972 für die folgenden zehn Jahre nicht mehr verändert und auch in den Jahren 1983 bis 1985 nur geringfügig modifiziert (siehe Tabelle 12), obwohl sich die originären und intermediären Deckungsrelationen seit 1970 ganz beträchtlich verschoben. Erst im Jahr 1986 wurden die Verteilungsquoten durch die Einbeziehung Bremens in den Kreis der Empfängerländer erstmals wieder in stärkerem Maß verändert, nachdem sich Bremen über viele Jahre vergeblich um die Gewährung von Bundesergänzungszuweisungen bemüht hatte.

---

[124] Vgl. ZABEL 1985, S. 373.

[125] Infolge der "glatten" Zuweisungsbeträge ergaben sich für die finalen Deckungsrelationen Abweichungen vom Zielwert von 95,6 % für die zweite Nachkommastelle.

Tabelle 12:
Bundesergänzungszuweisungen 1970 - 1986:
a) Verteilungsquoten, b) absolute Beträge in Mio DM, c) Beträge pro Einw. in DM;

Jahr	Nordrh.W.	Bayern	Baden-W.	Nieders.	Hessen	RH.Pfalz	Schles-H	Saarland	Hamburg	Bremen	Insges.
70	0,00%	18,00%	0,00%	38,00%	0,00%	22,00%	16,00%	6,00%	0,00%	0,00%	100,00%
71	0,00%	18,00%	0,00%	38,00%	0,00%	22,00%	16,00%	6,00%	0,00%	0,00%	100,00%
72	0,00%	21,80%	0,00%	36,90%	0,00%	20,60%	14,90%	5,80%	0,00%	0,00%	100,00%
73	0,00%	21,80%	0,00%	36,90%	0,00%	20,60%	14,90%	5,80%	0,00%	0,00%	100,00%
74	0,00%	21,80%	0,00%	36,90%	0,00%	20,60%	14,90%	5,80%	0,00%	0,00%	100,00%
75	0,00%	21,80%	0,00%	36,90%	0,00%	20,60%	14,90%	5,80%	0,00%	0,00%	100,00%
76	0,00%	21,80%	0,00%	36,90%	0,00%	20,60%	14,90%	5,80%	0,00%	0,00%	100,00%
77	0,00%	21,80%	0,00%	36,90%	0,00%	20,60%	14,90%	5,80%	0,00%	0,00%	100,00%
78	0,00%	21,80%	0,00%	36,90%	0,00%	20,60%	14,90%	5,80%	0,00%	0,00%	100,00%
79	0,00%	21,80%	0,00%	36,90%	0,00%	20,60%	14,90%	5,80%	0,00%	0,00%	100,00%
80	0,00%	21,80%	0,00%	36,90%	0,00%	20,60%	14,90%	5,80%	0,00%	0,00%	100,00%
81	0,00%	21,80%	0,00%	36,90%	0,00%	20,60%	14,90%	5,80%	0,00%	0,00%	100,00%
82	0,00%	21,80%	0,00%	36,90%	0,00%	20,60%	14,90%	5,80%	0,00%	0,00%	100,00%
83	0,00%	21,20%	0,00%	35,80%	0,00%	20,00%	14,50%	8,50%	0,00%	0,00%	100,00%
84	0,00%	20,80%	0,00%	34,30%	0,00%	19,70%	15,50%	9,70%	0,00%	0,00%	100,00%
85	0,00%	20,80%	0,00%	34,30%	0,00%	19,70%	15,50%	9,70%	0,00%	0,00%	100,00%
86	0,00%	17,40%	0,00%	33,30%	0,00%	19,20%	15,20%	9,60%	0,00%	5,30%	100,00%
87	0,00%	17,40%	0,00%	33,30%	0,00%	19,20%	15,20%	9,60%	0,00%	5,30%	100,00%

Jahr	Nordrh.W.	Bayern	Baden-W.	Nieders.	Hessen	RH.Pfalz	Schles-H	Saarland	Hamburg	Bremen	Insges.
70	0,000	18,000	0,000	38,000	0,000	22,000	16,000	6,000	0,000	0,000	100,000
71	0,000	18,000	0,000	38,000	0,000	22,000	16,000	6,000	0,000	0,000	100,000
72	0,000	119,900	0,000	202,950	0,000	113,300	81,950	31,700	0,000	0,000	550,000
73	0,000	119,900	0,000	202,950	0,000	113,300	81,950	31,900	0,000	0,000	550,000
74	0,000	163,413	0,000	276,602	0,000	154,418	111,690	43,477	0,000	0,000	749,600
75	0,000	174,858	0,000	295,975	0,000	165,233	119,513	46,522	0,000	0,000	802,100
76	0,000	192,581	0,000	325,975	0,000	181,980	131,627	51,237	0,000	0,000	883,400
77	0,000	204,571	0,000	346,270	0,000	193,310	139,822	54,427	0,000	0,000	938,400
78	0,000	238,993	0,000	404,535	0,000	225,838	163,349	63,585	0,000	0,000	1.096,300
79	0,000	278,669	0,000	471,693	0,000	263,330	190,467	74,141	0,000	0,000	1.278,300
80	0,000	297,766	0,000	504,017	0,000	281,375	203,519	79,222	0,000	0,000	1.365,900
81	0,000	322,400	0,000	545,714	0,000	304,653	220,356	85,776	0,000	0,000	1.478,900
82	0,000	319,065	0,000	540,068	0,000	301,502	218,076	84,889	0,000	0,000	1.463,600
83	0,000	336,190	0,000	567,716	0,000	317,160	229,941	134,793	0,000	0,000	1.585,800
84	0,000	344,698	0,000	568,420	0,000	326,468	256,866	160,748	0,000	0,000	1.657,200
85	0,000	351,936	0,000	580,356	0,000	333,324	262,260	164,124	0,000	0,000	1.692,000
86	0,000	310,068	0,000	593,406	0,000	342,144	270,864	171,072	0,000	94,446	1.782,000
87	0,000	326,250	0,000	624,375	0,000	360,000	285,000	180,000	0,000	99,375	1.875,000

Jahr	Nordrh.W.	Bayern	Baden-W.	Nieders.	Hessen	RH.Pfalz	Schles-H	Saarland	Hamburg	Bremen	Insges.
70	0,00	1,72	0,00	5,36	0,00	6,03	6,41	5,36	0,00	0,00	1,71
71	0,00	1,69	0,00	5,31	0,00	6,00	6,32	5,35	0,00	0,00	1,69
72	0,00	11,17	0,00	28,19	0,00	30,74	32,08	28,46	0,00	0,00	9,23
73	0,00	11,09	0,00	28,04	0,00	30,64	31,84	28,59	0,00	0,00	9,18
74	0,00	15,06	0,00	38,09	0,00	41,78	43,25	39,23	0,00	0,00	12,49
75	0,00	16,15	0,00	40,81	0,00	44,73	46,25	42,23	0,00	0,00	13,41
76	0,00	17,83	0,00	45,09	0,00	49,77	50,95	46,88	0,00	0,00	14,84
77	0,00	18,92	0,00	47,92	0,00	53,03	54,05	50,14	0,00	0,00	15,78
78	0,00	22,11	0,00	55,99	0,00	62,14	63,08	59,05	0,00	0,00	18,46
79	0,00	25,69	0,00	65,28	0,00	72,52	73,42	69,30	0,00	0,00	21,51
80	0,00	27,33	0,00	69,56	0,00	77,33	78,12	74,18	0,00	0,00	22,89
81	0,00	29,47	0,00	75,16	0,00	83,67	84,24	80,59	0,00	0,00	24,74
82	0,00	29,11	0,00	74,37	0,00	82,85	83,25	80,05	0,00	0,00	24,49
83	0,00	30,66	0,00	78,30	0,00	87,31	87,86	127,72	0,00	0,00	25,63
84	0,00	31,43	0,00	78,62	0,00	89,99	98,22	152,36	0,00	0,00	27,73
85	0,00	32,11	0,00	80,57	0,00	92,10	100,34	156,55	0,00	0,00	28,60
86	0,00	28,20	0,00	82,48	0,00	94,77	103,67	163,96	0,00	143,64	30,11

Quelle: HEILMANN 1987, S. 29

Tabelle 12, unterer Teil, zeigt, daß das Volumen der Bundesergänzungszuweisungen im Lauf der Jahre erheblich ausgeweitet worden ist. Dabei erfolgte die erste Anhebung (von 100 auf 550 Mio DM im Jahr 1972) diskretionär; der seit 1974 beobachtbare kontinuierliche Anstieg ergab sich dann aber automatisch, da das Volumen der Bundesergänzungszuweisungen ab 1974 als prozentualer Anteil am Umsatzsteueraufkommen (1,5%) festgeschrieben wurde - wodurch es sich über 749,6 Mio DM im Jahr 1975, 1.365,9 Mio DM im Jahr 1980 und 1.692 Mio DM im Jahr 1985 auf 1.782 Mio DM im Jahr 1986 erhöhte.

Das Volumen der Bundesergänzungszuweisungen ist damit im Zeitablauf wesentlich stärker angestiegen als dasjenige der horizontalen LFA-Zuweisungen. Folglich hat sich auch die Relation zwischen beiden Ausgleichsvolumina erheblich verschoben. Während die Bundesergänzungszuweisungen im Jahr 1970 im Verhältnis zum horizontalen LFA-Volumen weniger als 10 % ausmachten, entsprach ihr Volumen im Jahr 1986 ca. zwei Dritteln des horizontalen Ausgleichsvolumens.

2.2.3. Das Ausgleichsergebnis

Das dargestellte Verteilungsverfahren der Bundesergänzungszuweisungen hat die Reihenfolge der finalen Deckungsrelationen im Zeitablauf zunehmend verzerrt und zu Ausgleichswirkungen des Gesamtsystems geführt, gegen die schließlich mehrere Bundesländer vor dem Bundesverfassungsgericht erfolgreich geklagt haben. Diese zunehmenden Verteilungsmängel erklären sich aus zwei Faktoren: Zum einen haben sich durch die Erhöhung des Volumens der Bundesergänzungszuweisungen die bereits im ursprünglichen Verteilungsschlüssel angelegten Abweichungen vom Grundprinzip (einheitliche Anhebung der finalen Mindestdeckungsrelationen) im Lauf der Jahre quantitativ verstärkt; zum anderen sind durch den starren, Veränderungen des Steuerkraftgefüges ignorierenden Verteilungsschlüssel im Zeitablauf zusätzlich neue Verteilungsmängel eingetreten, wobei auch diese mit dem Anstieg des BEZ-Volumens noch erhöht wurden.

Die Zahlen in Tabelle 13 verdeutlichen dies: Sie belegen zunächst, daß infolge der Ausnahmeregelungen für Bremen und Bayern bereits im Jahr 1970 die finalen Deckungsrelationen nicht vollständig parallel zu den intermediären Deckungsrelationen verliefen (Tabelle 12), die Abweichungen jedoch wegen des vergleichsweise geringen Volumens der Bundesergänzungszuweisungen (noch) nicht gravierend waren.

Tabelle 13:
Finale Deckungsquoten nach horizontalem LFA
und nach Bundesergänzungszuweisungen; 1970 - 1986

Jahr	Nordrh.W.	Bayern	Baden-W.	Nieders.	Hessen	RH.Pfalz	Schles-H	Saarland	Hamburg	Bremen	Insges.
70	1,0222	0,9769	1,0472	0,9557	1,0354	0,9564	0,9568	0,9557	1,0152	0,9500	1,0234
71	1,0278	0,9721	1,0355	0,9564	1,0331	0,9557	0,9560	0,9551	1,0400	0,9500	1,0219
72	1,0247	0,9868	1,0353	0,9726	1,0332	0,9747	0,9757	0,9729	1,0341	0,9500	1,0279
73	1,0237	0,9897	1,0321	0,9697	1,0323	0,9740	0,9723	0,9701	1,0329	0,9500	1,0251
74	1,0292	0,9755	1,0359	0,9745	1,0361	0,9792	0,9779	0,9752	1,0446	0,9500	1,0281
75	1,0277	0,9740	1,0420	0,9761	1,0313	0,9836	0,9797	0,9770	1,0493	0,9500	1,0279
76	1,0273	0,9805	1,0397	0,9762	1,0287	0,9802	0,9797	0,9772	1,0441	0,9500	1,0273
77	1,0246	0,9782	1,0443	0,9745	1,0304	0,9817	0,9777	0,9755	1,0447	0,9500	1,0273
78	1,0211	0,9885	1,0391	0,9767	1,0336	0,9864	0,9802	0,9782	1,0358	0,9500	1,0266
79	1,0187	0,9890	1,0423	0,9790	1,0367	0,9856	0,9827	0,9807	1,0411	0,9500	1,0277
80	1,0208	0,9857	1,0441	0,9790	1,0296	0,9894	0,9826	0,9809	1,0441	0,9500	1,0245
81	1,0111	0,9953	1,0475	0,9817	1,0331	0,9944	0,9850	0,9834	1,0479	0,9500	1,0267
82	1,0085	1,0018	1,0472	0,9801	1,0298	0,9920	0,9838	0,9824	1,0473	0,9500	1,0265
83	1,0042	1,0039	1,0508	0,9801	1,0335	0,9885	0,9838	0,9991	1,0520	0,9500	1,0237
84	1,0010	1,0091	1,0483	0,9786	1,0401	0,9852	0,9858	1,0055	1,0471	0,9500	1,0241
85	0,9969	1,0095	1,0485	0,9775	1,0445	0,9911	0,9843	1,0033	1,0496	0,9500	1,0243
86	1,0014	1,0068	1,0458	0,9768	1,0416	0,9922	0,9838	1,0033	1,0346	0,9857	1,0244

Quelle: Vorläufige Abrechnung des FAG 1986; HEILMANN 1987, S. 29; eigene Berechnungen

Dies hat sich mit dem Anstieg des BEZ-Volumens in den folgenden Jahren dann jedoch rasch geändert. So führte die Beibehaltung des ursprünglichen Verteilungsschlüssels bereits im Jahr 1975 für ein Land zu einer Rangfolgenverschiebung der Deckungsrelationen: Während Bayern vor der Verteilung der Bundesergänzungszuweisungen mit 96,37 % über die günstigste Deckungsrelation aller Empfängerländer verfügte, fiel es infolge seiner vergleichsweise geringen BEZ-Quote mit einer finalen Deckungsrelation von 97,40 % hinter alle BEZ-Empfänger zurück.

Während der folgenden Jahre ist der ursprünglich noch weitgehend vorhandene Zusammenhang zwischen den intermediären und den finalen Deckungsquoten dann immer mehr verlorengegangen. Für das Jahr 1986 (Tabelle 14) ist zwischen der Rangfolge der intermediären und der finalen Deckungsrelationen (Spalte 5 versus 6) kaum mehr ein Zusammenhang erkennbar: Das Saarland z. B., das eine intermediäre Deckungsquote von 95 % aufweist, verfügt nach Bundesergänzungszuweisungen über eine Deckungsquote von 100,3 %, welche die Empfängerländer Schleswig-Holstein (mit 98,4 %), Niedersachsen (mit 97,7%) und Rheinland-Pfalz (mit 99,2 %) nicht erreichen. Die finale Deckungsrelation des Saarlands übersteigt sogar diejenige Nordrhein-Westfalens, obwohl sich dadurch die Rangfolge von zwischen finalen und intermediären und selbst zwischen finalen und originären Deckungsquoten vertauscht. Das gleiche gilt im übrigen auch - wenngleich quantitativ weniger bedeutsam - für die Rangfolge zwischen Nordrhein-Westfalen und Bayern.

Tabelle 14:
Intermediäre Finanzkraft nach horizontalem LFA, d. h. Steuerkraftmeßzahl +/- LFA-Beiträge/Zuweisungen (Sp. 1); Bundesergänzungszuweisungen (Sp. 2); finale Finanzkraft nach horizontalem LFA und Bundesergänzungszuweisungen (Sp. 3); Steuerkraftmeßzahl als v.H.-Wert der Ausgleichsmeßzahl (Sp. 4); intermediäre Finanzkraft nach horizontalem LFA als v.H.-Wert der Ausgleichsmeßzahl (Sp. 5); finale Finanzkraft nach horizontalem LFA und Bundesergänzungszuweisungen als v.H.-Wert der Ausgleichsmeßzahl (Sp. 6); in DM pro Einw. bzw in %; 1986

Bundesland	(1)	(2)	(3)	(4)	(5)	(6)
Bremen	3.824,31	143,64	3.967,95	0,782	0,950	0,986
Saarland	2.924,50	163,96	3.088,46	0,831	0,950	1,003
Schleswig-Holstein	2.913,37	103,67	3.017,04	0,873	0,950	0,984
Niedersachsen	2.921,38	82,48	3.003,86	0,911	0,950	0,977
Rheinland-Pfalz	2.940,04	94,77	3.034,81	0,927	0,961	0,992
Bayern	3.065,47	28,20	3.093,67	0,996	0,998	1,007
Nordrhein-Westf.	3.106,62		3.106,62	1,001	1,001	1,001
Hamburg	4.208,55		4.208,55	1,066	1,035	1,035
Hessen	3.205,99		3.205,99	1,088	1,042	1,042
Baden-Württemberg	3.212,90		3.212,90	1,107	1,046	1,046
Bundesdurchschnitt	3.163,94	30,11	3.163,94	1,000	1,015	1,024
Standardabweichung	415,54	60,67	415,54	0,106	0,039	0,024
Variationskoeff.	13,13	201,48	13,13	10,557	3,835	2,316

Quelle: FAG-Durchführungsverordnung 1986; HEILMANN 1987, S. 29; eigene Berechnungen

Auch Bremens finale Deckungsrelation wird durch die ihm 1986 erstmals gewährten Bundesergänzungszuweisungen an den Bundesdurchschnitt herangeführt. Gegenüber der bis 1985 unberechtigten Verweigerung haben sich damit diesbezüglich die Verteilungsergebnisse des vertikalen Länderfinanzausgleichs verbessert (vgl. Tabelle 13). Andererseits ergibt sich aus den an Bremen gezahlten Bundesergänzungszuweisungen nunmehr eine (quantitativ allerdings ebenfalls geringe) Verschiebung der relativen Finanzposition Bremens, da dieses nunmehr mit einer höheren finalen Deckungsrelation ausgestattet ist als Niedersachsen und Schleswig-Holstein, deren originäre Deckungsrelationen diejenige Bremens übersteigt.

2.2.4. Weitere vertikale Ausgleichselemente

Neben den Bundesergänzungszuweisungen gewährt der Bund den Ländern eine Fülle weiterer Zuweisungen. Hierzu gehören vor allem die Finanzierungsanteile an den Gemeinschaftsaufgaben nach Art. 91a und 91b GG und die Investitionshilfen nach Art. 104a Abs. 4 GG. Bei den meisten dieser Zuweisungen handelt es sich um Lenkungszuweisungen, die aus dem ergänzenden passiven Finanzausgleich resultieren und die als Erstattungen, Internalisierungs- und Meritorisierungszuweisungen grundsätzlich nach dem Äquivalenzprinzip bemessen werden. Gleichwohl rufen sie auch (regionale) Verteilungswirkungen hervor, da sie sich i.a. nicht gleichmäßig auf die Zuweisungsempfänger verteilen; zum Teil werden diese Verteilungswirkungen auch bewußt angestrebt, indem - abweichend vom bzw. ergänzend zum Äquivalenzprinzip - Bedarf und Leistungsfähigkeit der Länder berücksichtigt werden.[126] Die oben dargestellten "finalen" Deckungsquoten der Länder werden durch solche sonstigen vertikalen Zuweisungen des Bundes deshalb weiter verändert.

REISSERT (1975) hat diese Verteilungswirkungen (für die Jahre 1966 - 1975) empirisch ermittelt und dabei für nahezu alle der nach Art. 91a und 104a (4) GG gewährten Gemeinschaftsaufgaben eine "Erstarrung der Verteilungsstrukturen" und eine Tendenz zur Gleichverteilung festgestellt, die dann auch im Rahmen einer späteren Arbeit (SCHARPF u.a. 1976) theoretisch analysiert und als Hauptmangel der mit den Gemeinschaftsaufgaben verbundenen "Politikverflechtung "kritisiert wurde. Allerdings verzichtete REISSERT darauf, die ermittelten Verteilungswirkungen der Gemeinschaftsaufgaben hinsichtlich ihrer Auswirkungen auf die Dekkungsrelationen der Länder zu untersuchen, so daß seine Ergebnisse keine unmittelbaren Aussagen über deren Wirkung im Gesamtsystem des aktiven Finanzausgleichs zwischen Bund und Ländern erlauben.

Hier ging FÜCHSEL (1984) einen wesentlichen Schritt weiter. Auch er untersuchte zunächst (für die Jahre 1970-1981) die Entwicklung der nach Art. 91a und 104 Abs. 4 gewährten Bundeszuweisungen (wobei er ein Umkippen des von REISSERT ermittelten Trends zur Gleichverteilung ab 1976 - 1978 feststellte);[127] er verknüpfte diese Ergebnisse dann aber auch mit der originären und der nach horizontalem und vertikalem Länderfinanzausgleich bestehenden Finanzkraftverteilung. Dabei wurde deutlich, daß die im Rahmen der Gemeinschaftsaufgaben nach Art. 91a GG gewährten Bundeszuweisungen "in ihrer Gesamtheit durchweg nivellierend wirkten, die Wirkung der Investitionshilfen (nach Art. 104a Abs. 4, d.V., dagegen) mehr oder weniger stark differenzierungslastig" war.[128] Bei der Dominanz ersterer führte dies für die Summe aller GA-Leistungen des Bundes zu einer Verringerung der nach dem Länderfinanzausgleich verbliebenen Finanzkraftunterschiede, d. h. zu den überwiegenden Zielvorstellungen entsprechenden Verteilungswirkungen: "Die finanzschwachen Länder (profitierten) stärker von den Ausgaben des Bundes für die 'Gemeinschaftsaufgaben' als die finanzkräftigen Länder. Durch die im Rah-

[126] So führt das BUNDESMINISTERIUM DER FINANZEN (1979, S. 9f.) unter der Überschrift "Bund sorgt durch Mitfinanzierung bei den Gemeinschaftsaufgaben für einheitlichere Lebensverhältnisse im Bundesgebiet" u.a. aus: "Die Gemeinschaftsaufgaben zielen zwar nicht auf einen Finanzausgleich, sie haben aber immer auch Finanzausgleichswirkungen, die bedarfsgerechter sind als der auf einen Steuerkraftausgleich ausgerichtete horizontale Finanzausgleich zwischen den Ländern."

[127] FÜCHSEL 1984, S. 259.

[128] FÜCHSEL 1984, S. 261.

men der 'Gemeinschaftsaufgaben' gewährten Finanzhilfen wurde - mit Ausnahme Bremens - ihre Finanzkraft zumeist in einem Ausmaß gestärkt, das zumindest über dem maßgeblichen Soll-Wert von 95 % liegt. Bei den finanzschwachen Flächenstaaten ist dies im wesentlichen auf die hohe Umverteilungsqualität der regional redistributiven Gemeinschaftsaufgaben - Gemeinschaftsaufgabe GRW (Regionale Wirtschaftsförderung, d. V.) und/oder Gemeinschaftsaufgabe GAK (Agrarstruktur und Küstenschutz, d.V.) zurückzuführen. Von den schwergewichtig allgemein versorgungspolitisch ausgerichteten 'Gemeinschaftsaufgaben'-Bereichen - Hochschulbauförderung und ständige Investitionshilfen - profitierten sie hingegen in ihrer Mehrheit mit Ausnahme der Krankenhausfinanzierung kaum. Genau umgekehrt stellt sich das Bild für die beiden finanzschwachen Stadtstaaten dar. Mit ihnen profitierten von den allgemein versorgungspolitisch ausgerichteten 'Gemeinschaftsaufgaben'-Bereichen noch am stärksten die beiden finanzkräftigen Länder Hessen und Hamburg. Durchweg unterdurchschnittlich mit Finanzhilfen bedacht wurden Nordrhein-Westfalen und Baden-Württemberg. Angesichts der zunehmenden Finanzschwäche Nordrhein-Westfalens muß es jedoch als zielwidrig angesehen werden, daß es meist hinter Hessen und Hamburg rangiert."

Da das letzte Untersuchungsjahr der Arbeit von FÜCHSEL mittlerweile bereits sieben Jahre zurückliegt und sich in ihr wie auch in der Arbeit von REISSERT eine Instabilität der Verteilungswirkungen im Zeitablauf zeigten, empfiehlt sich die Untersuchung der derzeitigen Verteilungswirkungen der vom Bund an die Länder gewährten Zweckzuweisungen - zumal sich in den Ergebnissen von FÜCHSEL für Nordrhein-Westfalen bereits distributive Zielverstöße der GA-Zuweisungen des Bundes andeuteten.

Da eine solche Untersuchung allerdings mit erheblichem Aufwand verbunden ist - die Daten werden weder in der amtlichen Statistik noch durch das Bundesfinanzministerium öffentlich ausgewiesen[129] und müssen den Haushaltsplänen der Länder entnommen werden - beschränken wir uns hierbei - in Anlehnung an die referierten Untersuchungen von FÜCHSEL und REISSERT - auf die quantitativ wichtigsten, nach Art. 91a GG, Art. 91b GG sowie 104a Abs. 4 GG gewährten Finanzzuweisungen des Bundes. Weitere Einnahmen der Länder aus dem Bundeshaus-

[129] Dies dürfte sich aus dem Bemühen erklären, die mit den GA-Mitteln verbundenen Verteilungswirkungen nicht zum Gegenstand politischer Diskussionen werden zu lassen. Dahinter steht die (aus den Erfahrungen der Vergangenheit begründete, s.o) Befürchtung, distributive Interessen könnten die allokative Effizienz der GA-Mittelvergabe beschränken. Andererseits ist dieser - auch aus anderen Bereichen der Statistik bekannte - Verzicht auf regionalisierte Ausgabedaten im Hinblick auf rationale Auseinandersetzungen zu kritisieren, da sie demokratisch-rationale Zielfindungs-prozesse verhindert.

halt, wie etwa die Bundesanteile der Geldleistungsgesetze nach Art. 104a Abs. 3, bleiben damit unberücksichtigt, wobei unterstellt wird, daß ihr geringes Volumen die Verteilungswirkungen der einbezogenen Bundeszuweisungen nicht wesentlich verändert.[130]

Tabelle 15:
Ausgleichsmeßzahl (Sp. 1); finale Finanzkraft nach horizontalem LFA und Bundesergänzungszuweisungen (Sp. 2); Zuweisungen des Bundes nach Art. 91a GG (Sp. 3); Zuweisungen des Bundes nach Art. 104a Abs. 4 GG (Sp. 4); finale Deckungsquoten vor GAs (Sp. 5); finale Deckungsquoten nach GAs (Sp. 6); in DM pro Einw. bzw in %; 1986

Bundesland	(1)	(2)	(3)	(4)	(5)	(6)	(7)
Bremen	4.025,59	3.967,95	50,95	46,24	4.065,14	98,57	100,98
Saarland	3.078,42	3.088,46	52,52	52,33	3.193,31	100,33	103,73
Schleswig-Holst.	3.066,71	3.017,04	84,97	63,88	3.165,89	98,38	103,23
Niedersachsen	3.075,13	3.003,86	60,56	65,32	3.129,74	97,68	101,78
Rheinland-Pfalz	3 058,74	3.034,81	55,04	62.29	3.152,14	99,22	103,05
Bayern	3.072,79	3.093,67	55,88	65,52	3.215,07	100,68	104,63
Nordrhein-Westf.	3.102,30	3.106,62	23,45	72,54	3.202,61	100,14	103,23
Hamburg	4.067,88	4.208,55	28,11	86,25	4.322,91	103,46	106,27
Hessen	3.077,94	3.205,99	35,78	75,77	3.317,54	104,16	107,78
Baden-Württemb.	3.072,79	3.212,90	43,83	70,63	3.327,36	104,58	108,28
Bundesdurchschn.	3.117,85	3.163,94	45,55	72,47	3.281,96	101,48	105,26
Standardabw.	388,73	415,54	16,79	10,80	401,32	2,37	2,31
Variat.koeffizient	12,47	13,13	36,86	14,90	12,23	2,34	2,20

Quelle: Sp. 1, 2: Tabellen 9, 12; Sp. 3, 4: Haushaltspläne der Länder; Sp. 5-7: eigene Berechnung

Von den Bundesanteilen an den Gemeinschaftsaufgaben nach Art. 91a GG (Tabelle 15, Sp. 3) entfällt im Bundesdurchschnitt auf jeden Einwohner ein Betrag von 45,55 DM. Wesentliche Abweichungen von diesem Mittelwert zeigen sich nur Nordrhein-Westfalen und Hamburg (nach unten) und für Schleswig-Holstein (nach oben). Auf letzteres entfallen mit einem Maximalbetrag von 84,97 DM/Einw. dreimal so hohe Einnahmen wie auf Nordrhein-Westfalen (23,45 DM/Einw.).[131] Die Standardabweichung beträgt 16,79 DM/Einw., der Variationskoeffizient 36,86 %. -- Bei den Bundesmitteln aus den Investitionshilfegesetzen nach Art. 104a Abs. 4 GG (Tabelle 15, Sp. 4) sind die Unterschiede weniger groß; hier beträgt - bei einem Mittelwert von 72,47 DM/Einw. - das Minimum 46,24 DM/ Einw. (Bremen); das Maximum ist mit 86,25 DM/Einw. (Hamburg) knapp doppelt so hoch; Nordrhein-Westfalen liegt hier nahezu exakt im Bundesdurchschnitt. Die Werte für die Standardabweichung (10,80 DM/Einw.) und den Variationskoeffizienten (14,90 %) bestäti-

[130] Aus dem gleichen Grund wird (im Gegensatz zu den bisher betrachteten Zahlen) auf eine Längsschnittanalyse für die Jahre 1970 - 1986 verzichtet und die Betrachtung auf das letzte Jahr dieses Betrachtungszeitraums, d. h. auf 1986 beschränkt. Die im Anhang für die bisherigen Komponenten der Finanzpositionen der Länder ausgewiesenen Zeitreihen finden sich für die Verteilung der GA-Bundeszuweisungen also nicht.

[131] Die Aufgliederung nach den einzelnen Arten von Gemeinschaftsaufgaben (vgl. die Haushaltspläne der Länder) zeigt, daß dies vor allem auf die besonders hohen Bundesmittel zurückzuführen ist, die Niedersachsen aus der Gemeinschaftsaufgabe "Agrarstruktur und Küstenschutz" zufließen.

gen die im Vergleich zu den GA-Mitteln nach Art. 91a GG geringere Streuung der Investitionshilfen.

Die in Tabelle 15, Spalte 5 ausgewiesenen "finalen Deckungsquoten nach GAs", d. h. die durch die Ausgleichsmeßzahl dividierten Summen von Steuerkraftmeßzahl plus (horizontalem und vertikalem) Länderfinanzausgleich plus Bundesmitteln aus Art. 91a GG und 104a Abs. 4 GG, variieren etwas weniger als die "finalen Deckungsquoten vor GAs". Die Standardabweichung verringert sich vom 415,54 DM/Einw. auf 401,32 DM/Einw., der Variationskoeffizient von 13,13 % auf 12,23 %. Sofern die weitere Nivellierung der Deckungsquoten als Ziel der GA-Bundeszuweisungen betrachtet wird, ist die Mittelverteilung insgesamt also zielkonform.[132]

Diese positive Beurteilung läßt sich allerdings nicht mehr aufrechterhalten, wenn man die Auswirkungen der GA-Mittel auf die relativen Rangpositionen einzelner Länder betrachtet:

- Bremen fällt unter Berücksichtigung dieser Mittel vom drittletzten Rang (98,57 % vor GA) auf den letzten Rang (100,98 % nach GA) zurück; es wird dabei von Schleswig-Holstein, das vor Verteilung der GAs mit 98,38 % den vorletzten Rang eingenommen hat und von Niedersachsen, das vor Verteilung der GAs mit 97,68 % sogar auf dem letzten Rang liegt, überflügelt.

- Auch für Nordrhein-Westfalen ergibt sich durch die unterdurchschnittliche Höhe der empfangenen GA-Mittel eine Verschlechterung seines Deckungsquoten-Rangs: Während es vor Verteilung der GAs (mit 100,14 %) vor Niedersachsen, Schleswig-Holstein, Bremen und Rheinland-Pfalz liegt, rangiert es nach Verteilung der GAs - zusammen mit Schleswig-Holstein - auf der drittschlechtesten Position (mit einer Deckungsquote von 103,23 %). Auch dieser Befund deutete sich in der erwähnten Studie von FÜCHSEL (1984, S. 288ff.) bereits an und wird durch die neueren Daten voll bestätigt.

- Im Gegensatz zu Bremen und Nordrhein-Westfalen wird für Niedersachsen und Schleswig-Holstein die Rangfolge der Deckungsrelationen durch die GA-Mittel verbessert: Niedersachsen schiebt sich vom letzten auf den vorletzten Rang, Schleswig-Holstein vom vorletzten auf den viertletzten Platz, den es nun zusammen mit Nordrhein-Westfalen einnimmt.

Die Zahlen zeigen, daß es trotz der insgesamt leicht nivellierenden Wirkung der Bundeszuweisungen für einzelne Länder zu einer Veränderung der Deckungsquoten kommt und hierbei Bremen und Nordrhein-Westfalen besonders ungünstig abschneiden. Allerdings kann hieraus nicht auf eine verfehlte Verteilungspolitik des Bundes geschlossen werden, da die primären Ziele der GA-Mittel nicht distributiver, sondern allokativer Art sind.

Ob diese allokativen Ziele erfüllt werden, ist an dieser Stelle nicht zu erörtern und kann vermutlich auch nur in einer nach den einzelnen Gemeinschaftsaufgaben und Investitionshilfen differenzierenden Betrachtung beantwortet werden. Zumindest kann ihre Zieladäquanz nicht ausgeschlossen werden (bei einigen Gemeinschaftsaufgaben ist sie wohl auch wahrscheinlich). Insofern ist auch nicht auszuschließen, daß unsystematische oder auch negative Verteilungswirkungen der GA-Mittel, wie sie hier z. T. konstatiert wurden, zur Erreichung der angestrebten Allokationsziele erforderlich sind bzw. ihre Nachteile durch die erreichten Allokationsverbesserungen überkompensiert werden. Deshalb soll hier nicht der Fehler

[132] Dies bestätigt die entsprechenden Ergebnisse von REISSERT (1976) und FÜCHSEL (1984).

wiederholt werden, durch das - letztlich auf eine Gleichverteilung hinauslaufende - Beharren auf einer "gerechteren" Verteilung der GA-Mittel deren allokative Effizienz zu vermindern.

Andererseits muß konstatiert werden, daß durch die Ungleichverteilung der GA-Mittel die Deckungsquoten für einzelne Bundesländer beträchtlich verbessert und für andere Bundesländer merklich verschlechtert werden. Dies aus allokativen Gründen zu akzeptieren heißt nicht, solche Verteilungswirkungen auch unter distributiven Gesichtspunkten vernachlässigen zu dürfen. Vielmehr lassen sich gute Gründe und geeignete Instrumente aufzeigen, die Verteilungswirkungen von Allokationszuweisungen im aktiven Finanzausgleichs zu berücksichtigen.[133]

2.2.5. Durch das Urteil des Bundesverfassungsgerichts bewirkte Veränderungen des vertikalen Länderfinanzausgleichs

Auch das Verfahren des vertikalen Ausgleichs mit Hilfe der Bundesergänzungszuweisungen wurde im LFA-VERFASSUNGSURTEIL 1986 beanstandet. Aus der oben bereits beschriebenen unsystematischen Aufstockung der intermediären Deckungsrelationen schlossen die Verfassungsrichter zutreffend, daß "der Gesetzgeber bei der Vergabe der Bundesergänzungszuweisungen nicht den Weg gegangen (ist), die Finanzkraft der leistungsschwachen Länder allgemein anzuheben." Sie führten dann weiter aus: "Als rechtfertigende Grundlage für die von ihm festgelegten Bundesergänzungszuweisungen kann somit nur die Berücksichtigung von Sonderlasten einzelner Länder in Betracht kommen. Demgemäß wäre er aus dem föderativen Gleichbehandlungsgebot heraus verpflichtet gewesen, die berücksichtigten Sonderlasten zu benennen und zu begründen. Zudem hätte er die berücksichtigten Sonderlasten in angemessenen Abständen auf ihren Fortbestand überprüfen müssen." Da der Gesetzgeber beiden Verpflichtungen nicht genügt habe, sei das Verteilungsverfahren spätestens für das Haushaltsjahr 1988 unter Beachtung der vom Verfassungsgericht gemachten Vorgaben grundsätzlich neu zu regeln.

Mit dem Achten Änderungsgesetz zum FAG hat die Bundesregierung versucht, diesen Auflagen nachzukommen. Nachdem die diesbezüglichen Vorschläge des Gesetzesentwurfs der Bundesregierung von der Mehrheit der Länder zunächst massiv kritisiert und im Bundesrat dann auch erheblich modizifiziert worden war, einigte man sich schließlich auf ein höheres Volumen der Bundesergänzungszuweisungen von 2 v.H. des Umsatzsteueraufkommens (ab 1988)[134] sowie einen neuen, zweistufigen Berechnungsmodus: In einer ersten Stufe erhalten die Länder Bremen, Rheinland-Pfalz, Saarland und Schleswig-Holstein "Vorabbeträge" in Höhe von 50,

---

[133] Siehe hierzu KOPS 1984.

[134] Für 1987 wurde ein Volumen von 1.775 Mio DM beschlossen.

20, 175 50 Mio DM resp.[135] Der verbleibende Betrag soll dann in einer zweiten Stufe nach einem sog. Fehlbetragschlüssel verteilt werden, durch den die nach horizontalem Länderfinanzausgleich leistungsschwachen Länder Bundesergänzungszuweisungen "nach Maßgabe ihrer nach Durchführung des Länderfinanzausgleichs verbleibenden Fehlbeträge der Finanzkraftmeßzahlen gegenüber den Ausgleichsmeßzahlen"[136] erhalten:

"Dabei werden die Fehlbeträge bis 99 vom Hundert der Ausgleichsmeßzahl zu 100 Prozent und von 99 bis 100 vom Hundert der Ausgleichsmeßzahl zu 33 1/3 Prozent angesetzt. Maßgeblich sind die Finanzkraftverhältnisse der beiden dem Jahr der Leistung der Ergänzungszuweisungen vorausgehenden Jahre. Für das dem Jahr der Leistung vorausgehende Jahr wird die vorläufige Jahresabrechnung des Länderfinanzausgleichs zugrunde gelegt. Zur Feststellung der Fehlbeträge der Referenzperiode werden die Finanzkraftmeßzahlen, die Ausgleichsmeßzahlen und die Ausgleichsleistungen der beiden Jahre zusammengefaßt."[137]

Für das Jahr 1987 wurde überdies eine Überleitungsregelung vereinbart, nach der abweichend von dieses Bestimmungen folgende Beträge gewährt wurden:

Bayern	30 Mio DM,
Bremen	73 Mio DM,
Niedersachsen	558 Mio DM,
Nordrhein-Westfalen	49 Mio DM,
Rheinland-Pfalz	282 Mio DM,
Saarland	88 Mio DM,
Schleswig-Holstein	225 Mio DM.

Das Achte Änderungsgesetz enthält überdies eine Regelung "zum Ausgleich der Nachteile aus der Nichtbeteiligung an den Bundesergänzungszuweisungen in den Haushaltsjahren 1983 bis 1986" (§ 11a Abs. 2). Die Grundlage hierfür bildet die im LFA-VERFASSUNGSURTEIL 1986 enthaltene Auflage, "die Nachteile, welche ab dem Haushaltsjahr 1983 jene Länder erlitten haben, die bisher bei den Bundesergänzungszuweisungen entgegen den hierfür geltenden verfassungsrechtlichen Maßstäben nicht berücksichtigt wurden, bei der Neufestsetzung der Bundesergänzungszuweisungen angemessen auszugleichen." Bremen, dem die Bundesergänzungszuweisungen in den Jahren 1983 bis 1985 vorenthalten wurden, erhielt dadurch in den Jahren 1987 und 1988 je 100 Mio DM, Nordrhein-

---

[135] Der Vorabbetrag für das Saarland ermäßigt sich ab dem Jahr 1991 auf 100 Mio. DM.

[136] § 11a Abs. 4 FAG n.F.

[137] Ebenda

Westfalen, dem Bundesergänzungszuweisungen im Jahr 1985 vorenthalten wurden, im Jahr 1987 einen Nachteilsausgleich von 75 Mio DM. Zur Berechnung dieser Nachteilsausgleiche legte das Bundesfinanzministerium die in diesen Jahren geltenden Bestimmungen zugrunde.[138]

2.2.6. Strukturfonds als neues Element des vertikalen Länderfinanzausgleichs?

Im Frühjahr 1988 unterbreitete der Niedersächsische Ministerpräsident Albrecht den Vorschlag, der Bund solle die Hälfte der derzeit von Ländern und Gemeinden getragenen Sozialhilfe übernehmen; als Er-satz sollten die Länder einer Erhöhung der Mineralölsteuer zustimmen und einen Teil ihrer Umsatzsteueranteile an den Bund abtreten. Dieser Vorschlag scheiterte am Widerstand des Bundes, dessen relative Finanz-kraft gegen-über den Ländern sich hierdurch verschlechtert hätte, und an den massi-ven Einsprüchen der süddeutschen Länder Bayern, Baden-Württemberg, Rheinland-Pfalz und Hessen, denen hierdurch nur 750 Mio DM Mehreinnahmen zugeflossen wären, während die norddeutschen Länder 2,4 Mrd DM mehr Mittel hätten vereinnahmen können.

Stattdessen wurde dem Bund die Zusage einer sog. "Strukturhilfe" in Höhe von jährlich 2,4 Mrd DM abgerungen, die über einen Zeitraum von 10 Jahren an "strukturschwache" Länder gezahlt werden soll. Als Bemessungsgrundlagen für diese Zuweisungen, die außer Baden-Württemberg und Hessen allen Bundes-ländern zukämen, wurden nach langwierigen Bera-tungen und Proberechnungen im Oktober 1988 das Bruttoinlandspro-dukt je Einwohner, die Arbeitslosenquoten sowie die Beschäftigungsent-wicklung innerhalb der Länder vorgeschlagen. Nachdem Anfang Novem-ber auch der Bundesrat diesem Gesetzentwurf zugestimmt hat, ist es wahrscheinlich, daß das Gesetz im Bundestag endgültig verabschiedet wird und der vertikale Länderfinanzausgleich eine weitere Komponente erhält, deren Volumen sogar über dasjenige des jetzigen vertikalen Länderfinanzausgleichs, der Bundesergänzungen, hinausgeht.

---

[138] Nordrhein-Westfalen und Bremen hatten demgegenüber die Auffassung vertreten, nach den im LFA-VERFASSUNGSURTEIL 1986 enthaltenen diesbezüglichen Ausführungen müsse "der auszugleichende Nachteil auf der Basis eines verfassungskonform ausgerichteten Finanzausgleichs bestimmt werden" (Antrag des Landes Nordrhein-Westfalen zum Entwurf eines Achten Gesetzes zur Änderung des Gesetzes über den Finanzausgleich zwischen Bund und Ländern, BR-Drs.-Drucksache 225/6/87 vom 8. 7. 1987; Antrag der Freien Hansestadt Bremen zum Entwurf eines Achten Gesetzes zur Änderung des Gesetzes über den Finanzausgleich zwischen Bund und Ländern, BR-Drs. 225/4/87 vom 7.7.87.). In diesem Fall hätte bei der Berechnung des Nachteilsausgleichs - wie im LFA-VERFASSUNGSURTEIL 1986 vorgeschrieben - die Einnahmen aus der Grunderwerbsteuer, der Feuerschutzsteuer und der Spielbankabgabe in die Finanzkraftberechnung einbezogen und die in § 7 Abs. 4 FAG dem Saarland und Schleswig-Holstein eingeräumten Sonderbelastungen ausgeklammert werden. Nach den Berechnungen der Länder hätte sich dann für Nordrhein-Westfalen ein Nachteilsausgleich von 368 Mio DM, für Bremen ein Nachteilsausgleich von 260 Mio DM ergeben (ebenda).

Obwohl diese Komponente verfassungsrechtlich auf Art. 104a (4) GG basierte und somit kein Bestandteil des (vertikalen) Länderfinanzausgleichs wäre, ist offensichtlich, daß sie beträchtliche horizontale Verteilungswirkungen zwischen den Ländern hervorrufen würde und nicht losgelöst vom horizontalen Länderfinanzausgleich beurteilt werden könnte.[139] Inwieweit sich Strukturhilfen des geplan-ten Typs und Bundesergänzungszuweisungen materiell überhaupt von-einander unterscheiden, ist fraglich. Für Kritiker dieses Vorschlags stellen solche Strukturhilfen lediglich eine quantitative Ausweitung des Länderfinanzausgleichs unter anderem Namen dar. Allokationsziele werden hiermit vorgeblich zwar auch angestrebt (Zweckbindung für bestimmte Investitionen); im Vordergrund dieser Zuweisungen steht aber eine Intensivierung der Verteilungswirkungen des vertikalen Länderfinanzausgleichs. Diese Zuweisungen stoßen daher auf finanzwirtschaftliche Vorbehalte, da eine Aufstockung der Bundesergänzungszuweisungen oder sogar des horizontalen Länderfinanzausgleichs (bei entsprechender Anhebung des Länderanteils an der Umsatzsteuer) verwaltungstechnisch einfacher und im Hinblick auf die Gesamtwirkungen transparenter wäre; im Hinblick auf ein Übernivellierungsverbot des Länderfinanzausgleichs i.w.S. und dessen subsidiärem Charakter ergeben sich auch verfassungsrechtliche Bedenken gegen eine zusätzliche und quantitativ bedeutende Verteilungsmasse.

Baden-Württemberg und Hessen haben deshalb auch bereits massive Vorbehalte gegen den Strukturfonds vorgebracht und mit einer erneuten Verfassungsklage gedroht. Weitere gravierende Auseinandersetzungen innerhalb der Ländergemeinschaft wie auch zwischen einzelnen Ländern und dem Bund sind daher zu erwarten.

[139] Nach dem Entwurf der Bundesregierung erhält Bayern 158 Mio. DM, Berlin 72 Mio. DM, Bremen 63 Mio. DM, Hamburg 113 Mio. DM, Niedersachsen 652 Mio. DM, Nordrhein-Westfalen 756 Mio. DM, Rheinland-Pfalz 272 Mio. DM, das Saarland 112 Mio. DM und Schleswig-Holstein 252 Mio. DM. Baden-Württemberg und Hessen gehen leer aus.

3. Einordnung des materiellen Länderfinanzausgleichs in die Systematik des Finanzausgleichs i.w.S.

3.1. Zusammenfassende Darstellung der Regelungen des Länderfinanzausgleichs

Die in Teil II, Abschnitt 1 unterschiedenen Bestandteile des formalen Finanzausgleichs sind in den letzten Abschnitten für den materiellen Länderfinanzausgleich beschrieben worden, da ihre Kenntnis eine Voraussetzung für die Beantwortung der Frage ist, ob im ergänzenden (aktiven) Finanzausgleich Sonderbedarfe einzelner Länder anerkannt werden sollen. Für die Regelungen des aktiven Finanzausgleichs ist diese Relevanz unmittelbar einsichtig, da für die Ländereinnahmen die Frage nach der Berechtigung bereits bestehender bzw. Einführbarkeit zusätzlicher Bedarfselemente gestellt ist; für die Regelungen des passiven Finanzausgleichs ergibt sich eine mittelbare Relevanz aus dem Umstand, daß die Einnahmenverteilung nur unter Berücksichtigung der Aufgabenverteilung adäquat geregelt werden kann.

Im folgenden werden die dargestellten materiellen Regelungen des passiven und aktiven Finanzausgleichs, soweit sie die Länder betreffen, in die Systematik des formalen Finanzausgleichs eingeordnet. Ausgangspunkt hierfür bildet Abbildung 8, in der den bereits bekannten formalen Bestandteilen des passiven Finanzausgleichs die entsprechenden materiellen Regelungen der Finanzverfassung zugeordnet sind. "Der Katalogs öffentlicher Aufgaben" wird durch verschiedene Artikel des Grundgesetzes[140] (insbes. Artikel 70 - 75 GG) und eine Vielzahl einfachgesetzlicher Regelungen und Verordnungen[141] festgelegt; eine erschöpfende und trennscharfe gesetzliche Abgrenzung ergibt sich hieraus allerdings nicht und ist im übrigen auch weder möglich noch wünschenswert.[142] Auch die Abgrenzung der öffentlichen Aufgabenträger selbst ist im Grundgesetz nur global und im Hinblick auf die Gebietskörperschaften geregelt (Art. 30ff, 70ff. GG); präzisiert ist sie für diese sowie für die sonstigen öffentlichen Aufgabenträger, wie z. B. die Sondervermögen des Bundes und die öffentlichen Unternehmen, in einer Fülle von Einzelgesetzen und Verordnungen; die Organisation der Sozialversicherung wird im wesentlichen durch das Sozialgesetzbuch (SGB) geregelt.

---

[140] Siehe BULL 1977, insbes. S. 149ff.

[141] Siehe PAGENKOPF 1975/76; WOLFF/BACHOF 1976; BERKENHOFF u.a. 1976ff.; BENZING u.a.1978, S. 199ff; MÄDING u.a. 1980, insbes. S. 20ff.

[142] Vgl. BULL 1977, S. 153ff.

Abbildung 8:
Formale und materielle Finanzausgleichsregelungen des passiven Länderfinanzausgleichs

ORIGINÄRER PASSIVER FINANZAUSGLEICH					ERG. PASSIVER FA	AKTIVER FA
Abgrenzung der öffentlichen Aufgaben	Abgrenzung der öffentlichen Aufgabenträger	Verteilung der öffentl. Aufgaben auf die öffentl. Aufgabenträger				(siehe Abb. 9)
		Gesetzgebungskomp.	Verwaltungskompetenz	Finanzierungskomp.		
(1)	(2)	(3a)	(3b)	(3c)	(4)	(5)
Indirekte Regelung durch verschiedene Artikel d. GG (insbes. Art.70-75) sowie div. Einzelgesetze	Indirekte Regelung durch verschiedene Artikel des GG (Art. 30 ff.,70ff.) sowie div. Einzelgesetze	Für d. Kompetenzvert. zwi. Bund u. Ländern Art. 30ff., 70ff. GG,	Für d. Kompetenzvert. zwi. Bund und Ländern Art. 30,83 32(1), 84, 86 i.v.m. 87, 87a,b,c 89,90,91(2) 91a,b,28(2) GG	Für d. Kompetenzvert. zwi. Bund und Ländern Art.104a(1) 104a (2-5), 91a,b, 106 (8) GG	Zwischen Bund u. Ländern u.a. geregelt in Art. 35 GG(Amtshilfe) 37 GG (Bundeszwang), 84 (Bundesaufsicht), 85 (Bundesauftragsverwaltung), 91 (Gefahrenabwehr) 106(8)(Ausgleich für besond. Einricht. d.Bundes)	

Auch die Verteilung der öffentlichen Aufgaben auf die gebildeten Aufgabenträger wird grundsätzlich durch die Verfassung geregelt: Für die Gesetzgebungskompetenz bestimmt Art. 70 Abs. GG 1 eine Zuständigkeit der Länder, die allerdings durch eine Vielzahl von Ausnahmeregelungen zugunsten des Bundes (Art. 71 i.V.m. Art. 73 GG; Art. 72 i.V.m. Art. 74 und 74a GG; Art. 75 GG) eingeschränkt wird. Ähnlich stellen die Art. 30 und 83 GG eine grundsätzliche Zuständigkeit der Länder für die Verwaltungskompetenz fest, die durch andere Artikel aber ebenfalls zugunsten des Bundes (Art. 32 Abs. 1 GG; Art. 84 GG; Art. 86 i.V.m. Art. 87 GG; Art. 87a,b,d GG; Art. 89 GG, Art. 90 GG; Art. 91 Abs. 2 GG; Art. 91a,b GG) bzw. der Gemeinden (Art. 28 Abs. 2 GG) eingeschränkt wird.[143] Die Finanzierungszuständigkeit wird gem. Art. 104a Abs. 1 GG - der Logik des Finanzausgleichs i. w. S. entsprechend - grundsätzlich nach dem Konnexitätsprinzip verteilt, nach dem "der Bund und die Länder ... gesondert die Ausgaben (tragen), die sich aus der Wahrnehmung ihrer Aufgaben ergeben". Präzisiert und teilweise modifiziert wird dieser Grundsatz in den folgenden Absätzen (2 - 5) dieses Artikels, in Art. 91a,b GG, in Art. 104a Abs. 4 GG sowie in Art. 106 Abs. 8 GG.

143 Einen komprimierten Überblick über die Verteilung von Gesetzgebungs- und Verwaltungszuständigkeit vermittelt ELLWEIN 1984.

Dem ergänzenden passiven Finanzausgleich sind eine Reihe von Regelungen zuzuordnen, die die originäre Aufgabenverteilung modifizieren oder korrigieren. Hierzu gehören in Bezug auf die Gesetzgebungs- und Verwaltungszuständigkeit z.B. Art. 35 GG (Rechts- und Amtshilfe, Katastrophenhilfe), Art. 37 GG (Bundeszwang), Art. 84 GG (Länderverwaltung und Bundesaufsicht), Art. 85 (Bundesauftragsverwaltung durch die Länder), Art. 91 GG (Abwehr von Gefahren für den Bestand des Bundes oder eines Landes), in Bezug auf die Finanzierungszuständigkeit Art. 106 (8) GG (Ausgleich finanzieller Lasten der Länder durch besondere Einrichtungen des Bundes).

Unterteilt man den originären aktiven Finanzausgleich in die gleichen Kompetenzarten (Abbildung 9), so wird die Gesetzgebungskompetenz durch Art. 105 GG, die Verwaltungskompetenz durch Art. 108 GG und die (originäre) Ertragskompetenz innerhalb der Länderebene durch 107 Abs. 1 GG geregelt.[144,145] Letzterer wird durch die Bestimmungen des Zerlegungsgesetzes (bezüglich der horizontalen Verteilung der Körperschaft- und Lohnsteuer) und des FAG (bezüglich der Verteilung der Umsatzsteuer nach der Einwohnerzahl bzw. nach der mangelnden Steuerkraft) ergänzt, die die Deckungsrelationen gegenüber der Verteilung nach dem örtlichen Aufkommen bereits angleichen, trotz dieser Nivellierungswirkungen aber dem originären aktiven Finanzausgleich zuzuordnen sind.

Abbildung 9 verdeutlicht diese stufenweise Angleichung und zugleich die formale Trennung zwischen originärem und ergänzendem aktivem Finanzausgleich. Dem originären Teil sind danach die Verteilung der Landessteuern und der Länderanteile am Aufkommen der EST und der KST (Art. 107 Abs. 1 Satz 1 GG) und die Zerlegung der KST und der Lohnsteuer (Art. 107 Abs. 1 Satz 2 in Verbindung mit dem Zerlegungsgesetz) zuzurechnen; ferner die Verteilung der Länderanteile am UST-Aufkommen nach der Einwohnerzahl (Art. 107 Abs. 1, Satz 3, erster Halbsatz i. V. m. § 2 FAG) sowie die Verteilung von maximal einem Viertel der UST nach der mangelnden Steuerkraft (Art. 107 Abs. 2 Satz 3, 2. Halbsatz i. V. m.§ 2 FAG.

---

[144] Art. 106 GG regelt die originäre vertikale Einnahmenverteilung zwischen Bund und Ländern und ist für den horizontalen LFA damit nicht unmittelbar relevant.

[145] KLEIN 1984, S. 881ff.

Dem ergänzenden aktiven Finanzausgleich gehören dann einmal diejenigen Regelungen an, durch die im passiven Finanzausgleich getroffene suboptimale Zuständigkeitsregelungen zu korrigieren versucht werden (Spalten 5 und 6 in Abbildung 9). Zum ersten sind dies innerstaatliche Erstattungen auf der Grundlage verfassungsrechtlicher oder einfachgesetzlicher Bestimmungen zwischen Bund und Ländern, innerhalb der Länderebene und zwischen Ländern und Gemeinden. So bestimmt z. B. Art. 104a Abs. 2 GG, daß der Bund die Ausgaben trägt, die sich ergeben, wenn die Länder im Auftrag des Bundes handeln; Art. 106 Abs. 8 GG enthält eine ähnliche Verpflichtung des Bundes für unmittelbare Mehrausgaben oder Mindereinnahmen, die durch besondere, durch den Bund in einzelnen Ländern oder Gemeinden (Gemeindeverbänden) veranlaßte Einrichtungen entstehen. Daneben beinhaltet der ergänzende aktive Finanzausgleich eine Reihe von Internalisierungs- und Meritorisierungszuweisungen zwischen Bund und Ländern bzw. innerhalb der Länderebene. Als solche sind vor allem die Finanzhilfen nach Art. 104a Abs. 4 GG zu berücksichtigen, die unterschiedlichen Zielen dienen können und bei denen es sich - je nach Zielsetzung und Ausgestaltung - auch um Internalisierungs- und Meritorisierungszuweisungen handeln kann.[146]

Kern des ergänzenden aktiven Länderfinanzausgleichs bildet der horizontale Länderfinanzausgleich gemäß Art. 107 Abs. 2 Satz 1 GG i.V. mit § 10 FAG und der vertikale Länderfinanzausgleich (Bundesergänzungszuweisungen) gemäß Art. 107 Abs. 2 Satz 3 GG i.V.m. § 11a FAG. Beide Regelungen streben an, die nach dem originären aktiven Finanzausgleich verbleibenden Unterschiede in den Deckungsquoten der Länder zu verringern; sie sind daher dem Typ der Ausgleichszuweisungen zuzurechnen und gehören - der in Teil II, Abschnitt 1 vorgestellten Terminologie folgend -

---

[146] Im Hinblick auf die Formulierung, nach der der Bund bei der Erfüllung von Aufgaben der Länder mitwirkt, "wenn diese Aufgaben für die Gesamtheit bedeutsam sind", wären die Gemeinschaftsaufgaben nach Art. 91a GG als solche Zuweisungen zur "Internalisierung" länderübergreifender Wirkungen zu betrachten; im Hinblick auf die genannte "überregionale Bedeutung" von "Vereinbarungen bei der Bildungsplanung und bei der Förderung von Einrichtungen und Vorhaben der wissenschaftliche Forschung" auch die Gemeinschaftsaufgaben nach Art. 91b GG.

Auch die mit Art. 104a (4) ermöglichte Gewährung von "Finanzhilfen für besonders bedeutsamen Investitionen der Länder und Gemeinden (Gemeindeverbände)" sind als Internalisierungszuweisungen einzustufen, wenn sie mit der "Förderung des wirtschaftlichen Wachstums" begründet werden (einer gesamtstaatlichen Aufgabe, zu der die Länder Beiträge leisten, die der Bund - als für ihn positive "externe Effekte" - durch Zuweisungen internalisiert). Werden die Finanzhilfen des Art. 104a (4) hingegen mit der Notwendigkeit zur "Abwehr einer Störung des gesamtwirtschaftlichen Gleichgewichts" begründet, so sind sie als Stabilisierungszuweisungen einzustufen; werden sie schließlich mit dem notwendigen "Ausgleich unterschiedlicher Wirtschaftskraft im Bundesgebiet" begründet, so stellen sie Ausgleichszuweisungen dar.

dem Finanzausgleich im engsten Sinne an[147] (vgl. Abbildung 4). Weitere Zuweisungen dieses Typs können auch durch die Gemein-schafts-aufgaben nach Art. 91a und 91b GG und durch die Finanzzuweisungen nach Art. 104a Abs. 4 GG, insbesondere die geplanten "Strukturhilfen" in Höhe von 2,45 Mio. DM jährlich, begründet werden, da auch mit diesen - teilweise implizit, teilweise explizit - die Finanz- und Wirtschaftskraft der Länder anzugleichen versucht wird.

Abbildung 9:
Die Regelung der Ertragskompetenzen der Länder durch den originären und ergänzenden Länderfinanzausgleich

ORIGINÄRER AKTIVER FINANZAUSGLEICH				ERGÄNZENDER AKTIVER FINANZAUSGLEICH			
				auf den passiven FA zurückgehend		auf den originären aktiven FA zurückgehend	
(1)	(2)	(3)	(4)	(5)	(6)	(7)	(8)
Verteilung der Landessteuern und der Länderanteile am Aufkommen d. EST und KST nach dem örtlichen Aufkommen gem. Art. 107 Satz 1 GG	Zerlegung der KST und der LohnST gem. Art. 107 (1) Satz 2 GG in Verbindung mit dem Zerlegungsgesetz	Verteilung der Länderanteile am UST-Aufkommen nach d. Einw.zahl gem. Art. 107 (1) Satz 3, erster Halbsatz, i.V.m. § 2 FAG	Verteilung von max. einem Viertel der UST nach der mangelnden Steuerkraft gem. Art. 107 (2) Satz 3, 2. Halbsatz i.V.m. § 2 FAG	Erstattungen, Internalisierungs- und Meritorisierungszuweisungen des Bundes an die Länder gem. Art. 104a GG	Erstattungen, Internalisierungs- und Meritorisierungszuweisungen zwischen den Ländern	horizontaler Finanzausgleich zwischen den Ländern gem. Art. 107 (2) Satz 1 und 2 GG i.V.m. § 10 FAG	vertikaler Finanzausgleich zwischen Bund und Ländern gem. Art. 107 (2) Satz 3 GG i.V.m. § 11a der Gesetze z. Änderung des FAG

3.2. Im Länderfinanzausgleich berücksichtigte Sonderbedarfe

3.2.1 Im horizontalen Länderfinanzausgleich berücksichtigte Sonderbedarfe

Im Länderfinanzausgleich bildet die **Einwohnerzahl** der Länder die wichtigste Finanzbedarfskomponente. Sie kann wie im kommunalen

[147] Bei der von uns gewählten Systematik sind also auch die Bundesergänzungszuweisungen dem Länderfinanzausgleich im engsten Sinne zuzurechnen. Die auf der generellen Finanzausgleichsystematik aufbauende Terminologie unterscheidet sich damit von der im politischen Raum üblichen, die nur die horizontale Ausgleichszahlungen zwischen den Ländern als Länderfinanzausgleich im engsten Sinne (oder im engen Sinne) bezeichnet, nicht aber die Bundesergänzungszuweisungen.

Finanzausgleich als - natürlich wiederum pauschalierende - Form einer Ex-Ante-Quantifizierung angesehen werden, hinter der die Vorstellung eines in allen Bundesländern gleichen, von den tatsächlichen Ex-Post-Ausgaben der Länder unabhängigen Finanzbedarfs steht.[148]

Laut Urteil des Bundesverfassungsgerichts ist diese Beschränkung nicht nur gerechtfertigt, sondern sogar geboten. Mehr noch werden die wenigen berücksichtigten Finanzbedarfsfaktoren sogar als (nur historisch zu rechtfertigende) Ausnahmen des grundsätzlichen Gebots gewertet, Finanzbedarfsfaktoren vollständig unberücksichtigt zu lassen.

Diese Grundnorm wird allerdings durch eine Reihe von im FAG eingeräumten Sonderbedarfen modifiziert:

- So wird für den kommunalen Bedarf (der im Länderfinanzausgleich ebenso wie die kommunalen Einnahmen berücksichtigt wird) in allen Bundesländern ein **Anstieg mit zunehmender Einwohnerzahl der Gemeinden** des Landes angenommen (von 1,00 für ersten 5.000 Einwohner einer Gemeinde bis 1,30 für die über 500.000 Einwohner hinausgehenden Einwohner einer Gemeinde).
- Für den kommunalen Bedarf der Gemeinden mit mehr als 500.000 Einwohnern wird darüber hinaus ein mit der **Einwohnerdichte der Gemeinden** eines Landes ansteigender Pro-Kopf-Bedarf angenommen (1,02 für Gemeinden mit 1500 - 2000 Einw./qkm, 1,04 für Gemeinden mit 2000 - 3000 Einw./qkm und 1,06 für Gemeinden mit mehr als 3000 Einw./qkm).
- Bei der Bemessung des Finanzbedarfs der Länder wird für die beiden **Stadtstaaten** unterstellt, daß deren Einwohner einen im Vergleich zu den Einwohnern der Flächenstaaten um den Faktor 1,35 höheren Bedarf verursachen.
- Zur Abgeltung von Sonderbelastungen, die den Ländern Bremen, Hamburg und Niedersachsen aus der **Unterhaltung und Erneuerung der Seehäfen** Bremen, Bremerhaven, Hamburg und Emden erwachsen, werden von den Steuereinnahmen dieser Länder bestimmte Beträge abgesetzt. Im FAG a.F. betrugen diese Beträge 25, 55 und 6 Mio DM respektive, im FAG n.F. sind die Beträge auf 90, 142 und 18 Mio DM respektive angehoben worden.
- Zur Abgeltung der Belastungen infolge der "**Strukturschwäche**" eines Landes wurden im FAG a.F. von den Steuereinnahmen des Saarlandes 55 Mio. DM, von den Steuereinnahmen Schleswig-Holsteins 30 Mio. DM

[148] Dem widerspricht auch nicht, daß für die Umrechnung dieses normierten Finanzbedarfs in absolute Geldeinheiten auf die durchschnittlichen Steuereinnahmen der Länder - also eine Ex-Post-Größe - zurückgegriffen wird: Diese bestimmt lediglich die vertikale Einnahmenverteilung zwischen Bund und Ländern (und erfüllt damit eine ähnliche Funktion wie der Grundbetrag für den vertikalen Finanzausgleich zwischen Ländern und Gemeinden), nicht aber die horizontale Einnahmenverteilung innerhalb der Länderebene.

abgesetzt.[150] Da dies im LFA-VERFASSUNGSURTEIL 1986 als unzulässig erklärt wurde, sind diese Abgeltungen im novellierten LFA-Gesetz allerdings nicht mehr enthalten. Stattdessen erhalten diese Länder (wie auch Rheinland-Pfalz" und Schleswig-Holstein) nun "Vorabbeträge" im vertikalen Länderfinanzausgleich (s.u.).

3.2.2. Im vertikalen Länderfinanzausgleich berücksichtigte Sonderbedarfe

Im vertikalen Länderfinanzausgleich (Bundesergänzungszuweisungen) werden die Deckungsquoten der finanzschwachen Länder gegenüber der nach horizontalem Länderfinanzausgleich erreichten Ausgleichsintensität weiter angehoben, wobei die nach Abschluß des horizonalen Länderfinanzausgleichs verbleibende Leistungsschwäche den Maßstab bildet. Indirekt richtet sich der vertikale Ausgleich daher nach den gleichen Finanzbedarfskriterien, die im horizontalen Länderfinanzausgleich berücksichtigt werden.

Diese Aussage gilt grundsätzlich auch bereits für das FAG alter Fassung, ist für dieses allerdings in zweierlei Hinsicht einzuschränken: 1. wurde vor Inkrafttreten des Achten Änderungsgesetzes von der Verteilung der BEZ nach dem Maßstab der verbliebenen Leistungsschwäche zugunsten von Bayern und zulasten von Bremen abgewichen;[151] zweitens fungierten als Verteilungsmaßstab der BEZ die nach horizontalem Länderfinanzausgleich erreichten Deckungsquoten des Jahres 1972; auf die erforderliche Anpassung an veränderte Finanzkraft- und -bedarfsentwicklungen wurde vollständig verzichtet (1973 - 1982), bzw. die Anpassung war nur diskretionär und unzureichend (1983 - 1986).[152]

Mit der Neufassung des FAG ist dieser Mißstand beseitigt worden, da für die Bundesergänzungszuweisungen nunmehr die "nach Durchführung des horizontalen Länderfinanzausgleichs bestehenden Finanzkraftverhältnisse der dem Jahr der Leistung der Ergänzungszuweisungen vorausgehenden Jahre"[153] maßgeblich sind; d. h. eine permanente und regelgebundene Anpassung an veränderte Finanzkraft- und -bedarfsentwicklungen der Länder ist gewährleistet.

Neben die nach horizontalem LFA verbleibende Leistungsschwäche sind mit der Nivellierung des FAG allerdings zusätzliche Bedarfskomponenten einbezogen worden, da verschiedene Länder nun Vorabbeträge erhalten. Begründet werden diese Vorabbeträge mit den "Kosten politi-

---

[150] Früher durfte außerdem Rheinland-Pfalz von seinen Steuereinnahmen einen Betrag von 20 Mio DM absetzen. Dieser verminderte sich jedoch ab dem Ausgleichsjahr 1973 um jährlich 2,5 Mio. DM und lief 1979 aus.

[151] Siehe oben, Teil II, Abschnitt 2.2.2.

[152] Ebenda

[153] § 11a Abs. 4 FAG n.F.

scher Führung", die in Bundesländern mit vergleichsweise wenigen Einwohnern pro Kopf höher seien als in einwohnerstarken Ländern. Der Gesetzgeber hat sich damit ein Argument zu eigen gemacht, daß im LFA-VERFASSUNGSURTEIL 1986 - wohl eher beiläufig und als Beispiel für eine denkbare Form von Sonderbedarfen - erwähnt worden war.[154] Auf die Berücksichtigung weiterer Sonderbedarfe wird im vertikalen Länderfinanzausgleich verzichtet.

Zu beachten ist ggf. allerdings, daß der Bund in Zukunft mit den sog. Strukturhilfen eine neue Form von Bundeszuweisungen gewähren wird, die materiell als Aufstockung der Bundesergänzungszuweisungen betrachtet werden könnten. Hierdurch würden neue Formen von Sonderbedarfen der Länder anerkannt. Nach dem derzeitigen, von Bundestag und Bundesrat in erster Lesung bereits gebilligten Gesetzesstand würden diese Bundeshilfen nach den Kriterien Bruttoinlandsprodukt je Einwohner, Arbeitslosenquote sowie Beschäftigungsentwicklung innerhalb der Länder verteilt.

3.2.3. Zusammenfassende Beurteilung der im Länderfinanzausgleich berücksichtigten Sonderbedarfe

Ohne an dieser Stelle bereits auf die theoretischen Grundlagen für die Beurteilung der im Länderfinanzausgleich zu berücksichtigenden Sonderbedarfe zurückgreifen zu können, vermittelt die Betrachtung der derzeitigen Praxis des Länderfinanzausgleichs im Hinblick auf die Berücksichtigung von Sonderbedarfen folgendes Bild:

1. Der Länderfinanzausgleich in der Bundesrepublik ist **im Grundsatz ein Finanzkraft- bzw. enger: Steuerkraftausgleich**. Wichtigstes Bedarfskriterium sind daher die Einwohner der Länder, für die eine gleiche Steuerkraft pro Kopf angestrebt wird; Sonderbedarfe spielen nur eine untergeordnete Rolle.

2. Als solche **Sonderbedarfe** werden **im horizontalen Länderfinanzausgleich** die Größe und -dichte der Gemeinden der Länder und der Stadtstaatenstatus einzelner Länder berücksichtigt. Ferner werden den Küstenländern Sonderbedarfe für die Erhaltung und Erneuerung ihrer Seehäfen eingeräumt; der einzelnen Ländern anerkannte Sonderbedarf durch "Strukturschwäche" entfiel mit der Novellierung des FAG im Jahr 1987. -- Bemessungsgrundlage für die Leistungen des **vertikalen Länderfinanzausgleichs** (Bundesergänzungszuweisungen) ist die nach Abschluß des horizontalen Länderfinanzausgleichs verbliebene Leistungschwäche. Indirekt bemißt sich damit auch der vertikale Länderfinanzausgleich nach den im horizontalen Länderfinanzausgleich berücksichtigten Kriterien. Als neue Sonderbedarfsform wurden mit der Novellierung des FAG für einzelne Länder "Kosten der politischen Führung" anerkannt.

---

[154] LFA-VERFASSUNGSURTEIL 1986, S. 80

3. Die **Höhe der** im horizontalen und vertikalen Länderfinanzausgleich **eingeräumten Sonderbedarfe** ist umstritten. Am ehesten lassen sich noch die für die Unterhaltung und Erneuerung der Seehäfen gewährten Beträge nachvollziehen; methodisch schwieriger - und politisch umstrittener - sind die für den Stadtstaatenstatus, für die "Kosten politischer Führung" und die Gemeindegröße und -dichte eingeräumten Sonderbedarfe.

4. Darüber hinaus ist auch die **grundsätzliche Berechtigung von Sonderbedarfen** fraglich. Das Urteil des Bundesverfassungsgerichts, das Sonderbedarfe im horizontalen Länderfinanzausgleich prinziell nicht anerkennt, hat hier kaum zu einer Klärung beitragen können, zumal es selbst (mit dem Stadtstaatenstatus und den Kosten der Seehäfen) zwei Ausnahmen von diesem Grundsatz zugelassen hat, ohne dies befriedigend begründen zu können. Auch die im Urteil vertretene Auffassung, nach der im vertikalen Länderfinanzausgleich Sonderbedarfe anzuerkennen sind - mit den "Kosten politischer Führung" wurde von den Verfassungsrichtern sogar ein Beispiel möglicher, im FAG a.F. nicht anerkannter Sonderbedarfe genannt - ist schwer nachvollziehbar.

5. Es kann daher auch nicht verwundern, daß die durch das Verfassungsurteil geforderte Novellierung des FAG im Hinblick auf die grundsätzliche Berechtigung wie die Quantifizierung von Sonderbedarfen **keine wesentlichen Verbesserungen** gebracht hat: Im horizontalen Länderfinanzausgleich sind lediglich die Sonderbedarfe "aus Strukturschwäche" der Länder abgeschafft worden; die anderen Formen der Sonderbedarfe wurden - unter Überprüfung und Anpassung der Quantitäten - beibehalten. Der vertikale Länderfinanzausgleich orientiert sich weiterhin an der nach horizontalem Länderfinanzausgleich verbleibenden Leistungsschwäche. Unberechtigte Sonderregelungen zugunsten bzw. zulasten einzelner Länder konnten hier zwar beseitigt und eine permanente Anpassung an Veränderungen der nach horizontalem Länderfinanzausgleich erreichten Deckungsquoten eingeführt werden; auf der anderen Seite wurde mit den Vorabbeträgen aber auch ein neues "Bedarfselement" (Kosten politischer Führung) eingeführt, das im Hinblick auf seine grundsätzliche Berechtigung wie auch auf seine Quantifizierbarkeit besonders umstritten ist.

6. Das Verfassungsurteil und die dadurch initiierte Novellierung des FAG konnten somit die seit langem bemängelte Unsicherheit über die prinzipielle Berechtigung und die angemessene Höhe von Sonderbedarfen einzelner Länder damit nicht beseitigen. Sie **erhöhten im Gegenteil die ergebnisorientierten Auseinandersetzungen** zwischen den Ländern, die mit der Novellierung des FAG eigentlich hätten beseitigt werden sollen. Neue Verfassungsklagen und eine Intensivierung der Konflikte waren die Konsequenz. Dieser "Erfolg" der Neuordnung des Länderfinanzausgleichs steht in gravierendem Gegensatz zu den penuniären wie vor allem den nichtpekuniären Kosten der Verfassungsklagen und der anschließenden Gesetzesnovellierung sowie der dadurch verursachten föderativen Spannungen.

7. Neben der passiven und nach Meinung vieler Kritiker nicht neutralen Rolle des Bundes dürfte sich sich dieses unbefriedigende Ergebnis hauptsächlich aus der **fehlenden Operationalität der** von Verfassungsrechtlern und Finanzwissenschaftlern entwickelten **Grundsätze zur grundsätzlichen Anerkennung, zur Quantifizierung sowie zur finanzausgleichstechnischen Abgeltung von Sonderbedarfen** erklären.

TEIL III: THEORETISCHE BEURTEILUNG UND FINANZAUSGLEICHSTECHNISCHE BEHANDLUNG VON BEDARFSUNTERSCHIEDEN ZWISCHEN GEBIETSKÖRPERSCHAFTEN

1. Der Bedarf von Gebietskörperschaften

Folgt man herkömmlichen Definitionen des Begriffs "Bedarf", so handelt es sich dabei "entweder um die Art und/oder Menge der tatsächlich nachgefragten Güter oder die Art und/oder Menge der aus objektiver Sicht benötigten Güter."[1] Nach ersterer Definition wird die Höhe des Bedarfs aus der Fähigkeit bestimmt, Güter nachzufragen und den dafür verlangten Preis zu entrichten; Bedarf ist dann der "nachfragewirksame" Teil der Bedürfnisse. Bezogen auf den Individualbedarf von Personen ist diese Abgrenzung durchaus brauchbar. Hier entscheidet in der Tat die - durch das individuelle Einkommen bestimmte - Kaufkraft darüber, welcher Teil der Bedürfnisse "nachfragewirksam" wird (was - abgesehen von einigen Gütern, die der Deckung von Grundbedürfnissen dienen und somit nach anderen Kriterien verteilt werden - auch gesellschaftspolitisch akzeptiert wird).

Ähnlich kann man auch von den "Bedürfnissen" von Gebietskörperschaften sprechen, wenn man darunter die Summe der von den Einwohnern dieser Gebietskörperschaften empfundenen Bedürfnisse nach staatlichen Leistungen versteht. Wie die Individualbedürfnisse sind auch diese Bedürfnisse letztlich unendlich, so daß auch hier eine Beschränkung auf den "nachfragewirksamen" Teil erforderlich ist.

Diese Beschränkung könnte - ähnlich wie bei Einzelpersonen - anhand des "Einkommens" der Gebietskörperschaften erfolgen: Würden - analog zur Aggregation der individuellen Bedürfnisse - die Individualeinkommen der Einwohner der Gebietskörperschaften aggregiert, so bildete diese Summe bzw. ein (durch den Steuersatz bestimmter) Anteil davon das "Einkommen" - bzw. nun besser: die Einnahmen - dieser Gebietskörperschaft. Damit könnte sie einen Teil der Kollektivgutbedürfnisse ihrer Einwohner befriedigen, so wie die Individuen selbst mit ihrem Einkommen einen Teil ihrer Individualbedürfnisse befriedigen; der Bedarf (von Gebietskörperschaften) wäre also wiederum der "nachfragewirksame" Teil der Bedürfnisse (der Einwohner dieser Gebietskörperschaften).

Die Höhe eines solchermaßen definierten Bedarfs von Gebietskörperschaften wäre offenbar ausschließlich durch die Kauf- bzw. Einkommenskraft der Bevölkerung der Gebietskörperschaften bestimmt, bzw. - anders ausgedrückt - durch die den Gebietskörperschaften nach dem Prinzip des

---

[1] So etwa die Definition in GABLERs Wirtschaftslexikon (10. Aufl. 1979, S. 511).

örtlichen Aufkommens zufließenden Steuern. Gebietskörperschaften mit einem niedrigen durchschnittlichen Einkommensniveau hätten aus dieser Sicht einen geringen Finanzbedarf, solche mit einem hohen durchschnittlichen Einkommensniveau einen hohen Finanzbedarf.

Die für Individuen brauchbare Definition des Bedarfsbegriffs ist für Gebietskörperschaften damit offensichtlich nicht geeignet. Nach den in der Bundesrepublik verbreiteten politischen Vorstellungen sollen die öffentlichen Leistungen unabhängig vom Individualeinkommen in allen Regionen ein gleiches oder doch zumindest ähnliches Niveau haben; ein derart starkes Gefälle, wie es bei privaten Einkommen (und der daraus resultierenden individuellen Kaufkraft) existiert, wird für die öffentlichen Leistungen aus distributiven Gründen abgelehnt[2] und auch aus allokativen, insbesondere raumordnungs-, struktur- und wachstumspolitischen Gründen als nachteilig betrachtet.[3]

Der Bedarfsbegriff kann im Hinblick auf Gebietskörperschaften mithin nur in der zweiten angesprochenen Form definiert werden, nämlich als die "Art und/oder Menge der aus objektiver Sicht benötigten Güter" (s. o.).[4] Bezogen auf konkrete Bedarfe von Gebietskörperschaften wäre dann z. B. unter dem Bedarf eines Landes die Summe der Güter zu verstehen, die von diesem nach objektiven Kriterien, etwa nach einem detaillierten und allgemein akzeptierten Aufgabenkatalog, bereitgestellt werden müssen.[5]

Allerdings ist mit Recht darauf aufmerksam gemacht worden, daß die Auffassungen darüber, welche Güter von einer Gebietskörperschaft bereitgestellt werden sollen, von den (unterschiedlichen) politischen Vorstellungen über die (vermuteten) Bedürfnisse der Bürger und die Leistungsfähigkeit der Privatwirtschaft und des Staates insgesamt sowie seiner einzelnen Aufgabenträger(ebenen) abhängen. Insofern dürfte es nicht

---

[2] Siehe unten, Teil III, Abschnitt 2.2.

[3] Siehe unten, Teil III, Abschnitt 2.1.

[4] Eine solche Definition berücksichtigt auch, daß zunächst der Bedarf der Gebietskörperschaften festzulegen ist und die Höhe der zur Verfügung zu stellenden Einnahmen an der Höhe des Bedarfs ausrichten muß, also nicht - wie bei der zunächst erörterten Abgrenzung - der "Bedarf" einer Gebietskörperschaft aus der Höhe der verfügbaren Einnahmen resultiert. Seitdem bereits MOLL (1924) diese Notwendigkeit herausgestellt hat, spricht man auch vom "MOLLschen Primat des passiven Finanzausgleichs". Ähnlich dann auch POPITZ (1929, S. 346).

[5] Diese Definition ist in der Literatur üblich. Vgl. für viele EWRINGMANN (1971, S. 13), der den Bedarf (von Gemeinden) versteht als "diejenige Menge an Gütern und Leistungen und denjenigen Geldbetrag für Transferzahlungen ..., die sie zusätzlich zu ihren bereits vorhandenen Beständen bzw. Vorräten benötigt, um einen von ihr freiwillig oder pflichtgemäß übernommenen Aufgabenbereich den Ziel- und Normvorstellungen entsprechend zu erfüllen, die von den für sie formal zuständigen willensbildenden Organen formuliert bzw. akzeptiert wurden."

möglich sein, einen allgemein akzeptierten, "objektiven" Katalog von Aufgaben festzulegen, durch den zugleich der Bedarf von Gebietskörperschaften eindeutig bestimmt ist.

Möglich ist es allerdings, sich in der politischen Diskussion und Argumentation auf einen Aufgabenkatalog zu verständigen, der als Kompromiß von allen Beteiligten oder zumindest von einer entscheidungsbefugten Mehrheit akzeptiert wird.[6,7] Die dabei zu berücksichtigenden Argumente für oder gegen die Wahrnehmung der verschiedenen potentiellen öffentlichen Aufgaben variieren naturgemäß mit der Art der betrachteten Aufgaben selbst und können im Rahmen der vorliegenden Arbeit nicht erörtert werden. Zudem hängt das Ergebnis von Aufgabendiskussionen auch von den zugrunde gelegten Abstimmungs- und Einigungsverfahren ab, auf die im Rahmen dieser Arbeit ebenfalls nicht eingegangen werden kann. Die vorliegende Untersuchung kann die unter Einfluß vielfältiger Faktoren bestimmten Aufgabenkataloge von Gebietskörperschaften aber auch ohne weiteres als vorgegebene Rahmenbedingungen behandeln, da es für die gestellten Untersuchungsfrage bedeutungslos ist, welche Aufgaben diese Kataloge konkret beinhalten.

Um solche "vorgegebenen" Aufgabenkataloge von Gebietskörperschaften in deren Finanzbedarf umzurechnen, müssen die Ausgaben quantifiziert werden, die bei einer wirtschaftlichen und sparsamen Mittelverwendung für die Bereitstellung der in den Aufgabenkatalogen enthaltenen Güter getätigt werden müssen.[8] Da die Auffassungen über Wirtschaftlichkeit und Sparsamheit auseinander gehen können, können auch bezüglich dieser Umrechnung unterschiedliche politische und ideologische Vorstellungen bestehen, so daß auch hierbei argumentative Auseinandersetzungen und Abstimmungskompromisse nötig sein können. Allerdings sind die dabei auftretenden Gegensätze vermutlich geringer als diejenigen, die bei der Festlegung der Aufgabenkataloge selbst entstehen, da eine Reihe von Prinzipien und Verfahren zur Quantifizierung des mit öffentlichen Aufgaben verbundenen Finanzbedarfs existiert, welche die verbleibenden Unsicherheitsmargen vergleichsweise eng begrenzen.

---

[6] So für viele HACKER 1959, S. 401: "Der 'Bedarf' gehört zu den Problemen des Finanzausgleichs, die nur durch eine politische Entscheidung zu lösen sind: Die Organe der Gesetzgebung müssen sich darüber schlüssig werden, in welchem Umfang sie die Anforderungen der Beteiligten ... anerkennen und erfüllen wollen und können."

[7] Ähnliche Kompromisse sind auch als Grundlage anderer Entscheidungen - etwa über die Höhe von Sozialhilfesätzen - erforderlich und möglich. Auch die diese Entscheidung leitenden Vorstellungen über die (hier: von Individuen) "benötigten" Güter variieren innerhalb der Bevölkerung und ihrer politischen Vertreter erheblich, so daß im Wege der politischen Argumentation und Abstimmung entschieden werden muß.

[8] So - mit Bezug auf die Gemeinden - auch EWRINGMANN 1971, S. 13.

Mithin kann die Bestimmung des Finanzbedarfs von Gebietskörperschaften als zweistufige Aufgabe verstanden werden; in der ersten Stufe sind die Aufgaben von Gebietskörperschaften festzulegen, indem in der politischen Auseinandersetzung deren relativer Nutzen bestimmt wird; in der zweiten Stufe sind die dermaßen abgegrenzten Aufgabenkataloge in einem primär technischen Verfahren in Finanzbedarfe umzurechnen.

2. Ökonomische Beurteilung von Bedarfsunterschieden zwischen Gebietskörperschaften

2.1. Allokative Beurteilung von Bedarfsunterschieden zwischen Gebietskörperschaften

Ein bedarfsorientierter, d. h. Bedarfsunterschiede berücksichtigender Finanzausgleich (i. e. S. des ergänzenden aktiven Finanzausgleichs), durch den die Deckungsrelationen zwischen Gebietskörperschaften an- bzw. ausgeglichen werden, kann sowohl allokativ als auch distributiv begründet werden.

2.1.1. Allokationswirkungen unausgeglichener Deckungsrelationen

Die allokative Begründung ergibt sich aus dem grundsätzlichen Wirtschaftsziel, begrenzte Ressourcen jeweils für den Produktions- oder Konsumzweck einzusetzen, in dem sie den größten Nutzen stiften. Im öffentlichen Bereich resultiert hieraus unter anderem die Notwendigkeit, die dem öffentlichen Sektor zugeteilten Ressourcen vertikal (zwischen den verschiedenen föderalen Ebenen) und horizontal (zwischen den Gebietskörperschaften innerhalb der einzelnen Ebenen) derart aufzuteilen, daß alle Aufgabenträger(-ebenen) die ihnen obliegenden Aufgaben gleichermaßen erfüllen können oder - wie es das Grundgesetz im Bezug auf die vertikale Ressourcenverteilung in Art. 106 Abs. 3 ausdrückt - Bund und Länder "gleichmäßig ihre notwendigen Ausgaben" decken können.

Wird dieses Ziel nicht erreicht, so kommt es zu Fehlallokationen: Die im Verhältnis zu ihren Ausgaben unterdurchschnittlich ausgestatteten Gebietskörperschaften können einen Teil der ihnen obliegenden Aufgaben mangels Finanzausstattung nicht bzw. nicht mit der gewünschten Intensität erfüllen, während die überdurchschnittlich ausgestatteten Gebietskörperschaften Art bzw. Intensität ihrer Aufgabenerfüllung über den notwendigen Rahmen hinaus ausdehnen. Der Grenznutzen der Aufgabenerfüllung ist bei den überdurchschnittlich ausgestatteten Gebietskörperschaften folglich geringer als bei den unterdurchschnittlich ausgestatteten: Im Extrem existieren Gebietskörperschaften, die infolge ihrer Prosperität Aufgaben mit sehr geringem Grenznutzen wahrnehmen können (Gemeinden, die ihre "Rathäuser vergolden"), neben solchen, die infolge unterdurchschnittlicher Finanzkraft auf die Erfüllung elementarer Aufgaben, welche einen überdurchschnittlichen Nutzen stiften würden, verzichten müssen.[9] Die Summe der öffentlichen Ausgaben (d. h. der aggregierten Ausgaben aller Gebietskörperschaften) stiften damit einen geringeren Gesamtnutzen als bei einheitlichen Deckungsrelationen.[10]

Überdies beeinflussen unausgeglichene Deckungsrelationen die wirtschaftlichen Entscheidungen der Unternehmen und der privaten Haushalte: Der Saldo aus öffentlichen Abgabenlasten und verfügbaren öffentlichen Leistungen stellt einen (je nach Unternehmenstyp und Haushaltssituation unterschiedlich bedeutsamen) Standort- bzw. Wohnortfaktor dar. Sofern unausgeglichene Deckungsquoten also beispielsweise zu Standort- oder Wohnortwechseln führen, die bei ausgeglichenen Deckungsquoten unterblieben wären, bewirken sie Abweichungen von dem ohne Deckungsquotenunterschiede bestehenden Allokationsoptimum. Schließlich sind auch die mit der Standort- bzw. Wohnortverlagerung verbundenen (materiellen und immateriellen) "Umzugskosten" als negative allokative Folgewirkungen der Deckungsquotenunterschiede zu betrachten.

Diese negativen Allokationswirkungen unausgeglichener Deckungsrelationen bilden eine wesentliche Begründung für einen bedarfsorientierten Finanzausgleich: Falls die Gebietskörperschaften infolge differierender Aufgabenkataloge und/oder infolge unterschiedlicher Kosten der Aufgabenerfüllung einen unterschiedlichen Finanzbedarf haben, ergibt sich aus ihnen die Notwendigkeit, zwischen Gebietskörperschaften bestehende Bedarfsunterschiede im aktiven Finanzausgleich zu berücksichtigen: Gebietskörperschaften mit Sonderbedarfen benötigen entsprechend höhere Finanzmittel, um ihre Aufgaben im gleichen Umfang erfüllen zu können als Gebietskörperschaften ohne solche Sonderbedarfe. Andernfalls können sie ihre Aufgaben nur in unterdurchschnittlichem Maß erfüllen, so

---

9 Wollte man diese Fehlallokation in der Sprache der ökonomischen Theorie ausdrücken, so würde man von einem Verstoß gegen das Zweite Gossensche Gesetz sprechen; die Güter, deren Grenznutzen gemäß diesem Gesetz auszugleichen wäre, sind in diesem Fall die von den verschiedenen Gebietskörperschaften zu erfüllenden Aufgabenkataloge.

10 Bezogen auf die vertikale originäre Steuerverteilung formuliert FISCHER-MENSHAUSEN (1978, S. 143) diese Notwendigkeit des Grenznutzenausgleichs wie folgt: "Das Gebot der Rücksichtnahme auf die steuerliche Belastbarkeit der Volkswirtschaft korrespondiert insbesondere mit dem staatswirtschaftlichen Postulat, die Verteilung der Steuereinnahmen am Steuerbedarf der Ausgleichspartner zu orientieren. Ein Mehrbedarf, der an einer Stelle der öffentlichen Gesamtverwaltung auftritt und hier nicht durch Ausgabenabstriche, sondern nur durch Erschließung zusätzlicher Einnahmen gedeckt werden kann, rechtfertigt eine steuerliche Mehrbelastung der Volkswirtschaft nur dann, wenn der Mehrbedarf sich nicht durch innerstaatliche Umschichtung der insgesamt verfügbaren Einnahmen ausgleichen läßt. Deshalb kann ein Finanzausgleichspartner, zu dessen Lasten sich eine Bedarfsverlagerung ergeben hat, nicht primär auf die Möglichkeit verwiesen werden, sich zusätzliche Einnahmen zu erschließen; stets ist zuvor als Alternative zu prüfen, ob und inwieweit der Mehrbedarf durch Einnahmenverlagerung innerhalb des Gesamthaushalts, mithin durch Änderung des Finanzausgleichs gedeckt werden kann."

daß der Grenznutzen der Ausgaben aller Gebietskörperschaften nicht ausgeglichen ist und zusätzliche Fehlallokationen durch die erwähnten negativen Folgewirkungen unausgeglichener Deckungsquoten eintreten.[11]

Umgekehrt sind im Finanzausgleich aber auch "negative", d. h. unterdurchschnittliche Sonderbedarfe zu berücksichtigen, d. h. die Finanzmittel von Gebietskörperschaften sind im Ausmaß von Minderbedarfen zu kürzen. Andernfalls käme es zu einer "indirekten" Benachteiligung derjenigen Gebietskörperschaften, die über keine solchen "negativen" Sonderbedarfe verfügen. Dies hätte die gleichen negativen Allokationswirkungen zur Folge wie die mit einem fehlenden Ausgleich ausgleichsberechtigter Sonderbedarfe verbundenen "direkten" Benachteiligungen.[12]

2.1.2. Grundsätzliche Beschränkung auf den Ausgleich extern verursachter Bedarfsunterschiede

Die allokative Forderung nach einer Berücksichtigung von (positiven oder negativen) Bedarfsunterschieden ist allerdings mit einer wichtigen Einschränkung zu versehen: Sie bezieht sich nur auf solche Bedarfsunterschiede, die von den Einwohnern der Gebietskörperschaften bzw. ihren politischen Vertretern nicht zu beeinflussen und damit nicht zu verantworten sind, d. h. auf externe Bedarfsfaktoren zurückgehen.[13] Hierzu

---

[11] Schwieriger wird die Beurteilung von Versorgungsunterschieden, wenn man die Annahme einheitlicher Steuer- bzw. Abgabenanspannung fallen läßt, was bei der materiellen Regelung der Einnahmenkompetenzen in der Bundesrepublik zumindest für die Gemeinden, die die Realsteuerhebesätze variieren können, erforderlich ist. Die in diesem Fall auftretenden einnahmenbedingten Unterschiede in den Deckungsrelationen dürfen dann nur noch in dem Ausmaß ausgeglichen werden, in dem sie auf Faktoren zurückgehen, die von den Einwohnern der betreffenden Gebietskörperschaft nicht zu verantworten sind. Analog zur Behandlung von Bedarfsunterschieden ist also auch hier eine Zerlegung in die Folgen autonomer und externer Ursachen erforderlich. Vgl. hierzu HANSMEYER/KOPS 1985a, S. 50ff.

[12] Diese Forderung nach einem Ausgleich von Deckungsquotenunterschieden gilt allerdings nur unter der bisher implizit getroffenen Prämisse einheitlicher Anspannung der zugeteilten Einnahmequellen. Können die Gebietskörperschaften ihre Einnahmequellen hingegen variieren, etwa durch die Festsetzung von Steuertarifen oder Hebesätzen, durch eine unterschiedlich weite Abgrenzung der Steuerbemessungsgrundlagen oder auch durch die unterschiedliche Inanspruchnahme nichtsteuerlicher Einnahmequellen (Gebühren), so sind in die Berechnung der Deckungsquoten die Einnahmen nur in der Höhe einzubeziehen, die bei einer durchschnittlichen Anspannung angefallen wären. Auf Einzelheiten dieser Standardisierung braucht im Rahmen der vorliegenden, auf die Bedarfsseite konzentrierten Arbeit nicht eingegangen zu werden.

[13] So etwa bereits ABEGG (1948, S. 120f., zitiert nach GLÄSER 1981, S. 170): "Der Finanzbedarf ist ... mit Kriterien zu messen, die dem unmittelbaren Einfluß der Organe eines Gemeinwesens entzogen sind. Mittels diesen, im Gegensatz zu den subjektiven Merkmalen Steuerbelastung und Ausgabenhöhe "objektiv" zu nennenden Maßstäben ist es möglich, den einzelnen Korporationen gewissermaßen einen Normalbedarf zuzuordnen, und damit alle gleich zu behandeln." Ähnlich bspw. auch MATHEWS (1977, S. 441): "Ganz allgemein ist zu unterstreichen, daß die Ungleichheiten, die beseitigt werden sollen, grundsätzlich nur den unumgänglichen Finanzbedarf betreffen sollen und nicht auf eine unterschiedliche Po-

gehören beispielsweise die klimatischen oder topographischen Bedingungen, die sich z. B. in den Kosten für Straßenbau und -unterhaltung niederschlagen, die zentrale oder periphere Lage einer Gebietskörperschaft innerhalb des größeren Staatswesens, oder aus nicht beeinflußbaren Geset-zen resultierende Ausgabenverpflichtungen.[14] "Interne" Bedarfs-faktoren und die daraus ggf. resultierende Versorgungsunterschiede, die die Gebietskörperschaften selbst zu vertreten haben, dürfen dagegen nicht ausgeglichen werden. Hierzu gehören etwa - um nur einige unstrittige Beispiele zu nennen - die Beachtung von Ausschreibungs- und Vergaberichtlinien für öffentliche Aufträge, die tarifgemäße Besoldung der öffentlichen Bediensteten oder - allgemeiner - ein koordiniertes und planvolles Verwaltungshandeln.[15]

Dieser Grundsatz bezieht sich nicht nur auf die negativen, finanzbedarfssteigernden Folgen unwirtschaftlichen Verhaltens, sondern auch auf die positiven Folgen außergewöhnlich planvollen und wirtschaftlichen Verhaltens, durch das der Finanzbedarf gegenüber einem "normalen" Wirtschaftsgebaren abgesenkt wird.[16] Deshalb dürfen **unter**durchschnittliche Kosten den ausgleichsrelevanten Finanzbedarf einer Gebietskörper-

litik der verschiedenen Regierungen oder eine unterschiedliche Effizienz der Aufgabenerfüllung zurückzuführen sein dürfen."

[14] GLÄSER (1981, S. 173) nennt mit Bezug auf CLARK 1969 und LE GRAND 1975 als externe Bedarfsfaktoren: "geographische Besonderheiten (topographische Verhältnisse, exzentrische Lage einer Gebietskörperschaft, Klima, Gemeindefläche - relevant besonders für die Aufgabenbereiche Verkehr, Ver- und Entsorgung); demographische Besonderheiten (Altersaufbau: Zahl der älteren Bürger/Zahl der schulpflichtigen Kinder, Sozialstruktur, hohe/niedrige Einwohnerdichte - Einflußfaktoren v.a. für die Bereiche Soziale Sicherung, Bildung, auch Nahverkehr, Kultur, Gesundheit); wirtschaftsstrukturelle Besonderheiten (Fremdenverkehrs-, Industrie- oder landwirtschaftliche Gemeinde; ökonomischer Entwicklungsstand: strukturelle Arbeitslosigkeit, Einkommensniveau - relevant für "wirtschaftsnahe" Infrastruktur, Soziale Sicherung u. a."

Daher wären also z. B. überdurchschnittliche Kosten des Straßenbaus dann als Sonderbedarf einer Gemeinde anzuerkennen, sofern sie aus besonders ungünstigen topographischen, geographischen oder klimatischen Bedingungen resultierten (Gebirgsregion, Randlage, starke Temperaturschwankungen etc.).

[15] Sind überdurchschnittliche Straßenbaukosten - um beim obigen Beispiel zu bleiben - also z. B. Folge unkoordinierter Bauplanung und -ausführung oder überhöhter Abgeltung pri-vater Straßenbauunternehmen, so dürfen sie nicht in die Berechnung des ausgleichs-re-le-vanten Finanzbedarfs einbezogen werden. Zu den Abgrenzungsschwierigkeiten zwischen inter-nen und externen Bedarfsfaktoren siehe unten, Abschnitt 2.4.1.

[16] Auch für Unterschiede in der Finanzkraft, auf die hier nicht näher eingegangen wird (vgl. Anmerkung 11), ist eine solche Differenzierung in "interne" und "externe" Faktoren erfor-derlich. Auch hier dürfen beim Ausgleich von Deckungsquotenunterschieden nur exter-ne, von den Gebietskörperschaften nicht selbst verursachte bzw. steuerbare Finanzkraft-unterschiede, berücksichtigt werden, während Unterschiede infolge autonomer Entschei-dungen (Steuerhebesatzniveau, Gebührendeckungsgrade, Erhebung fakultativer Steu-ern) nicht ausgeglichen werden dürfen. Vgl. etwa FISCHER-MENSHAUSEN 1980, S. 636; PEFFEKOVEN 1982, S. 608; KIRCHHOF 1982, S. 41ff.; DERS. 1985, S. 18ff.

schaft nicht mindern, sofern sie aus internen Faktoren resultieren.[17] Täten sie dies, so hätte die überdurchschnittliche Qualität des Verwaltungshandelns nämlich keine positiven finanziellen Konsequenzen für die Aufgabenträger und ihre Bürger. Finanzielle Anreize, die Qualität des Verwaltungshandelns zu verbessern, würden durch einen solchen Ausgleich zerstört.

Die Anwendung dieses "Verursacherprinzips" führt dazu, daß in der Regel nur ein Teil aller Bedarfsunterschiede als ausgleichsrelevant anerkannt und im Finanzausgleich bedarfs- und zuweisungssteigernd berücksichtigt wird. Ein anderer Teil bleibt unberücksichtigt und bewirkt - zumindest temporäre - Finanzierungslücken, die durch Minderausgaben in anderen Bereichen ausgeglichen werden müssen;[18] da dieser Teil aber auf autonom steuerbare Faktoren zurückgeht, ist den Gebietskörperschaften die Möglichkeit gegeben, durch geeignete haushalts- und finanzpolitische Maßnahmen die Ursachen dieser Sonderbedarfe und damit auch die Finanzierungslücken zumindest mittelfristig zu beseitigen.

Auch im verfassungsrechtlichen Schrifttum wird diese Notwendigkeit, im Finanzausgleich nur auf nicht steuerbare Faktoren zurückgehende Bedarfsunterschiede auszugleichen, hervorgehoben. So ist bereits in einem Urteil des Bundesverfassungsgerichts aus dem Jahr 1953 die Rede davon, daß es den ausgleichspflichtigen Ländern im Finanzausgleich nicht zugemutet werden kann, "die Folgen fremder Willensentschließungen zu tragen."[19] Im Zuge der neuen Auseinandersetzungen um den Länderfinanzausgleich ist dieser Gedanke insbesondere von KIRCHHOF 1982 wieder aufgegriffen worden. Dieser spricht (S. 32) von der notwendigen Ausgleichsbeschränkung auf "objektive, nicht willentlich beeinflußbare Kriterien", durch die die "finanzwirtschaftlichen Folgen einer "Großzügigkeit" oder "Sparsamkeit" einer Entscheidung ... bei dem jeweils entscheidenden Land verbleiben (sollen); die Ländergesamtheit darf weder die Ausgabefreudigkeit eines einzelnen Landes mittragen noch an dessen besonderer Sparsamkeit partizipieren. Der Finanzausgleich soll Unterschiede in vorgefundenen finanzwirtschaftlichen Daten, nicht die Folgen willentlicher Ausgabefreudigkeit oder Sparsamkeit unter den Ländern ausgleichen."[20]

---

[17] Einer Gebietskörperschaft, die - um beim Beispiel zu bleiben - durch geschickte Vertragsgestaltung mit den für sie tätigen privaten Straßenbauunternehmen die Kosten unter dem Durchschnitt halten kann, sollten die damit verbundenen Einsparungen also erhalten bleiben, d. h. nicht der tatsächliche (niedrigere), sondern der durchschnittliche, höhere Finanzbedarf sollte bei der Bedarfsberechnung veranschlagt werden.

[18] Die in der finanzpolitischen Praxis extensiv genutzte Möglichkeit, Finanzierungslücken durch öffentliche Verschuldung zu schließen, kann dabei unter systematischen Gesichtspunkten unberücksichtigt bleiben.

[19] BVerfGE 1, 117 (133)

[20] KIRCHHOF (ebenda, S. 40) geht allerdings zu weit, wenn er behauptet, daß sämtliche Bedarfsunterschiede zwischen den Ländern Folge autonom steuerbarer Faktoren seien und somit keinerlei Sonderbedarfe ausgeglichen werden dürften: "... kann der konkrete Bedarf eines Landes im horizontalen Finanzausgleich auch vernachlässigt werden, weil nach der

Auch OSSENBÜHL (1984, S. 23f.) plädiert für eine differenzierte, ursachenbezogene Behandlung von Bedarfsunterschieden: "Leistungsschwäche kann auf unterschiedlichen vorgegebenen - entweder überhaupt nicht oder nur schwer und in Grenzen veränderbaren - geographischen, wirtschaftsstrukturellen usw. Daten und Umständen beruhen. Sie kann ihren Grund aber auch in fehlerhaften politischen Entscheidungen der Länder, kurz gesagt in ihrem Finanzgebaren, haben. Der Länderfinanzausgleich hat nicht die Aufgabe, finanzautonom verursachte Finanzkraftunterschiede auszugleichen. Er bezieht sich lediglich auf vorgegebene strukturelle Unterschiede. Für politische Fehlentscheidungen und für sein Finanzgebaren (Abgabenverschonung, Ausgabefreudigkeit) muß jedes Land selbst einstehen."

Dieser Grundsatz gilt im übrigen auch für den Finanzbedarf der Gemeinden, die verfassungsrechtlich der Länderebene zugeordnet werden und für deren ausreichende finanzielle Ausstattung die Länder nach Art. 106 Abs. 7 GG auch mitverantwortlich sind. Im Länderfinanzausgleich sind somit nicht nur Bedarfsfaktoren zu berücksichtigen, die unmittelbar in die Gestaltungshoheit der Länder selbst fallen, sondern auch Faktoren, die in die Gestaltungshoheit der Gemeinden fallen und deren Finanzbedarf beeinflussen. [21] In Art. 107 Abs. 2 GG heißt es nämlich nach der grundsätzlichen Ausgleichsverpflichtung des 1. Halbsatzes von Satz 1 ("durch das Gesetz ist sicherzustellen, daß die unterschiedliche Finanzkraft der Länder angemessen ausgeglichen wird"), im 2. Halbsatz, daß "hierbei ... die Finanzkraft und der Finanzbedarf der Gemeinden (Gemeindeverbände) zu berücksichtigen" sei.

Grundregel des Art. 104a Abs. 1 GG die Ausgabenkompetenzen für alle Bundesländer prinzipiell gleich sind, wesentliche Lastenunterschiede also in der politischen Finanzentscheidung eines Landes ihre Ursache haben und damit in ihren Folgen bei diesem Land verbleiben müssen." Es sind nämlich durchaus Bedarfsunterschiede vorstellbar, die von den Län-dern nicht zu beeinflussen und zu verantworten sind und deren finanzielle Folgen ihnen im Finanzausgleich somit abgenommen werden sollten. Siehe hierzu unten, Teil III, Abschnitt 2.4.

[21] KIRCHHOF (1982, S. 47f.) hat darauf hingewiesen, daß die Gemeinden die Länder nur insoweit belasten, als sie zum kommunalen Finanzausgleich verpflichtet sind und daß den Ländern überdies eine Reihe von Möglichkeiten offenstehen, das Einnahmen- und Ausgabengebaren ihrer Gemeinden zu beeinflussen (Zuweisungen, Auflagen u.ä.). Deshalb hält er den kommunalen Finanzbedarf für einen von den Ländern (begrenzt) steuerbaren Bedarfsfaktor: "Die Länder sind dem Grunde nach zum kommunalen Finanzausgleich verpflichtet, können aber die Höhe des sie belastenden kommunalen Finanzbedarfs wesentlich mitbestimmen. Deshalb muß dieser Bedarf dem Grunde nach, nicht aber in voller Höhe in den Ländervergleich einbezogen ... werden." KIRCHHOF (ebenda) sieht sich in dieser Auslegung durch den Wortlaut des Art. 107 Abs. 2 bestätigt: Die dort enthaltene Vorgabe, den Finanzbedarf der Gemeinden zu "berücksichtigen", nicht aber zu "beachten", interpretiert er als Gebot einer nur teilweisen (d. h. auf die durch die Länder nicht beeinflußbaren Teile beschränkten) Einbeziehung.

Aus der Tatsache, daß der Finanzbedarf der Länder selbst nicht ausdrücklich erwähnt wird, folgern einige Verfassungsrechtler übrigens, daß Finanzbedarfsunterschiede der Länder selbst im Finanzausgleich nicht zu berücksichtigen seien.[22] Allerdings dürfte dies allenfalls eine sprachlich mögliche Auslegung des Art. 107 Abs. 2 GG sein; materiell läßt sie sich unter Berücksichtigung der oben dargelegten allokativen und distributiven Ziele eines Finanzausgleichs zwischen Gebietskörperschaften hingegen nicht aufrecht erhalten. Mit FISCHER-MENSHAUSEN (1983, S. 841) kann der in Art. 107 Abs. 2 GG enthaltene Hinweis daher nur als Gebot verstanden werden, im Finanzausgleich zwischen den Ländern auch (Sonder-)Bedarfe ihrer Gemeinden zu berücksichtigen, keinesfalls aber als Verbot, dies auch bei den aus den Länderaufgaben selbst resultierenden (Sonder-)Bedarfen zu tun:[23] "Angesichts der Bedeutung, die den Kommunalfinanzen im Rahmen der Länderfinanzwirtschaft zukommt, werden die regionalen Unterschiede in der Finanzkraft und im Finanzbedarf entscheidend auch von den Aufgaben und den Deckungsmöglichkeiten des gemeindlichen Bereichs bestimmt. Für den Finanzausgleich ergibt sich daraus die umfassendere Zielsetzung, die leistungsschwachen Länder so zu stellen, daß sie auch die kommunalen Bedarfsunterschiede

---

[22] So insbesondere KIRCHHOF (1982, S. 28): "Art. 107 Abs. 2 GG stellt die Begriffe "Finanzkraft" und "Finanzbedarf" einander gegenüber und fordert in Art. 107 Abs. 2, 1. Halbsatz, "daß die unterschiedliche Finanzkraft der Länder angemessen ausgeglichen wird", während der Halbsatz 2 verlangt, daß dabei "die Finanzkraft und der Finanzbedarf der Gemeinden (Gemeindeverbände) zu berücksichtigen " sei. Diese Gegenüberstellung macht deutlich, daß "Finanzkraft" die Fähigkeit zu finanzieren bezeichnet, während der "Finanzbedarf" durch die Finanzierungsaufgaben (die erforderlichen Ausgaben) bestimmt wird. Wenn sodann der Vergleich unter den Ländern ausdrücklich auf die "Finanzkraft" beschränkt ist, in Gegenüberstellung zu dieser Grundregel bei der Berücksichtigung der Gemeindehaushalte aber ausdrücklich auch auf den Finanzbedarf verwiesen wird, so ergibt dieser Textbefund, daß bei dem Vergleich der Länder spezielle Bedarfskriterien nicht berücksichtigt werden dürfen." Im gleichen Sinn auch die Beurteilung durch VOGEL/ KIRCHHOF 1971, Art. 107, Randnr. 149.

[23] Diese Auffassung wird von der Mehrheit der Verfassungsrechtler geteilt. So heißt es diesbezüglich bspw. bei MAUNZ (1982, S. 107 12): "Bemerkenswert an der Regelung des zweiten Halbsatzes ist vor allem, daß in ihm deutlicher als im ersten Halbsatz zum Ausdruck kommt, daß es auch beim horizontalen Finanzausgleich nicht um den Ausgleich der Einnahmeseiten der Länderhaushalte geht, sondern um einen Ausgleich zwischen dem jeweiligen Verhältnis vom Einnahmenstand zum vertretbaren Finanzbedarf. Der zweite Halbsatz des Art. 107 Abs. 2 stellt dies für den gesamten horizontalen Finanzausgleich fest; denn wenn es nicht auch im übrigen auf den Bedarf ankäme, wäre seine Nennung bei den kommunalen Körperschaften sinnlos." (Hervorhebungen im Original). Für SELMER/ BRODERSEN (1984, S. 34) bedeutet es "eine formale Überinterpretation, wenn man aus der unterschiedlichen Fassung der beiden Halbsätze des Art. 107 II S. 1 GG und namentlich aus der Bezugnahme auf Finanzkraft und Finanzbedarf der Gemeinden im zweiten Halbsatz folgert, also schließe die bloße Nennung der Finanzkraft der Länder im ersten Halbsatz eine Berücksichtigung des Bedarfs aus." Für sie handelt es sich vielmehr um eine "textliche Unabgestimmtheit in der Fassung des Art. 107 GG, die entstanden ist, als während des zweiten Vermittlungsverfahrens ... der erste Halbsatz des Art. 107 II S. 1 GG geändert wurde, um die Formulierung 'leistungsschwache' Länder zu vermeiden, während der zweite Halbsatz unverändert aus der früheren Fassung des Art. 107 II GG übernommen wurde." Zum gleichen Ergebnis kommen LERCHE 1973, S. 307; NORMENKONTROLL-ANTRAG NW 1983, S. 58; OSSENBÜHL 1984, S. 49ff.

wirksam ausgleichen und ihre Gemeinden zur angemessenen Erfüllung ihrer Pflichtaufgaben befähigen können. Denn ein sozialer Bundesstaat, der seinen Bürgern in allen Gebietsteilen einigermaßen wertgleiche Lebensbedingungen bieten soll, kann nicht zulassen, daß Umfang und Qualität der öffentlichen Verwaltungsleistungen je nach der Steuerstärke oder Steuerschwäche der einzelnen Länder Unterschiede aufweisen, die nicht in der Sache selbst begründet sind."

2.1.3. Allokative Begründung eines ausnahmsweisen Ausgleichs intern verursachter Bedarfsunterschiede

Während einer Übergangsphase können allerdings negative Allokationswirkungen auftreten, da den betroffenen Gebietskörperschaften im Ausmaß der - wenn auch selbst verschuldeten und damit nicht ausgleichsrelevanten - Sonderbedarfe Finanzmittel für andere Aufgaben fehlen und damit der Grenznutzen ihrer Aufgabenerfüllung hinter demjenigen der anderen Gebietskörperschaften zurückbleibt. In Einzelfällen könnte der fehlende Ausgleich von Sonderbedarfen die betroffenen Gebietskörperschaften auch so stark belasten, daß es hierdurch zu wirtschaftlichen und politischen Spannungen und davon ausgehenden gesamtwirtschaftlichen Fehlallokationen käme.

Um dies zu verhindern, kann es in Einzelfällen angebracht sein, im Finanzausgleich auch solche Sonderbedarfe zu berücksichtigen, bei denen dies im Hinblick auf das "Verschuldungskriterium" nicht gerechtfertigt wäre. Dabei sollte allerdings von einem vollständigen Ausgleich abgesehen werden, um Anreize zum Abbau der Sonderbedarfe bei den betroffenen Gebietskörperschaften zu erhalten. Der Ausgleichsgrad bestimmt sich dann aus der Gegenüberstellung der Vorteile eines geringen Ausgleichsgrades (Anreiz zu raschem Abbau der Sonderbedarfe durch die betroffenen Gebietskörperschaften) und der Vorteile eines hohen Ausgleichsgrades (Vermeidung gesamtwirtschaftlicher Fehlallokationen infolge unausgeglichenen Grenznutzens); zugleich bedeutet dies eine Abwägung zwischen einer kurzfristig wirksamen, für die Betroffenen jedoch "schmerzhaften" Politik und einer nur längerfristig wirksamen, für die Betroffenen erträglicheren Politik.[24]

---

[24] Deshalb sollte bei der Wahl des Ausgleichsgrades auch berücksichtigt werden, in welchen Zeiträumen die Ursachen der bedarfsverursachenden Faktoren von den betroffenen Gebietskörperschaften realistischerweise überhaupt beeinflußt werden können. Bei Sonderbedarfen infolge einer über Jahre falschen (und auch nur langfristig korrigierbaren) Strukturpolitik sollte den betroffenen Gebietskörperschaften daher zumindest in einer längeren Übergangsphase ein (möglicherweise degressiv gestaffelter) Ausgleich dieser Sonderbedarfe gewährt werden - selbst wenn diese Sonderbedarfe als "selbstverschuldet" und damit nicht ausgleichsberechtigt beurteilt wurden.

Von der Grundregel, im Finanzausgleich ausschließlich extern verursachte Bedarfsunterschiede zu berücksichtigen, kann überdies auch zur Verfolgung wachstumspolitischer Ziele abgewichen werden: Im Hinblick darauf kann es angebracht sein, Regionen mit überdurchschnittlichem Wachstumspotential höhere Finanzmittel zuzuweisen und dabei ggf. auch Bedarfsunterschiede auszugleichen, die im Hinblick auf das "Verschuldungskriterium" nicht ausgleichsrelevant sind. Dies kann zwar zu den oben erwähnten negativen Allokationswirkungen führen (überdies auch zu - im folgenden Abschnitt behandelten - negativen Distributionswirkungen), diese sind aber in Kauf zu nehmen, wenn sie durch die positiven Allokationswirkungen in Form der erreichten Wachstumseffekte überkompensiert werden.

2.2. Distributive Beurteilung von Bedarfsunterschieden zwischen Gebietskörperschaften

2.2.1. Distributionswirkungen unansgeglichener Deckungsrelationen

Über das Ausmaß gerechtfertigter oder erforderlicher (regionaler) Versorgungsunterschiede gegen die Meinungen auseinander. Richtig ist sicher, daß heute nurmehr geringere Leistungsunterschiede toleriert werden als früher und eine Nivellierungstendenz auch in dieser Richtung besteht. "Der technokratische Zug unserer Zeit, die Zunahme der sozioökonomischen und räumlichen Verflechtungen, die Mobilität der Bevölkerung und die Ausbreitung städtischer Lebensformen auf dem Lande haben in der Bundesrepublik zu einer weitgehenden Angleichung der Werthaltungen und Ansprüche geführt; größere regionale Unterschiede im öffentlichen Leistungsangebot, die nicht mit natürlichen, insbesondere wirtschaftsgeographischen Gegebenheiten zu erklären sind, widersprechen den in der Gesellschaft vorherrschenden Gerechtigkeitsvorstellungen und werden nicht mehr widerspruchslos hingenommen."[25]

Vereinzelt wird sogar die Forderung erhoben, regionale Versorgungsdisparitäten vollständig zu beseitigen, wobei vielfach das im Grundgesetz enthaltene Postulat der "Einheitlichkeit der Lebensverhältnisse" angeführt wird. KIRCHHOF (1982, S. 27) hat jedoch mit Recht darauf hingewiesen, daß "die Formel von der Einheitlichkeit der Lebensverhältnisse" den Verfassungsauftrag (überdeckt), zwischen dem bundeseinheitlich geltenden Grundrecht auf Gleichbehandlung durch den Finanzstaat (Art. 3 Abs. 1 GG) und der im Bundesstaatsprinzip angelegten Rechtfertigung von Ungleichbehandlungen je nach Landeshoheit einen schonenden Ausgleich zu finden".

---

[25] FISCHER-MENSHAUSEN 1978, S. 149.

Als Methode zur Schaffung eines solchen "schonenden Ausgleichs" wird in der Bundesrepublik auf das Konzept der Zentralen Orte zurückgegriffen.[26] Danach werden die öffentlichen Einrichtungen abhängig von ihrer Zentralität und Größe, die für eine wirtschaftliche Betreibung der Einrichtung erforderlich ist, regional derart verteilt, daß die als vertretbar angesehenen Entfernungen zwischen dem Standort der Einrichtungen und dem Wohnort der potentiellen Nutzer nicht überschritten wird. Je größer die dabei als "zumutbar" betrachteten Entfernungen sind, desto stärker können die Einrichtungen zentralisiert und dadurch erreichbare Kostenvorteile genutzt werden. Da andererseits mit der Größe zumutbarer Entfernungen aber auch das Ausmaß regionaler Versorgungsdisparitäten steigt, bedarf es bei ihrer Festlegung einer Abwägung zwischen Allokationszielen (Kosten der Versorgung) und Distributionszielen (Ausmaß von Versorgungsnachteilen für die Einwohner außerhalb der Zentralen Orte), d. h. des von KIRCHHOF angesprochenen Ausgleichs zwischen Gleichbehandlung und Ungleichbehandlung.

Hierbei werden bei öffentlichen Einrichtungen des speziellen Bedarfs, die der Bürger aufsuchen kann (Theater, Museen), eher akzeptiert als bei Einrichtungen oder Leistungen der örtlichen Daseinsvorsorge, die am Wohnort vorhanden sein bzw. erbracht werden müssen (Schulen, Krankenhäuser, Rettungsdienst etc.). Folglich werden kleinräumige Versorgungsunterschiede - etwa zwischen Gemeinden - auch eher toleriert als großräumige Unterschiede. Daß z. B. Schwimmbäder, Museen und Opernhäuser nicht in jeder Gemeinde, sondern zur Sicherung einer Mindestbetriebsgröße und eines Mindesteinzugsgebietes (und damit zur Verringerung der Betriebskosten) nur in zentral gelegenen Städten vorhanden sein können, ist unmittelbar einsichtig. Für großräumig abgegrenzte Gebiete wie Bundesländer reduziert sich das Ausmaß tolerierbarer Versorgungsunterschiede und daraus erwachsender Bedarfsunterschiede demgegenüber. Welche Unterschiede letztlich anerkannt werden, ist durch eine Einzelkritik der von den Ländern behaupteten Sonderaufgaben (Beispiel: Unterhaltung und Erneuerung von Seehäfen) bzw. der bei der Wahrnehmung einheitlicher Aufgaben behaupteten Kostenunterschiede (Beispiel: die höheren Kosten der politischen Führung (pro Kopf) in einwohnerschwachen Bundesländern) festzulegen.

Die in dieser politischen Auseinandersetzung anerkannten und in die Aufgabenkataloge der Länder aufgenommenen Sonderaufgaben und -kostenunterschiede ziehen dann entsprechende Unterschiede im Finanzbedarf der Länder nach sich. Bei der originären - bzw. ersatzweise der ergänzenden - Einnahmenverteilung sind diese Bedarfsunterschiede zu berücksichtigen und gleiche Deckungsrelationen für alle Gebietskörperschaften herzustellen. Damit ist die Forderung nach gleichen Deckungsrelationen keinesfalls - wie in der Literatur des öfteren behauptet -

---

[26] Zum Konzept der Zentralen Orte siehe HANSMEYER 1980 und die dort angegebene Literatur.

gleichbedeutend mit derjenigen nach in allen Landesteilen gleichen oder auch nur "einheitlichen" öffentlichen Leistungen.[27] Ist bei der Aufgabenverteilung bspw. eine disparitäre Verteilung bestimmter Bildungs-, Kultur- oder Verkehrseinrichtungen beschlossen worden, so ist eine entsprechende disparitäre Verteilung der Einnahmen nicht nur tolerierbar, sondern zur Erfüllung gleicher Deckungsquoten sogar **notwendig**.

Eine Gleichverteilung der Einnahmen würde demgegenüber zu ungleichen Deckungsrelationen und mithin zu politisch ungewollten Versorgungsunterschieden führen. Ungleiche Deckungsrelationen sind deshalb nicht nur allokativ, sondern auch distributiv abzulehnen, da sie die (regionalen) Verteilungsziele verletzen, die im Rahmen des passiven Finanzausgleichs festgelegt worden sind.

2.2.3. Grundsätzliche Beschränkung auf den Ausgleich extern verursachter Bedarfsunterschiede

Allerdings ist auch diese distributiv begründete Notwendigkeit einer Einbeziehung von Sonderbedarfen (analog ihrer allokativen Beurteilung) mit einer Einschränkung zu versehen: Auch unter distributiven Kriterien wäre es nicht zu rechtfertigen, durch zusätzliche Finanzmittel Sonderbedarfe auszugleichen, die durch autonom getätigte Sonderausgaben oder Zusatzkosten entstanden sind. Eine Gemeinde beispielsweise, die sich den Luxus eines überdimensionierten oder "verschwenderisch" ausgestatteten Rathauses oder Hallenbades leistet, sollte diese Lasten nicht als Sonderbedarf im Finanzausgleich erstattet bekommen, sondern die finanziellen Konsequenzen dieser Ausgaben (durch höhere Kommunalsteuerlasten oder ein geringeres Leistungsniveau in anderen kommunalen Aufgabenbereichen) selbst tragen. Bedarfsunterschiede, die auf externe, nicht steuerbare Faktoren zurückgehen, sollten hingegen auch unter distributiven Kriterien im Finanzausgleich berücksichtigt werden.[28]

---

[27] Nur falls die politischen Zielvorstellungen - in diesem Zusammenhang insbesondere regionalpolitischer Art - ein in allen Landesteilen gleiches Niveau öffentlicher Leistungen verlangen, leitet sich aus der Forderung nach gleichen Deckungsquoten auch eine solche nach gleichmäßiger Verteilung der öffentlichen Einnahmen ab. Diese - bisweilen vertretene - Forderung bildet aber einen Sonderfall, der von Politikern und Wissenschaftlern mehrheitlich abgelehnt wird und für die distributive Kritik unausgeglichener Deckungsquoten auch keinesfalls erforderlich ist.

[28] So wäre es beispielsweise distributiv nicht gerechtfertigt, die einer Gemeinde durch Bundes- oder Landeseinrichtungen entstehenden Mehrbedarfe nicht auszugleichen und damit ein in dieser Gemeinde unterdurchschnittliches Niveau kommunaler Leistungen zu akzeptieren, wenn die betroffenen Gemeinden bzw. deren Einwohner auf die Entscheidungen über solche Einrichtungen keinen Einfluß und deren finanzielle Belastungen somit nicht zu vertreten hätten. Wie bei der allokativen Begründung für die Berücksichtigung von Bedarfsunterschieden ist also auch bei der distributiven Begründung die in der Praxis häufig strittige "Schuldfrage" zu klären.

Dadurch ist gewährleistet, daß sich die Folgen unwirtschaftlichen Handelns oder überdurchschnittlicher Ausgabenneigung der politischen Vertreter der Gebietskörperschaften für die Einwohner der Gebietskörperschaften in einem geringeren Versorgungsniveau niederschlagen (sich umgekehrt allerdings auch die positiven Folgen besonders umsichtigen wirtschaftlichen Handels der politischen Vertreter in einem überdurchschnittlichen Versorgungsniveau der Bürger auszahlen). Diese Kopplung zwischen dem Handeln der politischen Vertreter von Gebietskörperschaften und den Folgen für die vertretenen Bürger wird distributiv gerechtfertigt mit den in der parlamentarischen Demokratie gegebenen Möglichkeiten, die Rekrutierung der politischen Vertreter und die Qualität der von diesen betriebenen Politik über Wahlen und andere Mechanismen steuern zu können.

2.2.4. Distributive Begründung eines ausnahmsweisen Ausgleichs intern verursachter Bedarfsunterschiede

Durch die Beschränkung auf den Ausgleich extern verursachter Bedarfsunterschiede können sich zwischen den Gebietskörperschaften ggf. erhebliche Deckungsquotenunterschiede und daraus resultierende Versorgungsunterschiede ergeben, die bereits aus allokativen Erwägungen ein ausnahmsweises Abrücken vom "Verschuldungsprinzip" nahelegten (s. o.). Im Hinblick auf distributive Ziele sind diese Erwägungen zu unterstreichen: Unabhängig von der Frage, ob eine Gebietskörperschaft einen überdurchschnittlichen Finanzbedarf selbst zu vertreten hat, sollte nämlich auch unter distributiven Gesichtspunkten vom "Schuldprinzip" abgerückt und im Finanzausgleich auch derjenige Sonderbedarf ausgeglichen werden, der sich als Folge autonom steuerbarer Faktoren ergibt, falls die Deckungsquote einer Gebietskörperschaft ansonsten soweit hinter den Durchschnitt zurückfiele, daß elementare Aufgaben vernachlässigt werden müßten und es zu gravierenden Versorgungslücken für die Einwohner käme.

Ähnlich wie durch die Gewährung eines Mindesteinkommens (in Form von Arbeitslosenunterstützung bzw. Sozialhilfe) eine Mindestversorgung mit privaten Gütern garantiert wird, sollte daher durch das Abweichen vom Schuldprinzip im innerstaatlichen Finanzausgleich eine Mindestversorgung mit Leistungen der Gebietskörperschaften sichergestellt werden.

So wie sich die Auffassungen um die erforderliche Mindestausstattung mit privaten Gütern unterscheiden (man denke z. B. an die Diskussionen um die angemessene Höhe des Mindestsozialhilfesatzes), kann auch über die Höhe eines solchen "Gemeinschaftsexistenzminimums"[29] für Gebietskörperschaften gestritten werden; ob also die Grenze, unterhalb derer

---

[29] Ein von HENSEL (1929) geprägter und von KIRCHHOF (1982, S. 33) auf die Problematik des Länderfinanzausgleichs angewandter Begriff.

auch nicht ausgleichsrelevante Bedarfsunterschiede ausgeglichen werden, bei 95 %, 90 % oder vielleicht nur 75 % der Durchschnittsversorgung liegen sollte, ist eine letztlich politische Frage.

2.3. Zusammenhänge zwischen allokativ und distributiv begründetem Sonderbedarfsausgleich

Die vorstehenden Ausführungen haben deutlich gemacht, daß ein Ausgleich von Sonderbedarfen unterschiedlich begründet werden kann:

1. Aus **allokativen Gründen** sollten unterschiedliche Deckungsquoten ausgeglichen werden, damit der Grenznutzen der Ausgaben aller öffentlichen Aufgabenträger gleich und der Gesamtnutzen der öffentlichen Hand maximal ist. Um innerstaatliche Anreizwirkungen zum wirtschaftlichen und sparsamen Handeln zu erhalten, sollte dieser Ausgleich auf **extern verursachte Bedarfsunterschiede** beschränkt bleiben.
2. **Allokativ** ist auch ein Ausgleich **intern verursachter Bedarfsunterschiede** gerechtfertigt, falls mit den unausgeglichenen Deckungsrelationen höhere Kosten verbunden sind als mit den negativen Allokationswirkungen eines Ausgleichs intern verschuldeter Bedarfsunterschiede.
3. Aus **distributiven Gründen** müssen unterschiedliche Deckungsquoten ausgeglichen werden, um zu gewährleisten, daß die tatsächlichen Versorgungsunterschiede mit den politisch gewollten (und im passiven Finanzausgleich festgelegten) Versorgungsunterschieden übereinstimmen. Auch hier sollte der Ausgleich allerdings prinzipiell auf externe Faktoren beschränkt werden, d. h. nur solche Abweichungen zwischen gewollten und tatsächlichen Versorgungsunterschieden ausgleichen, die die (Einwohner der) Gebietskörperschaften selbst nicht zu vertreten haben.
4. Ausnahmsweise kann auch der Ausgleich **intern verursachter Bedarfsunterschiede** distributiv begründet werden, falls die selbstverschuldeten Abweichungen zwischen den im passiven Finanzausgleich festgelegten und den tatsächlichen Versorgungsunterschieden ein politisch nicht akzeptierbares Niveau überschreiten.

Abbildung 10:
Allokative und distributive Begründungen
des Ausgleichs von Bedarfsunterschieden zwischen Gebietskörperschaften

Art der Begründung des Ausgleichs	Art der Bedarfsfaktoren extern	intern
allokativ	1	2
distributiv	3	4

Die verschiedenen Begründungen stehen in der politischen Diskussion allerdings nicht gleichberechtigt nebeneinander, sondern haben unterschiedliches Gewicht. Unterstellt man, die oben erörterte Problematik der Abgrenzung zwischen externen und interen Bedarfsunterschieden ist gelöst, so bildet der allokativ begründete Ausgleich externer Bedarfsunterschiede (**Begründungstyp 1**) die unumstrittendste Grundlage bedarfsorientierter Ausgleichsverfahren, da sein gesamtwirtschaftlicher Nutzen unmittelbar einsichtig ist und gesamtwirtschaftliche Kosten aufgrund beseitigter Effizienzanreize ex definitione nicht zu befürchten sind. Kontroversen dürften sich hier allenfalls an der Frage entzünden, ob nicht - zumindest langfristig gesehen - fast alle Bedarfsfaktoren einer Gebietskörperschaft intern steuerbar sind - und sei es auch nur mittelbar, indem die betroffene Gebietskörperschaft die Aufgabenerfüllung der zuständige(n) Ebene(n) beeinflußt.

Umstrittener dürfte demgegenüber ein bedarfsorientierter Finanzausgleich des **Begründungstyps 2** sein. Zwar können auch dessen allokative Vorteile deutlich gemacht werden, vor allem wenn bei einem fehlenden Ausgleich der Bedarfsunterschiede Versorgungsdisparitäten eintreten, deren gesamtwirtschaftliche Kosten offensichtlich sind (gesamtwirtschaftliche Spannungen, regionalpolitische Segregationsprozesse o. ä.); da beim Begründungstyp 2 außer dem Nutzen des Ausgleichs aber auch Kosten entstehen (infolge der Minderung oder Beseitigung von Anreizwirkungen), wird ein Kosten-Nutzen-Vergleich erforderlich, der - abhängig von den zugrunde liegenden Präferenzen und der Fristigkeit der Betrachtung - zu einer unterschiedlichen Beurteilung der Ausgleichsberechtigung führen kann.

Der **Begründungstyp 3** dürfte im Hinblick auf die politische Akzeptanz zwischen den Typen 1 und 2 angesiedelt sein. Er ist insofern weniger kontrovers, als auch bei ihm definitionsgemäß nur extern verursachte Bedarfsunterschiede ausgeglichen werden und damit keine Kosten durch die Beseitigung von Effizienzanreizen entstehen. Andererseits dürfte der Begründungstyp 3 politisch weniger einfach durchsetzbar sein als der Begründungstyp 1, da allokative Begründungen eines Ausgleichs von Sonderbedarfen verständlicher gemacht werden können, höher eingeschätzt werden und geringere politische Widerstände erzeugen als distributive Begründungen.

Besonders problematisch ist der **Begründungstyp 4**. Zum ersten sind dessen distributive Vorteile schwerer zu verdeutlichen und zu quantifizieren als die allokativen Vorteile der Begründungstypen 1 und 2. Zum zweiten muß bei diesem Begründungstyp einsichtig gemacht werden, daß die aus den Bedarfsunterschieden resultierenden Versorgungsunterschiede über das politisch tolerierbare Maß hinausgehen. Selbst wenn dies gelingt, bleibt fraglich, ob der verteilungspolitische Nutzen des Ausgleichs höher eingeschätzt wird als die durch den Ausgleich bewirkten Kosten verminderter Anreize zu effizientem Handeln.

Die Begründungstypen unterscheiden sich auch im Hinblick auf die Art der Beziehungen zwischen den am Ausgleich Beteiligten. So werden die Zuweisungsgeber beim Ausgleich interner Bedarfsunterschiede (Begründungstypen 2 und 4) dem Zuweisungsempfänger Verwendungsauflagen machen, die sicherstellen sollen, daß die Ursachen der Sonderbedarfe und deren Ausgleichsnotwendigkeit im Zeitablauf durch geeignete Maßnahmen beseitigt werden.[30] Aus den Begründungstypen 2 und 4 abgeleitete Zuweisungen stellen damit Lenkungszuweisungen dar, die (auch) allokativen Zielen dienen. Demgegenüber besteht bei einem Ausgleich von Bedarfsunterschieden, die aus externen Ursachen resultieren, kein Anrecht der Zuweisungsgeber, die Zahlungen mit Verwendungsauflagen gegenüber den Zuweisungsempfängern zu versehen: Da die Bedarfsunterschiede in diesem Fall definitionsgemäß nicht aus Faktoren resultieren, die von den Zuweisungsempfängern beeinflußt werden, könnten das Verhalten der Zuweisungsempfänger verändernde Auflagen die Ursachen der Bedarfsunterschiede auch nicht beseitigen.

Aus diesem Grund kann es den Ausgleichsbeteiligten keinesfalls gleichgültig sein, welcher Begründungstyp dem Ausgleich zugrunde gelegt wird: Zuweisungsempfänger werden nicht nur den Ausgleich von Sonderbedarfen anstreben, sondern diesen Ausgleich überdies möglichst mit den Argumenten des Typs 1 oder 3 zu begründen versuchen. Andernfalls laufen sie Gefahr, daß die Zuweisungsgeber mit Hilfe von Auflagen versuchen, Einfluß auf die Belange und Entscheidungen der Zuweisungsempfänger zu nehmen. Zuweisungsgeber versuchen umgekehrt aus dem gleichen Grund, von den Zuweisungsempfängern eine Art Schuldübernahme zu erhalten, aus der hervorgeht, daß die auszugleichenden Sonderbedarfe auf "hausgemachte" Fehler der Zuweisungsempfänger zurückgehen. Solche Schuldeingeständnisse können dann die Beeinflussungen wirtschafts- und haushaltspolitischer Entscheidungen der Zuweisungsnehmer durch die Zuweisungsgeber vorbereiten und legitimieren.

Wegen der Abgrenzungsprobleme zwischen internen und externen Bedarfsfaktoren nehmen solche Auseinandersetzungen zwischen Zuweisungsgebern und -nehmern bisweilen erpresserische Züge an. Mit Sonderbedarfen belastete Gebietskörperschaften werden dann möglicherweise zu politischen "Schuldeingeständnissen" über "Versäumnisse" gezwungen, obwohl ihre Schwierigkeiten auf andere, externe Ursachen zurückgehen. Damit wird dann zugleich die legitimatorische Grundlage für Interventionen der unter diesen Voraussetzungen zahlungsbereiten, finanzstärkeren Gebietskörperschaften geschaffen. Damit kommt es zu Kompetenzverschiebungen, die vordergründig inhaltlich gerechtfertigt sind, sich bei näherem Hinschauen jedoch als erfolgreicher Versuch einer finanzstarken Gebietskörperschaft herausstellen, politischen Einfluß einzukaufen. Verhindert werden können solche - in der Vergangenheit immer wieder beob-

[30] Siehe hierzu ausführlicher Teil IV, Abschnitt 3.1.

achtbare - Versuche nur, indem die originäre Einnahmenverteilung permanent mit der Aufgabenverteilung verglichen und ggf. an diese angepaßt wird. Die Notwendigkeit zum Ausgleich von Sonderbedarfen per ergänzender Zuweisungen bleibt dann auf das unabdingbare und für Einkäufe politischer Kompetenzen unzureichende Maß beschränkt.

Solche bei der Begründung von Bedarfszuweisungen relevanten finanzpsychologischen Überlegungen sind - unabhängig von der Unterscheidung zwischen interner oder externer Verursachung - auch bei der Wahl zwischen einer allokativen oder distributiven Begründung anzustellen. Während bei ersterer primär der Vorteil eines mit der Umverteilung erhöhten gesamtwirtschaftlichen Nutzens gesehen wird, dürfte eine distributive Begründung vor allem mit den Vorteilen für die (Einwohner der) zuweisungsempfangenden Gebietskörperschaft in Verbindung gebracht werden. Mit einem distributiv begründeten Finanzausgleich der Typen 3 und 4 wird daher eher eine Freiwilligkeit der Leistung oder gar der "Großzügigkeit" der Zuweisungsgeber verbunden - wiederum ähnlich wie bei personalen Transfers, denen häufig noch das Image der "Wohltätigkeit" anhaftet.

Aus dem Gesagten folgt, daß diejenigen Gebietskörperschaften, die einen Sonderbedarf geltend machen, diesen zunächst als Folge externer Faktoren darzustellen und seinen Ausgleich mit allokativen Argumenten zu begründen versuchen werden (Typ 1). Gelingt dies, so gehen sie weder die Gefahr interventionistischer Einflußnahmen durch die Zuweisungsgeber ein, noch geraten sie in den Ruf einer Gebietskörperschaft, die aus eigener Schuld notleidend wurde und nun auf wohltätige Hilfe besser wirtschaftender Gebietskörperschaften angewiesen ist. Distributive Gerechtigkeitsargumente (Typ 3) können dann ergänzend vorgebracht werden, zumal sich über die Argumentationskette: Umverteilung, höherer Grenznutzen, höhere gesamtwirtschaftliche Wohlfahrt auch hieraus eine Allokationsverbesserung ableiten läßt, solange sich der Ausgleich auf externe Bedarfsfaktoren beschränkt und Allokationsverschlechterungen (Zerstörung von Anreizen) ausgeschlossen werden können.

Dagegen wird es eine Gebietskörperschaft nach Möglichkeit vermeiden, Sonderbedarfe als intern verursacht bzw. verschuldet zuzugeben (Typen 2 und 4). Nur wenn die Selbstverschuldung ganz offensichtlich und die Finanzlage einer Gebietskörperschaft besonders angespannt ist, mag sie bisweilen nicht umhinkommen, den von Opposition oder Gebietskörperschaften anderer politischer Coleur geforderten "Offenbarungseid" abzulegen. In der Regel ist die Annahme der Zuweisungen dann für die Zuweisungsnehmer mit Verwendungsauflagen verbunden. Begründungen des Typs 2 dürften dabei denjenigen des Typs 4 noch vorgezogen werden, da mit ihnen auch die gesamtwirtschaftliche Allokation verbessert und damit auch den Zuweisungsgebern genutzt wird. Dagegen steht bei Zuweisungen des Typs 4 die distributiv begründete Nutzensteigerung (der Einwohner) einer Gebietskörperschaft im Vordergrund, deren Wohlfahrtsniveau aus eigenem Verschulden unter ein politisch festgelegtes Minimum abgesunken ist. "Eigennutz" und "Selbstverschuldung" kommen hier also zusammen und erleichtern besonders gravierende Einflußnahmen der Zuweisungsgeber.

2.4. Politische Bestimmung der Ausgleichsrelevanz von Bedarfsunterschieden

2.4.1. Politische Auffassungsunterschiede über die Steuerbarkeit von Bedarfsfaktoren

Die bisherigen allokativen und distributiven Überlegungen kamen zum Ergebnis, daß - abgesehen von einer Mindestversorgung - im Finanzausgleich nur solche Bedarfsunterschiede ausgeglichen werden sollten, die extern verursacht, d. h. durch die Gebietskörperschaften nicht beeinflußbar sind. Damit rückt die Frage, welche Bedarfsfaktoren "extern" verursacht sind, in den Mittelpunkt der Betrachtung.

Deren Beantwortung hängt zum einen von den Auffassungen darüber abhängt, inwieweit staatliche Politik wirtschaftliche Abläufe überhaupt steuern kann, zum anderen davon, in welchem Ausmaß und in welcher Weise solche politischen Handlungsspielräume im konkreten Fall genutzt worden sind. Letztere Frage enden dann normalerweise in Debatten über die Ziele staatlicher Politik und die im konkreten Fall vorliegenden Möglichkeiten und Restriktionen zur Erreichung dieser Ziele.

Hinzu kommt, daß Veränderungen der Deckungsquoten von Gebietskörperschaften in der Regel von einer Vielzahl von auf die Einnahmen- und Ausgabenseite einwirkenden Faktoren verursacht werden, ohne die Wirkungsweise und -intensität der einzelnen Faktoren klar voneinander abgrenzen zu können.[31] So erklärt sich z. B. die ungünstige Entwicklung der norddeutschen im Vergleich zu den süddeutschen Bundesländern u. a. aus unterschiedlichen Investitions- und Exportquoten, unterschiedlichen Anteilen der FuE-Ausgaben,[32]unterschiedlichen Anteilen gewinn- und wachstumsstarker Wirtschaftssektoren (elektrotechnische, elektronische, feinmechanische und optische Industrie sowie Stahl-, Maschinen- und Fahrzeugbau) und ertragsschwacher und kontraktierender Wirtschaftssektoren (Kohle- und Stahlindustrie in Nordrhein-Westfalen und im Saarland, Textil- und Bekleidungsindustrie, Eisenschaffende Industrie, Gießereien).[33] Auch die regional unterschiedliche Qualifikationsstruktur,[34] Alters-

---

[31] So auch die Einschätzung bspw. durch HAUSER 1971, S. 102f. oder GLÄSER 1981, S. 175.

[32] BONKOWSKI/LEGLER 1985

[33] Siehe LAMBERTS 1984; JUNG 1986; KÖRBER-WEIK/WIED-NEBBELING 1986. Zu den Ursachen des sog. Süd-Nord-Gefälles allgemein vgl. KAMPMANN/KÖPPEL

struktur sowie der unterschiedliche Anteil von Ausländern und Sozialhilfeempfängern[35] haben zur relativen Verschlechterung der Nordstaaten gegenüber den Südstaaten beigetragen.

Die Beurteilung der Steuerbarkeit solcher Faktoren variiert zudem mit der gewählten Fristigkeit der Betrachtung. Kurzfristig sind nämlich nur sehr wenige Wirtschaftsfaktoren von den Ländern steuer- bzw. beeinflußbar, so daß in dieser - vorzugsweise wiederum von den finanzschwachen Ländern vertretenen - Betrachtung nahezu sämtliche Sonderbedarfe ausgleichsrelevant wären. Langfristig könnte man aber selbst für "Altlasten", für bestehende Infrastrukturlücken oder für besonders aufgabenintensive oder ertragsschwache Wirtschaftsstrukturen eine Steuerbarkeit behaupten und die Ausgleichsrelevanz daraus entstehender Sonderbedarfe verneinen.[36]

Aus diesen Gründen ist die Abgrenzung zwischen "externen", ausgleichsrelevanten und "internen", nicht ausgleichsrelevanten Bedarfsfaktoren in der politischen Praxis zugegebenermaßen schwierig.[37] Es darf auf der anderen Seite auch nicht übersehen werden, daß für die Beantwortung dieser Frage durchaus nicht nur oder nicht einmal primär sachliche Kriterien maßgeblich sind, sondern auch systematische Interessengegensätze eine Rolle spielen.[38] Eine wichtige Konfliktlinie verläuft dabei zwischen **Regierungs- und Oppositionsparteien.** So tendieren die Regierungsparteien normalerweise dazu, diejenigen Faktoren als "autonom gesteuert" anzusehen, für die eine positive Entwicklung beobachtet werden kann (geringe Preissteigerungsraten beispielsweise stets als Verdienst der Geld- und Währungspolitik der Regierung), sich negativ entwickelnde Faktoren hingegen als "extern", d. h. nicht beeinflußbar anzusehen (höhere Preissteigerungsraten also z. B. immer als Folge des internationalen Preiszusammenhangs zu betrachten). Entsprechend werden überdurchschnittliche Bedarfe einer Gebietskörperschaft von der Regierung gern als Folge nicht steuerbarer und vertretbarer Einflüsse - und damit als im Finanzausgleich

---

1984; VOSS/FRIEDRICH 1986; oder verschiedene Beiträge in Heft 11/12 1986 der INFORMATIONEN ZUR RAUMENTWICKLUNG.

[34] Siehe EHLERS/FRIEDRICH 1986.

[35] Siehe JULITZ 1988.

[36] So kommt JULITZ (ebenda) bei der Untersuchung der Ursachen des Süd-Nord-Gefälles zum Fazit, daß "vor allem Bayern und Baden-Württemberg mit einer langfristig angelegten, an marktwirtschaftlichen Grundsätzen orientierten Wachstums- und Entwicklungspolitik den anderen Bundesländern vorausgeeilt ist."

[37] Ähnliche Abgrenzungsprobleme zwischen internen und externen Faktoren gibt es bei der Finanzkraftmessung. Aktuelles Beispiel bilden die - u.a. an dieser Frage entzündeten - Auseinandersetzungen darüber, ob die Förderzinseinnahmen Niedersachsens in die Finanzkraftberechnung des Länderfinanzausgleichs einzubeziehen sei. (Vgl. hierzu etwa KIRCHHOF 1982, S. 87f.; KISKER 1983, insbes. S 143.ff; OSSENBÜHL 1984, S. 73ff.

[38] Auch dies gilt für die Finanzkraftberechnung gleichermaßen.

ausgleichsrelevant - bewertet, von der Opposition (bzw. den Regierungen der anderen Gebietskörperschaften) hingegen werden sie in der Regel als Folge selbst verursachter Fehler angesehen.[39]

Eine zweite Konfliktlinie besteht naturgemäß zwischen den Sonderbedarfe geltend machenden - und im Falle ihrer Anerkennung **ausgleichsberechtigten** - Gebietskörperschaften und den potentiell **ausgleichspflichtigen** Gebietskörperschaften. Auch zwischen diesen unterscheiden sich die Auffassungen über Art, Ausmaß und Ausgleichsberechtigung von Sonderbedarfen bzw. der dahinter stehenden Ursachen systematisch, weil dies zugleich die finanziellen Konsequenzen der Ausgleichsfrage und damit die relativen Finanzpositionen der ausgleichsberechtigten und -pflichtigen bestimmt.

Diese beiden elementaren Konfliktlinien bestimmen wesentlich das Verhalten in konkreten Finanzausgleichsbeziehungen. Falls sie parallel verlaufen, lassen sich durch sie die inhaltlichen Stellungnahmen der an Finanzausgleichskonflikten Beteiligten fast immer vorhersagen. So ist es wahrscheinlich, daß die von der Regierung eines Bundeslandes behauptete Ausgleichsrelevanz eines Sonderbedarfs von einem anderen Bundesland verneint wird, wenn dessen Deckungsrelationen im Finanzausgleich sich dadurch relativ verschlechtert und die Regierung dieses Bundeslandes überdies einer anderen Partei angehört. Ebenso wahrscheinlich ist es, daß ein Bundesland die Ausgleichsrelevanz des Sonderbedarfs bejaht, wenn dies seine eigene Deckungsrelation verbessert und seine Regierung der gleichen Partei angehört.

Schwieriger ist eine Prognose, falls die beiden Konfliktlinien nicht parallel verlaufen, also z. B. eine Gebietskörperschaft durch den von einer anderen Gebietskörperschaft angemeldeten Sonderbedarf ebenfalls begünstigt würde, beide Regierungen aber unterschiedlichen politischen Parteien angehören oder - der umgekehrte Fall - eine Gebietskörperschaft durch den Vorstoß einer anderen Gebietskörperschaft der gleichen politi-

---

[39] So verweist Johannes Rau, Ministerpräsident eines Bundeslandes, dessen Finanzkraft sich in den letzten Jahren im Vergleich zum Bundesdurchschnitt ständig verschlechtert hat, vor allem auf "externe" Ursachen dieses Niedergangs hin; die von ihm geforderte nationalen Investitionshilfen für das Ruhrgebiet werden von ihm z. B. primär mit solchen externen Faktoren (wie niedrigen Energiepreisen, der verfehlten Stahlpolitik der EG und neuerdings dem Verfall des Dollars) begründet. Demgegenüber entwickelt bspw. Lothar Späth als Ministerpräsident Baden-Württembergs, des nach Maßstab des Länderfinanzausgleichs reichsten und wirtschaftlich am stärksten expandierenden Bundeslands, ein Verständnis von Landespolitik, in dem trotz aller bundespolitischen Restriktionen vielfältige landespolitische Handlungsspielräume gesehen werden (z. B. SPÄTH 1979, insbes. S. 62ff; SPÄTH 1986). Allerdings bleibt zu fragen, inwieweit die von SPÄTH gesehenen und teilweise praktizierten landespolitischen Möglichkeiten nicht lediglich zu einer regionalen Ressourcenverlagerung führen ("Nullsummenspiele"), die sowohl regionalpolitisch als auch ordnungspolitisch zu kritisieren sind. Vgl. zu letzterem Gesichtspunkt etwa HELMER 1987; bezogen auf die Strukturpolitik im Ruhrgebiet auch die bezeichnenden ordnungspolitischen Gegensätze zwischen Kurt Biedenkopf und Friedhelm Farthmann in einem "Streitgespräch über die Rolle des Staates" (Handelsblatt vom 29. 5. 1987).

schen Coleur benachteiligt würde. In diesen Fällen ist fraglich, ob die Entscheidungen im Hinblick auf die finanziellen Konsequenzen der Sonderbedarfsanerkennung oder auf parteipolitische Verbundenheit und Verpflichtungen getroffen werden. [40]

2.4.2. Die Bestimmung der Ausgleichsrelevanz im Spannungsverhältnis zwischen Allokations- und Distributionszielen

Die anhand des Kriteriums der Steuerbarkeit vorgenommene Abgrenzung ausgleichsrelevanter Bedarfsunterschiede ist daher stets mit einer doppelten Gefahr verbunden: Wird ein "interner" Bedarfsfaktor fälschlicherweise als ausgleichsberechtigt anerkannt ("Fehler A"), so werden die den Gebietskörperschaften gegebenen Möglichkeiten einer Verminderung des Finanzbedarfs vermutlich nicht ausgeschöpft; möglicherweise wird der Bedarfsfaktor von den Gebietskörperschaften sogar über das erforderliche Maß hinaus ausgeweitet. "Fehler A" beseitigt also Anreize zum sparsamen und ausgabensenkenden Finanzgebaren und schafft u. U. sogar umgekehrt Anreize zu unwirtschaftlichen Mehrausgaben.[41] Er löst damit primär Verstöße gegen das Allokationsziel aus (gefährdet aber auch das Distribu-

[40] Bei den seit Anfang der achtziger Jahre bestehenden Steitigkeiten um den Länderfinanzausgleich in der Bundesrepublik waren Sachkoalitionen zwischen Bundesländern unterschiedlicher Regierungsparteien überraschend häufig zu beobachten. Parteipolitischen Gesichtspunkten kam dabei eine - im Vergleich zu anderen Politikbereichen - überraschend geringe Bedeutung zu. Der auf eine teilweise Übernahme der Sozialhilfekosten durch den Bund abzielende Vorstoß Niedersachsens und der SPD-regierten Bundesländer ist nur ein aktuelles Beispiel solcher parteiübergreifender Zweckkoalitionen; viele andere lassen sich feststellen, wenn man die Stellungnahmen zu der Vielzahl der im Verfassungsstreit erörterten Sonderbedarfe vergleicht.

[41] Mit dem Hinweis, daß durch die Akzeptierung von Finanzbedarfsunterschieden die "Büchse der Pandorra" geöffnet würde und dies letztlich zu einem Ausgabenwettlauf zu Lasten anderer Länder führe, ist auf diese Gefahr auch im Verfassungsstreit mehrfach hingewiesen worden. Im LFA-VERFASSUNGSURTEIL 1986 (S. 36f.) wird dieser Standpunkt treffend referiert: "Die Berücksichtigung von Sonderbedarfen einzelner Länder wider spräche auch dem Prinzip der Finanzautonomie jedes Bundeslandes, wie sie in der verfassungsrechtlich gewährleisteten eigenständigen Ausgabenverantwortung (Art. 104a Abs. 1GG) und selbständigen und unabhängigen Haushaltswirtschaft (Art. 109 Abs. 1 GG) zum Ausdruck komme. Die Grundregel des Art. 104a Abs. 1 GG, wonach jedes Land grundsätzlich seine eigenen Ausgaben selbst trage, gehe davon aus, daß wesentliche Lastenunterschiede in den finanzpolitischen Entscheidungen des Landes selbst ihre Ursache hätten; es widerspreche der Finanzautonomie, wenn ein Land die finanziellen Folgen eigener politischer Entscheidungen im Wege der Einbringung von Sonderbedarfen in den Länderfinanzausgleich auf andere Länder überwälzen könnte; dann bestehe die Gefahr eines 'Bedarfswettlaufs'".

Die Erörterungen um die Ausgleichsberechtigung von Bedarfsunterschieden haben allerdings gezeigt, daß diese Gefahr nur dann besteht, wenn die Kriterien für die Ausgleichsberechtigung von Bedarfsunterschieden falsch gewählt sind oder nicht angemessen operationalisiert werden können. Werden Sonderbedarfe auf solche Ausgabenkomponenten beschränkt, die von den einzelnen Ländern nicht zu beeinflussen und damit nicht zu vertreten sind, so ergeben sich weder Möglichkeiten einer Bedarfsausweitung zu Lasten Dritter noch werden Anreize zur Bedarfsverminderung (zu Gunsten Dritter) beseitigt.

tionsziel, da den Einwohnern derjenigen Gebietskörperschaften, denen ein steuerbarer Bedarfsfaktor fälschlicherweise als ausgleichsberechtigt anerkannt worden ist, ein Verteilungsvorteil verschafft worden ist).[42]

Wird umgekehrt einem nicht steuerbaren Bedarfsfaktor die Ausgleichsberechtigung fälschlicherweise versagt ("Fehler B"), so kommt es in Gebietskörperschaften, für die dieser Bedarfsfaktor eine überdurchschnittliche Bedeutung hat, zu "unverschuldeten" und nicht korrigierbaren Deckungslücken, d. h. primär zu distributiven Zielverstößen. Die allokativen Zielverstöße sind in diesem Fall weniger gravierend, da bei einer Nicht-Anerkennung eines nicht steuerbaren Bedarfsfaktors keine Anreize zu wirtschaftlichem Verhalten der Gebietskörperschaft beseitigt werden können; sie sind infolge der unausgeglichenen Deckungsquoten in begrenztem Maß aber ebenfalls vorhanden.

Die Entscheidung über die Ausgleichsrelevanz von Bedarfsfaktoren erfordert somit eine Art von "Gefahrenabwägung" zwischen primär allokativen und primär distributiven Zielverstößen. Die politische Entscheidung über das Ausmaß der als ausgleichsrelevant anerkannten Bedarfsunterschiede ist damit zugleich ein Ausdruck der Gewichtung dieser beiden Ziele. KIRCHHOF formuliert dieses Spannungsverhältnis für die Länderebene treffend, wenn er vom "Verfassungsauftrag zum Länderfinanzausgleich als Ergänzung fehlender und als Garant vorhandener Finanzautonomie" spricht:[43] Bei den beschriebenen Abgrenzungsschwierigkeiten ausgleichsrelevanter Bedarfsunterschiede kann eine Untererfüllung ersterer Zielsetzung durch eine extensive Abgrenzung des Katalogs ausgleichsrelevanter Bedarfsunterschiede leicht vermieden werden. Da dies aber c. p. eine Ausweitung des Ausgleichsvolumens und damit der von den ausgleichspflichtigen Ländern abzuführenden Finanzausgleichsbeiträge bedeutet, gefährdet die intensivere "Ergänzung fehlender Finanzautonomie" der Nehmerländer zugleich die "vorhandene Finanzautonomie" der Geberländer.

KIRCHHOF ist daher auch in der Auffassung zuzustimmen, daß "die Formel von der 'Einheitlichkeit der Lebensverhältnisse' den Verfassungsauftrag (überdeckt), zwischen dem bundeseinheitlich geltenden Grundrecht auf Gleichbehandlung durch den Finanzstaat (Art. 3 Abs. 1 GG) und der im Bundesstaatsprinzip angelegten Rechtfertigung von Ungleichbehandlungen je nach Landeshoheit einen schonenden Ausgleich zu finden".[44] Das Einheitlichkeitspostulat suggeriert, daß es sich hierbei um ein zum maximierendes Ziel handelt, während es tatsächlich um eine Opti-

---

[42] Formal bleibt dieser unerkannt, da er sich in der Deckungsquote der Gebietskörperschaft nicht niederschlägt.

[43] So der Titel seiner Monographie aus dem Jahr 1982.

[44] KIRCHHOF 1982, S. 130

mierung unter Abwägung konfligierender Ziele, insbesondere der mit zunehmender "Vereinheitlichung" verletzten Allokations- (Wachstumsziele) geht.

ZIMMERMANN (1987) vertritt die Auffassung, daß die Allokationsziele in diesem Zielkonflikt strukturell benachteiligt seien, da es sich bei ihnen vorwiegend um "prozessuale Ziele" handele, deren Erfolg im Verhältnis zu den vorwiegend "ergebnisbezogenen" Verteilungszielen schwer begründbar und nachweisbar sei.[45] Hieraus könnte sich der für die föderative Entwicklung der Bundesrepublik charakteristische Bedeutungsgewinn des Verteilungs-/Ausgleichsziels im Verhältnis zum Allokations-/ Wachstumsziel erklären. Diese - primär für die personale Einkommenspolitik - festgestellte Zielverlagerung gilt auch im Verhältnis zwischen Regionen und Bundesländern:[46] Die in der Finanzverfassung zunächst dominierenden föderativ-dezentralen Elemente sind im Zeitablauf durch zentralistische Elemente, etwa die Ausweitung von Bundeszuständigkeiten, die Stärkung zentraler Einflüsse durch das Institut der "Gemeinschaftsaufgaben" und die Intensivierung des Ausgleichsgrades im Länderfinanzausgleich, ersetzt worden.[47] Erst nach der Rezession 1975/76 und dem dann nachlassenden Wirtschaftswachstum sind Allokationsziele wieder stärker beachtet worden, "wenngleich zunächst für nationale wirtschaftspolitische Ziele und weniger mit Blick auf das föderative System."[48]

---

[45] "Wenn diese Beurteilung der Eigenart von Zielen zutrifft, sind 'prozeßbezogene' Ziele gegenüber 'ergebnisbezogenen' Zielen im politischen Prozeß strukturell benachteiligt. Erstens erscheint die Zielverletzung bei ergebnisbezogenen Zielen in meßbarer und anschaulicher Form, so daß ein Handlungsbedarf unmittelbar ersichtlich ist. Zweitens sind deren Instrumente in einer einsehbaren Weise auf die Zielkorrektur ausgerichtet, und drittens (und für die politische Wertigkeit einer Maßnahme vielleicht am wichtigsten) sind die Instrumente kurzfristig einsetzbar und Erfolge, zumindest in der Form zielorientiert umgelenkter Mittel in genau bestimmter Höhe, in kurzer Frist vorweisbar." (ebenda, S. 23).

[46] "Es ist kaum verwunderlich, daß die seit einigen Jahrzehnten fast überall zu beobachtenden Tendenzen zu einer 'gerechteren', und das heißt im wesentlichen: einer gleichmäßigeren Einkommensverteilung sich über den Bereich der interindividuellen Distribution hinaus, wenn auch natürlich im Zusammenhang damit, auf Gebietskörperschaften, ja sogar die zwischenstaatliche Einkommensverteilung auszubreiten neigen - von einem ... interkommünotären Finanzausgleich bis hin zu den im Zuge des neueren 'Nord-Süd-Dialogs' von den Ländern der 'Dritten Welt' erhobenen Forderungen." (NEUMARK 1978, S. 168).

[47] Die in der Bundesrepublik eingetretenen Zentralisierungstendenzen werden z. B. dargestellt von ELLWEIN 1983, S. 68ff.; LAUFER 1985, S. 217f.

[48] ZIMMERMANN 1987, S. 21. Überdies sind die Versuche, Allokationszielen im föderativen Aufbau wieder stärkere Geltung zu verschaffen, praktisch bis heute durch die damit zugleich auftretenden Verteilungskonflikte zwischen Bund und Ländern und innerhalb der Länder behindert worden, so daß beispielsweise der Abbau von Mischfinanzierungstatbeständen trotz aller Bekundungen von Bund und Ländern bisher kaum Fortschritte gemacht hat.

Solche zeitlichen Veränderungen politischer Zielgewichte schlagen sich in den verschiedenen Gestaltungsparametern der föderativen Ordnung nieder, auch und nicht zuletzt in der Gestaltung des Länderfinanzausgleichs im allgemeinen und der (Nicht-)Berücksichtigung von Bedarfsunterschieden im besonderen. Wenn im Zuge der derzeitigen Auseinandersetzungen gefordert wird, die im Länderfinanzausgleich vorhandenen Bedarfselemente zu verstärken und neue, zusätzliche Bedarfsfaktoren einzuführen, so ist dies sicher nicht zuletzt Folge und Ausdruck des generellen Bedeutungsgewinns distributiver zu Lasten allokativer Ziele.

2.4.3. Das Urteil des Bundesverfassungsgerichts im Urteil der Finanzausgleichstheorie

Unter Berücksichtigung der dargestellten finanzausgleichstheoretischen Bewertung von Bedarfsunterschieden zwischen Gebietskörperschaften können die im LFA-VERFASSUNGSURTEIL 1986 enthaltenen Ausführungen zur Frage der Ausgleichsrelevanz von Sonderbedarfen im horizontalen Länderfinanzausgleich nicht überzeugen. Das Verfassungsgericht hatte dort die Auffassung vertreten, "bei der Ermittlung der Finanzkraft müss(t)en Sonderbedarfe einzelner Länder unberücksichtigt bleiben. Finanzkraft (sei) als Finanzaufkommen bezogen auf die Zahl der Einwohner eines Landes zu verstehen. Nur wo die Angemessenheit dieses Kriteriums für den Mittelbedarf der Länder aus vorgegebener struktureller Eigenart, wie bei den Stadtstaaten, von vornherein entfällt, (sei) es gerechtfertigt, diesen Bezugspunkt - nach objektiven Indikatoren - zu modifizieren."[49]

Verschiedene Ausführungen im LFA-VERFASSUNGSURTEIL 1986 zeigen, daß die für einen Finanzausgleich notwendige Differenzierung zwischen extern verursachten und damit ausgleichsrelevanten und intern verursachten und damit nicht ausgleichsrelevanten Bedarfsfaktoren bei dieser Entscheidung von den Verfassungsrichtern nicht beachtet wurde. Wenn es bspw. heißt, das im derzeitigen LFA-System dominierende Kriterium für den Mittelbedarf der Länder, das auf die Einwohnerzahl umgerechnete Finanzaufkommen, sei "jedweder besonderen, aus spezifischen Situationen sowie eigenen Prioritäts- oder Dringlichkeitsentscheidungen der Länder herrührender Ausgabenlast vorgelagert"[50], so werden hier "eigene Prioritäts- oder Dringlichkeitsentscheidungen", also nicht ausgleichsrelevante Faktoren, und "besondere, aus spezifischen Situationen herrührende Ausgabenlasten", also (auch) von den Ländern nicht beeinflußbare, d. h. ausgleichsrelevante Faktoren, gleich beurteilt, obwohl eine Differenzierung erforderlich wäre. Dieser Fehler läßt sich auch nicht dadurch entschuldigen, daß - wie oben ausgeführt - die Grenzziehung zwischen ausgleichsre-

[49] Siehe LFA-VERFASSUNGSURTEIL 1986, S. 2.

[50] Ebenda, S. 75.

levanten und nicht ausgleichsrelevanten Bedarfsfaktoren in der politischen Praxis schwierig ist, die Übergänge zwischen beiden Formen von Bedarfskomponenten fließend sind und sich bei vielen Ausgaben interne mit externen Faktoren vermischen, ohne daß der Anteil beider exakt benannt werden könnte.

Bei der somit erforderlichen Notwendigkeit, die allokativen und distributiven Nachteile einer Berücksichtigung nicht ausgleichsrelevanter Bedarfsfaktoren gegen diejenigen einer Nichtberücksichtigung ausgleichsrelevanter Bedarfsfaktoren abzuwägen, wäre sogar die Extremposition vertretbar, überhaupt keine Bedarfsunterschiede als ausgleichsberechtigt anzuerkennen, falls die mit einer Negierung aller Bedarfsunterschiede verbundenen Zielverstöße geringer bewertet würden als diejenigen, die bei einer Anerkennung einiger oder vieler Bedarfsunterschiede entstehen. Das Bundesverfassungsgericht hat seine Nichtanerkennung jedweder Sonderbedarfe jedoch nicht mit einer solchen "Gefahrenabwägung" bzw. der dahinter stehenden Zielgewichtung begründet, sondern mit dem Argument, Bedarfsgesichtspunkte seien aus finanzausgleichssystematischen Gründen *prinzipiell* nicht ausgleichsrelevant.

Wenn es diese Position konsequent durchgehalten hätte, hätte dies zu weitreichenden Folgen für den derzeitigen Länderfinanzausgleich geführt: Die den Stadtstaaten im Länderfinanzausgleich eingeräumte Einwohnergewichtung beispielsweise dient eindeutig der finanziellen Abgeltung eines Sonderbedarfs und hätte bei einer konsequenten Anwendung des im Verfassungsurteil vertretenen Prinzips ersatzlos gestrichen werden müssen. Vermutlich angesichts der gravierenden finanziellen Folgen einer solchen Abschaffung und der damit abzusehenden fehlenden politischen Realisierbarkeit haben die Verfassungsrichter den Staatstaatenstatus als Form eines Sonderbedarfs "ausnahmsweise" anerkannt, indem sie ihnen eine historisch gewachsene, "strukturelle Eigenart" konzidiert haben.[51] Daneben findet sich mit den Sonderbelastungen für die Unterhaltung und Erneuerung von Seehäfen im LFA-Verfassungsurteil eine zweite Ausnahmeregelung.[52]

---

[51] Im LFA-VERFASSUNGSURTEIL (S. 91) findet sich im einzelnen folgende Begründung: "Die Berücksichtigung der vorgegebenen strukturellen Eigenart der Stadtstaaten Bremen und Hamburg durch die Einwohnerwertung des § 9 Abs. 2 FAG ist dem Grunde nach zumindest zulässig. Es handelt sich hierbei nicht um die Einstellung von Sonderbedarfen dieser Länder in die Berechnung des Länderfinanzausgleichs, sondern um die Folge einer spezifischen Problematik des deutschen Bundesstaates. Das Bestehen von Stadtstaaten gehört zum historischen Bestand der deutschen Staatsentwicklung, insbesondere auch seit der Entstehung des deutschen Bundesstaates im 19. Jahrhundert. Es ist sachgerecht, die Andersartigkeit der Stadtstaaten gegenüber den Flächenstaaten im Länderfinanzausgleich zu berücksichtigen."

[52] "Zwar müssen bei der Ermittlung der unterschiedlichen Finanzkraft Sonderlasten einzelner Länder unberücksichtigt bleiben. Eine Ausnahmen gilt jedoch für die Sonderbelastungen aus der Unterhaltung und Erneuerung von Seehäfen. Deren Berücksichtigung bei der Bestimmung der unterschiedlichen Finanzkraft der Länder hält sich im Rahmen der Gestaltungs- und Abgrenzungsbefugnis des Gesetzgebers, denn sie ist traditioneller

Diese Argumentation des Bundesverfassungsgerichts ist finanzwissenschaftlich nicht haltbar. Warum bspw. gerade für die Sonderlasten des Stadtstaatenstatus' und der Unterhaltung von Seehäfen von der postulierten Nichtausgleichsberechtigung abgewichen wird, ist nicht erkennbar. Das für die Hafenlasten vorgebrachte Argument, diese seien "traditioneller Bestandteil der Regelung des Finanzausgleichs", begründet die Berücksichtigung nicht sachlich,[53] sondern könnte allenfalls einen Schutz vor einer abrupten Abschaffung, d. h. die Notwendigkeit eines stufenweisen Abbaus dieses Privilegs, rechtfertigen. Hinsichtlich des für den Stadtstaatenstatus vorgebrachten Arguments der "strukturellen Besonderheit" ist auch zu fragen, inwieweit sich diese von anderen Formen "struktureller Besonderheiten", wie bspw. der geringen Fläche und Einwohnerzahl des Saarlands, unterscheidet.

Bei seiner grundsätzlichen Ablehnung der Ausgleichsberechtigung jedweder Sonderbedarfe war das Bundesverfassungsgericht auf solche Hilfsargumente gleichwohl angewiesen. Auch dies unterstreicht, daß es besser daran getan hätte, die Berechtigung von Sonderbedarfen grundsätzlich anzuerkennen. Die von den einzelnen Ländern angemeldeten Sonderbedarfe hätten auch in diesem Fall unter Hinweis auf befürchtete allokative Nachteile abgelehnt werden können, so daß sich durch die grundsätzliche Anerkennung von Bedarfsunterschieden im Ergebnis nichts hätte zu ändern brauchen. Für die durch das Verfassungsurteil geforderte und angestoßene politische Auseinandersetzung über die Ausgestaltung des Länderfinanzausgleichs wäre eine solche, auf politische Zielgewichtungen verweisende Begründung gleichwohl hilfreicher gewesen als die vordergründig "konsequentere", bei genauem Hinschauen aber nicht haltbare grundsätzliche Verneinung jeglicher Sonderbedarfe.

Indirekt findet diese Beurteilung auch dadurch eine Bestätigung, daß das Verfassungsgericht beim vertikalen Länderfinanzausgleich, d. h. bei den Bundesergänzungszuweisungen, die Berücksichtigung von Sonderlasten für gerechtfertigt hält: "Es steht dem Bundesgesetzgeber frei, entweder die Finanzkraft der leistungsschwachen Länder allgemein anzuheben oder Sonderlasten von Ländern zu berücksichtigen oder beides miteinander zu verbinden."[54] Während den vom Verfassungsgericht vertretenen Auffassungen zur Gleichbehandlung aller Länder[55] sowie zur

---

Gestaltungs- und Abgrenzungsbefugnis des Gesetzgebers, denn sie ist traditioneller Bestandteil der Regelung des Finanzausgleichs zwischen den Ländern im deutschen Finanzverfassungsrecht" (ebenda. S. 89). Siehe hierzu auch Teil IV, Abschnitt 5 der vorliegenden Arbeit.

[53] Wären in den Anfangsjahren des Länderfinanzausgleichs andere Sonderbedarfe anerkannt worden, so wären auch diese heute "historisch eingeführt" und nach der Argumentation des Bundesverfassungsgerichts heute mithin ebenfalls ausgleichsberechtigt.

[54] LFA-VERFASSUNGSURTEIL 1986, S. 78.

[55] "Der Bundesgesetzgeber ist bei der Gewährung von Bundesergänzungszuweisungen, die das Ziel haben, die Finanzkraft der leistungsschwachen Länder allgemein anzuheben, ... zur Gleichbehandlung der Länder verpflichtet." Ebenda, S. 79.

Beschränkung auf externe Bedarfsfaktoren[56] uneingeschränkt zuzustimmen ist, ist eine solche Berücksichtigungsfähigkeit von Sonderbedarfen im vertikalen Länderfinanzausgleich bei gleichzeitig verneinter Berücksichtigungsfähigkeit im horizontalen Länderfinanzausgleich nicht nachvollziehbar. Bezüglich seiner horizontalen Verteilungswirkungen innerhalb der Empfängerebene sollte der vertikale Ausgleich mit horizontalem Effekt nämlich - abgesehen von finanzpsychologischen Unterschieden - funktional äquivalent zum rein horizontalen Ausgleich ausgestaltet werden können. Eine Ablehnung von Sonderbedarfen im horizontalen und gleichzeitige Berüchsichtigungsfähigkeit im vertikalen Länderfinanzausgleich verhindert dies.[57]

---

[56] "Bundesergänzungszuweisungen dienen nicht dazu, finanziellen Schwächen abzuhelfen, die eine unmittelbare und voraussehbare Folge von politischen Entscheidungen bilden, die von einem Land in Wahrnehmung seiner Aufgaben selbst getroffen werden. Eigenständigkeit und politische Autonomie bringen es mit sich, daß die Länder für die haushaltspolitischen Folgen solcher Entscheidungen einzustehen haben." Ebenda, S. 80.

[57] Als einzige Begründung dient dem Verfassungsgericht folglich auch der unterschiedliche Wortlaut der Verfassungsbestimmungen zum horizontalen Länderfinanzausgleich (Art. 107 Abs. 2 Satz 1 GG) im Vergleich zum vertikalen Länderfinanzausgleich (Art. 107 Art. 2 Satz 3 GG). Abgesehen davon, daß diese sprachlichen Unterschiede - wie die verfassungsrechtlichen Auseinandersetzungen zeigen - ganz unterschiedlich interpretiert worden sind, bildet dies keine materielle Rechtfertigung für die im Verfassungsurteil vorgenommene unterschiedliche Behandlung von Sonderbedarfen.

3. Zusammenfassung

1. Unter dem Bedarf einer Gebietskörperschaft sind die Finanzmittel zu verstehen, die diese Gebietskörperschaft zur Erfüllung der ihr übertragenen Aufgaben benötigt.

2. Die Einnahmen, die einer Gebietskörperschaft bei durchschnittlicher Anspannung der ihr im originären aktiven Finanzausgleich zugeteilten Einnahmequellen zufließen, sollten dem Finanzbedarf der Gebietskörperschaft entsprechen.

3. Aus Abweichungen zwischen originärer Finanzkraft und Finanzbedarf resultierende Unterschiede in den Deckungsrelationen sollten durch Ausgleichszuweisungen beseitigt werden, um den Grenznutzen der Ausgaben aller Gebietskörperschaften auszugleichen und damit den Gesamtnutzen der öffentlichen Ausgaben zu maximieren.

4. Neben dieser allokativen Rechtfertigung kann ein Ausgleich der Deckungsrelationen auch distributiv begründet werden, da auf eine suboptimale originäre Einnahmenverteilung zurückgehende Versorgungsunterschiede (nicht aber solche, die aus politisch entschiedenen Unterschieden in den Aufgabenkatalogen resultieren), verteilungspolitisch nicht zu rechtfertigen sind.

5. Für den Ausgleich der Deckungsrelationen ist die angemessene Bestimmung des Finanzbedarfs (wie auch der hier nicht näher behandelten originären Finanzkraft) von Gebietskörperschaften erforderlich. Grundregel hierbei ist, daß (nur) solche Bedarfsunterschiede ausgeglichen werden, die auf externe, von den Gebietskörperschaften selbst nicht beeinflußbare Faktoren zurückgehen.

6. Abweichend von dieser Grundregel können auch auf interne, von den Gebietskörperschaften steuerbare Faktoren zurückgehende Bedarfsunterschiede ausgeglichen werden, falls ansonsten Versorgungsunterschiede einträten, die übermäßige Fehlallokationen (gesamtwirtschaftliche Spannungen, regionale Seggregationsprozesse o.ä.) oder eine verteilungspolitisch nicht akzeptierte Unterversorgung verursachen wÜrden.

7. Damit lassen sich für den Ausgleich von Sonderbedarfen vier Begründungen unterscheiden: 1. eine allokative Begründung für den Ausgleich nicht selbst verursachter Sonderbedarfe, 2. eine distributive Begründung nicht selbst verursachter Sonderbedarfe, 3. eine allokative Begründung selbst verursachter Sonderbedarfe und 4. eine distributive Begründung selbst verursachter Sonderbedarfe.

8. In der politischen Praxis ist die Unterscheidung zwischen externen, ausgleichsberechtigten und internen, nicht ausgleichsberechtigten Bedarfsfaktoren schwierig, da sich die Auffassungen über die zu verfolgenden Ziele wie auch die hierfür geeigneten Mittel bei den meisten öffentlichen Aufgaben unterscheiden, die Finanzlage einer Gebietskörperschaft von einer Vielzahl kaum trennbarer Faktoren abhängt und die Beeinflußbarkeit dieser Faktoren mit Betrachtungszeitraum variiert.

9. Sonderbedarfe, die die Finanzsituation einer Gebietskörperschaft verschlechtern, werden von dieser Gebietskörperschaft selbst tendenziell als extern, d. h. nicht verschuldet beurteilt, von den anderen, potentiell ausgleichspflichtigen Gebietskörperschaften hingegen i.d.R. als intern, "hausgemacht" darzustellen versucht. Eine ähnliche Konfliktlinie verläuft zwischen Regierung und Opposition.

10. Wegen der Schwierigkeiten, interne von externen Bedarfsfaktoren abzugrenzen, sind diesbezügliche Entscheidungen in der politischen Praxis als eine Art "Gefahrenabwägung" anzusehen: Wird ein interner Bedarfsfaktor fälschlicherweise als ausgleichsberechtigt anerkannt, so ergeben sich hieraus primär allokative Zielverstöße; wird umgekehrt ein externer Bedarfsfaktor irrtümlicherweise als nicht ausgleichsberechtigt betrachtet, so führt dies primär zu distributiven Zielverstößen. Entscheidungen über das Ausmaß der als ausgleichsrelevant angesehenen Bedarfsunterschiede sind damit zugleich ein Ausdruck der politischen Gewichtung dieser Ziele.

11. Die im LFA-VERFASSUNGSURTEIL 1986 vertretene Auffassung, Sonderbedarfe seien im horizontalen Länderfinanzausgleich prinzipiell unzulässig, ist daher finanzwissenschaftlich nicht haltbar. Im übrigen ist das Urteil auch nicht konsistent, wenn es im horizontalen Länderfinanzausgleich die Hafenlasten und den Stadtstaatenstatus ausnahmsweise und im vertikalen Länderfinanzausgleich andere Sonderbedarfe grundsätzlich anerkennt.

TEIL IV: DIE OPERATIONALISIERUNG BEDARFSORIENTIERTER FINANZAUSGLEICHSVERFAHREN ZWISCHEN GEBIETSKÖRPERSCHAFTEN

1. Methoden zur Quantifizierung des ausgleichsrelevanten Finanzbedarfs von Gebietskörperschaften

Bei der Messung des Finanzbedarfs von Gebietskörperschaften (gleiches gilt auch für andere öffentliche Aufgabenträger, die im folgenden aber nicht berücksichtigt werden)[58] sind grundsätzlich zwei Vorgehensweisen vorstellbar. Zum einen kann versucht werden, für alle Gebietskörperschaften normative Aufgabenkataloge zu bestimmen und die zur ihrer Erfüllung erforderlichen Finanzmittel zu quantifizieren (Abschnitt 1.1.); diese Methode soll im folgenden als Ex-Ante-Quantifizierung bezeichnet werden. Zum anderen kann man die von den Gebietskörperschaften in der Vergangenheit getätigten, ggf. um bestimmte Einflüsse korrigierten, Ausgaben ermitteln und als Ausdruck bzw. Indikator ihres ausgleichsberechtigten Finanzbedarfs ansehen (Abschnitt 1.2.); diese Methode wird im folgenden als Ex-Post-Quantifizierung bezeichnet. - Da hierbei bestimmte Ausgaben unberücksichtigt bleiben oder nach unten oder oben modifiziert werden können und insoweit ebenfalls Vorstellungen über einen Normbedarf in die Berechnungen eingehen, ist der Übergang zwischen einer Ex-Ante- und einer Ex-Post-Quantifizierung fließend; in der finanzwirtschaftlichen Praxis finden sich in der Regel Kombinationen aus beiden Verfahren (Abschnitt 1.3.).

1.1. Ex-Ante-Quantifizierung

Versucht man den Finanzbedarf von Gebietskörperschaften ex ante zu ermitteln, so sind hierbei zwei gedanklich zu trennende Teilaufgaben zu lösen.[59] Zunächst ist für jede Gebietskörperschaft festzulegen, welche Aufgaben von ihr zu erfüllen sind, d. h. es ist ein Normaufgabenkatalog oder

---

[58] Das Problem der Bedarfsmessung stellt sich bei allen öffentlichen Aufgabenträgern, da die Zuweisung originärer Einnahmenquellen (etwa von Steuer- oder Beitragsquellen) Vorstellungen über die Höhe der damit zu finanzierenden Ausgaben voraussetzt. In der Praxis existieren auch verschiedene Arten solcher öffentlicher oder parafiskalischer Aufgabenträger, in denen z. T. recht differenzierte Formen der Bedarfsmessung angewandt werden (beispielsweise die öffentlich-rechtlichen Rundfunk- und Fernsehanstalten) oder die Kirchen). Auf die Untersuchung dieser Bedarfsmessungsverfahren muß in der vorliegenden Untersuchung verzichtet werden, obwohl sich hieraus vermutlich interessante Anstöße für die Bedarfsmessung der Gebietskörperschaften gewinnen lassen.

[59] Vgl. hierzu für den Bereich des Kommunalen Finanzausgleichs beispielsweise PAGENKOPF 1978, insbesondere S. 129 ff.; ders. 1979, S. 618 ff.; GANSER, 1979; MILBRADT, 1981; WISSENSCHAFTLICHER BEIRAT BEIM BMF, 1982, S. 47 ff.; EWRINGMANN, 1983; HANSMEYER/KOPS 1985a, S. 37ff.

(abstrakter) ein "Normoutput" zu spezifizieren. Dieser muß einmal die laufenden Aufgaben umfassen, zum anderen aber auch die investiven Aufgaben, die sich aus der Differenz zwischen der Ist-Ausstattung und einer - ebenfalls normierten - Sollausstattung ergeben.[60]

Hierbei handelt es sich um eine politische Entscheidung, die die Vorstellungen über Art, Umfang und Intensität staatlicher Aufgaben widerspiegelt. Für die laufenden Aufgaben der Bundesländer sind also beispielsweise die politischen Vorstellungen über Art und Umfang der Hochschulausbildung zu präzisieren und in geeignete Maßzahlen (wie Personal-, Verwaltungs-, und Lernmittelausgaben pro Student und Studienfach) umzusetzen; für die investiven Aufgaben sind - um beim Beispiel zu bleiben - die (raumordnungs-)politischen Vorstellungen über die Standorte der Hochschulen in Abhängigkeit von der Größe und Bevölkerungsstruktur der Länder, ihrer Lage zu anderen Bundesländern u. ä. in Soll-Ausstattungen umzusetzen und aus der Gegenüberstellung mit der Ist-Ausstattung die Investitionsbedarfe für Hochschulen zu bestimmen.[61]

Unterstellt, eine solche (erschöpfende) Aufgabenbeschreibung sei für sämtliche Gebietskörperschaften und sämtliche Aufgabenarten vorgenommen, so wäre in einem zweiten Schritt der Finanzbedarf (abstrakter: Input) zu bestimmen, den jede Gebietskörperschaft zur Erfüllung ihrer (normierten) Aufgaben benötigt. Technisch bedeutet dies, für jede Output-Einheit festzustellen, welche Kosten ihre Bereitstellung verursacht, und aus der Multiplikation der Output-Einheiten des Normkatalogs mit diesen "Stückkosten" den Finanzbedarf zu errechnen.

Die Stückkosten sind dabei in der Höhe zu veranschlagen, in der sie bei "wirtschaftlicher und effizienter" Aufgabenerfüllung anfallen würden. Maßstäbe hierfür könnten zum einen aus einer statistischen Durchschnittsbetrachtung gewonnen werden, zum anderen aus Normen, die - je nach Aufgabenbereich - von Fachleuten und/oder von im politischen Proporz besetzten Kommissionen entwickelt werden.

Gegebenenfalls auftretende Abweichungen zwischen den derart "normierten" und den tatsächlichen Kosten der Aufgabenerfüllung sind bei der Bedarfsbestimmung allerdings nicht grundsätzlich unberücksichtigt zu lassen. Vielmehr ist bei der Entscheidung über deren (Nicht-)Berücksichtigung von dem - oben bereits beschriebenen - Grundprinzip auszugehen, daß diejenigen Mehr-(Minder-)Kosten in die Finanzbedarfsberechnung einzubeziehen sind, die auf von den Gebietskörperschaften autonom

---

[60] Vgl. HANUSCH/KUHN 1985, S. 64.

[61] Ganz konkret geht es also z. B. um die Frage, über wieviele Universitäten mit wievielen Studienplätzen das Bundesland X mit Y Mio. Einwohnern verfügen sollte, wie diese Universitäten baulich, personell, apparativ etc. ausgestattet sein sollten, wieviele Personalausgaben dafür aufgewandt werden sollten und - verfolgt man diesen Gedanken der erschöpfenden Aufgabenfestlegung bis zum Ende - auch z. B. die Frage, wieviele Fotokopien pro Semester und Student erstellt werden sollten.

beeinflußbare Faktoren zurückgehen; dagegen diejenigen Mehr-(Minder-)Kosten, die auf von den Gebietskörperschaften nicht steuerbare Faktoren zurückgehen, bei der Bedarfsmessung unberücksichtigt bleiben sollen.[62] Analog müßten unterdurchschnittliche Kosten finanzbedarfsmindernd wirken, wenn sie Folge autonom nicht beeinflußbarer Faktoren wären. Wären die unterdurchschnittlichen Kosten demgegenüber Folge autonom steuerbarer Faktoren, so sollten sie sich für die Bundesländer nicht finanzbedarfsmindernd auswirken, da andernfalls die Anreize für eine wirtschaftliche und effektive Aufgabenerfüllung verloren gingen.

Eine exakte Messung des Finanzbedarfs jedes Bundeslandes würde damit eine genaue und umfassende Definition der Aufgaben und der mit der Aufgabenerfüllung verbundenen, zu vertretenden Kosten erfordern, wobei in der ersten Stufe der Aufgabenfestlegung vor allem politische Anschauungen über Leistungs- und Ausstattungsstandards, in der zweiten Stufe der Finanzbedarfsquantifizierung eher methodisch-technische Probleme im Vordergrund stünden.

In verschiedenen Staaten wird der Finanzbedarf der lokalen, teilweise auch der höheren föderalen Gebietskörperschaften heute mit solchen Normaufgabenkatalogen spezifiziert; angefangen von den USA[63] über Australien[64] und Großbritannien[65] bis hin zu Japan, dessen Normaufgabenkatalog für die Präfekturen und Gemeinden besonders detailliert ist.[66] In der Bundesrepublik steht man solchen Ansätzen dagegen überwiegend negativ gegenüber, obwohl in einer Reihe finanzwissenschaftlicher Arbeiten die theoretischen Grundlagen zur Anwendung solcher Normkataloge bzw. zur Anpassung der in anderen Staaten praktizierten Verfahren entwickelt worden sind,[67] normierte Aufgabenkataloge in Form von Empfehlungen

---

[62] Siehe hierzu ausführlich oben, Teil III, Abschnitt 2.1.2.

[63] Vgl. etwa NATHAN/MANVEL/CALKINS, 1975, insbes. S. 37 ff.: ACIR 1977a; dies. 1977b; dies. 1978; dies. 1980; dies. 1982; Bennett, 1980, S. 370 ff.; ARONSON/RICHARD 1985.

[64] Vgl. etwa COMMITTEE OF ENQUIRY 1976; S. 210ff; BENNETT, 1980, S. 349 ff.; FOSTER/JACKMANN/PERLMANN, 1980, insbes. S. 252 ff.

[65] Vgl. ACIR 1981.

[66] In Japan wird sowohl der Finanzbedarf der mittleren föderalen Ebene (47 Präfekturen) als auch der lokalen Ebene (3.255 Gemeinden) anhand eines Schemas ermittelt, das der hier skizzierten Ex-Ante-Quantifizierung weitgehend entspricht. Der gesamte Finanzbedarf einer Gebietskörperschaft ergibt sich danach aus der Aggregation des Finanzbedarfs für 38 Aufgabenbereiche (Präfekturen) bzw. 40 Aufgabenbereiche (Gemeinden); für jede dieser Aufgabenbereiche errechnet er sich als Produkt aus Bemessungsgrundlage (z. B. Zahl der Polizeibeamten für den Aufgabenbereich "Polizei") mal Kosten je Einheit der Bemessungsgrundlage (Durchschnittseinkommen eines Polizeibeamten) mal Korrekturfaktoren (beim Aufgabenbereich Polizei werden als solche Einwohnerzahl, Dichte, Lage, Größe, Infrastrukturausstattung und Durchschnittstemperatur (in) der Gebietskörperschaft (!) berücksichtigt. Vgl. HIROTA 1985.

[67] Siehe vor allem die detaillierte Arbeit von SEILER (1980), dem man als Bürgermeister der Stadt Karlsruhe auch wohl kaum mangelnden Praxisbezug vorwerfen kann, oder den (auch operationalisierten) Ansatz von HANUSCH/KUHN (1985), in dem der Finanz-

für viele Aufgabenbereiche bereits vorliegen[68] und - zumindest für die Gemeindeebene - normierte Aufgaben- und Ausstattungskataloge in der Verwaltungspraxis auch seit langem üblich sind.[69]

Verschiedentlich wird dies mit dem falschen Argument begründet, daß "je vielfältiger und zahlreicher die Bedarfstatbestände (seien), um so größer die Wahrscheinlichkeit, daß sie sich im Endeffekt gegenseitig aufheben."[70] Für diejenigen Gebietskörperschaften, in denen mehrere Formen überdurchschnittlichen Bedarfs kumulieren und die eines bedarfsorientierten Finanzausgleichs daher besonders bedürften - als Beispiel sei auf die strukturschwachen Ruhrgebietsgemeinden verwiesen - gilt dieses Argument gerade nicht.[71] Sie sind durch die allzu vereinfachte Bedarfs-"messung" besonders betroffen.

Die Ablehnung eines differenzierten Normbedarfskatalogs wird daneben hauptsächlich mit dem Argument begründet, die Aufgabennormierung verstoße gegen die Ausgabenautonomie der Gebietskörperschaften,[72] bezogen auf die Gemeinden also konkret gegen Art. 28 Abs. 2 GG, nach dem "den Gemeinden ... das Recht gewährleistet sein (muß), alle Angele-

---

bedarf der bayerischen Gemeinden anhand eines Katalogs von Indikatoren bestimmt wurde, die sämtlich der amtlichen Statistik entnommen sind. Vgl. weiterhin GLÄSER 1981, S. 170ff.

68 Vgl. für die kommunale Ebene beispielsweise die von den meisten Bundesländern (im Rahmen der Landesentwicklungspläne) sowie von der Ministerkonferenz für Raumordnung ausgearbeiteten Empfehlungen zur Ausstattung der Zentralen Orte verschiedener Stufen.

69 Vgl. bereits EWRINGMANN 1971, insbes. S. 46ff. und S. 66ff.; siehe auch CAESAR/KOPS 1983 und die dort angeführte Literatur.

70 Schuppert/Dahrendorf 1985, S. 48; ähnlich auch die ENQUETE-KOMMISSION VERFASSUNGSREFORM des Deutschen Bundestages (BT-Drs. 7/5924, Kap 11, Ziffer 4.4. und Kap. 12, Ziffer 3.6.2.).

71 Dies bestätigt beispielsweise eine empirische Untersuchung von HANUSCH/KUHN 1985), in der die Rangfolge der Schlüsselzuweisungen an bayerische Gemeinden, berechnet nach der derzeit gültigen Systematik, verglichen wird mit einer Rangfolge, die anhand einer von den Autoren vorgeschlagenen neuen Systematik berechnet wird. Die derzeitige Rangfolge der Schlüsselzuweisungen und die anhand des alternativen Verfahrens berechnete Rangfolge unterscheiden sich ganz wesentlich voneinander. Die Behauptung, die Art der bei den Schlüsselzuweisungen berücksichtigten Bedarfsfaktoren sei unerheblich, da sämtliche Verfahren letztlich zu weitgehend gleichen Verteilungsergebnissen führten, bestätigt sich damit nicht.

72 So unlängst wieder durch die ARBEITSGRUPPE AUS SACHVERSTÄNDIGEN PRAKTIKERN (1987, S. 29f.): "So ist auch die Arbeitsgruppe der Auffassung, daß Bedarfskriterien prinzipiell eine überaus genaue und umfassende Definition der Aufgaben und eine Bestimmung der mit der Aufgabenerfüllung verbundenen Kosten voraussetzen würden. Bei der Aufgabenfestsetzung würden vor allem politische Vorstellungen über regional notwendige und ggf. unterschiedliche Ausstattungsstandards sowie Leistungsangebote im Vordergrund stehen, die dann eine entsprechende Quantifizierung des Finanzbedarfs nach sich ziehen müßten. Eine solche Vorgehensweise bei der Bedarfsermittlung würde allerdings die Vielfalt der kommunalen Selbstverwaltung nicht hinreichend zum Tragen bringen, den tatsächlichen Verhältnissen in den einzelnen Gemeinden nicht Rechnung tragen, die Freiheit der örtlichen Aufgabengestaltung einschränken und damit in die Ausgabenhoheit der Gemeinden eingreifen."

genheiten der örtlichen Gemeinschaft im Rahmen der Gesetze in eigener Verantwortung zu regeln", bezogen auf die Bundesländer also konkret gegen die Bestimmungen des Art. 30 GG, nach dem "die Ausübung der staatlichen Befugnisse und die Erfüllung der staatlichen Aufgaben ... Sache der Länder (ist)", und des Art. 109 GG, nach dem "Bund und Länder in ihrer Haushaltswirtschaft selbständig und voneinander unabhängig" sind.

Dieser Auffassung ist zu widersprechen. Die Festlegung eines Aufgabenkatalogs sowie der Versuch, die bei der Aufgabenerfüllung anfallenden Kosten zu quantifizieren, erfüllt nämlich lediglich die Funktion, denjenigen Finanzbedarf der Gebietskörperschaften zu quantifizieren, der dann anfiele, falls die Gebietskörperschaften den für sie politisch festgelegten und anerkannten Aufgabenkatalog auf normale Weise erfüllen *würden*. Daß die Gebietskörperschaften diese Finanzmittel tatsächlich zur Deckung des bei der Finanzbedarfsquantifizierung zugrunde gelegten Aufgaben- und Ausstattungskatalogs verwenden müssen, ist damit nicht gefordert. Falls die Vorstellungen eines Bundeslandes bzw. seiner Bürger vom Normkatalog abweichen, bleibt es ihm unbenommen, einzelne Länderaufgaben nicht oder in einem kleineren Rahmen wahrzunehmen, als dies bei der Finanzbedarfsberechnung unterstellt wurde, und z. B. die dadurch eingesparten Mittel zur Finanzierung anderer Aufgaben zu verwenden, die im Normkatalog nicht oder nur mit geringeren Ansätzen enthalten sind. Die Berechnung des normierten Finanzbedarfs bedeutet also keinesfalls, daß die Länder gezwungen werden, die im Aufgabenkatalog angeführten Aufgaben - womöglich gar exakt zu den veranschlagten Kosten - tatsächlich durchzuführen.[73]

Einschränkungen in der Ausgabenautonomie der Gebietskörperschaften ergeben sich nur, falls und soweit einzelne Aufgaben zu Pflichtaufgaben erklärt sind. Derartige Aufgaben müssen - u. U. sogar in genau spezifizierter Form - durchgeführt werden; in diesem Fall ergibt sich dann eine Einschränkung der Ausgabenautonomie der Gebietskörperschaften, die um so größer ist und von den Gebietskörperschaften (insbesondere von den Gemeinden im Verhältnis zu den Ländern) als um so unerträglicher empfunden wird, je größer der Anteil solcher Pflichtaufgaben am Gesamtbudget der Gebietskörperschaften wird.[74] Dieser Einwand richtet sich aber wohlgemerkt gegen das Institut der Pflichtaufgaben, nicht aber gegen die Festlegung von normierten Aufgaben- und Kostenkatalogen, die lediglich zur Berechnung des Finanzbedarfs der Gebietskörperschaften

---

[73] SEILER (1981, S. 32) verdeutlicht diesen Zusammenhang (unter Bezug auf den kommunalen Finanzausgleich), indem er von einer "proposed" welfare function des zentralen Gesetzgebers spricht, die anzunehmen die Gebietskörperschaften nicht - wie bei einer "imposed" welfare function - verpflichtet sind.

[74] Diese Problematik stellt sich verstärkt für die Gemeinden, bei denen die (durch Bund und Länder auferlegten) Pflichtaufgaben einen beträchtlichen Teil ihrer Gesamtausgaben ausmachen. Vgl. hierzu etwa SCHMIDT-EICHSTAEDT 1981.

dienen. Sofern die Normierung von Aufgaben deren Umwandlung in Pflichtaufgaben erleichtert oder begünstigt, ist damit indirekt tatsächlich die Gefahr einer Einschränkung der Ausgabenautonomie der "normierten" Gebietskörperschaften verbunden.

Wird die Normierung - wie von den Verfechtern der Ex-Ante-Methode überwiegend gefordert - jedoch lediglich als Instrument der Bedarfsquantifizierung eingesetzt, ist ein solcher Vorwurf verfehlt. Für die finanzausgleichspolitische Praxis bleibt er gleichwohl bedeutsam, solange die aus diesem Vorwurf resultierenden Vorbehalte gegenüber normierten Aufgaben- und Kostenkatalogen nicht ausgeräumt werden können. Versuche einer Rationalisierung des Finanzausgleichs werden daher wohl auch in Zukunft durch die Befürchtungen von Kommunal- und Landespolitikern behindert, die Aufgaben- und Kostennormierung sei zugleich der erste Schritt zur Beseitigung der Ausgabenautonomie der von ihnen vertretenen Körperschaften.[75]

1.2. Ex-Post-Quantifizierung

Bei einer Ex-Post-Bedarfsquantifizierung wird unterstellt, daß die von den Gebietskörperschaften in der Vergangenheit empfangenen Einnahmen oder getätigten Ausgaben einen geeigneten Indikator ihres Finanzbedarfs darstellen.[76] Diese Grundhypothese ist allerdings problematisch: Behandelt man die den Gebietskörperschaften in der Vergangenheit zugeflossenen Einnahmen als Ausdruck ihres Finanzbedarfs, so bedarf es der Erklärung, warum Einnahmen- und Bedarfsverteilung in der Vergangenheit übereinstimmten. Beruft man sich hierbei dann wiederum auf die Einnahmenverteilung (in der Vor-Vor-Periode), so bedient man sich offensichtlich eines Rekurses, der nicht beliebig oft wiederholt werden kann und die Angemessenheit der Bedarfsverteilung in einer Ausgangsperiode offenlassen muß.

Aus dem gleichen Grund muß aber auch eine Ex-Post-Quantifizierung kritisiert werden, die die in der Vergangenheit getätigten Ausgaben als Bedarfsmaßstab heranzieht: Die Höhe der Ausgaben einer Gebietskörperschaft hängt ja letztlich von der Höhe ihrer Einnahmen ab.[77] Wenn ein Bundesland also beispielsweise in der Vergangenheit überdurchschnittliche Ausgaben getätigt hat, so ist dies Folge seiner überdurchschnittlichen

---

75 Mit den gleichen Argumenten wird übrigens seit Jahren eine Aufgabennormierung und ein darauf basierender Finanzausgleich zwischen den gesetzlichen Krankenkassen verhindert. Siehe hierzu HUPPERTZ/JASCHKE/KOPS 1981, S. 168ff.; KOPS/MACKSCHEIDT 1984.

76 Zu diesen beiden Formen der Ex-Post-Quantifizierung siehe IFO-STUDIE 1987, S. 33ff.

77 Diese Grundkritik an der Ex-Post-Bedarfsmessung ist von vielen Autoren formuliert worden. Siehe bspw. bereits ALBERS 1962a, S. 67; GANTNER 1978, S. 65; GLÄSER 1981, S. 176; ZABEL 1983, S. 449 und die dortigen weiteren Literaturhinweise.

Einnahmen, etwa aufgrund einkommensteuerstarker Einwohner, ertragreicher Wirtschaftszweige, ergiebiger (dem Land zugewiesener) Verbrauchsteuerquellen o. ä., nicht aber Folge seines überdurchschnittlichen Finanzbedarfs.

Zwar ist es möglich, daß zwischen der Einnahmekraft und dem Finanzbedarf der Gebietskörperschaften eine positive, im Extrem vollständige Korrelation besteht, und insofern das entstehende Ausgabengefälle mit dem Bedarfsgefälle korrespondiert; für eine solche Korrelation lassen sich in Einzelbereichen sicher auch plausible Beispiele finden.[78] Für die Gesamteinnahmen einer Gebietskörperschaft kann eine solche Korrelation mit ihrem Finanzbedarf - zumindest in der erforderlichen Stringenz - dagegen nicht angenommen werden.

Eine Bedarfs"messung" anhand von Vergangenheitsdaten läßt sich daher allenfalls mit der Behauptung rechtfertigen, daß das Einnahmen- bzw. Ausgabengefälle zwischen den Gebietskörperschaften in einem längerfristigen politischen Bargaining-Prozeß an die Verteilung des Finanzbedarfs angepaßt worden sei, d. h. Diskrepanzen zwischen Finanzkraft- und -bedarfsverteilung - so sie ursprünglich einmal bestanden hätten - im Lauf der Zeit infolge aufgetretener Mißstände in den benachteiligten Gebietskörperschaften, dem daraus resultierenden Druck der Bürger, erhöhter Einsicht der den Finanzausgleich gestaltenden Politiker und Verwaltungsbeamten etc., kurz: infolge der Lernfähigkeit des politischen Systems, beseitigt worden seien.

Allerdings muß eine derartige Argumentation doch auf Skepsis stoßen. Zwar besteht in der Tat eine "normative Kraft des Faktischen" auch im Bereich des Finanzausgleichs: Die Gebietskörperschaften sind gezwungen und längerfristig im allgemeinen auch in der Lage, sich an die gegebene Einnahmenverteilung anzupassen und Einnahmen und Ausgaben auszugleichen, so daß in der Tat von einem "Gleichgewicht" gesprochen werden kann. "Gleichgewicht ist hier (aber) ... nicht als Übereinstimmung zwischen einem wie auch immer festgestellten Finanzbedarf und der Höhe tatsächlich verfügbarer Finanzmittel der Gemeinden (bzw. allgemeiner: von Gebietskörperschaften, d. V.) gemeint, sondern als eine Situation, in der sich die Gemeinden in etwa auf die verfügbaren finanziellen Mittel eingerichtet haben."[79] Bei einem in diesem Sinne verstandenen Gleichgewicht ist es also durchaus möglich, daß einzelne Gebietskörperschaften auch langfristig über eine Finanzkraft verfügen, die ihren (normativ gemessenen) Finanzbedarf übersteigt, während zugleich die Finanzkraft anderer Gebietskörperschaften hinter ihrem Finanzbedarf zurückbleibt.

[78] So dürfte eine ertragreiche Wirtschaft ceteris paribus höhere öffentliche Investitionen erfordern und damit einen höheren öffentlichen Bedarf generieren; höhere Einnahmen aus bestimmten Verbrauchsteuern, etwa der Kfz-Steuer, mit höheren öffentlichen Leistungen (bei der Kfz-Steuer bspw. im Verkehrswesen) korrespondieren etc.

[79] HANSMEYER 1980, S. 102.

Die Einnahmenverteilung bildet damit offensichtlich keine Funktion der Bedarfsverteilung, sondern eine Funktion der Anstrengungen und des Erfolges der Gebietskörperschaften, im politischen bargaining möglichst hohe originäre und ergänzende Einnahmen zu erstreiten; die dabei angewandten Strategien ("Jammerprämien", politisches "log rolling" etc.) sind hinreichend bekannt.[80]

Angesichts der unterschiedlich intensiven und wohl auch unterschiedlich erfolgreichen Versuche der verschiedenen Gemeinden und Gemeindetypen, die originäre und ergänzende Einnahmenverteilung zu beeinflussen, werden für die kommunale Ebene diese Einflußfaktoren auch durchaus gesehen, ihr Einsatz wird von den Beteiligten zum Teil sogar zugegeben.[81] Angesichts der neueren Auseinandersetzungen um den Länderfinanzausgleich ist aber auch für die Länder zu konstatieren, daß politisches Bargaining zum Teil massiv eingesetzt wird, um die Einnahmenverteilung zu beeinflussen.[82] So haben verschiedene Länder im Bundesrat beispielsweise Finanzausgleichsfragen mit ihrem Stimmverhalten zu anderen Themen - von der Steuer-[83] bis hin zur Außenpolitik[84] - verknüpft und damit auf andere Länder oder die Bundesregierung teilweise erheblichen

---

[80] Zur innerstaatlichen Ressourcenverteilung als politischem Bargaining-Prozeß und den dabei angewandten Strategien siehe BENSON 1975; PERRY/LEVINE 1976; INGRAM 1977; ROSENTHAL 1980; FÜRST 1983.

[81] Vgl. etwa die von MÜNSTERMANN (1975, S. 231ff.) auf die Vergabe von Zweckzuweisungen bezogenen Beispiele sowie die von RENZSCH (1984, 1986d) vorgelegten illustrativen Beispiele zum Bargaining zwischen den Bundesländern.

[82] Besonders illustrativ ist hierbei das über Jahre vergebliche Bemühen Bremens, bei den Bundesergänzungszuweisungen in den Kreis der empfangsberechtigten Länder aufgenommen zu werden. Nach RENZSCH (1986d, S. 520) wurden "hier mehr mit Hauen und Stechen Gesetze gemacht ... als mit vernünftigen Überlegungen."

[83] Steuerpolitische Fragen wurden bereits mehrfach mit Fragen des horizontalen und vertikalen Länderfinanzausgleichs verknüpft. Neuestes Beispiel dürfte die Drohung des niedersächsischen Ministerpräsidenten Albrecht gewesen sein, den für 1990 von der Bundesregierung geplanten Steuerentlastungen nur zuzustimmen, falls diese seine Forderungen an die Verteilung der Bundesergänzungszuweisungen erfüllte. Vgl. HANDELSBLATT vom 13.11.1987: "Unionskompromiß vom Finanzausschuß gebilligt".

[84] Siehe die in Teil I erwähnten Vorwürfe an die Adresse Niedersachsens, die Zustimmung zur Steuerreform 1988 mit Zugeständnissen des Bundes gegenüber der Höhe der nach Niedersachsen fließenden Bundesergänzungszuweisungen verknüpft zu haben. Auch Anfang der siebziger Jahre soll den damals vorgenommenen (und 1974 in der Dynamisierung der Bundesergänzungszuweisungen mündenden) Verbesserungen des vertikalen Finanzausgleichs zugunsten der Bundesländer ein massiver Druck Niedersachsens vorausgegangen sein. Hierzu schreibt etwa RENZSCH (1985, S. 206), der durch seine Arbeit über "Alfred Kubels Beitrag zur Gestaltung der bundesdeutschen Finanzverfassung" detaillierten Einblick in (SPD-)interne Unterlagen gewann: "Nicht ohne Eindruck blieb dabei sicherlich die Androhung Niedersachsens, im Fall einer unbefriedigenden Regelung des Bundesetat und das Finanzausgleichsgesetz im Bundesrat abzulehnen. Die politischen Folgen für die sozialliberale Koalition, die sich bekanntlich ohnehin im Bundesrat einer oppositionellen Mehrheit gegenübersah, wären unabsehbar geworden."

Druck ausgeübt. Daß die aus solchen Verhandlungen resultierende Einnahmenverteilung zwischen den Ländern dann noch ihrer Bedarfsverteilung entspricht, ist unwahrscheinlich.[85]

Abgesehen von dieser Abhängigkeit von der Einnahmenverteilung muß gegenüber der Ex-Post-Methode aber auch eingewandt werden, daß hierbei das Prinzip der Ausgleichsrelevanz völlig unbeachtet bleibt und notwendige ebenso wie "verschwenderische" oder auf ein unwirtschaftliches Finanzgebaren zurückzuführende Ausgaben als Ausdruck des Finanzbedarfs betrachtet werden. Die allokativen und distributiven Anforderungen, die an einen Finanzausgleich zwischen Gebietskörperschaften zu stellen sind, können unter diesen Voraussetzungen nicht erfüllt werden.

Gleichwohl ist die Ex-Post-Quantifizierung des Finanzbedarfs in der Praxis des Finanzausgleichs weitverbreitet. Nachdem sie von Johannes Popitz in seinem Gutachten zum "zukünftigen Finanzausgleich ..." (POPITZ 1932) erstmals vorgestellt worden ist,[86] hat sie bald Eingang in den kommunalen Finanzausgleich gefunden und diesen auch nach dem Zweiten Weltkrieg wieder dominiert.[87] Erst kürzlich haben sich die Verfasser eines Gutachtens zur Neuordnung des nordrhein-westfälischen kommunalen Finanzausgleichs[88] im Grundsatz wieder der Ex-Post-Quantifizierung bedient, indem sie vorgeschlagen haben, die Höhe der Schlüsselzuweisungen gemäß dem sog. Zuschußbedarf, d. h. demjenigen Teil der kommunalen Ausgaben, der nicht aus allgemeinen Deckungsmitteln finanziert wird, zu bemessen.

Auch das Verfassungsgericht hat sich in seinem Urteil zum Länderfinanzausgleich vom Juli 1986 für eine solche Ex-Post-Quantifizierung ausgesprochen, indem es angeregt hat, die Finanzausstattung von Städten vergleichbarer Größe - unter Einbeziehung der für sie wirksamen staatlichen Sonderleistungen - mit derjenigen der Länder Bremen und Hamburg"[89] zu vergleichen, um den den Stadtstaaten aus ihrer "Andersartigkeit"[90] entstehenden Sonderbedarf zu bestimmen. Bei diesem "schlichten Großstadtvergleich" werden damit zwar nicht die Ex-Post-Ausgaben derjenigen Gebietskörperschaften zugrunde gelegt, deren Bedarf gemessen werden soll, sondern die Finanzausstattung anderer, "vergleichbarer" Gebietskörperschaften. Auch dahinter steht gleichwohl die Hypothese, daß Vergangenheitsdaten als Indikator des Bedarfs angesehen werden können.

---

[85] Auf die sich daran anknüpfenden Fragen an die Eignung bzw. Reformbedürftigkeit der derzeitigen Entscheidungsverfahren über den Länderfinanzausgleich wird an anderer Stelle (Teil IV, Abschnitt 3.2.) näher eingegangen.

[86] Vgl. hierzu ausführlich HANSMEYER/KOPS 1985b.

[87] Siehe VOIGT 1975, S. 108ff.; WEBER 1981, S. 78ff.; PAGENKOPF 1981, S. 282ff.

[88] ARBEITSGRUPPE AUS SACHVERSTÄNDIGEN PRAKTIKERN 1987

[89] LFA-VERFASSUNGSURTEIL 1986, S. 92

[90] So die Bezeichnung ebenda, S. 92.

In die gleiche Richtung geht schließlich die Vielzahl der im Verfassungsstreit von den beteiligten Ländern vorgebrachten Argumente, die einen ungedeckten Finanzbedarf mit dem Hinweis auf überdurchschnittliche Ausgaben oder deren Folgen (Verschuldungsniveau, Zinsbelastung, unterdurchschnittlicher Ausgabenzuwachs) zu belegen versuchen. Wenn also z. B. das Saarland in seinem Normenkontrollantrag zum Länderfinanzausgleich eine Erhöhung der Abgeltungen für "Kosten politischer Führung" damit begründet, daß dieses Bundesland die höchste Pro-Kopf-Verschuldung zu tragen habe, so steht dahinter die Auffassung einer in der Vergangenheit unzureichenden Finanzausstattung, die eine hohe Schuldaufnahme praktisch unvermeidlich machte.

Erklärt wird ein solcher "Erfolg" der Ex-Post-Methode möglicherweise durch die Unsicherheit über das Wesen des Finanzbedarfsbegriffs und die Möglichkeiten seiner Erfassung - ein Umstand, der vermutlich auch erklärt, warum die von Popitz für den kommunalen Finanzausgleich vorgeschlagene, Vergangenheitsausgaben der Gemeinden zugrunde legende Hauptansatzstaffelung trotz der oben geäußerten theoretischen Mängel positiv aufgenommen wurde und schnell in die finanzausgleichspolitische Praxis Eingang fand: Eine Ex-Post-Quantifizierung des Finanzbedarfs von Gebietskörperschaften könnte in diesem Licht als "Second-Best-Lösung" angesehen werden, deren Schwächen bewußt in Kauf genommen werden, weil die theoretische "First-Best-Lösung" einen zu hohen Verwaltungsaufwand erfordert, auf politische Widerstände der beteiligten Politiker stößt oder keine politischen Gremien und Willensbildungsverfahren zur befriedigenden Operationalisierung existieren.[91] Nur hieraus läßt sich beispielsweise erklären, warum auch ein finanzwirtschaftlicher Praktiker wie Johannes Popitz, auf den die Messung des (kommunalen) "Finanzbedarfs" anhand von Ist-Ausgaben der Vergangenheit zurückgeht, sich für diese Methode entschied, obwohl sie beim damaligen Kommunalsteuersystem per definitione zu einem mit zunehmender Gemeindegröße ansteigenden Pro-Kopf-Bedarf führte[92] und dies von Popitz auch erkannt worden war.[93]

---

[91] Diese Betrachtung der Ex-Post-Methode als Second-Best-Lösung klingt bspw. auch in den Ausführungen an, mit denen die ARBEITSGRUPPE AUS SACHVERSTÄNDIGEN PRAKTIKERN (1987, S. 30) die Wahl dieser Methode begründet: "Nach Meinung der Arbeitsgruppe gibt es zu der Bedarfsorientierung an tatsächlichem Ausgabeverhalten der Gemeinden in einer zurückliegenden Zeit keine Alternative mit genauerem Aussagewert. Gegen dieses Verfahren wird zwar eingewandt, daß damit ein gemeindeindividuelles Ausgabeverhalten und eine ggf. zu großzügige Ausgabenpolitik einzelner Gemeinden zur Grundlage einer Bedarfsmessung gemacht werden. Die tatsächlichen Ausgaben der Gemeinden definieren nicht den finanzwirtschaftlich notwendigen Bedarf; sie bezeichnen die finanziellen Leistungen, die die Gemeinden auszugeben bereit oder in der Lage waren. Entscheidend ist aber, daß es zu dem bisherigen Verfahren der Anlehnung an den Finanzbedarf vergangener Jahre keine überzeugende Alternative gibt, zumal sich Schwankungen im Ausgabeverhalten einzelner Gemeinden durch die Durchschnittsbildung aller Gemeinden ausgleichen."

[92] Ähnlich wie heute stieg auch im Kommunalsteuersystem der Weimarer Zeit das Steueraufkommen je Einwohner mit zunehmender Gemeindegröße an: "Sowohl die primär nach dem örtlichen Aufkommen den Gemeinden zugeteilten Überweisungssteueranteile

1.3. Kombination aus Ex-Ante- und Ex-Post-Quantifizierung

Die an der Ex-Post-Quantifizierung geübte Kritik hat dazu beigetragen, zumindest die gravierendsten Mängel dieses Verfahrens durch den Einbau einiger korrigierender "Normierungen" und "Bereinigungen" zu beseitigen. POPITZ (1932) beispielsweise versuchte bereits, die tatsächlichen Ausgaben um eine Reihe von "verzerrenden" Faktoren zu bereinigen, indem er "die Ausgaben aus solchen Verwaltungsgebieten ... (eliminierte), bei denen bereits eine besondere Finanzierung oder ein besonderer Ausgleich festzustellen ist. Wirken diese Sonderfinanzierungen oder die Sonderausgleiche in den einzelnen Gemeindegruppen verschieden, so enthält die Klimax, die bisher aus der Statistik festgestellt werden konnte, Fehler, die je nach dem Grade dieser Sonderfinanzierungen oder Sonderausgleiche das im übrigen vorhandene Bedarfsverhältnis verschieben."[94] Außerdem versuchte er - in einem aus heutiger Sicht allerdings unzureichenden Verfahren - die Auswirkungen einer unterschiedlichen Steueranspannung auszuschalten.[95, 96]

Auch die neuen Versuche, die den Bedarf von Gebietskörperschaften anhand der empirischen Analyse von Ex-Post-Daten zu ermitteln versucht haben,[97] halten derartige "Korrekturen" durchweg für erforderlich. So

---

(an der Einkommen- und Körperschaftsteuer) als auch die Realsteuern, die den Gemeinden ebenfalls nach dem örtlichen Aufkommen zuflossen, als auch die Gemeindeanteile an der Umsatzsteuer stiegen mit zunehmender Gemeindegröße pro Einwohner an und führten damit zum oben beschriebenen Anstieg der Ausgaben und des 'Finanzbedarfs' mit der Gemeindegröße. Bei den den Gemeinden zufließenden Umsatzsteueranteilen ließ sich dieser Zusammenhang ja sogar ex ante ableiten, da die Gemeinden an dieser Steuerart in den meisten Ländern des Reiches nach einer mit der Gemeindegröße gewichteten Einwohnerzahl beteiligt wurden. Der mit der Gemeindegröße ansteigende Finanzbedarf ergab sich bei der von Popitz gewählten Vorgehensweise damit notwendigerweise, sozusagen ex definitione!" (HANSMEYER/KOPS 1985b, S. 35)

93 POPITZ (1932, S. 286) weist nach der Erörterung des Einflusses unterschiedlichen Ausgabengebarens und unterschiedlicher "äußerer Verhältnisse" selbst auf die Bedeutung des kommunalen Steuersystems für die Einnahmen- und damit die Ausgabenhöhe der Gemeinden hin: "Aber entscheidend für die größten Teil der Verschiedenheit ist die Steuerkraft. Gemeinden mit einer besonders steuerkräftigen Bevölkerung und einer günstigen Schichtung der Steuerpflichtigen haben mehr Mittel für die Befriedigung des kollektiven Bedarfs zur Verfügung als Gemeinden mit einer Bevölkerung von geringer Wirtschaftskraft. Dadurch werden die statistischen Zahlen, die in der Staffelung des Zuschußbedarfs und des durch eigene Steuern nicht gedeckten Bedarfs eine Schlüsselbildung für die Zwecke der Verteilung der Finanzzuweisungen zuzulassen scheinen, in ... Beziehung zu ihrem Erkenntniswert verfälscht."

94 POPITZ 1932, S. 271

95 Vgl. hierzu HANSMEYER/KOPS 1985b, S. 33f.

96 Auf weitere Korrekturnotwendigkeiten wies er hin, verzichtete auf ihre Durchführung aber mit dem Hinweis auf den damit verbundenen Verwaltungsaufwand. Siehe im einzelnen ebenda, S. 30ff.

97 Siehe etwa die FINANZAUSGLEICHSKOMMISSION BADEN-WÜRTTEMBERG (1977), die die Ausgaben der baden-württembergischen Gemeinden für das Jahr 1975 nach Gemeindegrößenklassen aufgegliedert hat, den LANDTAG NW (1978), der den sog. Zuschußbedarf IIa der nordrhein-westfälischen Gemeinden für das Jahr 1977, ebenfalls nach

bezieht die ARBEITSGRUPPE AUS SACHVERSTÄNDIGEN PRAKTIKERN (1987, S. 30ff.) bei ihrem Versuch, aus dem sog. Zuschußbedarf IIa den Finanzbedarf der nordrhein-westfälischen Gemeinden zu bestimmen, beispielsweise nur bestimmte, durchweg normierte Einnahmenarten ein.[98] Auch in dem auf Anregung des Verfassungsgerichts erstellten Gutachten zur Einwohnergewichtung der Stadtstaaten (IFO-STUDIE 1987) werden solche Korrekturen für erforderlich gehalten. Dabei wird betont, "daß der Finanzkraftvergleich immer komplexer wird, je aussagekräftiger er sein soll" (ebenda, S. VI). Zugleich fließen in eine derart "verfeinerte" Ex-Post-Quantifizierung um so mehr normative Urteile ein, je mehr Unzulänglichkeiten der Ex-Post-Quantifizierung durch derartige Ausklammerungen, Korrekturen und Standardisierungen einzelner Ausgaben- oder Einnahmenpositionen auszuschalten versucht werden.

Dies gilt insbesondere für solche "Ex-Post"-Verfahren, die den Finanzbedarf von Gebietskörperschaften anhand ausgefeilter statistischer, insbesondere ökonometrischer Analysen zu bestimmen versuchen. Als Analysemerkmale fungieren dabei die tatsächlichen Einnahmen und Ausgaben der Vergangenheit, zusätzlich auch Merkmale zur Bevölkerungs- und Wirtschaftsstruktur.[99] Da bei solchen Analysen eine Fülle normativer Entscheidungen zur Einbeziehung und Ausklammerung bzw. Standardisierung der vielfältigen potentiellen Erklärungsmerkmale zu treffen sind, wird die "Normabhängigkeit" der Ex-Post-Quantifizierung hierbei besonders deutlich.

Umgekehrt ist es aber auch notwendig und sinnvoll, bei einer Ex-Ante-Quantifizierung des Finanzbedarfs von Gebietskörperschaften die gegebene Einnahmenverteilung und daraus resultierende Ausgabenverteilung zu berücksichtigen und letztere im Interesse einer für die Gebietskörperschaften und ihre Einwohner stetigen und berechenbaren Haushaltspolitik zumindest nicht kurzfristig gravierend zu verändern. Die aus haushaltspolitisch-pragmatischen Gründen zu berücksichtigenden Ex-Post-

---

Gemeindegrößenklassen, bestimmt hat, oder MIELKE (1985), der interkommunale Ausgabenunterschiede zwischen strukturell abgegrenzten nordrhein-westfälischen Gemeindegruppen (für die Jahre 1975 - 1978) untersucht hat.

98 Während die Einstufung als allgemeine Deckungsmittel (und damit auch ihre Einbeziehung in den Zuschußbedarf) für die Realsteuern, den Gemeindeanteil an der Einkommensteuer und die Schlüsselzuweisungen unstrittig ist, erfordert sie für die Einnahmen aus dem Ausgleichstock, aus der Spielbankabgabe, der Konzessionsabgabe und dem Anteil am Grundsteueraufkommen, aus den "Zuweisungen zu den Pflichtaufgaben zur Erfüllung nach Weisung und den Auftragsaufgaben", aus den Rechnungsfehlbeträgen, den Tilgungen und der Krankenhausinvestitionsumlage - teilweise kontroverse - Urteile über die Eigenschaften dieser Einnahmearten und die daraus folgenden Konsequenzen für ihre Einstufung als allgemeine Deckungsmittel der Gemeinden. Siehe hierzu ARBEITSGRUPPE AUS SACHVERSTÄNDIGEN PRAKTIKERN 1987, S. 30ff.

99 Einen Überblick über ökonometrische Verfahren der Bedarfsmessung vermitteln SEILER 1979; S. 35f.; OECD 1980; GLÄSER 1984, S. 178ff. Während diese in den Finanzausgleichssystemen des Auslands teilweise bereits angewandt werden (vgl. OECD 1980), befinden sie sich in der Bundesrepublik noch in der Diskussionsphase. Siehe bspw. die entsprechenden Vorschläge von HANUSCH/KUHN 1984.

Ausgaben einer Gebietskörperschaft beeinflussen damit letztlich deren Ex-Ante-Bedarf.

Abgesehen von solchen haushaltstechnischen Notwendigkeiten fließen in die normative Bedarfsquantifizierung aber auch deshalb Elemente der Ex-Post-Methode ein, weil eine vollständige Enumeration und Quantifizierung aller gebietskörperschaftlicher Aufgaben einen unvertretbaren administrativen Planungs- und Kontrollaufwand erfordern würde und aus diesem Grund für bestimmte Bedarfskomponenten unterstellt werden muß, daß sie sich durch in der Vergangenheit getätigte Ist-Ausgaben oder durch einfache Bedarfsindikatoren ausdrücken lassen:[100]

1. wird versucht, einige einfach zu erfassende *Indikatoren* zu finden, die den Ex-Ante-Finanzbedarf der Gebietskörperschaften annähernd wiedergeben. Man verzichtet z. B. auf die exakte Berechnung der Kosten, die durch die Normleistungen eines Bundeslandes im Hochschulbereich anfallen, und verwendet stattdessen zur Finanzbedarfsberechnung die Studentenzahlen (ggf. differenziert nach unterschiedlich kostenintensiven Studiengängen, unterschiedlicher Studiendauer u. ä.).[101]
2. wird versucht, zwar die tatsächlichen Kosten zu erfassen, sich hierbei aber auf wenige, *besonders bedeutsame Aufgabenarten* zu beschränken. So könnte z. B. der Finanzbedarf der Gemeinden im Bereich der Sozialhilfe anhand der (statistisch bekannten) Zahl der Sozialhilfeempfänger sowie der anzuwendenden Sozialhilfesätze exakt berechnet werden, hingegen der quantitativ weniger wichtige Finanzbedarf, der aus der Pflege partnerstädtischer Verbindungen resultiert, unbeachtet bleiben.
3. Auch die in der Praxis verbreitete Möglichkeit, *lediglich die Gebietskörperschaften begünstigende Mehrbedarfe*, nicht aber umgekehrt auch sie benachteiligende Minderbedarfe einzubeziehen, können als Methode zur Verfahrensvereinfachung angesehen werden. Allerdings dürften hier oft auch finanzpsychologische Überlegungen eine Rolle spielen, da Bedarfszuschläge von den dadurch Begünstigten begrüßt werden, während sie bei den indirekt Benachteiligten (d. h. denjenigen Gebietskörperschaften, denen keine Sonderbedarfe eingeräumt worden sind) infolge der geringeren Merklichkeit geringere politische Widerstände erzeugen als direkte Bedarfsabschläge.
4. Des weiteren werden die *tatsächlichen Ausgaben*, ggf. korrigiert oder ergänzt durch o. g. Indikatoren, als Indikator des Finanzbedarfs der Gebietskörperschaft angesehen. So könnten - um beim Beispiel der Sozialhilfeausgaben zu bleiben - die tatsächlichen Ausgaben einer Gemeinde für diesen Bereich als Indikator des diesbezüglichen Finanzbedarfs betrachtet werden.

---

[100] Das folgende nach HANSMEYER/KOPS 1985a, S.40ff.

[101] Der Schüleransatz im nordrhein-westfälischen kommunalen Finanzausgleich ist ein Beispiel für diese Form der vereinfachten Bedarfsberechnung. Vgl. z. B. ESSER 1972; MÜNSTERMANN 1975, S. 168 ff.; STEUP 1975.

Alle Lösungen sind mit spezifischen Vor- und Nachteilen verbunden. So wäre ein wesentlicher Vorteil der Berechnung des Finanzbedarfs anhand von Indikatoren, daß hierbei die Zerlegung in Aufgabenvolumen und Kostenfaktoren entfiele und die Indikatoren sozusagen das Produkt aus Mengen- und Preiskomponenten direkt erfassen könnten. Voraussetzung einer solchen Lösung ist allerdings, daß gültige Bedarfsindikatoren existieren und auch statistisch verfügbar bzw. mit vertretbarem Aufwand beschaffbar sind. Ist deren Ermittlung hingegen mit einem ähnlich hohen Aufwand verbunden wie die Bestimmung der einzelnen Aufgaben und der dabei wirksamen Kostenfaktoren selbst, so führt die Verwendung der Indikatoren in der Regel nur zu ungenaueren, nicht aber zu erhebungstechnisch einfacheren Ergebnissen und sollte dann unterbleiben.

Die Beschränkung der Finanzbedarfsberechnung auf einige wenige, quantitativ bedeutsame Bedarfskomponenten kommt vor allem in Betracht, wenn die einzelnen Komponenten von unterschiedlicher quantitativer Bedeutung sind. Wäre es z. B. möglich, durch Beschränkung auf - beispielsweise - die fünf wichtigsten Formen des Landesbedarfs 90 % des Gesamtbedarfs zu erfassen, so könnte bei einer erheblichen Einschränkung des Berechnungsaufwandes der Gesamtfinanzbedarf jedes Bundeslandes ausreichend genau erfaßt werden. Die aufwendige Quantifizierung aller anderen Finanzbedarfskomponenten wäre dann nicht erforderlich, da diese, bei Verwendung des obigen Beispiels, zu lediglich 10 % zum Gesamtfinanzbedarfs beitrügen.[102] Nicht anwendbar ist eine solche Vorgehensweise dann, wenn keine signifikante Abstufung der quantitativen Bedeutung der verschiedenen Bedarfsfaktoren vorliegt oder für einzelne Körperschaften bestimmte Finanzbedarfsfaktoren besonders zu Buche schlagen, die für die Summe aller Körperschaften von geringer Bedeutung sind (und daher bei der Finanzbedarfsberechnung vernachlässigt werden).

Außerdem besteht bei einer Ausklammerung einzelner quantitativ unbedeutender Bedarfskomponenten stets die Gefahr, daß diese im Zeitablauf an Bedeutung gewinnen. Der Finanzausgleichsgesetzgeber ist daher gefordert, Veränderungen in der Finanzbedarfstruktur im Zeitablauf dauernd zu beobachten und neue Bedarfsfaktoren kurzfristig in die Berechnung aufzunehmen. Da diese Flexibilität angesichts der schwierigen föderativen Entscheidungsabläufe erfahrungsgemäß kaum unterstellt werden kann, ist im Hinblick auf eine auch im Zeitablauf stabile und gültige Bedarfsmessung eine eher weite, u. U. zunächst auch quantitativ unbedeutende Bedarfsfaktoren einbeziehende Quantifizierungsmethode vorzuziehen.

---

[102] Auch im verfassungsrechtlichen Schrifttum wird der Aspekt des Verwaltungsaufwandes verschiedentlich angesprochen und hinsichtlich seiner Konsequenzen für die Berechnung des Finanzbedarfs der Länder diskutiert. Dabei kommt die Mehrheit der Autoren zu dem Ergebnis, daß es im Interesse der Verwaltungsvereinfachung gerechtfertigt ist, auf die Erfassung solcher Bedarfsunterschiede zu verzichten, deren Erfassungsaufwand in keinem Verhältnis zur Quantität der Bedarfsfaktoren steht.

Der Hauptvorteil einer Quantifizierung des Bedarfs anhand der tatsächlichen Ausgaben früherer Perioden besteht in ihrer vergleichsweise einfachen Durchführung sowie - zumindest aus Sicht vieler Politiker - ihrer Vereinbarkeit mit der Ausgabenautonomie der Gebietskörperschaften. Dagegen müssen als Nachteile die oben ausführlich erläuterte Abhängigkeit der Ausgaben von den Einnahmen sowie die fehlende Differenzierung nach der Ausgleichsrelevanz der Ausgabe genannt werden. Letzterer Nachteil ist allerdings bei solchen Aufgaben vertretbar, bei denen die Gestaltungsspielräume (und damit auch die möglichen Abweichungen zwischen tatsächlichen und ausgleichsrelevanten[103] Ausgaben) aufgrund von Vereinbarungen oder Weisungen übergeordneter Ebenen gering sind.

Die Beispiele zeigen, daß vom zunächst idealtypisch skizzierten Konzept der Ex-Ante-Quantifizierung des Finanzbedarfs aus pragmatischen Gründen, aber auch zur Vermeidung großer kurzfristiger Einnahmen- und Ausgabenvariationen, abgewichen werden kann und dabei auch Elemente einer Ex-Post-Quantifizierung einbezogen werden. Die bereits angesichts der dargestellten "normativen Korrekturen" von Ex-Post-Ausgaben konstatierte Kombination von Ex-Post- und Ex-Ante-Methode wird damit auch aus der umgekehrten Sicht bestätigt. In den materiellen Finanzausgleichsregelungen finden sich stets Bestandteile beider Verfahren, wobei im einen Fall die eine, im anderen Fall die andere Methode stärker ausgeprägt sein kann.

In der Gesamtbetrachtung läuft die Konkretisierung des Finanzbedarfs von Gebietskörperschaften damit letztlich auf eine Sachauseinandersetzung hinaus, bei der sowohl mit normativen Vorstellungen als auch mit Hinweisen auf bestehende Aufgaben- und Einnahmenverteilungen Standpunkte plausibel zu machen versucht werden: "Was letztlich bleibt, ist der Versuch, auf der Grundlage von zumeist speziellen Einzeluntersuchungen Rückschlüsse auf Bedarf, Kosten und Versorgungsniveau zu ziehen oder die Höhe und Struktur von getätigten oder geplanten Ausgaben unter diesem Gesichtspunkt aufzuwerten. In jedem Fall erweist sich die Identifikation der Finanzbedarfsgrößen als dornenvolle Aufgabe, weshalb nur Näherungslösungen erwartet werden dürfen. Es erscheint angezeigt, in pragmatischer Weise aus dem Spektrum alternativer Meßmethoden die jeweils plausibelsten heranzuziehen, um jeweils für die einzelnen kommunalen Aufgabenbereiche zu schlüssigen Ergebnisse zu gelangen."[104]

---

[103] Ausgleichsrelevant hier in dem in Teil III, Abschnitt 2.4. definierten Sinn verstanden.

[104] GLÄSER 1981, S. 175.

2. Die Bestimmung der Ausgleichsbeteiligten und der Ausgleichsrichtung

2.1. Die Bestimmung der Ausgleichsbeteiligten

Beim Ausgleich von Sonderbedarfen ist die Abgrenzung des Kreises der am Ausgleich Beteiligten besonders wichtig. Hierbei sind "**ausgleichsberechtigte**" und "**ausgleichspflichtige**" Gebietskörperschaften voneinander zu unterscheiden. Erstere werden begünstigt, da sich ihre finale Finanzkraft durch die Anerkennung des Sonderbedarfs erhöht; letztere werden benachteiligt, da sie die zusätzliche Finanzkraft der begünstigten Gebietskörperschaften aufzubringen haben (durch direkte innerstaatliche Transfers) oder sich ihre relative Finanzkraft zumindest indirekt vermindert.

Eine theoretische Definition des Kreises ausgleichsbeteiligter Gebietskörperschaften hat zu berücksichtigen, daß Sonderbedarfe aus unterschiedlichen Ursachen resultieren können. Bedient man sich der in Teil II erläuterten Systematik, so sind auf den passiven Finanzausgleich zurückgehende Ursachen von auf den (originären) aktiven Finanzausgleich resultierenden Ursachen zu unterscheiden.

2.1.1. Ausgleichsbeteiligte bei suboptimaler Regelung des originären passiven Finanzausgleichs

Eine erste Form suboptimal geregelter (originärer) Aufgabenverteilung besteht in einer **inkongruenten Zuordnung der Durchführungs- und Finanzierungszuständigkeit einer öffentlichen Aufgabe.** D. h. einer Gebietskörperschaft entstehen Kosten für eine öffentliche Aufgabe, für deren Durchführung sie gemäß der Kompetenzregelung des originären passiven Finanzausgleichs nicht zuständig ist. (Als Beispiel wurde auf eine Gebietskörperschaft verwiesen, die eine temporär auftretende Aufgabe für eine andere Gebietskörperschaft durchführt, weil sie im Gegensatz zur zuständigen Gebietskörperschaft über den erforderlichen Verwaltungsapparat verfügt ("Amtshilfe")).

Die die Aufgabe durchführende Gebietskörperschaft ist in diesem Fall **ausgleichsberechtigt,** d. h. sie hat Anspruch auf Erstattung der ihr entstehenden Kosten. **Ausgleichspflichtig** ist umgekehrt die für die Durchführung (und Finanzierung) der Aufgabe zuständige Gebietskörperschaft. Im ergänzenden passiven Finanzausgleich sollten solche Erstattungsansprüche dem Grunde, möglichst auch der Höhe nach geregelt sein; andernfalls sind sie fallweise zwischen den Beteiligten auszuhandeln. Dabei kann es sich um Ansprüche zwischen gleichgeordneten Gebietskörperschaften handeln; es können aber auch vertikale Ausgleichsansprüche vorliegen, falls Aufgaben einer über- oder untergeordneten Ebene finanziert wurden.

Als eine zweite im originären passiven Finanzausgleich angesiedelte Ursache für Ausgleichsansprüche zwischen Gebietskörperschaften wurden bereits **die innerstaatlichen externen Effekte** erwähnt. Welche Ausgleichsansprüche sich aus solchen innerstaatlichen externen Effekten ergeben, sollte im ergänzenden passiven Finanzausgleich ebenfalls geregelt sein; andernfalls sind auch hier fallweise Verhandlungen zwischen den Beteiligten erforderlich. Je nach Regelung der (originären) Kompetenzen der Gebietskörperschaften sind unterschiedliche Ausgleichsansprüche denkbar:

1. Im Regelfall wird die Gebietskörperschaft **ausgleichsberechtigt** sein, deren Wohlfahrt durch die von einer anderen Gebietskörperschaft ausgeübten Kompetenzen verringert wird. Beispiel wäre die Gemeinde A, deren Wohlfahrt durch die Umweltverschmutzung einer von der Gemeinde B betriebenen Müllverbrennungsanlage geschmälert wird. - **Ausgleichspflichtig** ist in diesem Fall die Gebietskörperschaft, die durch die Wahrnehmung ihrer Kompetenzen die Wohlfahrt anderer Gebietskörperschaften mindert - im obigen Beispiel also die Gemeinde B.
2. Denkbar ist aber auch, daß diejenige Gebietskörperschaft **ausgleichsberechtigt** ist, die auf die Wahrnehmung von ihr zustehender Aufgabenkompetenzen verzichtet - und dadurch Wohlfahrtseinbußen erleidet. Unter Rückgriff auf das vorherige Beispiel wäre nunmehr also die Gemeinde B ausgleichsberechtigt, falls sie auf die Betreibung einer (ihr genehmigten) Müllverbrennungsanlage verzichtete. - **Ausgleichspflichtig** wäre in diesem Fall diejenige Gebietskörperschaft, die durch den von einer anderen Gebietskörperschaft geleisteten Verzicht, eine ihr zustehende Aufgabe auszuführen, begünstigt wird - im obigen Beispiel also die Gemeinde A.

Welcher dieser beiden Ausgleichsansprüche berechtigt ist, hängt von den im originären und ggf. im ergänzenden passiven Finanzausgleich getroffenen Rechten (property rights) der öffentlichen Aufgabenträger ab. Ist einer Gebietskörperschaft beispielsweise die bei der Erfüllung einer Aufgabe auftretende Belästigung oder Schädigung (der Einwohner) anderer Gebietskörperschaften explizit eingeräumt (Verteidigungsaufgaben des Bundes), so können von den Geschädigten keine Ausgleichsansprüche geltend gemacht werden; ihnen bleibt dann nur der umgekehrte Weg, die schädigende Gebietskörperschaft durch (finanzielle) Leistungen zu veranlassen, auf die Erfüllung der betreffenden Aufgabe "freiwillig" zu verzichten.

Als dritte Form einer suboptimalen Regelung der originären Aufgabenzuständigkeiten wurden **"systematische Fehlentscheidungen" der entscheidungsbefugten Aufgabenträger** erwähnt, die sich - vor allem wegen des Charakters vieler öffentlicher Aufgaben als Kuppelprodukte, deren verschiedene Nutzenkomponenten regional oder funktional unterschiedlich radizieren - durch eine Veränderung der Kompetenzregelungen nicht beseitigen lassen. Gesamtwirtschaftlich optimale Entscheidungen erfordern dann, daß die Fehlentscheidungen durch meritorische bzw. demeritorische Eingriffe der anderen Aufgabenträger korrigiert werden. Als Beispiel wurde die systematische Vernachlässigung gesamtwirtschaftlicher Ziele, insbesondere stabilisierungspolitischer Art, bei kommunalen Investitionsentscheidungen der Gemeinden genannt. Analog zu externen Effekten kommen auch hier zwei Möglichkeiten zur Abgrenzung der Ausgleichsberechtigten in Frage:

1. kann diejenige Gebietskörperschaft als **ausgleichsberechtigt** betrachtet werden, deren Entscheidungen "korrekturbedürftig" sind. Aus Sicht dieser Gebietskörperschaft stellen solche Korrekturen nämlich Veränderungen der autonomen Allokationsentscheidungen dar, durch die ihr individuelles Allokationsoptimum verlassen wird. Falls eine Zentralregierung die Investitionsentscheidung einer Gemeinde beispielsweise aus stabilisierungspolitischen Gründen vorziehen oder aufschieben möchte, würde dies einen Ausgleichsanspruch der Gemeinde begründen, da die veränderte (zeitliche) Allokation der Investition aus Sicht dieser Gemeinde suboptimal wäre und Wohlfahrtsverzichte bedeutete.[105] - **Ausgleichspflichtig** wären aus dieser Sicht diejenigen Gebietskörperschaften, deren Wohlfahrt sich durch eine Korrektur der autonomen Allokationsentscheidungen erhöht.
2. können diejenigen Gebietskörperschaften als **ausgleichsberechtigt** betrachtet werden, deren Wohlfahrtspositionen durch die "systematischen Fehlentscheidungen" der entscheidungsbefugten Gebietskörperschaft(en) verschlechtert werden. **Ausgleichspflichtig** sind bei dieser Betrachtungsweise diejenigen Gebietskörperschaften, die auf der Umsetzung ihrer autonom getroffenen, gesamtwirtschaftlich jedoch suboptimalen Entscheidungen bestehen, und damit die Wohlfahrt der (Einwohner in) anderen Gebietskörperschaften mindern. Eine Gemeinde, die z. B. in einer Phase konjunktureller Überhitzung eine quantitativ beträchtliche Investition tätigen würde, hätte die den anderen öffentlichen Haushalten, insbesondere dem Bund (als Träger der Stabilisierungspolitik) entstehenden Nachteile abzugelten.

2.1.2. Ausgleichsbeteiligte bei suboptimaler Regelung des originären aktiven Finanzausgleichs

Im originären aktiven Finanzausgleich sind die Gesetzgebungs-, Verwaltungs- und Ertragshoheiten für die öffentlichen Einnahmequellen derart zu verteilen, daß die jedem Aufgabenträger zufließenden Einnahmen in ihrer Qualität und Quantität geeignet sind, die ihnen zugewiesenen Aufgaben zu erfüllen. Wird aufgrund einer suboptimalen Regelung des

105 Die Gemeinden würden in diesem Fall also ihre autonomen Investitionsentscheidungen nur dann verändern, wenn ihnen dies von anderen Gebietskörperschaften (Bund) abgegolten würde - etwa durch Konjunkturzuweisungen, wie sie in der Bundesrepublik in der Vergangenheit des öfteren gewährt wurden.

originären aktiven Finanzausgleichs dieses Ziel für einige oder ggf. auch alle öffentlichen Aufgabenträger nicht erreicht, so begründen sich auch hieraus Ausgleichsansprüche.

Häufig werden als solche Ansprüche nur diejenigen gesehen, die sich aus einem Verstoß gegen das Ziel der **quantitativ** angemessenen Einnahmenverteilung ergeben: Einzelne Aufgabenträger weisen dann eine im Verhältnis zum Finanzbedarf anderer Aufgabenträger zu geringe Finanzausstattung auf, so daß die Bedingung gleicher Deckungsrelationen verletzt ist; zur Korrektur werden in diesem Fall sog. Ausgleichszuweisungen gewährt. Ausgleichsansprüche lassen sich aber auch aus einer **qualitativ** suboptimalen Regelung des aktiven Finanzausgleichs ableiten, d. h. einer Regelung, die der Aufgabenverteilung im Hinblick auf qualitative Merkmale der Einnahmen (Konjunkturreagibilität, Wachstumsreagibilität, Radi-zierbarkeit, (Un)Merklichkeit etc.)[106] nicht angemessen ist. Eine Behandlung all dieser Formen einer qualitativ suboptimalen Einnahmenverteilung ist im Rahmen der vorliegenden Arbeit nicht möglich; exemplarisch werden nur die Ausgleichsansprüche aus einer nicht aufgabengemäßen Konjunkturreagibilität bestimmter (Steuer-)Einnahmen untersucht.

Betrachten wir zunächst die bei einer **quantitativ suboptimalen Regelung des originären aktiven Finanzausgleichs**, d. h. bei ungleichen Deckungsrelationen, am Ausgleich Beteiligten: Da die den Gebietskörperschaften im originären aktiven Finanzausgleich zugewiesenen Einnahmen in diesem Fall nicht ihrem durch die Aufgabenverteilung determinierten Finanzbedarf entsprechen, ergibt sich ein ergänzender Ausgleichsbedarf. **Ausgleichsberechtigt** sind dabei alle Gebietskörperschaften mit Deckungsquoten < 1, d. h. mit einer hinter dem Finanzbedarf zurückbleibenden originären Finanzkraft. **Ausgleichspflichtig** sind umgekehrt alle Gebietskörperschaften mit Deckungsquoten > 1, d. h. mit einer über den Finanzbedarf hinausgehenden originären Finanzkraft.[107]

Obwohl von 1 abweichende Deckungsquoten durch eine adäquate Ausgestaltung des originären aktiven Finanzausgleichs vermieden werden können, gelingt dies in materiellen Finanzausgleichsverfahren fast nie, da sich für die Aufgabenträger keine originären Einnahmequellen finden lassen, die in ihrer Höhe vollständig mit dem Finanzbedarf der Aufgabenträ-

---

[106] Siehe HANSMEYER 1988.

[107] Die Summe der positiven und negativen Ausgleichszahlungen hat sich dabei zu entsprechen. Es ist Aufgabe des passiven Finanzausgleichs, die Aufgaben derart festzulegen, daß der daraus resultierende Finanzbedarf dem optimalen Budget entspricht. Ist diese Bedingung erfüllt, kann durch die im ergänzenden aktiven Finanzausgleich vorgenommene Umverteilung von Einnahmen die Bedingung von erfüllt werden, daß die Deckungsrelationen für alle Gebietskörperschaften (und damit für den öffentlichen Sektor insgesamt) = 1 sind. Andernfalls muß durch eine Neubestimmung der Gesamtheit aller öffentlichen Aufgaben eine Korrespondenz zwischen Gesamtfinanzbedarf und Gesamteinnahmen hergestellt werden.

ger korrespondieren und zugleich alle sonstigen (qualitativen) Anforderungen erfüllen. Aus diesem Grund werden in der Bundesrepublik wie in einigen anderen Ländern Finanzbedarf und originäre Finanzkraft der Gebietskörperschaften miteinander verglichen und ggf. bestehende Abweichungen mit Hilfe sog. Ausgleichszuweisungen korrigiert. Zur Messung des Finanzbedarfs werden dabei die oben beschriebenen Verfahren der ex-ante- und ex-post-Messung (sowie Kombinationen beider) herangezogen.

Solche gleichen Deckungsrelationen sind zunächst zwischen den Gebietskörperschaften innerhalb der einzelnen föderalen Ebenen herzustellen - in der Bundesrepublik also zwischen allen Gemeinden eines Landes einerseits (via kommunaler Finanzausgleich) und zwischen allen Ländern andererseits (via horizontaler Länderfinanzausgleich). Das Ziel gleicher Deckungsrelationen muß aber auch zwischen den Gebietskörperschaften unterschiedlicher föderaler Ebenen erfüllt sein, auch wenn dies schwieriger ist, weil der Finanzbedarf von Gebietskörperschaften unterschiedlicher föderaler Ebenen wegen ihres unterschiedlichen Aufgabenkatalogs schwerer vergleichbar ist als der Finanzbedarf von Gebietskörperschaften der gleichen föderalen Ebene.[108]

Folglich können Ausgleichsansprüche aus ungleichen Deckungsrelationen horizontal gestellt werden, d. h. innerhalb der Ebenen (zwischen "armen" und "reichen" Gemeinden und "armen" und "reichen" Ländern); aber auch vertikal, d.h. zwischen dem Bund und der Ländergemeinschaft, zwischen dem Bund und der Gemeinschaft aller Gemeinden und zwischen einem Land und der Gemeinschaft aller Gemeinden dieses Landes.

Einen Sonderfall bilden die erwähnten "vertikalen Ausgleichszuweisungen mit horizontalem Effekt", die so konstruiert sind, daß sie zugleich vertikale Ausgleichseffekte zwischen unterschiedlichen Ebenen und horizontale Ausgleichseffekte innerhalb der empfangenden Ebene[109] hervorrufen und damit besonders geeignet sind, um vertikale Deckungsrelationsunterschiede zwischen zwei Ebenen und horizontale Deckungsrelations-

---

[108] Im materiellen Finanzausgleich der Bundesrepublik ist der vertikale Ausgleich von Deckungsrelationen unterschiedlicher föderaler Ebenen weit weniger instrumentalisiert als der horizontale Ausgleich innerhalb der Ebenen: Der vertikale Ausgleich zwischen Bund und Ländern erfolgt im Rahmen der Umsatzsteuerverteilung, wobei Bund und Länder in einer primär politischen Argumentation ihren Finanzbedarf begründen (hinsichtlich der Berechnungsmethode der sog. Deckungsquoten bestehen zwischen Bund und Ländern erhebliche Auffassungsunterschiede, so daß diesem - stärker regelgebundenen - Verfahren zur Ermittlung der vertikalen Deckungsquoten allenfalls eine ergänzende Funktion zukommt). Ähnlich politisch-diskretionär erfolgt der vertikale Ausgleich der Deckungsquoten eines Landes und seiner Gemeinden. Regelungsparameter ist hier die die sog. Verbundquote, d. h. der Anteil der für Zwecke des kommunalen Finanzausgleichs verwendeten Landessteuereinnahmen.

[109] Je nach Konstruktion können die horizontalen Umverteilungswirkungen auch innerhalb der abgebenden Ebene auftreten. Ein Beispiel sind die Gemeindeumlagen, die die Kommunen nach Maßgabe ihrer originären Finanzkraft an die Länder abführen.

unterschiede innerhalb der empfangenden Ebene uno acto zu korrigieren. Diese Lösung hat den finanzpsychologischen Vorteil, daß keine Gebietskörperschaft horizontale Zahlungen an andere Gebietskörperschaften abführen muß, sondern die Korrekturen der Deckungsrelationen weniger merklich dadurch vorgenommen werden, daß den "armen" Gebietskörperschaften zusätzliche Mittel (von oben) gewährt werden können, ohne diese den "reichen" Gebietskörperschaften dieser Ebene abnehmen zu müssen.

Des öfteren werden solche vertikalen Ausgleichszuweisungen mit horizontalem Effekt daher auch dann eingesetzt, wenn ausschließlich horizontale Deckungsquotenunterschiede innerhalb der empfangenden Ebene ausgeglichen werden sollen. Zu diesem Zweck werden die vertikalen Deckungsrelationen zwischen derjenigen Ebene, innerhalb derer horizontale Ungleichgewichte bestehen, und einer übergeordneten Ebene zunächst verändert, indem die übergeordnete Ebene einen Teil der Einnahmen der untergeordneten Ebene einbehält. Dieser Teil wird dann von der übergeordneten Ebene in der Weise an die untergeordnete Ebene weitergeleitet, daß es innerhalb dieser Ebene zur angestrebten Angleichung der Deckungsrelationen kommt.

Ähnlich wie eine quantitativ suboptimal geregelte originäre Einnahmenverteilung begründet auch eine **qualitativ suboptimal geregelte originäre Einnahmenverteilung** Ausgleichsansprüche zwischen Gebietskörperschaften. Dabei soll exemplarisch die Konjunkturreagibilität der einer Gebietskörperschaft zugewiesenen (Steuer-)Einnahmen - als eines (wichtigen) Attributes unter vielen - betrachtet werden.

Ist die Konjunkturreagibilität der einer Gebietskörperschaft zugewiesenen originären Einnahmenquellen im Hinblick auf die Aufgaben dieser Gebietskörperschaft unzweckmäßig, so lassen sich hieraus ähnliche Ausgleichsansprüche ableiten wie aus einer quantitativ nicht bedarfsgerechten Einnahmenverteilung. Unter diesem Aspekt ist beispielsweise die hohe Konjunkturreagibilität der den Gemeinden zugewiesenen (Steuer-)Einnahmequellen zu kritisieren: Für die Erfüllung konjunkturunabhängiger Versorgungsaufgaben der Gemeinden wären kontinuierlich anfallende, d. h. nicht konjunkturreagible Einnahmequellen vorzuziehen; konjunkturreagible Einnahmequellen sollten stattdessen dem Bund als der für Stabilisierungsaufgaben zuständigen Ebene zufließen.

Mit diesem Argument könnten die Gemeinden in Rezessionsphasen, in denen die Gemeindesteuern besonders stark zurückgehen, dem Bund und (in geringerem Umfang) den Ländern gegenüber einen Ausgleichsbedarf geltend machen, der mit der unzweckmäßig starken Konjunkturreagibilität der Gemeindesteuern zu begründen wäre. - Umgekehrt könnte der Bund - als Hauptakteur antizyklischer Stabilisierungspolitik - in Zeiten konjunktureller Überhitzung einen Ausgleichsbedarf gegenüber den Gemeinden und (in geringerem Umfang) den Ländern begründen: Von deren konjunkturreagiblen Einnahmen sollte dem Bund im Hinblick auf die ihm obliegenden stabilisierungspolitischen Aufgaben (Einnahmenstillegung) ein größerer Teil zufließen.

2.2. Die Bestimmung der Ausgleichsrichtung

Die Richtung der Ausgleichsbeziehungen zwischen Gebietskörperschaften bestimmt sich daraus, ob Ausgleichspflichtige und -berechtigte der gleichen oder unterschiedlichen föderalen Ebenen angehören. Im ersten Fall kommt es zu einem horizontalen, im zweiten Fall zu einem vertikalen Ausgleich. Gehört der Ausgleichsberechtigte dabei einer niedrigeren föderalen Ebene an als der Ausgleichspflichtige, so handelt es sich um einen Ausgleich **von oben nach unten**; gehört der Ausgleichsberechtigte einer höheren föderalen Ebene an, so kommt es zu einem Ausgleich **von unten nach oben.**

Von Bedeutung ist auch die Zahl der durch einen Ausgleichstatbestand berechtigten und -pflichtigen Gebietskörperschaften. Im einfachsten - **bilateralen** - Fall stehen sich eine ausgleichsberechtigte und eine ausgleichspflichtige Gebietskörperschaft gegenüber. Als Beispiel wurde oben eine Gebietskörperschaft genannt, die externe Effekte für nur eine andere Gebietskörperschaft verursacht. Wird durch die Aufgabenerfüllung einer Gebietskörperschaft hingegen die Wohlfahrt (der Einwohner) mehrerer anderer Gebietskörperschaften (der gleichen Ebene) beeinflußt, so entstehen **multilaterale** Ausgleichsbeziehungen. D. h. die aufgabenerfüllende Gebietskörperschaft hat - je nach Art der Regelungen des passiven Finanzausgleichs - Ausgleichsansprüche oder Ausgleichspflichten gegenüber mehreren anderen Gebietskörperschaften.

Kombiniert man die Richtung der Ausgleichsansprüche und der Zahl der Ausgleichsbeteiligten miteinander, so ergeben sich die in Abbildung 11 dargestellten Grundformen von Ausgleichsansprüchen.

Abbildung 11:
Typologie von Ausgleichsansprüchen als Kombination der Merkmale "Zahl der Ausgleichsbeteiligten" und "Ausgleichsrichtung"

		zwei Beteiligte	mehrere Beteiligte
auf gleicher föderaler Ebene		1) horizontaler bilateraler Ausgleich	2) horizontaler multilateraler Ausgleich
zwischen unterschiedlichen föderalen	von oben nach unten	3) bilateraler abwärts gerichteter Ausgleich	4) multilateraler abwärts gerichteter Ausgleich
	von unten nach oben	5) bilateraler aufwärts gerichteter Ausgleich	6) multilateraler aufwärts gerichteter Ausgleich

Die Wahl des geeigneten Ausgleichstyps hängt von der Art der auszugleichenden Sonderbedarfe ab. Die Ausgleichsrichtung kann also nicht frei gewählt werden, sondern wird indirekt bereits mit der Festlegung der Ausgleichsbeteiligten bestimmt. Wird beispielsweise der Bund zur ausgleichspflichtigen und ein Bundesland zur ausgleichsberechtigten Gebietskörperschaft erklärt, so ist damit im Hinblick auf die Ausgleichsrichtung zugleich klar, daß ein Ausgleich vom Typ 3 vorzunehmen ist.

Auch bei festgelegten Ausgleichsbeteiligten bleiben gleichwohl gewisse Wahlmöglichkeiten bestehen. Gehören die Ausgleichsberechtigten und -pflichtigen beispielsweise der gleichen Ebene an, so braucht der Ausgleich nicht unbedingt direkt horizontal vorgenommen zu werden (Typ 2), sondern kann in zwei vertikale Teilausgleiche aufgesplittet werden, von denen der eine die erforderlichen horizontalen Verteilungswirkungen bewirkt (vertikaler Ausgleich mit horizontalem Effekt) und der andere (vorgelagerte) die hierfür erforderlichen Finanzmittel von der Nehmer- an die Geberebene überträgt. Bei einem solchen zweistufigen vertikalen Finanzausgleich mit horizontalem Effekt kann dann nochmals gewählt werden zwischen einer Umverteilung von oben nach unten (Beispiel: Bund erhält über höheren Umsatzsteueranteil zunächst zusätzliche Finanzmittel, die er zwecks horizontaler Umverteilung an die Länder verteilt) und von unten nach oben (Beispiel: Gemeinden erhalten zunächst einen höheren Anteil an der Verbundmasse, von denen sie dann unterschiedliche Anteile an die Länder abführen müssen - Finanzausgleichsumlage).

Bezieht man diese theoretisch denkbaren Ausgleichsformen auf die am Länderfinanzausgleich beteiligten Gebietskörperschaften, so erhält man die in Abbildung 12 enthaltenen Konstellationen:

1. horizontale bilaterale Ausgleichsbeziehungen zwischen zwei Bundesländern,
2. horizontale multilaterale Ausgleichsbeziehungen zwischen einem Bundesland (bzw. mehreren Bundesländern)[110] und mehreren anderen Bundesländern,
3. vertikale bilaterale Ausgleichsbeziehungen zwischen dem Bund als Ausgleichspflichtigem und einem Bundesland als Ausgleichsberechtigtem,
4. vertikale multilaterale Ausgleichsbeziehungen zwischen dem Bund als Ausgleichspflichtigem und mehreren Bundesländern als Ausgleichsberechtigten,
5. vertikale bilaterale Ausgleichsbeziehungen zwischen einem Bundesland als Ausgleichspflichtigem und dem Bund als Ausgleichsberechtigtem,
6. vertikale multilaterale Ausgleichsbeziehungen zwischen mehreren Bundesländern als Ausgleichspflichtigen und dem Bund als Ausgleichsberechtigtem.

Abbildung 12:
Typologie von Ausgleichsansprüchen zwischen Bund und Ländern als Kombination der Merkmale "Zahl der Ausgleichsbeteiligten" und "Ausgleichsrichtung"

		zwei Beteiligte	mehrere Beteiligte
auf gleicher föderaler Ebene		1) Land A → Land B	2) Land A → Länder B ... Z
zwischen unterschiedlichen föderalen Ebenen	von oben nach unten	3) Bund → Land B	4) Bund → Länder B ... Z
	von unten nach oben	5) Land A → Bund	6) Länder A ... Z → Bund

110 Diese Konstellation beinhaltet auch horizontale Ausgleichsbeziehungen einer Gruppe von Bundesländern mit einer anderen Gruppe von Bundesländern. Analytisch kann diese beidseitig gruppenmäßige Ausgleichsbeziehung nämlich in mehrere, von jeweils einem Bundesland mit einer Gruppe anderer Länder unterhaltene Ausgleichsbeziehungen aufgelöst werden.

Im materiellen Länderfinanzausgleich der Bundesrepublik dominieren die Ausgleichsbeziehungen der Typen 2 (horizontaler Länderfinanzausgleich) und 4 (Bundesergänzungszuweisungen, vertikale Lenkungszuweisungen, insbes. nach Art. 104a (4) GG). Einige wenige Ausgleichsbeziehungen gehören auch den Typen 1 oder 2 an (bilaterale oder multilaterale Erstattungen und Internalisierungszahlungen auf der Länderebene). Ausgleichsbeziehungen der Typen 5 und 6 sind in der Bundesrepublik nicht anzutreffen.

Inwieweit diese materiellen Regelungen den an eine Bedarfsabgeltung zu stellenden theoretischen Anforderungen entsprechen, kann allerdings erst beantwortet werden, nachdem weitere Ausgestaltungsmerkmale, insbesondere die Auflagenbindung der Abgeltung, geprüft worden sind. Hierauf wird in Teil V, Abschnitt 1, zurückzukommen sein.

3. Die technische Ausgestaltung bedarfsorientierter Finanzausgleichsverfahren

Nachdem die Ausgleichsberechtigung eines (Sonder-)Bedarfs dem Grunde nach geklärt und der Höhe nach quantifiziert ist, ist ihre technisch-instrumentelle Ausgestaltung festzulegen. Hierzu kann auf einschlägige Arbeiten zur Transferökonomik zurückgegriffen werden, insbesondere auf Arbeiten der "intersektoralen" Transferökonomik (Sozialtransfers an private Haushalte[111] und Subventionen an private Unternehmen[112]); aber auch auf Arbeiten zur "innerstaatlichen Transferökonomik."[113] [114]

Diese Arbeiten befassen sich primär mit der Frage, welche Ziele mit Hilfe von Transfers erreicht werden können bzw. - umgekehrt -, wie Transfers auszugestalten sind, um vorgegebene (intersektorale oder innerstaatliche) Ziele zu erreichen. Als wichtigste Ausgestaltungsmerkmale solcher Transfers sind dabei ihre Auflagenbindung (Empfangsauflagen, Verwendungsauflagen, Finanzierungsauflagen) und der Regelbindungsgrad solcher ggf. erforderlicher Auflagen zu bestimmen; ferner sind "Bemessungsform" (konkret oder abstrakt), "Numeraire" (monetär oder real) und "Veranschlagungsform" (direkt oder indirekt) festzulegen.[115]

---

[111] Siehe z. B. BOULDING/PFAFF 1972; RIPPE 1981.

[112] Siehe z. B. HANSMEYER 1977.

[113] Siehe bereits BUCHANAN 1950; auch MUSGRAVE/MUSGRAVE 1980, S. 552ff. oder SMEKAL 1980.

[114] Zur Unterscheidung zwischen intersektoralen und innerstaatlichen Transfers siehe SMEKAL 1980, S. 153f.

[115] Daneben finden sich eine Reihe weiterer, weniger wichtiger Ausgestaltungsfragen, die hier nicht behandelt werden können. Siehe hierzu bspw. SMEKAL 1980; BENKERT 1984.

Dieser Katalog von Ausgestaltungskriterien muß auch bei dem in der vorliegenden Arbeit im Vordergrund stehenden Ausgleich von gebietskörperschaftlichen Sonderbedarfen geprüft werden und kann daher im folgenden (in der genannten Reihenfolge) übernommen werden. Da in den meisten Arbeiten zur Transferökonomik der Ausgleich von Sonderbedarfen nur am Rande bzw. sehr abstrakt behandelt wird, sind die dort entwickelten Ergebnisse im folgenden auf unsere spezifische Fragestellung zu übertragen und ggf. zu modifizieren.

3.1. Auflagengebundener oder auflagenfreier Ausgleich

Eine erste Frage der technischen Ausgestaltung besteht darin, ob der Ausgleich von (Sonder-)Bedarfen an irgendwelche Auflagen geknüpft werden soll. Dies könnten Eigenschaften oder Verhaltensweisen sein, die zur Voraussetzung für die Bedarfsabgeltung gemacht werden (sog. Empfangsauflagen), die Auflagen könnten sich aber auch auf die Verwendung der durch die Abgeltung zugeteilten Mittel (sog. Verwendungsauflagen) oder auf die Beisteuerung von Eigenmitteln (sog. Eigenbeteiligungsauflagen) beziehen.

3.1.1. Der an Empfangsauflagen gebundene Ausgleich

Empfangsauflagen sind für die finanzausgleichstheoretisch adäquate Behandlung von Sonderbedarfen im Grunde genommen stets erforderlich, um das oben erläuterte Prinzip zu gewährleisten, nur die als Folge externer Faktoren eintretenden Sonderbedarfe abzugelten bzw. einen ausnahmsweisen Ausgleich intern verursachter Sonderbedarfe auf Fälle zu beschränken, in denen es andernfalls zu politisch nicht akzeptierbaren Versorgungsunterschieden käme.[116] Da dieser Grundsatz kaum operabel und justiziabel ist, wird er in der Finanzausgleichspraxis häufig durch konkretere Empfangsauflagen ersetzt. Je nach Begründung des Ausgleichs kann es sich dabei um Auflagen handeln, welche die Beschränkung auf den Ausgleich externer Faktoren zu gewährleisten versuchen, oder aber um Auflagen, die die allokativen oder/und distributiven Voraussetzungen für den ausnahmsweisen Ausgleich intern verursachter Sonderbedarfe präzisieren.

Der Vorteil solcher konkret formulierter Empfangsauflagen besteht in ihrer höheren Justiziabilität, die innerstaatliche Konflikt- und Verfahrenskosten gering hält und für die Rechtssicherheit und (Haushalts-)Planung (insbesondere der potentiell ausgleichsberechtigten Gebietskörperschaften) auch im innerstaatlichen Bereich erforderlich ist. Überdies enthalten konkret formulierte Empfangsauflagen für die potentiell Ausgleichsberechtigten häufig brauchbarere Handlungsanweisungen bzw. -empfehlungen als abstrakte Formulierungen, wie etwa die, "nur sparsam wirtschaf-

---

[116] Vgl. Teil III, Abschnitt 2.

tenden Gebietskörperschaften" einen Ausgleich zu gewähren, oder die potentiell Ausgleichsberechtigten darauf zu verweisen, "zunächst selbst alle Möglichkeiten zur Beseitigung eingetretener Sonderbedarfe auszuschöpfen". Auf der anderen Seite bleiben konkrete Empfangsauflagen notwendigerweise enumerativ, so daß ihre Erfüllung nicht gewährleistet, daß alle "internen" Ursachen für das Auftreten von Sonderbedarfen ausgeschlossen wurden, d. h. die Empfangsauflagen tatsächlich verhindern, daß auch solche Gebietskörperschaften einen Ausgleich erlangen, bei denen der Sonderbedarf hausgemacht ist. Der zu wählende Abstraktionsgrad von Empfangsauflagen bestimmt sich damit im Spannungsfeld zwischen einer möglichst umfassenden (und damit tendenziell abstrakten) und einer möglichst praktikablen und justiziablen (und damit möglicherweise unvollständigen) Formulierung.

Unabhängig vom Abstraktionsgrad der Auflagen hängen deren Wirkungen von ihrer Regelungsdichte ab, d. h. von der Intensität der Maßnahmen, die Auflagen bekanntzumachen, durchzusetzen, zu kontrollieren und festgestellte Verstöße zu bestrafen. Hierbei dürfte eine höhere Regelungsdichte ceteris paribus eher in der Lage sein, die angestrebten Allokationswirkungen zu erreichen als eine geringere Regelungsdichte. Allerdings ist auch hier die höchste Regelungsdichte sicherlich nicht die beste, da die pekuniären (Verwaltungs-)Kosten, aber auch nicht pekuniäre Kosten (Widerstände der Zuweisungsempfänger u. ä.) mit der Regelungsdichte - u. U. sogar überproportional - ansteigen. Wie der Abstraktionsgrad der Auflagen bedarf daher auch deren Kontrolle nicht der Maximierung, sondern der Optimierung.

Allokationswirkungen solcher Empfangsauflagen ergeben sich immer dann, wenn der Ausgleich der Sonderbedarfe mit bestimmten Bedingungen für die potentiell ausgleichsberechtigten Gebietskörperschaften verknüpft ist und diese mithin versuchen werden, die Empfangsauflagen zu erfüllen, um die Sonderbedarfsabgeltungen zu erhalten. Allokationswirkungen werden durch Empfangsauflagen genau genommen daher nur dann ausgelöst, wenn 1. die Gebietskörperschaften in der Lage sind, die Empfangsauflagen zu erfüllen (d. h. mit anderen Worten, wenn diese Auflagen sich auf "interne", steuerbare Faktoren beziehen), 2. die geforderten Verhaltensweisen von den autonomen Verhaltensweisen der Gebietskörperschaften abweichen und 3. die Gebietskörperschaften entsprechend ihrer Präferenzen auch gewillt sind, ihr Verhalten an diese Empfangsauflagen anzupassen. Empfangsauflagen lösen somit keine Allokationswirkungen aus, wenn deren Erfüllung Verhaltensänderungen erfordert, deren Kosten den Nutzen der erreichten Sonderbedarfsabgeltung übersteigen - wobei solche Kosten nicht nur die mit Empfangsauflagen verbundenen Mehrausgaben der Gebietskörperschaften beinhalten, sondern auch und vor allem die internen Frustrationskosten, die aus einem von den Präferenzen der Einwohner abweichenden Leistungsangebot der Gebietskörperschaften resultieren. -- Genau dies aber ist von einem Verfahren zum

Ausgleich von Sonderbedarfen zu fordern, wenn es die gestellten allokativen und distributiven Zielsetzungen erfüllen soll: Mehrbedarfe, die auf nicht genutzte Wirtschaftlichkeitsreserven zurückgehen, bleiben damit ebenso unabgegolten wie Bedarfsunterschiede infolge gewußt getätigter Mehrleistungen, für die die Einwohner einer Gebietskörperschaft besonders hohe Präferenzen haben.

Zugleich verdeutlicht dieser Gedankengang auch die Gefahren falscher (bspw. unter Praktikabilitätsgesichtspunkten zu eng formulierter) Empfangsauflagen: Sofern sich in ihnen das Prinzip des (ausschließlichen) Ausgleichs nicht steuerbarer Bedarfsunterschiede nicht angemessen und erschöpfend niederschlägt, kommt es zu den oben dargestellten allokativen und distributiven Zielverstößen. Das Konzept eines auf den Ausgleich nicht steuerbarer Sonderbedarfe beschränkten Finanzausgleichs bietet damit immer in dem Ausmaß Ansatzpunkte zur Kritik, in dem es nicht in konkrete Empfangsauflagen übersetzt werden kann.

Diese Gefahr ist besonders dann zu beachten, wenn man sich vergegenwärtigt, daß für die Unterscheidung zwischen internen und externen Bedarfsfaktoren und für die Formulierung von Empfangsauflagen, die diese Unterscheidung operationalisieren, keine neutralen "wohlinformierten" und "wohlmeinenden" Instanzen vorhanden sind, sondern solche Entscheidungen in der politischen Auseinandersetzung zwischen Gebietskörperschaften gefällt werden, die hierbei von Eigeninteressen geleitet werden: Sofern es um horizontale Bedarfsunterschiede innerhalb einer föderalen Ebene geht, müssen solche Eigeninteressen allen Gebietskörperschaften dieser Ebene unterstellt werden, weil sich die (Nicht-)Anerkennung von Sonderbedarfen stets auf die Finanzaustattung auswirkt; sofern es um vertikale Bedarfsunterschiede zwischen Gebietskörperschaften unterschiedlicher föderaler Ebenen geht, existiert aus den gleichen Gründen ein Eigeninteresse bezüglich der (Nicht-)Anerkennung vertikaler (Sonder-)Bedarfe.

Um zu verhindern, daß horizontale Finanzausgleichsergebnisse ausschließlich durch verfassungsrechtliche, politische oder finanzielle Machtfaktoren entschieden werden, könnten die Entscheidungen über die Ausgleichsberechtigung horizontaler Bedarfsunterschiede einer übergeordneten föderalen Ebene überlassen werden.[117] Ebenso müßte man die Entscheidungskompetenz über vertikale Bedarfsunterschiede der über den beteiligten föderalen Ebenen angesiedelten Ebene übertragen.[118] Abgesehen davon, daß die dabei unterstellte Interessenneutralität der jeweils

---

[117] Für die Bestimmung horizontaler Bedarfsunterschiede zwischen den Gemeinden böten sich also beispielsweise die Länder an, für die horizontalen Bedarfsunterschiede zwischen den Ländern der Bund, für Bedarfsunterschiede zwischen Staaten supranationale Institutionen wie etwa die EG oder die UNESCO.

[118] Vertikale Bedarfsunterschiede zwischen Ländern und Gemeinden wären also durch den Bund, vertikale Bedarfsunterschiede zwischen Bund und Ländern durch eine übergeordnete supranationale Ebene zu entscheiden.

übergeordneten Ebene bezweifelt werden kann, ist eine solche Entscheidungszentralisierung aber auch deshalb problematisch, weil zu erwarten ist, daß solche Auflagen im Bemühen um eine gleiche Behandlung aller nachgelagerter Gebietskörperschaften recht schematisch ausfallen. In diesem Fall müßten die Gebietskörperschaften darauf verzichten, ihre Leistungen an regionale Präferenz- und Kostenunterschieden auszurichten; die Empfangsauflagen würden die mit einem föderalen Staatsaufbau verbundenen Vorteile nicht zur Entfaltung kommen lassen.[119]

Noch größere Nachteile ergeben sich dann, wenn die Empfangsauflagen derart formuliert sind, daß sie die potentiell Ausgleichsberechtigten zu Fehlallokationen verleiten. Auch dieser Fall kann angesichts häufig mangelnder Sachkenntnis und fehlender Ortsnähe der die Auflagen erlassenden Behörden nicht ausgeschlossen werden.

Selbst wenn es gelingt, den Ausgleich von Sonderbedarfen mit Hilfe adäquat formulierter Empfangsauflagen auf den ausgleichsberechtigten Sonderbedarf im oben definierten Sinn zu beschränken und Fehlallokationen der genannten Art zu vermeiden, bleibt schließlich zu berücksichtigen, daß der Erlaß von Empfangsauflagen mit Transaktionskosten[120] verbunden ist, die im Einzelfall den Nutzen, den sie in Form der verbesserten Allokationsergebnisse stiften, übersteigen können.[121] Auch aus diesem Grund kann es - trotz theoretischer Begründbarkeit von Empfangsauflagen - berechtigt sein, auf solche Auflagen zu verzichten oder sie zumindest mit einer geringeren Regelungsdichte zu versehen, als es für die Durchsetzung eines allokationstheoretisch optimalen Ausgleichs erforderlich wäre. Die in der Finanzausgleichspraxis angewandten Methoden der Ex-Ante- und Ex-Post-Quantifizierung ausgleichsberechtigten Finanzbedarfs, die sich zum Teil rigoroser Vereinfachungen bedienen, lassen sich daher durchaus auch allokationstheoretisch rechtfertigen.

---

[119] In der Tat finden sich in der Praxis - insbesondere auf der kommunalen Ebene - viele Beispiele, in denen übermäßig detaillierte und standardisierte Empfangsauflagen die Gemeinden zu Leistungen veranlaßt haben, die mit den spezifischen Wünschen ihrer Einwohner nicht vereinbar waren und örtliche Besonderheiten nicht berücksichtigten (vgl. die Beispiele bei CAESAR/KOPS 1983). Die häufig geäusserte Annahme, die Entscheidungen der übergeordneten Ebene seien infolge des höheren Informations- und Qualifikationsstandes den Entscheidungen der Mitglieder der nachgelagerten Ebene(n) vorzuziehen, ist von daher zu relativieren; angesichts der höheren "Ortsnähe" und "Bürgernähe" letzterer dürfte häufig das Gegenteil richtig sein.

[120] Als solche sind im einzelnen Such- und Informationskosten, Überwachungs- und Durchsetzungskosten zu berücksichtigen. Vgl. Dahlman 1979, S. 146.

[121] Siehe hierzu BLÜMEL 1987, S. 21f.

3.1.2. Der an Verwendungsauflagen gebundene Ausgleich

Bei den sog. Verwendungsauflagen werden die den Gebietskörperschaften übertragenen Ressourcen nur unter der Auflage gewährt, daß sie für bestimmte Aufgaben bzw. bei einer bestimmten Ausgestaltung der Aufgaben verwendet werden. Verwendungsauflagen lösen daher bei den potentiell ausgleichsberechtigten Gebietskörperschaften Allokationswirkungen aus, sofern und soweit sie deren Verhalten im Sinne der Verwendungsauflagen verändern. Das Ausmaß dieser Allokationswirkungen hängt dabei - analog zu den Empfangsauflagen - davon ab, inwieweit die durch die Auflage erzwungene Verwendungsstruktur sich von derjenigen unterscheidet, die die Gebietskörperschaft unter Zugrundelegung ihrer autonomen Präferenzen getroffen hätte. Dabei sind "Auflagen" denkbar, die sich exakt mit den Präferenzen der ausgleichsberechtigten Gebietskörperschaften decken und deren Allokationsentscheidungen somit unverändert lassen, bis hin zu Auflagen, durch die eine Gebietskörperschaft zur Bereitstellung von Gütern veranlaßt wird, die sie bei autonomen Entscheidungen nicht oder in sehr viel geringerem Umfang bereitgestellt hätte.

Daneben ist auch wiederum die Regelungs- und Kontrolldichte der Verwendungsauflage von Bedeutung, da diese bestimmt, ob es auch tatsächlich zu den beabsichtigten Verwendungsänderungen kommt oder die Gebietskörperschaften Möglichkeiten finden, die Auflagen (und damit die Voraussetzungen für die Bedarfsabgeltung) formal zu erfüllen, sie materiell gleichwohl zu umgehen und die ihren Präferenzen entsprechende Allokation beizubehalten. Ceteris paribus rufen Verwendungsauflagen mit höherer Regelungsdichte ("für den Bauabschnitt x nach Maßgabe des Bauplans y") und höherer Kontrolldichte damit stärkere Allokationswirkungen hervor als solche mit geringer Regelungsdichte ("für den Straßenbau") und geringer Kontrolldichte.

Die Allokationswirkungen von Verwendungsauflagen sind in Abbildung 13 anhand eines Zwei-Güter-Modells graphisch veranschaulicht.[122] Auf der Abszisse ist die Ausbringungsmenge 0B eines Gutes X, auf der Ordinate die Ausbringungsmenge 0A eines Gutes Y abgetragen, die eine Gebietskörperschaft bei gegebenem Budgetvolumen maximal bereitstellen kann. Bei einer unterstellten beliebigen Teilbarkeit der beiden Güter sind zudem alle auf der Geraden AB abgetragenen Ausbringungskombinationen möglich. Bei dem in Abbildung 13 unterstellten Verlauf der Indifferenzkurve i_1 wird dann die Kombination E realisiert, d. h. vom Gut X werden 0F Einheiten, vom Gut Y werden 0T Einheiten bereitgestellt.

[122] In Anlehnung an MUSGRAVE/MUSGRAVE 1980, S. 537; eine ähnliche Darstellung findet sich bei SMEKAL 1980, S. 184.

Abbildung 13:
Allokationswirkungen eines verwendungsgebundenen Ausgleichs von Sonderbedarfen

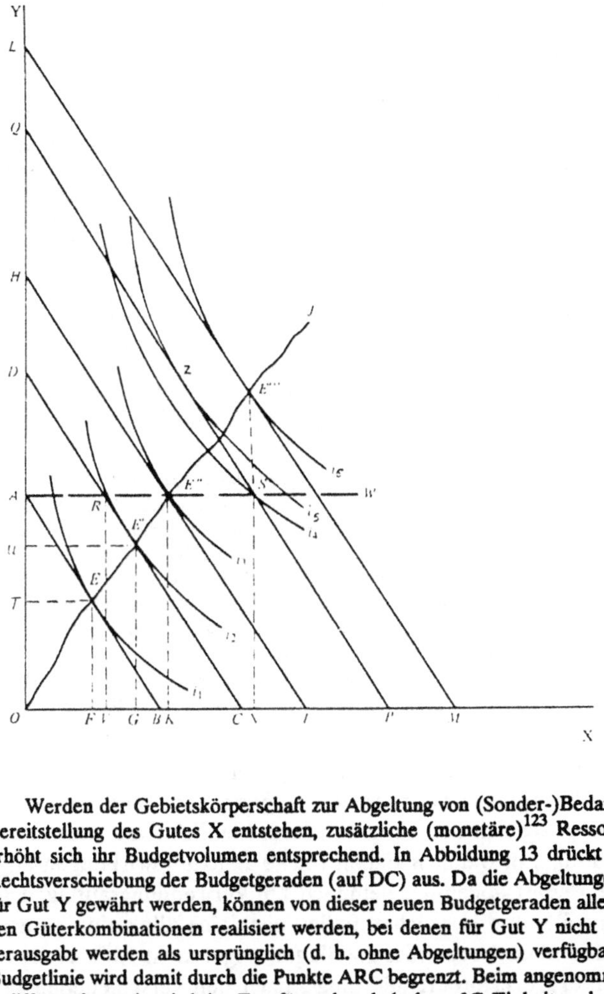

Werden der Gebietskörperschaft zur Abgeltung von (Sonder-)Bedarfen, die durch die Bereitstellung des Gutes X entstehen, zusätzliche (monetäre)[123] Ressourcen gewährt, so erhöht sich ihr Budgetvolumen entsprechend. In Abbildung 13 drückt sich dies in einer Rechtsverschiebung der Budgetgeraden (auf DC) aus. Da die Abgeltungen zweckgebunden für Gut Y gewährt werden, können von dieser neuen Budgetgeraden allerdings nur diejenigen Güterkombinationen realisiert werden, bei denen für Gut Y nicht mehr Finanzmittel verausgabt werden als ursprünglich (d. h. ohne Abgeltungen) verfügbar waren; die neue Budgetlinie wird damit durch die Punkte ARC begrenzt. Beim angenommenen Verlauf der Indifferenzkurve i_2 wird der Empfängerhaushalt dann 0G Einheiten des Gutes X und 0U Einheiten des Gutes Y bereitstellen und damit das (höhere) Wohlfahrtsniveau E" erreichen. Die mit einer Verwendungsauflage versehenen Abgeltungsmittel haben damit die

---

[123] Es wird hier zunächst eine monetäre Abgeltung unterstellt; die sich bei einer realen Abgeltung einstellenden Allokationswirkungen werden weiter unten (Abschnitt 3.4.) behandelt.

gleiche Wirkung wie allgemeine, auflagenfreie Mittel; die Allokationsentscheidungen der Abgeltungsempfänger werden durch sie nicht beeinflußt. Die Verwendungsauflage verursacht in diesem Fall also lediglich überflüssige Verwaltungskosten.[124]

Dies mag auf den ersten Blick verwundern, da die zusätzlichen Mittel nur bei Einhaltung der Verwendungsauflagen (z. B. für Gut X) gewährt werden, wird aber verständlich, wenn man sich vergegenwärtigt, daß die Bezuschussung eines Gutes (hier: des Gutes X) Eigenmittel der Gebietskörperschaft freisetzt, die dann für die Bereitstellung des anderen Gutes (Y) verwendet werden können.

Diese Allokationsneutralität bleibt erhalten, solange der Abgeltungsbetrag geringer ist als der Betrag, den die Empfänger auch ohne verwendungsgebundene Abgeltung für das bezuschußte Gut aufgewandt hätten. In Abbildung 13 würde also auch der höhere verwendungsgebundene Ausgleich (in Höhe von 0K für Gut X) noch keine Lenkungseffekte auslösen, da hierdurch eine Budgetgerade realisiert wird (HI), bei der der Abgeltungsempfänger gemäß seiner autonomen Präferenzen (Indifferenzkurve i_3) 0K Einheiten des Gutes X und 0A Einheiten des Gutes Y bereitstellen würde. Erst wenn der Ausgleichsbetrag für das bezuschußte Gut X über den Betrag hinausgeht, den der Empfänger gemäß seiner autonomen Präferenzen für dieses Gut verausgaben würde, ist es nicht mehr möglich, einen Teil der für X bereitgestellten Abgeltungen für Y "umzuwidmen". Über 0A hinaus ist eine Ausweitung der Menge des nicht bezuschußten Gutes also nicht mehr möglich; weitere Ausgleichsbeträge müssen nun vollständig für das bezuschußte Gut X verausgabt werden, um in den Genuß des gesamten bereitgestellten Abgeltungsbetrages zu kommen. Der verwendungsgebundene Ausgleich bewirkt nun also den vom Zuweisungsgeber angestrebten Lenkungseffekt.

In Abbildung 13 ist dieser Lenkungseffekt graphisch verdeutlicht. Auch hier führen die verwendungsgebundenen Abgeltungen wiederum zu einer Rechtsverschiebung der Budgetgeraden (auf PQ); da der Empfängerhaushalt bei einer über 0A hinausgehenden Menge von X die Ausgleichsbeträge ausschließlich für das bezuschußte Gut X verausgaben muß, sind hiervon nur die durch die Linie ASP beschriebenen Kombinationen realisierbar. Der Empfänger muß daher jetzt die durch den Punkt S beschriebene Kombination mit dem Wohlfahrtsniveau i_4 realisieren, obwohl er bei autonomer Entscheidung (auflagenfreien Zuweisungen) den Punkt Z mit dem höheren Wohlfahrtsniveau i_5 vorziehen würde. Der Vergleich von S und Z zeigt, daß die Verwendungsauflage nun also zu für Gut X einer im Verhältnis zu den autonomen Ausgabenentscheidungen höheren Ausbringungsmenge N geführt hat.

Da Verwendungsauflagen somit das Ausgabenverhalten der potentiell Ausgleichsberechtigten - je nach Abweichungsgrad von den autonomen Präferenzen der Ausgleichsberechtigten unterschiedlich stark - verändern, stellt sich die Frage, in welchen Fällen solche Lenkungswirkungen angestrebt und die Bedarfsabgeltung demnach an Verwendungsauflagen geknüpft werden sollte und in welchen Fällen eher eine allokationsneutrale Bedarfsabgeltung ohne Verwendungsauflagen angebracht ist. Die Beantwortung dieser Frage erfordert allerdings, nach den verschiedenen For-

[124] SMEKAL 1980, S. 182

men von Bedarfsunterschieden zu differenzieren[125] und kann daher nur erfolgen, wenn die adäquate Abgeltungstechnik differenziert für die verschiedenen Formen von Sonderbedarfen untersucht wird.

Auch gegenüber Verwendungsauflagen sind im übrigen die bereits gegenüber den Empfangsauflagen geäußerten Vorbehalte anzubringen: Ggf. erforderliche Lenkungswirkungen werden nur erreicht, falls die allokationstheoretisch erforderlichen Präferenzveränderungen auch in operable und kontrollierbare Verwaltungsvorschriften übertragen werden können. Da auch hierfür keine "allwissende" und "wohlmeinende" neutrale Institution zur Verfügung steht, müssen die Entscheidungen wiederum in der politischen Auseinandersetzung zwischen den - mit Eigeninteressen versehenen - Beteiligten gefällt oder auf eine - vermeintlich neutrale - übergeordnete föderale Ebene übertragen werden.[126] Im ersten Fall sind "sachfremde" Entscheidungsfaktoren (machtpolitische Verhandlungspositionen), im letzten Fall standardisierte, keine regionalen Besonderheiten berücksichtigende Ergebnisse oder sogar Anreize zu Fehlallokationen zu erwarten. Zudem sind Verwendungsauflagen - wie ebenfalls bereits bei den Empfangsauflagen erläutert - mit Transaktionskosten verbunden,[127] die über die allokativen Ineffizienzen hinausgehen können, die bei einem Verzicht auf (allokationstheoretisch gebotene) Verwendungsauflagen einträten.

---

[125] So sollte beispielsweise der Ausgleich externer aufgabenbedingter Sonderbedarfe (z. B. zentralörtlicher Aufgaben der Großstädte) mit der Auflage verbunden werden, die Abgeltungsbeträge auch tatsächlich für die Erfüllung der externen Aufgaben zu verwenden. Beim Ausgleich interner aufgabenbedingter Bedarfsunterschiede ist eine Verwendungsauflage demgegenüber nicht erforderlich bzw. sogar unangebracht, da die Leistungen der ausgleichsberechtigten Gebietskörperschaften in diesem Fall den Präferenzen ihrer Einwohner entsprechen sollten - was nur möglich ist, wenn die für Sonderbedarfe gewährten Abgeltungen ggf. auch für die Finanzierung anderer öffentlicher Leistungen, für die höhere Präferenzen bestehen, verwendet werden können.

[126] Ausgleichspflichtige Gebietskörperschaften dürften grundsätzlich dazu neigen, die Abgeltungen mit Auflagen zu versehen: "Es ist nun einmal so, daß derjenige, der einem anderen Geld zur Verfügung stellt, die starke Versuchung verspürt, dessen finanzielle Abhängigkeit dazu zu benutzen, das Verhalten in eine Richtung zu lenken, die ihm für zweckmäßig erscheint - und zwar ohne Rücksicht darauf, ob dieses Verhalten auch den Interessen des Empfängers dient. In diesem Punkt unterscheiden sich offensichtlich die "zwischenstaatlichen" Beziehungen nicht von denjenigen im privaten Bereich."(ALBERS 1962b, S. 65). Umgekehrt werden ausgleichsberechtigte Gebietskörperschaften auflagenfreie Abgeltungen vorziehen, um die Mittel der Verwendung zuführen zu können, in der sie (ihren Präferenzen gemäß) den höchsten Nutzen stiften.

[127] Auch hier sind - wiederum vorwiegend aus dem kommunalen Bereich - abschreckende Beispiele bekannt.

3.1.3. Der an Eigenbeteiligungsauflagen gebundene Ausgleich

Eine andere Auflagenform, die mit dem Ausgleich von Sonderbedarfen verbunden werden kann, besteht in der sogenannten Eigenbeteiligungsauflage (Selbstbeteiligungsauflage, Finanzierungsauflage). Diese knüpft den Ausgleich an die Bedingung, daß der Empfänger Eigenmittel beisteuert, durch die der Ausgleichsbetrag aufgestockt wird. Die Höhe der Eigenmittel bestimmt sich dabei in der Regel als Prozentsatz des empfangenen Ausgleichsbetrages; eine betragsmäßige Begrenzung nach unten (Mindestbeteiligung) oder oben (Höchstbeteiligung) ist möglich.

Für die abgeltungsgewährende Gebietskörperschaft stellen Eigenbeteiligungsauflagen eine Möglichkeit dar, den Lenkungseffekt verwendungsgebundener Abgeltungen auf Kosten der Abgeltungsempfänger zu verstärken. Allerdings gelingt dies nur, solange die ausgleichsberechtigten Gebietskörperschaften den Nutzen der empfangenen Abgeltungen höher bewerten als die Kosten der durch die Eigenbeteiligung ggf. erzwungenen Allokationsveränderung. Bei Verwendungsauflagen, die stark von den Präferenzen der Ausgleichsberechtigten divergieren, wird auf die Inanspruchnahme der Abgeltung daher verzichtet.

Abbildung 14:
Allokationszuweisungen eines finanzierungsgebundenen Ausgleichs von Sonderbedarfen

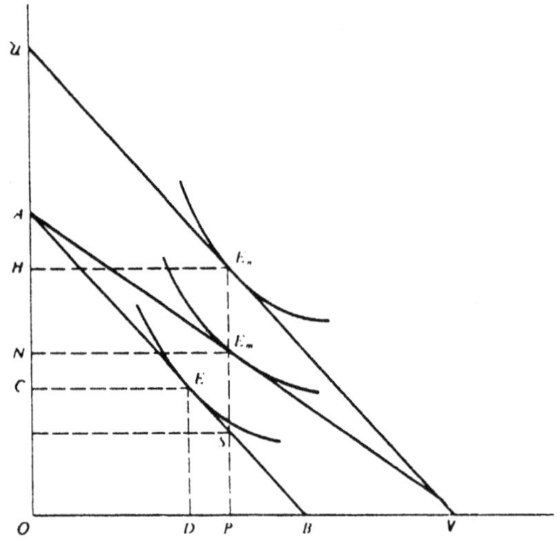

In Abbildung 14 sind diese Lenkungswirkungen wiederum im Zwei-Güter-Modell veranschaulicht, wobei auf der Abszisse wieder die Ausbringungsmenge eines ausgleichsberechtigten Gutes A und auf der Ordinate diejenige eines nicht ausgleichsberechtigten Gutes B abgetragen sind.[128] Wird der Ausgleich ohne Eigenbeteiligung vorgenommen, so verschiebt sich die Budgetgerade AB um die Höhe des Abgeltungsbetrages (auf UV), wodurch sich die Ausbringungsmengen beider Güter nach Maßgabe der Nachfrageelastizitäten verändern; bei dem in Abbildung 14 angenommenen Indifferenzkurvenverlauf wird die Ausbringungsmenge des Gutes A von D auf P und die des Gutes B von C auf N erhöht, d. h. die Abgeltung löst einen Einkommenseffekt, aber keinen Substitutionseffekt aus (Allokationsneutralität). - Um die Ausbringungsmenge des ausgleichsberechtigten Gutes A auf P auszuweiten, ist ein Abgeltungsbetrag in Höhe von E_nS erforderlich.

Anders verhält es sich, falls der Ausgleich mit einer Finanzierungsauflage verbunden wird, die die relativen Preise der Güter A und B verändert: Neben dem Einkommenseffekt kommt es nun auch zu einem Substitutionseffekt. In der graphischen Darstellung äußert sich dies darin, daß sich die Budgetgerade im Ausbringungsmaximum des nicht ausgleichsberechtigten Gutes (Punkt A in Abbildung 14) nach außen dreht.[129] Verläuft die Indifferenzkurve wie in Abbildung 14 angenommen (Preiselastizität der Nachfrage für A < 1), so wird der Abgeltungsbetrag teilweise zur Ausweitung des ausgleichsberechtigten Gutes A verwendet, teilweise aber auch zur Ausweitung des nicht ausgleichsberechtigten Gutes B - die Abgeltung erhöht also die Ausbringungsmenge beider Güter (die des Gutes A von D auf P, die des Gutes B von C auf N). - Die Ausweitung des ausgleichsberechtigten Gutes A auf P erfordert nunmehr nur einen Ausgleichsbetrag von E_mS, während ohne Eigenbeteiligungsauflage ein Betrag von E_nS erforderlich war. Die Eigenbeteiligungsauflage vermindert damit den von der ausgleichspflichtigen Gebietskörperschaft zu entrichtenden Abgeltungsbetrag um die Differenz zwischen E_mS und E_nS.[130]

Bei einer Elastizität gleich 1 wird das ausgleichsberechtigte Gut A dagegen um exakt den Ausgleichsbetrag ausgeweitet, die Ausbringungsmenge von B bleibt dann konstant. Ist die Preiselastizität > 1, so verringert sich die Ausbringungsmenge von B sogar, da die Ausdehnung der Ausbringungsmenge von A nun über den Ausgleichsbetrag hinausgehende Eigenmittel erfordert.[131] Die Preiselastizität der Nachfrage nach dem ausgleichsberechtigten Gut bestimmt somit die Höhe der Eigenbeteiligung, mit der eine vorgegebene Ausweitung der Ausbringungsmenge des ausgleichsberechtigten Gutes erreicht wird: Eine hohe Preiselastizität (geringer Preissenkungseffekt) erfordert eine höhere Eigenbeteiligungsquote als eine geringe Preiselastizität.[132]

Inwieweit der Ausgleich von Sonderbedarfen von Eigenbeteiligungen der Ausgleichsberechtigten abhängig gemacht werden kann, hängt von der Art des ausgleichsberechtigten Sonderbedarfs ab und läßt sich damit - ähnlich wie die Berechtigung von Verwendungsauflagen - nur bei einer nach den einzelnen Arten von Sonderbedarfen differenzierenden Betrachtung beantworten. Festgehalten werden kann allerdings, daß die aus-

---

[128] Darstellung wiederum angelehnt an MUSGRAVE/MUSGRAVE 1980, S. 534.

172) Das zeigt, daß eine Gebietskörperschaft bei einer Verausgabung des gesamten Budgetvolumens für das bezuschußte Gut A in den Genuß des maximalen Abgeltungsbetrags (M-B) gelangt, bei einer Verausgabung für das nicht bezuschußte Gut B umgekehrt überhaupt keine Abgeltung erhält.

[130] Der Punkt E_n muß oberhalb des Punktes E_m liegen, da die Steigung benachbarter Indifferenzkurven bei der Aufwärtsverschiebung entlang einer Vertikalen steigt. Die Grenzrate der Substitution zwischen ausgleichsberechtigtem und nicht ausgleichsberechtigtem Gut muß also ansteigen. Vgl. MUSGRAVE/MUSGRAVE 1980, S. 535.

[131] Vgl. SMEKAL 1980, S. 183

[132] Ebenda.

gleichspflichtigen Gebietskörperschaften Eigenbeteiligungen im allgemeinen befürworten, da durch sie angestrebte Lenkungseffekte mit niedrigeren Ausgleichsbeträgen erreicht werden können. Die ausgleichsberechtigten Gebietskörperschaften werden Eigenbeteiligungen umgekehrt ablehnen, da sie einen Eingriff in deren autonome Ausgabenentscheidungen bedeuten; ein Ausgleich, der eine Eigenbeteiligung erfordert, besitzt für die Empfänger daher einen geringeren Wert als ein gleich hoher, ohne Eigenbeteiligung gewährter Ausgleich.

3.1.4. Zusammenfassung zur Auflagenbindung bedarfsorientierter Ausgleichsverfahren

Zusammenfassend läßt sich feststellen, daß beim Ausgleich von Sonderbedarfen Empfangs-, Verwendungs- und Eigenbeteiligungsauflagen erlassen werden können. Da gleichzeitig zwei oder auch alle drei Auflagearten eingesetzt werden können, läßt sich diese Entscheidung auch als Wahl aus insgesamt acht denkbaren Abgeltungsformen verstehen (Abbildung 15).[133]

Da die Abgeltung von Sonderbedarfen die Kontrolle ihrer Ausgleichsberechtigung, d. h. aber: die Erfüllung bestimmter Empfangsauflagen, erfordert, kommen für diesen Zweck nur Zuweisungen der Typen 5 - 8 in Frage. Diese Erkenntnis scheint dem in Teil II, Abschnitt 1.2.2. vertretenen Grundsatz zu wiedersprechen, nur Zuweisungen zur Erstattung, Internalisierung oder (De-)Meritorisierung innerstaatlicher Leistungen (spezielle Zuweisungen, Lenkungszuweisungen) dürften mit Auflagen versehen werden; Zuweisungen zum Ausgleich von Deckungsquotenunterschieden (allgemeine Zuweisungen, Ausgleichszuweisungen) hingegen müßten auflagenfrei sein. Diese Aussage ist strenggenommen jedoch nur richtig, wenn unter Auflagen nur Verwendungs- und Eigenbeteiligungsauflagen, nicht aber Empfangsauflagen verstanden werden. Werden auch letztere berücksichtigt, so sind auch Ausgleichszuweisungen auflagen- (nämlich empfangsauflagen-) gebunden. Da bei dieser weiten Definition von Auflagenbindung aber alle Zuweisungen speziell, d. h. auflagengebunden wären,[134] ist ein engeres, nur auf Verwendungs- und Eigenbeteiligungsauflagen beschränktes Verständnis von Auflagenbindung gerechtfertigt.

---

[133] Eine ähnliche Typologie findet sich bei MUSGRAVE/MUSGRAVE 1980, S. 532.

[134] MUSGRAVE u. a. (1978, S. 159) nennen als Beispiel für auflagenfreie Zuweisungen (Typ 1 der in unserer Abbildung 15 wiedergegebenen Klassifikation) folgenden Fall: "Eine Politik ..., die auf die Vermeidung von Verzerrungen und Effizienzkosten abzielt, die aus Steuerstrukturunterschieden zwischen Gebietskörperschaften der unteren Ebene entstehen, wird einheitliche zentrale Steuern erheben und das Aufkommen an die ursprüngliche Gebietskörperschaft zurückfließen lassen." Sie scheinen dabei zu übersehen, daß auch hierbei der Bedarf der Gebietskörperschaften in irgend einer Weise berücksichtigt werden muß.

Abbildung 15:
Formen des Sonderbedarfsausgleichs
unter Einsatz von Empfangs-, Verwendungs- und Eigenbeteiligungsauflagen

				Empfangsauflagen nein	Empfangsauflagen ja
Verwendungsauflagen	nein	Eigenbeteiligungsauflagen	nein	(1)	(5)
			ja	(2)	(6)
	ja	Eigenbeteiligungsauflagen	nein	(3)	(7)
			ja	(4)	(8)

Innerhalb der Gruppe empfangsauflagengebundener Zuweisungen hängt die Wahl zwischen verwendungsauflagengebundenen und -freien Zuweisungen dann davon ab, ob die Sonderbedarfe auf externe oder interne Faktoren zurückgehen. Im ersteren Fall sind Verwendungsauflagen überflüssig und unzulässig, weil die Allokationsentscheidungen der zuweisungsempfangenden Gebietskörperschaften den extern verursachten Sonderbedarf ex definitione nicht beeinflussen - und damit auch eine Beeinflussung dieser Allokationsentscheidungen durch die Zuweisungsgeber nicht gerechtfertigt wäre. In diesem Fall müßten die Zuweisungen somit dem Typ 5 bzw. 6 entsprechen, je nachdem, ob sie mit Eigenbeteiligungsauflagen versehen werden oder nicht.

Gegen die Bedarfsunterschiede auf interne Faktoren zurück, so sind für ihren ausnahmsweisen Ausgleich mit Verwendungsauflagen versehene Zuweisungen gerechtfertigt (Typ 7 bzw. 8) Die Auflagen begründen sich dann aus der notwendigen Beeinflussung der die Sonderbedarfe verursachenden (internen) Faktoren.[135] Auf die damit verbundene Problematik der Abgrenzung zwischen internen und externen Bedarfsfaktoren, die systematisch unterschiedliche Einschätzung durch Ausgleichspflichtige und -berechtigte und die Gefahr, daß finanzkräftige Gebietskörperschaften ihre Kompetenzen via Zweckzuweisungen ausdehnen, ist bereits hingewiesen worden.[136] Ebenfalls erwähnt wurde bereits, daß dem ggf. höheren Zielerreichungsgrad einer Auflagenbindung die zugleich erhöhten Transaktionskosten gegenüberzustellen sind. Bezieht man diese in die Betrachtung ein, so kann es durchaus gerechtfertigt sein, auf Verwendungsauflagen ganz zu verzichten oder zumindest ihre Regelungsdichte zu vermindern.

[135] Siehe oben, Teil III, Abschnitt 2.3.

[136] Ebenda.

Es wird dann auch verständlich, daß manche ausgleichsberechtigte Gebietskörperschaften auf die Inanspruchnahme ihrer Abgeltungsrechte ganz verzichten, weil aus ihrer Sicht die Kosten der Auflagen den Nutzen der Abgeltung übersteigen. Den ausgleichspflichtigen Gebietskörperschaften eröffnet dies die Möglichkeit, Auflagen bewußt restriktiv zu formulieren, um sich einer de jure bestehenden Ausgleichsverpflichtung de facto zu entledigen. Aus diesem Grund ist das Recht, die Abgeltung von Sonderbedarfen an Verwendungs- und Eigenbeteiligungsauflagen zu binden, im Rahmen des Finanzausgleichsrechts möglichst genau zu bestimmen. Machtpolitische Einflüsse lassen sich aber auch hierdurch nicht vollständig beseitigen, da auch bei einer Konkretisierung "innerstaatlicher Eigentumsrechte" Entscheidungs- und Interpretationsspielräume verbleiben, die nach Maßgabe politischen Durchsetzungsvermögens ausgefüllt werden.

3.2. Der Regelbindungsgrad des Ausgleichs

Die vorstehenden Überlegungen leiten über zu der Frage, ob Sonderbedarfe *diskretionär oder regelgebunden* auszugleichen sind. Bei einem regelgebundenen Ausgleich sind die Voraussetzungen und die Modalitäten der Abgeltung, insbesondere deren Höhe, aber auch Zahlungsweise und -termine, ggf. zu erfüllende Auflagen (s. o.) u. ä. erschöpfend geregelt, so daß die aus dem Sonderbedarfsausgleich entstehenden Folgen für die Ausgleichsberechtigten wie für die Ausgleichspflichtigen exakt erkennbar sind und die Ausgleichsberechtigten folglich auch in der Lage sind, ihre Ansprüche notfalls einzuklagen. Bei einer diskretionären Abgeltung sind diese Modalitäten demgegenüber nicht geregelt, so daß die Ausgleichspflichtigen nach Gutdünken entscheiden können, ob und in welcher Höhe sie Sonderbedarfe ausgleichen und die Ausgleichsberechtigten ihre Ansprüche nicht nachweisen und durchsetzen können.

Grundsätzlich sind diskretionäre staatliche Entscheidungen mit vielfältigen Nachteilen verbunden. Sie verhindern die Überprüfung und Bewertung der staatlichen Entscheidungen durch den Bürger, eröffnen Spielräume für sachfremde Entscheidungskriterien (Gefälligkeits- und Gegenseitigkeitsdenken) und erleichtern "Verfilzung" und Korruption; überdies beinhalten sie Unsicherheiten, die hohe Informationskosten und - im Bemühen um die Nutzung und Beeinflussung bestehender Entscheidungsspielräume - vermeidbare Transaktionskosten nach sich ziehen.

Für das Verhältnis zwischen Bürger und Staat hat die Rechtsprechung folglich auch in verschiedenen Grundsatzurteilen betont, daß diskretionäre Entscheidungen unzulässig sind. Dagegen sind sie im innerstaatlichen Verhältnis noch häufig anzutreffen. Vor allem bei den von den Ländern an die Gemeinden vergebenen Zweckzuwendungen sind die Entscheidungskriterien dem Grunde und der Höhe nach häufig nicht erkennbar. Dabei weisen diskretionäre Entscheidungen im innerstaatlichen Verhältnis die gleichen Nachteile auf wie im Verhältnis zwischen staatlichem und privatem Sektor: Die Entscheidungen staatlicher Aufgabenträger können weder von anderen staatlichen Aufgabenträgern noch vom einzelnen Bürger nachvollzogen, überprüft und ggf. sanktioniert werden; staatlicher Willkür sind Tür und Tor geöffnet; außerdem entstehen hohe Transaktionskosten, und dene diskretionär entscheidenden Aufgabenträgern erwachsen Möglichkeiten, andere Aufgabenträger zu disziplinieren und (verfassungs-)rechtliche Kompetenzverteilungen zu verändern. Vor allem aber kann bei diskretionären Entscheidungen nicht sichergestellt werden, daß die staatlichen Aufgaben den demokratisch getroffenen Entscheidungen der Bevölkerung gemäß vollzogen werden.

Aus dieser Beurteilung folgt, daß sich die oben angedeutete Wahl zwischen einem regelgebundenen versus diskretionären Sonderbedarfsausgleich in dieser Form nicht stellt, sondern im innerstaatlichen Verhältnis die regelgebundene der diskretionären Abgeltung grundsätzlich vorzuziehen ist. Dies gilt vor allem deshalb, weil die Abgeltung von Sonderbedarfen von öffentlichen Aufgabenträgern nicht "freiwillig" übernommen wird, sondern sie hierzu im Rahmen des gesamtstaatlichen Kompetenzgefüges verpflichtet sind.[137] Der den Gebietskörperschaften obliegende Ausgleich von Sonderbedarfen - sei es gegenüber Privaten[138] oder gegenüber anderen Gebietskörperschaften - unterscheidet sich damit von innerhalb des Privatsektors geleisteten Ausgleichszahlungen, welche die "Bedürftigkeit" von Personen, etwa im Rahmen der Familien- oder Nachbarschaftshilfe, durch freiwillige Transfers ausgleichen und bei denen die Freiwilligkeit der Leistung eine diskretionäre Entscheidung über Transferhöhe und -modalitäten rechtfertigt.

Allerdings ist eine vollständige Regelbindung staatlichen Handelns nicht immer möglich. Bestimmte Handlungsbedarfe lassen sich im voraus nicht exakt spezifizieren, sondern können nur allgemein und unter Verwendung allgemeiner Rechtsbegriffe geregelt werden. Entscheidungsspielräume, die eine "diskretionäre" Ausfüllung ermöglichen und erfordern, sind dann nicht gänzlich zu verhindern. Sie sind im übrigen auch wohlfahrtstheoretisch begründbar, da eine alle Eventualitäten berücksichtigende Regelbindung staatlichen Handelns nicht finanzierbare Transaktionskosten nach sich ziehen würde. Die Alternative "diskretionäre" oder "regelgebundene" Vergabe ist daher in die Frage nach dem *optimalen Regelbindungsgrad* staatlichen Handelns umzuformulieren, im vorliegenden Fall also in die Frage, wie genau die Regeln zur Abgeltung von Sonderbedarfen zu formulieren und welche ("diskretionären") Spielräume

[137] Diese Aussage bleibt auch richtig, wenn - wie in der Praxis üblich - die Verpflichtung zur Abgeltung von Sonderbedarfen nicht erschöpfend und eindeutig geregelt ist und es daher bisweilen den Anschein hat, eine Gebietskörperschaft gleiche den Sonderbedarf einer anderen Gebietskörperschaften "freiwillig" aus.

[138] Wichtigster Fall ist hier der Ausgleich besonderer Notlagen im Rahmen der Sozialhilfe. Auch hier hat der Betroffene einen Anspruch auf staatliche Hilfen, die exakt definiert und damit einklagbar sind; diskretionäre Entscheidungsspielräume sind abzulehnen.

offen zu lassen sind, um die mit der Abgeltung verfolgten Ziele mit den geringsten Kosten zu erreichen. Als Kosten sind dabei allerdings nicht nur die pekuniären Kosten, z. B. die Informationskosten der potentiell Ausgleichsberechtigten, zu berücksichtigen, sondern auch nichtpekunäre Kosten, etwa die mit diskretionären Entscheidungen verbundene Gefahr staatlicher Willkür und Korruption und daraus resultierende "Staatsverdrossenheit" etc. - Es ist offensichtlich, daß ein nach diesen Kriterien bestimmter Grad "optimaler" Regelbindung in den verschiedenen Bereichen staatlichen Handelns unterschiedlich ausfällt. Bei langfristig konstanten und durch wenige, absehbare Faktoren bestimmten Aufgaben wird er höher sein als bei Aufgaben, die sich kurzfristig ändern und von stark variierenden Einflußfaktoren abhängen.

Auch innerhalb des staatlichen Aufgabenbereichs "Ausgleich von Sonderbedarfen zwischen Gebietskörperschaften" lassen sich Teilaufgaben, die auf bekannte und längerfristig konstante Bemessungsgrundlagen zurückgreifen und damit einer höheren Regelbindung unterworfen werden können - etwa der Ausgleich von Sonderbedarfen durch die Erfüllung von langfristig konstanten Auftragsangelegenheiten - von solchen unterscheiden, deren Bemessungsgrundlagen kurzfristig variieren oder im voraus überhaupt nicht absehbar sind - bspw. der Ausgleich von "unvorhersehbaren" Zusatzaufgaben ("Naturkatastrophen") oder Einnahmeausfällen ("Insolvenzen steuerstarker Unternehmen"). Gerade für letztere, durch sog. Feuerwehrfonds wahrgenommene Ausgleichsaufgaben, ist die Unvorhersehbarkeit des Sonderbedarfs geradezu konstitutiv, so daß eine vollständige Regelbindung die für die Erfüllung dieser Ausgleichsaufgabe erforderliche Flexibilität beseitigen würde.

Unabhängig davon, daß bei der Bestimmung des Regelbindungsgrades damit wiederum eine Differenzierung nach der Art des auszugleichenden Sonderbedarfs erforderlich wird, besteht allerdings ein generelles Interesse der ausgleichspflichtigen Gebietskörperschaften nach möglichst geringer Regelbindung. Da in diesem Fall die ausgleichsberechtigten Gebietskörperschaften ihre Ansprüche dem Grunde oder zumindest der Höhe nach nicht nachweisen und einklagen können, halten sich die ausgleichspflichtigen Gebietskörperschaften Entscheidungsspielräume offen, die sie beispielsweise bei unerwarteter Erhöhung des eigenen Finanzbedarfs oder unerwarteten Einnahmeausfällen zur Kürzung der Abgeltungen nutzen können.[139] Umgekehrt haben die ausgleichsberechtigten Gebietskörperschaften naturgemäß Interesse an einem möglichst hohen Regelbindungsgrad, um die Höhe der Abgeltungen möglichst exakt kalkulieren und notfalls auch einklagen zu können und damit gegen willkürliche Entscheidungen der Ausgleichspflichtigen abzusichern.

---

[139] Hieraus erklärt sich beispielsweise, warum die Länder im kommunalen Finanzausgleich Regelbindungen ablehnen, die das Volumen von Feuerwehrfonds (wie auch von allgemeinen und speziellen Verbundmassen) für "bedürftige" Gemeinden (Ausgleichstockgemeinden) längerfristig fixieren.

Damit existieren auch in dieser Ausgestaltungsfrage der Bedarfsabgeltung systematische Interessengegensätze zwischen ausgleichsberechtigten und -pflichtigen Gebietskörperschaften. Sollen diese nicht einseitig zugunsten der (über die größere politische Durchsetzungsfähigkeit verfügenden) ausgleichspflichtigen Gebietskörperschaften entschieden werden, ist es erforderlich, die politischen Gestaltungsspielräume eng zu halten, indem unter Berücksichtigung der oben genannten Kriterien der finanzausgleichstheoretisch optimale Regelungsgrad möglichst genau spezifiziert wird.

3.3. Abstrakter oder konkreter Ausgleich

Im Hinblick auf die Quantifizierung von (Sonder-)Bedarfen als Verhältniszahlen oder absolute Geldeinheiten ist zwischen "abstrakter" und "konkreter" Quantifizierung zu unterscheiden.[140] Bei einer abstrakten Quantifizierung werden die Finanzbedarfe der einzelnen Gebietskörperschaften relativ zueinander bzw. relativ zum Finanzbedarf der betreffenden föderalen Ebene insgesamt ausgedrückt, etwa als Prozentanteile des Durchschnitts oder als (veredelte) Einwohnerzahlen. Nachteilig ist dabei, daß sich die auf die einzelnen Gebietskörperschaften entfallenden absoluten Geldbeträge erst durch die Multiplikation dieser Anteile mit der insgesamt verfügbaren Finanzmasse ergeben.[141] Positiv ist allerdings, daß bei einer abstrakten Berechnung des Finanzbedarfs die Verteilungsstrukturen nicht auf Niveaueffekte bzw. die dahinter stehenden Veränderungen von Inflations- und Wachstumsraten, vertikalen Finanzausgleichsquoten u. ä. reagieren und die Anteile der einzelnen Gebietskörperschaften daher nicht dauernd an veränderte Finanzmassen angepaßt werden müssen.[142]

Damit erweist sich die abstrakte Bedarfsquantifizierung vor allem als vorteilhaft, wenn durch die Finanzausgleichsmaßnahmen uno acto die vertikalen Deckungsrelationen (zwischen Geber- und Nehmerebene) und die horizontalen Deckungsrelationen (innerhalb der Nehmerebene) bestimmt werden sollen: Da relativ quantifizierte Sonderbedarfe gegenüber Veränderungen der vertikalen Deckungsquoten und der damit verbundenen Finanzausgleichsmasse unabhängig sind, ist es möglich, die vertikalen Deckungsquoten zu ändern, nachdem die horizontalen Deckungsquoten

---

[140] Die hier getroffene Unterscheidung stimmt nicht mit der OSSENBÜHLs (1984, S. 55) überein, der unter konkretem Bedarf einen Sonderbedarf, unter abstraktem Bedarf einen - für die Einwohner aller Bundesländer gleichen - "Allgemeinbedarf" versteht.

[141] Überträgt man die aus der Subventionstechnik bekannte Unterscheidung zwischen Repartitions- und Quotitätsprinzip auf die Bedarfsmessung (SMEKAL 1980; S. 175), so ist die abstrakte Bedarfsmessung ersterer Form zuzurechnen, da die Höhe der Begünstigungen, die aus der Anerkennung des Sonderbedarfs resultieren, von der Gesamthöhe der vom Zuweisungsgeber zur Verfügung gestellten Zuweisungsmasse abhängt. Dagegen folgt die konkrete Bedarfsmessung dem Repartitionsprinzip, da sich die zur Abgeltung des Sonderbedarfs erforderlichen Finanzmittel hier aus der gewählten Bemessungsgrundlage ergeben und in ihrer Höhe variabel sind.

[142] Vgl. WEBER 1981.

(ggf. unter Berücksichtigung von Sonderbedarfen) bereits festgelegt worden sind. Andererseits besteht die Gefahr, daß eine - unter dem vertikalen Ausgleichsaspekt begründete - Variation der Ausgleichsmasse die absoluten Ausgleichsbeträge so stark reduziert oder ausweitet, daß sie den auszugleichenden Mehr- oder Minderbedarfen absolut nicht mehr entsprechen und damit die horizontalen Deckungsrelationen verzerren.

Bei einer konkreten Finanzbedarfs-Berechnung werden die Finanzbedarfe der einzelnen Gebietskörperschaften in absoluten Geldbeträgen ausgedrückt, so daß auch die hierfür erforderliche Finanzausgleichsmasse absolut feststeht und die mit einer abstrakten Bedarfsquantifizierung verbundene Gefahr einer Verzerrung der horizontalen Deckungsquoten ausgeschaltet ist. Umgekehrt verhindert dies aber auch die Variation der Finanzausgleichsmasse zwecks Anpassung der vertikalen Deckungsquoten. Die absolute Quantifizierung des Bedarfs der Gebietskörperschaften innerhalb der zuweisungsempfangenden Ebene schützt damit den horizontalen Ausgleich gegenüber Veränderungen des vertikalen Ausgleichs, die relative Bedarfsquantifizierung betont umgekehrt die Flexibilität des vertikalen Finanzausgleichs und geht dabei das Risiko einer Verzerrung der horizontalen Deckungsquoten ein.[143]

Als Sonderform der abstrakten Bedarfsmessung ist die Verminderung der originären Finanzkraft (Steuerkraft) der Gebietskörperschaften um Sonderbedarfe anzusehen. Selbst wenn die Sonderbedarfe absolut quantifiziert sind, lassen sich bei diesem Verfahren die aus dem Abzug resultierenden Mehreinnahmen bzw. Minderabführungen nicht unmittelbar erkennen, sondern ergeben sich erst aus dem - u. U. recht komplizierten - Ausgleich zwischen Finanzbedarf und (in diesem Fall reduzierter) originärer Finanzkraft. Je nach dem Verhältnis zwischen Finanzbedarf und originärer Finanzkraft und dem daraus resultierenden Ausgleichsgrad wirkt sich ein solcher Abzug daher quantitativ ganz unterschiedlich aus - ebenso wie auch Steuerabzüge bei einem nichtlinearen Steuertarif je nach Höhe der Steuerbemessungsgrundlage in unterschiedlichen absoluten Steuerentlastungen resultieren.

Während dies bei der Personenbesteuerung in bestimmten Fällen begründet ist, da eine Variation der absoluten Steuerentlastungsbeträge mit der Höhe des steuerpflichtigen Einkommens aus verteilungspolitischen Zielen gewünscht wird, erscheint eine solche Verquickung zwischen dem Ausgleich von Sonderbedarfen und (innerstaatlichen) Distributionszielen im Finanzausgleich zwischen Gebietskörperschaften problematisch, da die je nach originärer Finanzkraft unterschiedlichen Auswirkungen des Steuerabzugs im Gegensatz zur personalen Steuerpolitik distributiv nicht gerechtfertigt, u. U. ex post sogar kaum abschätzbar sind.

[143] Die Wahl zwischen konkreter und abstrakter Bedarfsquantifizierung ist damit zugleich ein Indikator dafür, ob die Finanzausgleichsregeln eher föderative oder eher zentralistische Ziele verfolgen.

Der materielle Finanzausgleich in der Bundesrepublik kennt sowohl die konkrete als auch die abstrakte Bedarfsquantifizierung. Im kommunalen Finanzausgleich dominiert letztere, da innerhalb der Schlüsselzuweisungen, d. h. des quantitativ wichtigsten Elements des kommunalen Finanzausgleichs, der Bedarf einer Gemeinde als sog. "Gesamtansatz" (Summe der - ggf. gewichteten - Einwohner plus der aus den Nebenansätzen resultierenden "fiktiven" Einwohner) ausgedrückt wird, der lediglich ihren relativen Bedarf im Verhältnis zu anderen Gemeinden wiedergibt. Der hieraus resultierende konkrete Bedarf (Ausgleichsmeßzahl) errechnet sich erst aus der Multiplikation dieses Gesamtansatzes mit dem Grundbetrag, der sich aus der für den Finanzausgleich insgesamt vorhandenen Schlüsselmasse errechnet.[144,145]

Um eine abstrakte Bedarfsmessung handelt es sich auch, wenn die Sonderbedarfe nicht der allgemeinen Schlüsselmasse, sondern "Sonderfonds" ("Sonderschlüsselmassen") oder dem Landeshaushalt entstammen: Auch hier werden die aus dem eingeräumten Sonderbedarf resultierenden finanziellen Vorteile für die einzelnen Gemeinden erst nach der Aufteilung des entsprechenden Fonds bzw. der entsprechenden Haushaltsposition erkennbar. Allerdings ist der Bedarf in diesen Fällen bereits konkreter bestimmt als dann, wenn er - zusammen mit verschiedenen anderen Bedarfsfaktoren - die Verteilung der allgemeinen Schlüsselmasse beeinflußt, da die quantitativen Folgen von weniger Einflußfaktoren abhängen als dann, wenn der Sonderbedarf aus der, anhand vieler Faktoren aufgeteilten allgemeinen Schlüsselmasse finanziert wird.[146]

Im *materiellen kommunalen Finanzausgleich* der Bundesrepublik finden sich - überwiegend bei den horizontalen und vertikalen Erstattungszahlungen für Auftragsangelegenheiten - aber auch Beispiele für eine konkrete Bedarfsquantifizierung. So werden bspw. die aus der vertraglich vereinbarten Versorgung von Einwohnern anderer Gemeinden (Aufgabendelegation) resultierenden Mehrbedarfe häufig konkret quantifiziert, etwa

---

[144] In der Literatur wird häufig die Auffassung vertreten, die Ausgleichsmeßzahl sei kein Ausdruck des monetären Finanzbedarfs der Gemeinde, da der Grundbetrag lediglich eine ausschließlich rechentechnisch bestimmte Größe sei. Unterstellt man aber, daß sowohl die der öffentlichen Hand insgesamt zuzuleitenden Ressourcen als auch deren Aufteilung auf die verschiedenen föderalen Ebenen (vertikaler Finanzausgleich) in Abwägung mit den insgesamt (d. h. für öffentlichen und privaten Sektor) verfügbaren Ressourcen festgelegt worden sind, so kann die Ausgleichsmeßzahl sehr wohl als monetärer Ausdruck des kommunalen Finanzbedarfs betrachtet werden.

[145] Bezüglich der Nebenansätze für zentralörtliche Leistungen siehe HANSMEYER 1980, S. 130ff.

[146] Da somit die der abstrakten Bedarfsquantifizierung zuzurechnenden Methoden hinsichtlich ihres Abstraktheitsgrades variieren, sind die Übergänge zur konkreten Bedarfsquantifizierung fließend. Dies läßt sich etwa am Beispiel einer abstrakt definierten Bemessungsgrundlage für einen Sonderbedarf verdeutlichen, der lediglich in einer Gemeinde vorliegt: Wird dieser Sonderbedarf aus einem separaten Fonds finanziert, so stimmt die Fondssumme mit dem dieser Gemeinde zufließenden Abgeltungsbetrag überein; abstrakte und konkrete Bedarfsbemessung sind in diesem Fall identisch.

in absoluten Beträgen pro Einwohner oder pro Leistungsfall.[147] Betrachtet man die im *materiellen Länderfinanzausgleich* angewandten Sonderbedarfsregelungen, so überwiegt auch hier die Methode der abstrakten Bedarfsbemessung: Der quantitativ überragende Verteilungsfaktor besteht in der abstrakten Größe der (primär von der Einwohnerzahl des Landes, zusätzlich von der Größe und Dichte seiner Gemeinden bestimmten) Ausgleichsmeßzahl. Absolute Geldbeträge ergeben sich erst aus der Gegenüberstellung der Ausgleichs- mit der Steuerkraftmeßzahl, die sich im Länderfinanzausgleich aus den durchschnittlichen Steuereinnahmen aller Länder ergibt.[148]

3.4. Monetärer oder realer Ausgleich

Die zwischen Gebietskörperschaften bestehenden Leistungsverpflichtungen im allgemeinen wie die Abgeltung von (Zusatz-)Bedarfen im besonderen können - analog zu den im Privatsektor bestehenden Leistungsverpflichtungen - entweder monetär oder real ausgeglichen werden. Bei einem *monetären* Ausgleich erhält die ausgleichsberechtigte Gebietskörperschaft Finanzmittel, die sie als allgemeine Haushaltsmittel zur Deckung beliebiger Ausgaben verwenden kann; bezüglich der Mittelverwendung ist die monetäre Abgeltung damit allokationsneutral.[149] Bei einer *realen* Abgeltung erhält die ausgleichsberechtigte Gebietskörperschaft demgegenüber reale Güter oder Dienstleistungen, die allgemein in der Übernahme bestimmter Aufgaben dieser Gebietskörperschaft durch andere Gebietskörperschaften bestehen und sich konkret bspw. in der "Ab-

---

[147] Die bspw. im kommunalen Finanzausgleich Nordrhein-Westfalens bis 1982 gewährte Auftragskostenpauschale, die das Land seinen Gemeinden für die Erfüllung von Auftragsaufgaben und "Pflichtaufgaben zur Erfüllung nach Weisung" gewährte, wurde absolut quantifiziert; im Jahr 1982 betrug sie bspw. für die kreisfreien Städte 53,30 DM pro Einwohner, für die Kreise 43,50 DM pro Einwohner. Siehe § 17 Abs 2. des Gesetzes zur Regelung der Zuweisungen des Landes Nordrhein-Westfalen für das Haushaltsjahr 1982 vom 2.2. 1982 (Gesetz- und Verordnungsblatt für das Land Nordrhein-Westfalen, ausgegeben am 10.2.1982). Die Kreise waren lt. § 17 Abs. 3 verpflichtet, hiervon bestimmte Beträge an die kreisangehörigen Städte weiterzuleiten.

[148] Die Sonderbedarfe aus Hafenlasten und Lasten der "Strukturschwäche" sind zwar anhand absoluter Beträge quantifiziert (wobei deren fehlende Anpassung an gestiegene Kosten hier ohne Belang bleiben kann), stellen gleichwohl ebenfalls eine (Sonder-)Form der abstrakten Bedarfsquantifizierung dar, da sie für die Länder keine unmittelbaren Mehreinnahmen bedeuten, sondern sich nur indirekt in einer Verminderung der originären Finanzkraft und daraus resultierender Mehreinnahmen/Minderleistungen auswirken. (In verschiedenen Jahren wurde der Sonderbedarf aus den Hafenlasten nicht in absoluten Größen, sondern als relative Anteile der Steuereinnahmen der Küstenstaaten ausgedrückt. Das Beispiel zeigt, daß sich damit selbst relativ ausgedrückte Bedarfsunterschiede durch ihre Abzugsberechtigung von einer Steuerkraftmeßzahl nochmals relativieren lassen. Diese "doppelte Relativierung" muß auf besondere Bedenken stoßen, da die daraus resultierenden absoluten Begünstigungen kaum noch abzuschätzen sind und sich im Zeitablauf recht schnell ändern können.)

[149] Dagegen löst der zwischen Bemessungsgrundlage und Ausgleichsbetrag bestehende Zusammenhang immer dann allokative Lenkungswirkungen aus, wenn die Ausgleichsbeträge größer oder kleiner als die dadurch auszugleichenden Bedarfsunterschiede sind.

stellung" von Personal, in der Überlassung von Geräten, Einrichtungen oder Rechtsansprüchen, in der Übernahme von Bürgschaften oder Verpflichtungen zur Amtshilfe etc. äußern können.

Reale Abgeltungen weisen somit stets allokative Lenkungseffekte auf, da sich die Leistungskraft der begünstigten Gebietskörperschaft nur in dem speziell geförderten Bereich erhöht und sich somit die Preis- und Mengenrelationen des von ihr angebotenen "Warenkorbes" verändern. Allerdings ist es möglich, die den realen Leistungen eigenen Lenkungseffekte mit Hilfe von Verwendungsauflagen auch durch monetäre Leistungen hervorzurufen. Die mit der Schenkung einer Landeseinrichtung an eine Gemeinde, bspw. eine Sportanlage, verbundenen Lenkungswirkungen lassen sich damit auch durch monetäre Zuweisungen erreichen, die mit entsprechenden Verwendungsauflagen verbunden sind.[150] Im Hinblick auf diese unterschiedlichen Allokationswirkungen ist deshalb die Wahl zwischen einer monetären und einer realen Abgeltung von Sonderbedarfen identisch mit der Wahl zwischen einer allgemeinen und spezifischen, d. h. mit Verwendungsauflagen versehenen Abgeltung. Festhalten läßt sich aber bereits, daß eine reale Abgeltung von (Sonder-)Bedarfen ungeeignet ist, falls solche Allokationswirkungen unerwünscht sind.

Abgesehen von allokativen Zielsetzungen sprechen gegen eine reale Abgeltung von (Sonder-)Bedarfen die - in der Literatur in der Regel für den privaten Sektor betonten - höheren Transaktionskosten, soweit auch für den öffentlichen Sektor angenommen werden kann, daß monetäre Vermögenstitel leichter übertragbar und tauschbar sind als reale. Hiervon kann allerdings nicht immer ausgegangen werden, da für einen beträchtlichen Teil der von Gebietskörperschaften bereitgestellten Güter, etwa viele kommunale Ver- und Entsorgungsleistungen, kein Marktpreis existiert. In diesen Fällen kann eine reale Abgeltung einfacher oder auch einzig praktikabel sein.[151]

Allerdings wirft die Bewertung realer Abgeltungen, die aus Gründen der Haushaltsklarheit und -vollständigkeit zu fordern ist, erhebliche haushaltsrechtliche und -technische Probleme auf. Bei realen Abgeltungsvereinbarungen besteht überdies die Gefahr, daß sich die Kosten der Leistungserbringung infolge von Mengen- und/oder Preisänderungen im Zeitablauf nicht für beide (bei multilateralen Abkommen: für alle) Betei-

---

[150] Sollen exakt die gleichen Allokationseffekte eintreten, müssen die Verwendungsauflagen sehr detailliert sein. Genau genommen müßten sie in der Anweisung zum Bau einer Sportanlage bestehen, die in allen Merkmalen mit dem Realtransfer übereinstimmen.

[151] So könnten sich beispielsweise zwei Nachbargemeinden zwecks Erreichung günstigerer Ausbringungsmengen einigen, bestimmte Leistungen für die Einwohner der anderen Gemeinde mitzuerbringen. Die Gemeinde A könnte dann beispielsweise eine Müllverbrennungsanlage betreiben, die die Nachbargemeinde mitentsorgt, die Gemeinde B könnte umgekehrt eine Kläranlage für die Abwässer beider Gemeinden betreiben. Im Falle annähernder Gleichwertigkeit beider Leistungen könnten sich die Gemeinden auf deren "kostenlose", d. h. reale Abgeltung einigen.

ligten parallel entwickeln. Während dies bei einer monetären Abgeltung zu entsprechenden Veränderungen der Abgeltungsbeträge führt, die Vereinbarung dem Grunde nach aber unberührt läßt, bedarf es bei realen Abgeltungen in solchen Fällen einer Veränderung der Vereinbarungen selbst.[152] Reale Abgeltungen sind aus diesem Grund langfristig weniger stabil und unter diesem Gesichtspunkt allenfalls für Leistungen mit annähernd konstanten Volumina und (relativen) Preisen praktikabel.

Angesichts dieser Nachteile ist es nicht verwunderlich, daß im *materiellen Finanzausgleich* der Bundesrepublik die monetäre Bedarfsabgeltung dominiert. Reale Abgeltungen finden sich nur in geringem Umfang, etwa bei der gegenseitigen Übernahme oder der "Verrechnung" von Leistungsansprüchen zwischen Gemeinden.

3.5. Direkter oder indirekter Ausgleich

Bedarfsunterschiede zwischen Gebietskörperschaften können des weiteren danach unterschieden werden, ob sie direkt oder indirekt abgegolten werden. Während es bei einer direkten Abgeltung zur Übertragung (monetärer oder realer) Vermögenstitel kommt, besteht die indirekte Abgeltung darin, daß eine prinzipiell ausgleichsberechtigte Gebietskörperschaft auf die Übertragung solcher Vermögenstitel gegenüber einer anderen Gebietskörperschaft verzichtet. Dahinter kann entweder eine Verrechnung entgegengerichteter Ansprüche stehen oder eine angestrebte (innerstaatliche) Umverteilung von Finanzmitteln.[153]

Im Hinblick auf die Haushaltsgrundsätze der Klarheit und Vollständigkeit ist eine indirekte Abgeltung abzulehnen. Eine Aufrechnung von (etwa aus gegenseitig erbrachten Leistungen begründeten) Ansprüchen zwischen zwei Gebietskörperschaften mag von den Beteiligten einer direkten Abgeltung mittels monetärer Zahlungen gleichgesetzt, wegen des geringeren Verwaltungsaufwands möglicherweise sogar vorgezogen werden; aus haushaltsrechtlichen und -technischen Gründen ist eine solche Aufrechnung gleichwohl abzulehnen, da sie eine "Bilanzverkürzung" dar-

---

[152] Die kostenlose Inanspruchnahme der beiden genannten kommunalen Einrichtungen beispielsweise würde der einen oder anderen Gemeinde im Lauf der Zeit zu teuer werden, so daß sie eine Auflösung der Nutzungsvereinbarung anstreben wird.

[153] Denkbar wäre ein solcher Verzicht beispielsweise bei Abgeltungsansprüchen einer finanzstarken gegenüber einer finanzschwachen Gebietskörperschaft. So könnte etwa eine finanzstarke Großstadt gegenüber ihren finanzschwächeren Umlandgemeinden bestimmte zentralörtliche Leistungen erbracht haben, durch die ihr ein ausgleichsberechtigter Sonderbedarf entstanden ist. Siehe zu dieser Form der innerstaatlichen Umverteilung durch indirekte Transfers ausführlich HANSMEYER 1980, S. 94ff.

stellt, die im Verhältnis zu Dritten - etwa bei der Finanzkraftberechnung im kommunalen Finanzausgleich[154] - negative Allokations- und Distributionswirkungen haben könnte.

Im materiellen Finanzausgleich der Bundesrepublik sind - vorwiegend auf der kommunalen Ebene - indirekte Abgeltungen gleichwohl anzutreffen. So wird etwa von leistungsstarken Gemeinden gegenüber leistungsschwachen Gemeinden auf die Abgeltung zentralörtlicher Leistungen häufig verzichtet; ähnliches kennt man im Verhältnis zwischen Gemeinden und Gemeindeverbänden (beispielsweise verzichten Gemeindeverbände gegenüber ihren leistungschwachen Gemeinden auf bestimmte Erstattungen oder die (volle) Erhebung von Umlagen) und im Verhältnis zwischen Gemeinden (GV) und der staatlichen Ebene.

Die Alternative zu einer solchen indirekten Abgeltung von Ansprüchen bestünde darin, auch gegenüber leistungsschwachen Gebietskörperschaften zunächst auf einer vollständigen Abgeltung zu bestehen und die daraus resultierende Leistungsschwäche anschließend mit Hilfe direkter Abgeltungen (bei Gemeinden etwa durch Zahlungen aus dem Ausgleichstock) zu beseitigen. Obwohl diese Methode auf den ersten Blick unnötig kompliziert erscheint, da den Gebietskörperschaften aus der rechten Tasche etwas herausgezogen wird, was ihnen danach wieder in die linke hineingesteckt wird, ist sie insofern vorteilhaft, als sie die Höhe der Ausgleichsleistungen expliziert und damit verhindert, daß sich mehrere indirekte Abgeltungen kumulieren und (u. U. unerkannte) "Übernivellierungseffekte" eintreten.[155]

Da die Unterscheidung zwischen direkter und indirekter Abgeltung von der zuvor behandelten Unterscheidung zwischen realer und monitärer Abgeltung unabhängig ist, finden sich im *materiellen Finanzausgleich* sämtliche der durch die Kombination beider Merkmale entstehenden Abgeltungstypen, d. h. 1. direkte monetäre Abgeltungen, 2. indirekte monetäre Abgeltungen, 3. direkte reale Abgeltungen und 4. indirekte reale Abgeltungen.[156] Im Hinblick auf die oben geäußerten Vorbehalte ist lediglich Typ 1 unbedenklich, während die Typen 2 und 3 wegen ihrer realen bzw. indirekten Abgeltung und Typ 4 wegen gleichzeitigem Auftreten beider Mängel zu kritisieren ist.

---

[154] Eine indirekte Abgeltung von Leistungen zwischen Gebietskörperschaften könnte aus diesem Grund beispielsweise mißbraucht werden, um die im Finanzausgleich angerechnete Finanzkraft und damit verbundene Ausgleichspflichten zu verringern.

[155] Für die Verteilung der den Kommunen zufließenden Gesamteinnahmen sind solche Übernivellierungseffekte in der Tag nachgewiesen worden, insbesondere deshalb, weil eine Vielzahl der den Gemeinden zugewiesenen Einnahmen (etwa diskretionäre Landeszuweisungen) und den Gemeinden erlassener Zahlungsverpflichtungen (Gemeindeverbandsumlagen, Landesumlagen) indirekte Begünstigungen für die leistungschwachen Gemeinden enthält. Vgl. hierzu etwa KOPS 1983, S. 483ff. für den kommunalen Finanzausgleich in Nordrhein-Westfalen.

[156] SMEKAL (1980, S. 155ff.) nennt Beispiele aller vier Formen für den materiellen Finanzausgleich Österreichs.

In den Abbildungen 13 und 14 wurde bereits deutlich, daß die Abgeltung von Sonderbedarfen nicht nur zu Allokationswirkungen (Substitutionseffekten), sondern in der Regel auch zu Verteilungswirkungen (Einkommenseffekten) führt. Dies ist solange nicht zu beanstanden, solange eine solche zusätzliche Veränderung der Deckungsquoten politisches Ziel der Beteiligten ist und diese Verteilungswirkungen den distributiven Zielen entsprechen. Bei den Zweckzuweisungen des Bundes an die Länder sind diese Voraussetzungen allerdings nicht erfüllt, da die hervorgerufenen Verteilungswirkungen weder kontrolliert werden (häufig sogar übersehen wird, daß solche Verteilungswirkungen überhaupt anfallen), noch politischer Konsensus darüber besteht, welche Verteilungswirkungen mit den Zweckzuweisungen überhaupt angestrebt werden sollten. Infolgedessen besteht die Gefahr ungewünschter Verteilungswirkungen der einzelnen Zweckzuweisungen, die wegen der fehlenden Abstimmung der Einzelwirkungen sogar zu Übernivellierungswirkungen des Verteilungssystems insgesamt führen können.

Werden solche Verteilungswirkungen von Zweckzuweisungen hingegen beachtet - in der Bundesrepublik geschieht dies mit wachsender zunehmender Sensibilisierung für Verteilungsfragen in jüngerer Vergangenheit zunehmend - so werden sie zu einer zusätzlichen Restriktion für die Zuweisungsvergabe. Bezogen auf die Investitionshilfen des Bundes bedeutet dies, daß der Bund die angestrebten allokativen Ziele gegenüber den Ländern nur noch durchsetzen kann, sofern auch die mit den Zuweisungen verbundenen - nunmehr transparenten - Verteilungswirkungen politisch konsensfähig sind. Dadurch werden die allokativen Gestaltungsspielräume des Bundes gravierend eingeschränkt, da die Länder letztlich nur eine Verteilung akzeptieren, die kein Land benachteiligt, d. h. praktisch einer Verteilung nach der Einwohnerzahl entspricht. Allokationsziele sind damit - abgesehen vom vertikalen "Niveaueffekt" zugunsten der Ländergemeinschaft - für den Bund nicht mehr durchsetzbar.

Zur Sicherung der Allokationseffizienz von Zweckzuweisungen müßten diese daher wieder ausschließlich unter allokativen Gesichtspunkten verteilt werden. Um der dann bestehenden Gefahr von Verstößen gegen Distributionsziele zu begegnen, sollten die Verteilungswirkungen aller Zweckzuweisungen des Bundes explizit erfaßt und ausgewiesen werden. Diese Verteilungswirkungen müßten dann in die Berechnung der distributiv begründeten Ausgleichszuweisungen einbezogen werden, um einen Ausgleich unter Einbeziehung der originären wie aller auflagengebundenen und -freien derivativen Einnahmen zu erreichen.[157]

[157] Siehe für das Verhältnis Länder-Gemeinden die ausführliche Begründung dieser Forderung bei FRICKE/KOPS 1982, S. 24ff.

3.6. Zusammenfassung zur technischen Ausgestaltung bedarfsorientierter Finanzausgleichsverfahren

1. Neben der qualitativen und quantitativen Abgrenzung ausgleichsberechtigter Sonderbedarfe und der Festlegung der Ausgleichsbeteiligten und der Ausgleichsrichtung ist die **Ausgleichstechnik** zu bestimmen. Wichtigste Gestaltungsmerkmale sind dabei die Art und das Ausmaß der Auflagen (als Empfangs-, Verwendungs und Eigenbeteiligungsauflagen), deren diskretionäre oder regelgebundene Formulierung sowie ihre abstrakte versus konkrete, monetäre versus reale und direkte versus indirekte Vergabe.

2. **Empfangsauflagen** sind zur Abgeltung von Sonderbedarfen stets erforderlich, da durch sie sichergestellt wird, daß sich der Ausgleich auf extern verursachte Bedarfsunterschiede beschränkt bzw. die Bedingungen für einen ausnahmsweisen Ausgleich intern verursachter Bedarfsunterschiede erfüllt sind.

3. **Verwendungsauflagen** sind nur erforderlich und gerechtfertigt, falls intern verursachte Bedarfsunterschiede ausgeglichen werden. Werden hingegen extern verursachte Bedarfsunterschiede ausgeglichen, so beziehen sich die Auflagen ex definitione auf für die Zuweisungsempfänger nicht beeinflußbare Faktoren. Sie sind von diesen dann nicht erfüllbar und überflüssig.

3. **Eigenbeteilungsauflagen** verstärken die Allokationswirkungen der Verwendungsauflagen. Durch sie werden neben der externen Steuerung der Fremdmittel (als Prozentsätze der Fremdmittel bestimmte) Teile von Eigenmitteln der Zuweisungsempfänger in vom Zuweisungsgeber bestimmte Verwendungen gelenkt.

4. Ob Auflagen die Allokationsentscheidungen der zuweisungsempfangenden Gebietskörperschaften tatsächlich verbessern, ist zweifelhaft. Die Auflagen erlassenden (im allgemeinen einer höheren föderalen Ebene angehörigen) Gebietskörperschaften führen als Rechtfertigung häufig die von den Mitgliedern der untergeordneten Ebene bei ihren Allokationsentscheidungen vernachlässigten externen Effekte und gesamtwirtschaftlichen Zielsetzungen an, ein Argument, das zumindest prinzipiell anerkannt werden kann. Die von Zuweisungsgebern zur Rechtfertigung von Auflagen ebenfalls häufig behauptete höhere **Informations- und Entscheidungsqualität** muß angesichts ihrer geringeren Ortsnähe sowie des verteilungspolitisch bedingtes Zwanges zur Gleichbehandlung aller Zuweisungsempfänger dagegen bezweifelt werden. Zu beachten ist auch, daß den durch Auflagen erzielten Allokationsverbesserungen **Transaktionskosten** gegenübergestellt werden müssen. Deren Berücksichtigung legt eine geringere Zahl von Auflagen bzw. eine niedrigere Regelungs- und Kontrolldichte nahe.

5. Bei einer **konkreten** Quantifizierung werden die Finanzbedarfe der Gebietskörperschaften in absoluten monetären Einheiten, bei einer **abstrakten** Quantifizierung hingegen relativ zueinander bzw. relativ zum Finanzbedarf der betreffenden föderalen Ebene insgesamt ausgedrückt, etwa als Prozentanteile des Durchschnitts oder als (veredelte) Einwohnerzahlen. Nachteilig ist dabei, daß sich die auf die einzelnen Gebietskörperschaften entfallenden absoluten Geldbeträge erst durch die Multiplikation dieser Anteile mit der insgesamt verfügbaren Finanzmasse ergeben. Positiv ist allerdings, daß bei einer abstrakten Berechnung des Finanzbedarfs die Verteilungsstrukturen nicht auf Niveaueffekte bzw. die dahinter stehenden Veränderungen von Inflations- und Wachstumsraten, vertikalen Finanzausgleichsquoten u. ä. reagieren und die Anteile der einzelnen Gebietskörperschaften daher nicht dauernd an veränderte Finanzmassen angepaßt werden müssen.

6. Bei einem **monetären** Ausgleich erhält die ausgleichsberechtigte Gebietskörperschaft Finanzmittel, die sie als allgemeine Haushaltsmittel zur Deckung beliebiger Ausgaben verwenden kann; bezüglich der Mittelverwendung ist die monetäre Abgeltung damit allokationsneutral. Bei einer **realen** Abgeltung erhält die ausgleichsberechtigte Gebietskörperschaft demgegenüber reale Güter oder Dienstleistungen. Reale Abgeltungen weisen somit stets allokative Lenkungseffekte auf, da sich die Leistungskraft der begünstigten Gebietskörperschaft nur in dem speziell geförderten Bereich erhöht und sich somit die Preis- und Mengenrelationen des von ihr angebotenen "Warenkorbes" verändern.

7. Während es bei einer **direkten** Abgeltung zur Übertragung (monetärer oder realer) Vermögenstitel kommt, besteht die **indirekte** Abgeltung darin, daß eine prinzipiell ausgleichsberechtigte Gebietskörperschaft auf die Übertragung solcher Vermögenstitel gegenüber einer anderen Gebietskörperschaft verzichtet. Eine solche indirekte Abgeltung ist im Hinblick auf die Haushaltsgrundsätze der Klarheit und Vollständigkeit abzulehnen, da sie eine "Bilanzverkürzung" darstellt, die im Verhältnis zu Dritten - etwa bei der Finanzkraftberechnung im kommunalen Finanzausgleich - negative Allokations- und Distributionswirkungen auslöst. Wegen des geringeren Verwaltungsaufwands und der umgangenen Schwierigkeiten bei der Quantifierung der Abgeltungsbeträge wird eine indirekte Abgeltung dennoch bisweilen praktiziert.

TEIL V: FOLGERUNGEN FÜR DEN MATERIELLEN LÄNDERFINANZAUSGLEICH DER BUNDESREPUBLIK

1. Vorgehensweise zur Einbeziehung konkreter Sonderbedarfe in die Elemente des materiellen Länderfinanzausgleichs

Die vorliegende Arbeit hat diese Frage, welche Sonderbedarfe im Länderfinanzausgleich konkret berücksichtigt werden sollten, offengelassen und nur die theoretischen Grundlagen zu ihrer Beantwortung zu entwickeln versucht. Wegen der Vielzahl denkbarer und auch in der politischen Diskussion befindlicher Formen solcher Sonderbedarfe kann auch in den abschließenden Passagen nicht der Versuch unternommen werden, diese theoretischen Prinzipien auf alle potentiellen Sonderbedarfe anzuwenden und deren Ausgleichsrelevanz und ggf. finanzausgleichstechnische Behandlung zu bestimmen. Stattdessen soll abschließend lediglich skizziert werden, wie bei einer Beurteilung der Ausgleichsrelevanz von Sonderbedarfen anhand der entwickelten Kriterien vorzugehen wäre.

1.1. Ein Katalog potentieller Sonderbedarfe

In Abbildung 16 sind die gegenwärtig im Länderfinanzausgleich berücksichtigten sowie einige der in der derzeitigen politischen Diskussion vorgeschlagenen Sonderbedarfe zusammengestellt. Obwohl die Liste keinesfalls vollständig ist, verdeutlicht sie das weite Spektrum von Merkmalen, die als Sonderbedarfe der Länder angesehen werden können. Im einzelnen enthält Abbildung 16 als solche Merkmale die Einwohnerzahl und Einwohnerdichte der Gemeinden eines Landes, den Status eines Landes als Stadtstaat und die Kosten für die Unterhaltung und Erneuerung von Seehäfen - sämtlich Merkmale, die im horizontalen Länderfinanzausgleich (auch nach Novellierung des FAG) als Sonderbedarfe anerkannt werden;[1] weiterhin die "Strukturschwäche" eines Landes, die im novellierten FAG nicht mehr enthalten ist, sowie die geringe Einwohnerzahl eines Landes, die seit der Novellierung des FAG im vertikalen Länderfinanzausgleich als zusätzliche Form des Sonderbedarfs (bei den Bundesergänzungszuweisungen) berücksichtigt wird.

An vorgeschlagenen Sonderbedarfen, die zum Teil auch in der aktuellen Diskussion stehen, enthält Abbildung 16 die unterdurchschnittliche Einwohnerzahl bzw. -dichte der Gemeinden eines Landes, die im kommunalen Finanzausgleich einiger Bundesländer als Sonderbedarf ("Flächenansatz") anerkannt wird;[2] weiterhin die Hochschullasten, die Kohlelasten, die Sozialhilfelasten und die Lasten überdurchschnittlicher Arbeitslosig-

[1] Siehe oben, Teil II, Abschnitt 3.2.

[2] Siehe MÜNSTERMANN 1987.

keit, deren Anerkennung von einzelnen Bundesländern gefordert wird, und schließlich die Arbeitslosenquote, das Bruttoinlandsprodukt und die Beschäftigungsentwicklung, anhand derer nach den Vorstellungen der Bundesregierung die Strukturhilfen des Bundes verteilt werden sollen.

Abbildung 16:
Im Länderfinanzausgleich berücksichtigte und zur Berücksichtigung vorgeschlagene Sonderbedarfe der Länder

A. Gegenwärtig im Länderfinanzausgleich berücksichtigte Sonderbedarfe

1. Die (überdurchschnittliche) Einwohnerzahl der Gemeinden eines Landes
2. Die (überdurchschnittliche) Einwohnerdichte der Gemeinden eines Landes
3. Der Status eines Landes als Stadtstaat
4. Die Unterhaltung und Erneuerung von Seehäfen
5. Die "Strukturschwäche" eines Landes
6. Die geringe Einwohnerzahl eines Landes ("Kosten politischer Führung")

B. Weitere vorgeschlagene Sonderbedarfe

1. Die unterdurchschnittliche Einwohnerzahl der Gemeinden eines Landes
2. Die unterdurchschnittliche Einwohnerdichte der Gemeinden eines Landes
3. Die Hochschullasten
4. Die Kohlelasten
5. Die Sozialhilfelasten
6. Die Lasten überdurchschnittlicher Arbeitslosigkeit
7. Die Arbeitslosenquote
8. Das Bruttoinlandsprodukt je Einwohner
9. Die Beschäftigungsentwicklung

Die in Abbildung 16 zusammengestellte Liste vorgeschlagener Sonderbedarfe ließe sich noch erweitern. So hat etwa Bayern im Zuge der Novellierungsdebatte zum FAG Sonderbedarfe "durch die Landwirtschaft", "durch lagebedingte Nachteile" (Grenzlandlage) und durch "Mehrbelastungen aufgrund überdurchschnittlicher Hochschulkapazitäten" behauptet.[3] Noch weiter ging Schleswig-Holstein, das im dieser Debatte die Forderung erhoben hat, auch Bedarfsunterschiede der Gemeinden im Länderfinanzausgleich zu berücksichtigen[4] - wofür sich in Art. 107 Abs. 2 im übrigen eine explizite Stützung findet.[5] Würde dieser Vorschlag aufgegriffen, so erhöhte sich die Zahl der im Länderfinanzausgleich zu berücksichtigenden Sonderbedarfe nochmals erheblich, da im kommunalen Finanzausgleich der Länder zur Zeit etwa ein Dutzend weiterer (kommunaler) Sonderbedarfe ausgeglichen (siehe Abbildung 17) werden und überdies auch hier zusätzliche Sonderbedarfe vorgeschlagen sind.

---

[3] Vgl. den Antrag des Landes Bayern zum Entwurf eines Achten Gesetzes zur Änderung des Gesetzes über den Finanzausgleich zwischen Bund und Ländern, Anlage zu Punkt 1 der Niederschrift über die 561. Finanzausschußsitzung am 25. Juni 1987.

[4] Ebenda.

[5] Vgl. oben, Teil III, Abschnitt 2.1.2., S. 114ff.

Abbildung 17:
Die im kommunalen Finanzausgleich der Länder berücksichtigten Sonderbedarfe der Gemeinden

Ergänzungsansätze	Baden-Württemberg	Bayern	Hessen	Niedersachsen	Nordrhein-Westfalen	Rheinland-Pfalz	Saarland	Schleswig-Holstein
1. Raumordnungsansatz			•			•	•	•
2. Schüleransatz					•	•		
3. Grenzlandansatz		•	•					
4. Bäder-(Kurorte-) ansatz			•			•		
5. Ergänzungsansatz für Bevölkerungswachstum			•				•	
6. Ergänzungsansatz für Gemeindezusammenschlüsse	•							
7. Straßenansatz							•	
8. Ergänzungsansatz für Grubengemeinden							•	
9. Stationierungsansatz	•		•			•	•	
10. Sozialhilfeansatz		•	•			•	•	
11. Flächenansatz						•		
12. Erwerbstätigenansatz							•	

Quelle: Karrenberg/Münstermann 1987

1.2. Systematische Anwendung des Kriterienkatalogs auf potentielle Sonderbedarfe

Solche im Länderfinanzausgleich enthaltenen bzw. vorgeschlagenen Sonderbedarfe müssen darauf hin überprüft werden, inwieweit ihre Einbeziehung dem Grunde nach berechtigt ist, wie hoch im Fall einer grundsätzlichen Anerkennung der ausgleichsrelevante Sonderbedarf ist, welche Gebietskörperschaft(en) ausgleichsberechtigt und -pflichtig sind und wie der Ausgleich technisch zu bewerkstelligen ist. Es sind damit die Kriterien heranzuziehen, die in den beiden vorangegangenen Hauptteilen der Arbeit entwickelt wurden (Abbildung 18).

Als erstes Beurteilungskriterium ist die **Ausgleichsrelevanz** eines potentiellen Sonderbedarfs zu erörtern, da sich die Überprüfung aller anderen Kriterien erübrigt, falls diese nicht anerkannt wird. Als Gründe für die Ausgleichsberechtigung eines Sonderbedarfs sind in Abbildung 18

Abbildung 18:
Beurteilungs- und Gestaltungskriterien
für den Ausgleich von Sonderbedarfen der Länder

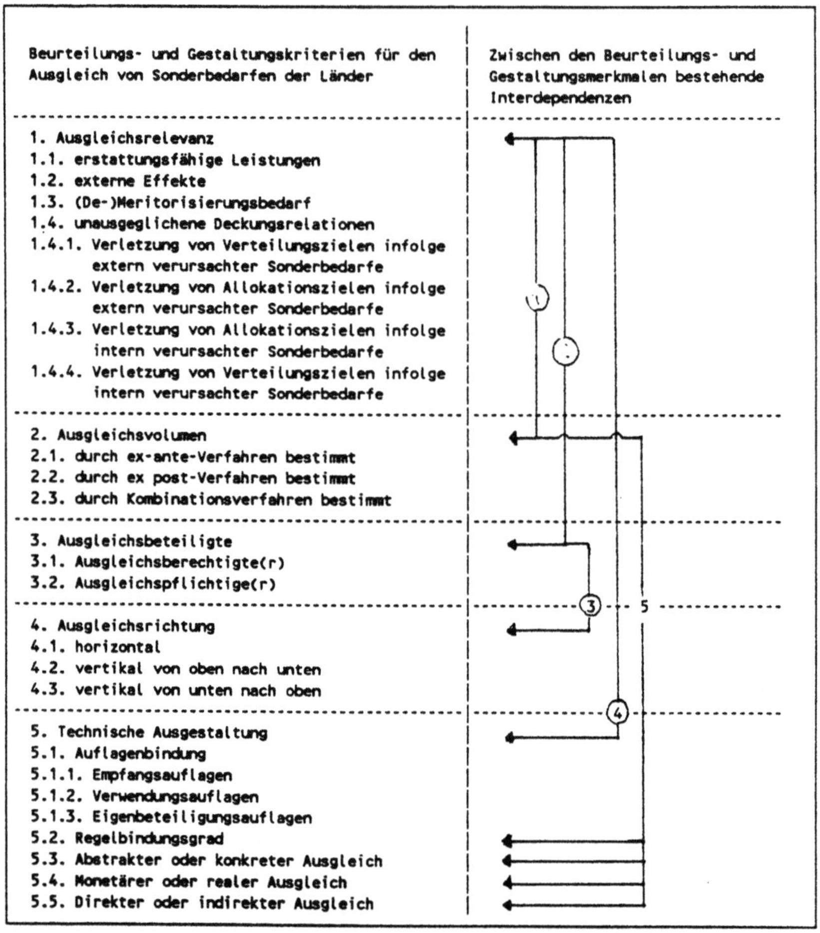

die Erbringung erstattungsfähiger Leistungen (1.1.), die Hervorrufung externer Effekte (1.2.), die Notwendigkeit der (De-)Meritorisierung bestimmter Länderaufgaben (1.3.) und die Existenz unausgeglichener Deckungsrelationen (1.4.) aufgeführt; letztere Begründung kann dann nochmals in vier Unterformen unterteilt werden, die sich ergeben, wenn zwischen intern und extern verursachten Sonderbedarfen einerseits und allokativen und distributiven Zielverstößen unausgeglichener Deckungsrelationen andererseits unterschieden wird.[6]

---

[6] Siehe im einzelnen hierzu Teil III, Abschnitt 2, zusammenfassend ebenda, Abbildung 10, S. 121.

Wird die Ausgleichsrelevanz eines Sonderbedarfs aus einem dieser Gründe bejaht, so ist in einem nächsten Schritt das **Ausgleichsvolumen**, d. h. die Höhe des ausgleichsberechtigten Sonderbedarfs, festzulegen (2). Verfahren hierzu sind die ex-ante-Quantifizierung (2.1.), die ex-post-Quantifizierung (2.2.) oder eine Kombination aus beiden (2.3.). -- In einem nächsten Schritt sind die **Ausgleichsbeteiligten** (3), also Ausgleichsberechtigte (3.1.) und Ausgleichspflichtige (3.2.), sowie die **Ausgleichsrichtung** (4.) zu bestimmen. Schließlich ist die **technische Ausgestaltung** des Sonderbedarfausgleichs zu klären (5). Als wichtige Gestaltungsmerkmale sind dabei die Bindung an Empfangsauflagen (5.1.1.), Verwendungsauflagen (5.1.2.) und Eigenbeteiligungsauflagen (5.1.3.), der Regelbindungsgrad (5.2.) sowie die Wahl zwischen abstraktem oder konkretem (5.3.), monetärem oder realem (5.4.) und direktem oder indirektem Ausgleich (5.5.) festzulegen.

Einige der aufgelisteten Beurteilungs- und Gestaltungskriterien sind logisch voneinander abhängig (siehe Abbildung 18, rechter Teil, in der die wichtigsten dieser Abhängigkeiten als Pfeile gekennzeichnet sind). Da die im Hinblick auf ein Kriterium gewonnenen Ergebnisse in diesen Fällen die Entscheidungsgrundlagen für ein anderes - logisch nachgelagertes - Kriterium beeinflussen, kann deren Reihenfolge bei der Anwendung auf potentielle Sonderbedarfe nicht beliebig gewählt werden:

1. Eine erste und grundlegende Interdependenz ergibt sich naturgemäß daraus, daß bei Sonderbedarfen, deren Ausgleichsrelevanz dem Grunde nach verneint wird, definitionsgemäß auch das Ausgleichsvolumen = 0 ist.

2. Des weiteren hängt der Kreis der Ausgleichsbeteiligten von der Art der zugrunde gelegten Begründung ab: Wird die Ausgleichsrelevanz mit der Erbringung erstattungsfähiger Leistungen begründet (1.1.), so ist damit die ausgleichsberechtigte Gebietskörperschaft bestimmt (als diejenige, welche die Leistungen erbracht hat) wie auch die ausgleichspflichtige Gebietskörperschaft (als diejenige, der die Wahrnehmung - und Finanzierung - der Aufgabe grundsätzlich übertragen ist).[7] Bei einem Ausgleich, der mit der Notwendigkeit zur Internalisierung externer Effekte begründet wird, ist im Regelfall die negative Effekte verursachende Gebietskörperschaft gegenüber der (den) dadurch betroffenen Gebietskörperschaft(en) ausgleichspflichtig.[8] Bei einem Ausgleich, welcher der

---

[7] Auf die bei der Umsetzung dieses Prinzips auftretenden Probleme infolge von im passiven Finanzausgleich nicht (eindeutig) geregelten Zuständigkeiten wurde oben (Teil III, Abschnitt 2.1.1. (S. 152ff.) hingewiesen.

[8] Abhängig von den im passiven Finanzausgleich geregelten Zuständigkeiten kann allerdings auch die die negativen externen Effekte auslösende Gebietskörperschaft ausgleichsberechtigt sein (falls sie auf die Wahrnehmung der diese externen Effekte verursachenden Kompetenzen verzichtet). Ausgleichspflichtig ist dann diejenige Gebietskörperschaft, der durch den Verzicht negative externe Effekte erspart bleiben (vgl. oben, Teil III, Abschnitt 2.1.1.).

der (De-)Meritorisierung von öffentlichen Aufgaben dient, ist diejenige Gebietskörperschaft ausgleichsberechtigt, die bei ihren Ausgabenentscheidungen die Präferenzen anderer Gebietskörperschaften berücksichtigen soll; ausgleichspflichtig sind demgemäß diejenigen Gebietskörperschaften, die eine solche Korrektur autonomer Ausgabenentscheidungen anderer Gebietskörperschaften fordern. -- Wird der Ausgleich von Sonderbedarfen mit der notwendigen Korrektur unausgeglichener Deckungsrelationen begründet, so sind damit zugleich die Ausgleichsberechtigten (als diejenigen Gebietskörperschaften mit unterdurchschnittlichen Deckungsrelationen) wie auch die Ausgleichspflichtigen Gebietskörperschaften (als diejenigen Gebietskörperschaften mit überdurchschnittlichen Deckungsrelationen) bestimmt.

3. Zwischen der Bestimmung der Ausgleichsbeteiligten und der Ausgleichsrichtung bestehen ebenfalls Interdependenzen, da durch die Bejahung der Ausgleichsrelevanz und die Wahl der diese Ausgleichsrelevanz begründenden Faktoren bereits wesentliche Vorentscheidungen für die Ausgleichsrichtung getroffen sind. Es verbleiben aber noch Gestaltungsräume (z. B. in der Wahl zwischen einem rein horizontalen Ausgleich oder einem vertikalen Ausgleich mit horizontalem Effekt),[9] die eine Präzisierung der Ausgleichsbeteiligten erforderlich machen und - bezogen auf die am Länderfinanzausgleich beteiligten Gebietskörperschaften - die Auswahl aus 15 denkbaren Konstellationen von Ausgleichsberechtigten und -pflichtigen erfordert.[10]

4. Weitere Interdependenzen sind zwischen der Begründung der Ausgleichsrelevanz und der Abgeltungstechnik zu beachten. Im Mittelpunkt steht dabei die Frage, inwieweit die Abgeltung eines Sonderbedarfs mit einer Verwendungsauflage verbunden werden darf. Diese Frage ist zu bejahen, wenn es sich um Erstattungsleistungen (Begründung 1.1.), Internalisierungsleistungen (1.2.) und (De-)Meritorisierungsleistungen (1.3.) handelt, da in diesen Fällen mit dem Ausgleich (auch) Lenkungseffekte beabsichtigt werden. Bei einem Ausgleich von Deckungsrelationsunterschieden sind Verwendungsauflagen hingegen nur dann gerechtfertigt, wenn die Deckungsquotenunterschiede aus internen Faktoren resultieren (Begründungen 1.4.3. und 1.4.4.).[11]

5. Weniger wichtige und strenge Interdependenzen finden sich schließlich zwischen dem Ausgleichsvolumen und den sonstigen technischen Ausgestaltungsmerkmalen. So kann z. B. unterstellt werden, daß mit steigendem Ausgleichsvolumen die Möglichkeiten einer realen und einer

---

[9] Vgl. oben, Teil IV, Abschnitt 2.2., S. 159.

[10] Siehe die in Abbildung 12 (S. 160) dargestellte Kombination denkbarer Ausgleichsberechtigter und -pflichtiger.

[11] Siehe oben, Teil III, Abschnitt 2.3.

indirekten Abgeltung von Sonderbedarfen abnehmen bzw. deren Nachteile gegenüber einer monetären und direkten Abgeltung[12] an Bedeutung gewinnen und damit das Ausgleichsvolumen die Ausgleichstechnik beeinflußt.

Diese logischen Abhängigkeiten legen es nahe, die verschiedenen Beurteilungs- und Gestaltungsmerkmale in der in Abbildung 18 aufgeführten Reihenfolge auf die einzelnen Sonderbedarfe anzuwenden (obwohl sie diese Reihenfolge nicht vollständig determinieren).[13] Unter der Voraussetzung, daß die vielfältigen methodischen und politischen Beurteilungsprobleme, die bei einer solchen - hier idealtypisch skizzierten - Vorgehensweise gelöst werden können, ergibt sich hieraus ein Katalog ausgleichsberechtigter und in ihrer Ausgestaltung festgelegter Sonderbedarfe. Dabei dürfen die einzelnen potentiellen Sonderbedarfe allerdings nicht isoliert betrachtet werden. Vielmehr ist auch die Zielsetzung im Auge zu behalten, das Ausgleichssystem insgesamt transparent und verwaltungstechnisch praktikabel zu halten. Die Entscheidung über die Einbeziehung eines zusätzlichen Sonderbedarfs kann daher nicht isoliert von bereits anerkannten Sonderbedarfen und der bereits erreichten Komplexität des Gesamtsystems getroffen werden, sondern erfordert eine Marginalbetrachtung, die den **Grenz**nutzen (Beseitigung allokativer und distributiver Mängel eines nicht bedarfsgerechten Finanzausgleichs)[14] und die **Grenz**kosten (erhöhter verwaltungstechnischer Mehraufwand und geringere Transparenz des Verfahrens)[15,16] einer Einbeziehung **zusätzlicher** Bedarfsfaktoren miteinander vergleicht.[17]

---

[12] Vgl. zu diesen Nachteilen Teil III, Abschnitte 3.4. und 3.5.

[13] So ist offensichtlich, daß beispielsweise das Ausgleichsvolumen auch nach der Festlegung der Ausgleichsbeteiligten und/oder der Ausgleichsrichtung bestimmt werden könnte. Variationsmöglichkeiten bestehen auch innerhalb der einzelnen Entscheidungskomplexe, vor allem bei der Entscheidung über die einzelnen technischen Ausgleichsmerkmale.

[14] Siehe Teil III, Abschnitt 2.

[15] Vgl. Teil III, Abschnitt 3.2.

[16] Die mit einer Anerkennung der Ausgleichsrelevanz zusätzlicher Sonderbedarfe verbundene Gefahr eines Ausgleichs interner Bedarfsfaktoren und die dadurch hervorgerufenen Disincentives für eine eigenverantwortliche Landespolitik brauchen hier hingegen nicht berücksichtigt zu werden, da dieser Faktor bereits in die isolierte Beurteilung der Ausgleichsrelevanz der einzelnen Bedarfsfaktoren einfließen kann.

[17] Nicht richtig ist allerdings das verschiedentlich geäußterte Argument, auf die Berücksichtigung einer größeren Zahl von Sonderbedarfen deshalb verzichten zu können, weil sich die einzelnen Sonderbedarfe mit zunehmender Zahl ausglichen und im Endergebnis zum gleichen Verteilungsergebnis führten wie ein auf alle Sonderbedarfe verzichtendes Verfahren. Selbst wenn sich in statistischen Aggregatmaßen (Korrelationskoeffizienten, Variationskoeffienten etc.) ein solcher Zusammenhang nachweisen ließe, gilt eine solche Kompensation der einzelnen Sonderbedarfe nicht für den (möglicherweise recht kleinen) Teil von Gebietskörperschaften, die im Hinblick auf (fast) alle Sonderbedarfe systematisch über oder unter dem Durchschnitt liegen. Gerade dies aber sind die Gebietskörperschaften, denen in einem bedarfsorientierten Finanzausgleich die Hauptrolle (als Ausgleichsberechtigte und Ausgleichspflichtige) zukommt und zwischen denen der größte Teil der Ausgleichsmasse umverteilt wird. (Vgl. auch Teil VI, Abschnitt 1.1.)

2. Die verfassungsrechtlichen Möglichkeiten und Grenzen eines Ausgleichs von Sonderbedarfen der Länder

Mit der Anwendung der Beurteilungs- und Gestaltungskriterien auf einen potentiellen Sonderbedarf ist im übrigen auch die Entscheidung darüber getroffen, welche Elemente des materiellen Finanzausgleichs für den Ausgleich des betreffenden Sonderbedarfs am besten geeignet bzw. für einen solchen Ausgleich zulässig sind. Bevor wir uns dieser Frage zuwenden, bedarf es jedoch einer Systematisierung der für die verschiedenen Ausgleichszwecke prinzipiell wünschenswerten Ausprägungen von Finanzausgleichsbeziehungen. Durch die Einordnung der im materiellen Länderfinanzausgleich enthaltenen Ausgleichsformen in die dadurch gewonnene Typologie lassen sich die Möglichkeiten wie auch die Restriktionen erkennen, Sonderbedarfe der Länder mit den von der Finanzverfassung angebotenen Instrumenten auszugleichen.

2.1. Eine Typologie denkbarer Ausgleichsbeziehungen

Die in Teil IV angestellten Überlegungen haben gezeigt, daß die Ausgestaltung bedarfsorientierter Finanzausgleichsverfahren zwischen Gebietskörperschaften von der Art der ausgleichsbegründenden Sonderbedarfe abhängt. Zugleich wurde deutlich, daß wegen der Unterschiedlichkeit solcher ausgleichsbegründender Beziehungen die Operationalisierung solcher Finanzausgleichsverfahren eine Vielzahl von Gestaltungsmerkmalen zu berücksichtigen hat. Eine Kombination all dieser Merkmale würde zu einer kaum überschaubaren Typenvielfalt von Ausgleichsbeziehungen führen. Um materiell vorhandene oder anzustrebende Finanzausgleichsverfahren mit den theoretisch entwickelten Ausgleichsverfahren zu vergleichen und daraus Folgerungen für den materiellen Finanzausgleich zu ziehen, empfiehlt es sich daher, eine Typologie theoretisch geeigneter Finanzausgleichsformen (Transferformen)[18] zugrunde zu legen, die sich auf die wichtigsten, konstitutiven Merkmale beschränkt.

Als solche sind zunächst die am Ausgleich Beteiligten und die Ausgleichsrichtung zu berücksichtigen, deren Bestimmung in Teil IV, Abschnitt 2.2. ausführlich erörtert wurde. Die dort entwickelte Typologie (Abbildung 11, S. 159) wird im folgenden allerdings insofern modifiziert,

---

[18] Sofern der Ausgleich durch monetäre Zuweisungen vorgenommen wird, kann der hier verwendete Begriff der Ausgleichsbeziehung durch den (gebräuchlicheren) Begriff des "Zuweisungstyps" oder "Transfertyps" ersetzt werden. Sofern der Ausgleich hingegen über Realtransfers (vgl. Teil IV, Abschnitt 3.4.) - u. U. sogar indirekt, d. h. durch Aufrechnung oder Abgeltungsverzicht (siehe Teil IV, Abschnitt 3.5.) erfolgt, ist der allgemeinere Begriff der "Ausgleichsbeziehung" oder des "Ausgleichstyps" treffender. Eine Gleichsetzung von Ausgleichs- und Zuweisungstyp ist vor allem dann unzulässig, wenn allokative Lenkungseingriffe der Geberseite nicht in einer expliziten Zweckbindung der überlassenen Geldmittel, sondern in einer - u. U. subtilen und latenten - Verhaltensbeeinflussung bestehen, die sich über die zugewiesenen Mittel hinaus auf ganz andere Politikbereiche der Zuweisungsempfänger erstrecken kann.

als bei den Ländern danach unterschieden wird, ob lediglich ein Bundesland, mehrere Länder oder alle Länder am Ausgleich beteiligt sind. Es ergibt sich dann die in Abbildung 19 wiedergegebene Typologie, die alle in dieser Gruppierung möglichen Ausgleichsbeziehungen zwischen Bund und Ländern beinhaltet.

Abbildung 19:
Typologie möglicher Ausgleichsformen zwischen Bund und Ländern; entwickelt aus der Gegenüberstellung der potentiell Ausgleichspflichtigen und Ausgleichsberechtigten

Ausgleichsberechtigte Gebietskörperschaft(en)	Ausgleichspflichtige Gebietskörperschaft(en)			
	ein Land	mehrere Länder	alle Länder	nur Bund
ein Land	1a	2a	3a	4a
mehrere Länder	5a	6a	7a	8a
alle Länder	9a	10a	11a	12a
Bund	13a	14a	15a	16a

Als weiteres Merkmal wird die Ausgestaltung des Ausgleichs als (verwendungs-)auflagengebunden oder -frei herangezogen. Aufgrund der im letzten Abschnitt erörterten logischen Abhängigkeiten zwischen diesem Merkmal und der Begründung der Ausgleichsrelevanz eines Sonderbedarfs geht dessen Bedeutung über das eines rein finanzausgleichstechnischen Merkmals hinaus: Indem der Ausgleich mit oder ohne Verwendungsauflagen gewährt wird, wird zugleich bestimmt, ob durch ihn lediglich die Deckungsrelationen der Ausgleichsbeteiligten an- bzw. ausgeglichen werden, oder ob mit dem Ausgleich zugleich die Allokationsentscheidungen der Ausgleichsberechtigten verändert werden. Verwendungsauflagen sind deshalb nur bei Erstattungszahlungen, Internalisierungs- und (De-)Meritorisierungszahlungen und beim Ausgleich solcher Sonderbedarfe gerechtfertigt, die aus von den Ausgleichsberechtigten steuerbaren (internen) Faktoren resultieren. Resultieren die Deckungsquotenunterschiede hingegen aus von den Ausgleichsberechtigten nicht steuerbaren Faktoren, so sind sie durch allgemeine Zuweisungen, d. h. Zuweisungen ohne (Verwendungs-)Auflagen auszugleichen.[19]

[19] Siehe Teil IV, Abschnitt 3.1. sowie zusammenfassend Teil V, Abschnitt 1.2, insbesondere Abbildung 18. Empfangsauflagen können in der Typologie unberücksichtigt bleiben, da sie für den Ausgleich von Sonderbedarfen prinzipiell erforderlich sind, wenn man die Überprüfung der Bedingung für den Ausgleich der Deckungsquotenunterschiede (externe Verursachung des Sonderbedarfs bzw. Vorlage der Voraussetzungen für einen ausnahms-

Führt man dieses Unterscheidungsmerkmal in die gebildete Typologie ein, so verdoppelt sich die Zahl der denkbaren Ausgleichsformen, da jede der aus der Kombination von Ausgleichsberechtigten und Ausgleichspflichtigen resultierenden 16 Ausgleichsformen nun nochmals in die beiden Unterformen des auflagenfreien und des auflagengebundenen Ausgleichs zerfällt (vgl. Abbildung 20).

Abbildung 20:
Typologie möglicher Ausgleichsformen zwischen Bund und Ländern; entwickelt aus der Gegenüberstellung potentiell Ausgleichspflichtiger und Ausgleichsberechtigter und der Unterscheidung zwischen auflagengebundenem und auflagenfreiem Ausgleich

Ohne Verwendungsauflagen					Mit Verwendungsauflagen				
Ausgleichsberechtigte Gebietskörperschaft(en)	Ausgleichspflichtige Gebietskörperschaft(en)				Ausgleichsberechtigte Gebietskörperschaft(en)	Ausgleichspflichtige Gebietskörperschaft(en)			
	ein Land	mehrere Länder	alle Länder	nur Bund		ein Land	mehrere Länder	alle Länder	nur Bund
ein Land	1a	2a	3a	4a	ein Land	1b	2b	3b	4b
mehrere Länder	5a	6a	(7a)	8a	mehrere Länder	5b	6b	7b	8b
alle Länder	9a	(10a)	(11a)	12a	alle Länder	9b	10b	11b	12b
Bund	13a	14a	15a	(16a)	Bund	13b	14b	15b	(16b)

( ) logisch nicht mögliche oder nicht sinnvolle Ausgleichsbeziehungen

Innerhalb der zunächst betrachteten **auflagenfreien** Ausgleichsformen gehören die Typen 1a, 2a, 3a, 5a, 6a, 7a und 9a, 10a, 11a zu den horizontalen Ausgleichsbeziehungen (innerhalb der Länderebene), die Typen 4a, 8a, 12a, 13a, 14a und 15a zu den vertikalen Ausgleichsbeziehungen. Bei den Typen 4a, 8a und 12a handelt es sich dabei um Formen eines vertikalen Ausgleichs von oben nach unten und bei den Typen 13a, 14a und 15a um Formen eines vertikalen Ausgleichs von unten nach oben. Ausgleichsbeziehungen des Typs 16a finden sich innerhalb eines Staates nicht (sondern nur im supranationalen Ausgleich), so daß sie von der weiteren Betrachtung ausgeschlossen werden können (in Abbildung 20 ist dies durch eine Einklammerung gekennzeichnet).

weisen Ausgleich intern verursachter Sonderbedarfe) als eine Form der Empfangsauflage betrachtet. Vgl. hierzu oben, Teil IV, Abschnitt 3.1.1. Eigenbeteiligungsauflagen können ebenfalls unberücksichtigt bleiben, da sie lediglich die Allokationswirkungen von Verwendungsauflagen verstärken und damit die Ausgleichsbeziehungen nur graduell, nicht aber prinzipiell beeinflussen.

Den Normalfall **horizontaler Ausgleichsbeziehungen** bildet der Transfertyp 6a, bei dem mehrere ausgleichspflichtige Länder mehreren ausgleichsberechtigten Ländern gegenüberstehen.[20] Denkbar ist aber auch ein horizontaler Ausgleich zwischen mehreren Geberländern und nur einem Nehmerland (Typ 2a), mehreren Nehmerländern und einem Geberland (Typ 5a), einem Nehmerland und allen (anderen) Ländern (Typ 3a), einem Geberland und allen (anderen) Ländern (Typ 9a) sowie einem Nehmer- und einem Geberland (Typ 1a).

Nicht sinnvoll sind die mit den Transfertypen 7a und 10a beschriebenen Konstellationen, in denen alle (mehrere) Länder ausgleichspflichtig und zugleich mehrere (alle) Länder ausgleichsberechtigt sind; gleiches gilt verstärkt für den Transfertyp 11a, bei dem alle Länder sowohl ausgleichspflichtig als auch ausgleichsberechtigt sind: Da bei einer solchen Konstellation manche Länder Ausgleichsverpflichtungen gegenüber Ländern hätten, gegenüber denen sie gleichzeitig ausgleichsberechtigt wären, können solche gegenseitigen Ansprüche bei auflagenfreien Transfers (anders als bei auflagengebundenen Transfers) allokationsneutral miteinander verrechnet werden. Ausgleichsbeziehungen der Typen 7a, 10a und 11a lassen sich dadurch in verwaltungstechnisch wirtschaftlichere und zugleich transparentere Beziehungen der Typen 1a, 2a, 5a oder 6a umwandeln. In Abbildung 20 sind sie daher als "nicht sinnvoll" gekennzeichnet.

Bei den **vertikalen Ausgleichsbeziehungen** zwischen Bund und Ländern sind die Konstellationen 4a, 8a und 12a, bei denen der Bund als Ausgleichspflichtiger auftritt, von den Konstellationen 13a, 14a und 15a zu unterscheiden, bei denen der Bund ausgleichsberechtigt ist. Grundsätzlich sind alle diese Formen denkbar und sinnvoll - je nachdem, ob horizontale Umverteilungswirkungen innerhalb der Länderebene durch differenzierte Umlagen eines Landes (13a), mehrerer Länder (14a) oder aller Länder (15a) an den Bund oder umgekehrt durch differenzierte Zuweisungen des Bundes an ein Land (4a), mehrere Länder (8a) oder alle Länder (12a) erreicht werden sollen. Abgesehen von den finanzpsychologischen Unterschieden können mit den von oben nach unten gerichteten Transfers 4a, 8a und 12a die gleichen Wirkungen erreicht werden wie mit den von unten nach oben gerichteten Transfers 13a, 14a und 15a - sofern der Geberebene im vorgelagerten vertikalen Ausgleich zwischen Bund und Ländern die für die Erreichung dieser horizontalen Verteilungswirkungen erforderlichen Mittel zugeteilt worden sind. Ausgleichsbeziehungen der Typen 12a

[20] Diese Konstellation entspricht der faktischen Situation des horizontalen Länderfinanzausgleichs in der Bundesrepublik, an dem in allen Jahren mehrere Geber- und Nehmerländer beteiligt waren.

und 15a lassen sich im übrigen auch so konstruieren, daß sie ausschließlich die vertikalen Deckungsquoten verändern und die horizontalen Deckungsquoten innerhalb der Geber- bzw. Nehmerebene unverändert lassen.

Im rechten Teil von Abbildung 20 sind - was die Ausgleichsbeteiligten anbelangt - die gleichen Transferformen enthalten wie im linken Teil; sie unterscheiden sich von ihnen aber dadurch, daß die Ausgleichsleistungen hier **mit (Verwendungs-)Auflagen** verbunden sind. Abgesehen vom Typ 16b, der innerhalb eines Staates wiederum ausgeklammert werden kann, lassen sich für sämtliche dieser Transferformen spezifische Anwendungen vorstellen. Zieht man wiederum die oben erläuterten Ursachen für einen auflagengebundenen Ausgleich von Sonderbedarfen heran, so lassen sich für die im rechten Teil von Abbildung 20 enthaltenen Zuweisungstypen die Einsatzvoraussetzungen wie folgt beschreiben:

Die **Ausgleichsbeziehung 1b**, die einen (auflagengebundenen) Ausgleich von Sonderbedarfen zwischen zwei Ländern bewirkt, ist im einzelnen einzusetzen, um

- die unterdurchschnittlichen Deckungsrelationen des Nehmerlandes und die überdurchschnittlichen Deckungsrelationen des Geberlandes auszugleichen und zugleich die (selbstverschuldeten) Ursachen der unterschiedlichen Deckungsquoten des Nehmerlandes mit Hilfe von (vom Geberland erlassenen) Verwendungsauflagen zu beseitigen,
- vom einem Nehmerland gegenüber einem Geberland erbrachte Auftragsangelegenheiten abzugelten bzw. - allgemeiner - die Konnexität zwischen inkongruent verteilter Entscheidungs-, Durchführungs- (und Finanzierungs-)-Kompetenz einer Aufgabe des Geberlandes herzustellen,
- vom Geberland verursachte negative externe Effekte gegenüber dem Nehmerland abzugelten,
- durch das Nehmerland gegenüber dem Geberland verursachte negative externe Effekte zu vermeiden, indem das Geberland Zahlungen für die Unterlassung der Aktivitäten des Nehmerlandes gewährt,
- bestimmte Aufgaben des Nehmerlandes durch das Geberland zu meritorisieren,
- bestimmte Aufgaben des Geberlandes durch das Nehmerland zu demeritorisieren.

Die **Ausgleichsbeziehungen 2b und 3b** sind dem Typ 1 ähnlich, gleichen die dort aufgelisteten allokativen Eingriffe in die Entscheidungen eines Nehmerlandes jedoch nicht durch ein einzelnes Geberland, sondern durch mehrere (Typ 2) bzw. alle anderen Länder (Typ 3) aus. Folglich eignen sich diese Zuweisungen, um

- die unterdurchschnittlichen Deckungsrelationen des Nehmerlandes und die überdurchschnittlichen Deckungsrelationen der Geberländer auszugleichen und zugleich die (selbstverschuldeten) Ursachen der unterschiedlichen Deckungsquoten des Nehmerlandes mit Hilfe von (von den Geberländern erlassenen) Verwendungsauflagen zu beseitigen,
- von einem Land gegenüber mehreren bzw. allen anderen Ländern erbrachte Auftragsangelegenheiten abzugelten bzw. - allgemeiner - die Konnexität zwischen inkongruent verteilter Entscheidungs-, Durchführungs- (und Finanzierungs-)-Kompetenz einer Aufgabe mehrerer bzw. aller Geberländer herzustellen,
- negative externe Effekte mehrerer bzw. aller Länder gegenüber dem Nehmerland abzugelten,
- negative externe Effekte eines Landes gegenüber mehreren bzw. allen anderen Ländern zu vermeiden, indem die Geberländer an das Nehmerland Zahlungen für die Unterlassung der Aktivitäten entrichten,
- bestimmte Aufgaben eines Landes durch Zuweisungen mehrerer bzw. aller anderen Länder zu meritorisieren,
- bestimmte Aufgaben mehrerer bzw. aller Länder durch Zuweisungsverpflichtungen gegenüber einem Land zu demeritorisieren.

Die Ausgleichsbeziehungen 5b, 6b und **7b** sowie **9b, 10b** und **11b** sind ähnlich zu beurteilen wie diejenigen der Typen 1b - 3b, als Zuweisungsnehmer fungiert bei ihnen jedoch nicht nur ein einzelnes Land, sondern mehrere Länder (Typen 5b - 7b) oder alle Länder (Typen 9b - 11b). Während bei auflagenfreien Zuweisungen alle Transferformen als nicht sinnvoll erkannt wurden, bei denen auf der Geberseite alle (mehrere) Länder und zugleich auf der Nehmerseite mehrere (alle) Länder beteiligt sind (Typ 7b bzw. 10b), können solche Transferformen bei auflagengebundenen Zuweisungen berechtigt sein. Selbst Transfers, bei denen sowohl auf der Nehmer- als auch der Geberseite alle Länder beteiligt sind (Typ 11b), können bei einer Auflagenbindung sinnvoll sein, da sie im Vergleich zu Nettozahlungen (Verrechnung gegenseitiger Ausgleichsrechte und -pflichten) andere Lenkungseffekte hervorrufen. Diese Ausgleichsbeziehungen können somit

- die unterdurchschnittlichen Deckungsrelationen mehrerer (aller) Nehmerländer und die überdurchschnittlichen Deckungsrelationen mehrerer (aller) Geberländer ausgleichen und zugleich die (selbstverschuldeten) Ursachen der unterschiedlichen Deckungsquoten des Nehmerlandes mit Hilfe von (von den Geberländern erlassenen) Verwendungsauflagen beseitigen,
- durch mehrere (alle) Länder gegenüber mehreren (allen) Ländern erbrachte Auftragsangelegenheiten abgelten bzw. - allgemeiner - die Konnexität zwischen inkongruent verteilter Entscheidungs-, Durchführungs- (und Finanzierungs-)Kompetenz einer Aufgabe zwischen mehreren oder allen Ländern herstellen,

- negative externe Effekte mehrerer (aller) Länder gegenüber mehreren (allen) Ländern abgelten,
- negative externe Effekte mehrerer (aller) Länder gegenüber mehreren (allen) Ländern vermeiden, indem den Ländern, welche die negativen externen Effekte auslösen, von den ansonsten betroffenen Ländern Kompensationszahlungen für die Unterlassung dieser Aktivitäten gewährt werden,
- bestimmte Aufgaben mehrerer (aller) Länder durch mehrere (alle) Länder meritorisieren,
- bestimmte Aufgaben mehrerer (aller) Länder durch Zahlungsverpflichtungen gegenüber mehreren (allen) Ländern demeritorisieren.

Die **Transfertypen 13b, 14b, 15b** beziehen sich auf das vertikale Verhältnis zwischen Bundes- und Länderebene. Hierbei können sie die gleichen Lenkungsfunktionen erfüllen, wie sie oben für die horizontalen auflagengebundenen Zuweisungen zwischen den Ländern bereits beschrieben wurden. Durch sie können mithin

- die unterdurchschnittlichen Deckungsrelationen des Bundes und die überdurchschnittlichen Deckungsrelationen eines (mehrerer, aller) Geberländer ausgeglichen und zugleich die (selbstverschuldeten) Ursachen der unterschiedlichen Deckungsquoten des Bundes mit Hilfe von (von den Geberländern erlassenen) Verwendungsauflagen beseitigt werden,
- durch den Bund gegenüber einem, mehreren oder allen Ländern erbrachte Auftragsangelegenheiten abgegolten werden bzw. - allgemeiner - die Konnexität zwischen inkongruent verteilter Entscheidungs-, Durchführungs- (und Finanzierungs-)Kompetenz einer Landesaufgabe hergestellt werden,
- negative externe Effekte eines, mehrerer oder aller Länder gegenüber dem Bund abgegolten werden,
- negative externe Effekte von Bundesaktivitäten gegenüber einem, mehreren oder allen Ländern vermieden werden, indem das Land (die Länder) Zahlungen für die Unterlassung von Aktivitäten des Bundes leistet,
- bestimmte Aufgaben des Bundes durch Zuweisungen eines, mehrerer oder aller Länder meritorisiert werden,
- bestimmte Aufgaben eines, mehrerer oder aller Länder durch Zuweisungsverpflichtungen gegenüber dem Bund demeritorisiert werden.

Als letztes sind die in umgekehrter Richtung verlaufenden Lenkungszuweisungen der **Typen 4b, 8b und 12b** zu betrachten, durch die

- gegenüber dem Bund von einem, mehreren oder allen Ländern erbrachte Auftragsangelegenheiten abgegolten werden können bzw. - allgemeiner - die Konnexität zwischen inkongruent verteilter Entscheidungs-, Durchführungs- (und Finanzierungs-)Kompetenz einer Bundesaufgabe hergestellt werden kann,

- negative externe Effekte des Bundes gegenüber einem, mehreren oder allen Ländern abgegolten werden können,
- negative externe Effekte eines, mehrerer oder aller Länder gegenüber dem Bund vermieden werden können, indem der Bund Zahlungen für die Unterlassung von Aktivitäten des Nehmerlandes leistet,
- bestimmte Aufgaben eines, mehrerer oder aller Länder durch den Bund meritorisiert werden können,
- bestimmte Aufgaben des Bundes durch Zahlungsverpflichtungen gegenüber einem, mehreren oder allen Ländern demeritorisiert werden können.

2.2. In der Finanzverfassung geregelte Ausgleichsbeziehungen

Abbildung 21 zeigt, welche von den denkbaren und inhaltlich sinnvollen Ausgleichsbeziehungen im materiellen Länderfinanzausgleich der Bundesrepublik vorhanden sind. Wenden wir uns dabei zunächst wieder den **auflagenfreien** Ausgleichsbeziehungen (linker Teil von Abbildung 21) und innerhalb dieser den **horizontalen** Beziehungen (Typen 1a - 3a, 5a - 7a, 9a - 11a) zu, die in der Finanzverfassung der Bundesrepublik durch den oben[21] ausführlich darstellten Art. 107 Abs. 2 Satz 1, 2 GG i. V. m. dem FAG geregelt sind.

Hauptform dieser horizontalen Transfers innerhalb der Länderebene bildet der **Transfertypus 6a**, bei dem mehrere ausgleichspflichtige Länder mehreren ausgleichsberechtigten Ländern gegenüberstehen. Die Systematik des Länderfinanzausgleichs erlaubt allerdings auch die Transfertypen 2a (mehrere Geberländer, ein Nehmerland), 5a (mehrere Nehmerländer, ein Geberland), 3a (ein Nehmerland, alle anderen Länder Geberländer), 9a (ein Geberland, alle anderen Länder Nehmerländer) sowie 1a (ein Nehmerland und ein Geberland). Es sind auch keine Argumente erkennbar, warum solche Transferbeziehungen mit lediglich einem Nehmer- oder/und Geberland nicht zulässig sein sollten.[22] In der Geschichte der Bundesrepublik sind diese allerdings noch nicht aufgetreten: Bisher standen sich im horizontalen Länderfinanzausgleich stets mehrere Geber- und Nehmerländer gegenüber.[23]

---

[21] Siehe Teil II, Abschnitt 2.1.

[22] Die Einlassung Baden-Württembergs, der horizontale Länderfinanzausgleich sei nicht mehr verfassungsgemäß, weil Baden-Württemberg mittlerweile etwa zwei Drittel der Ausgleichsbeiträge leiste, sind daher nicht begründet. Ebensowenig wäre eine Situation zu beanstanden, bei der alle Bundesländer zur Finanzierung eines einzigen Nehmerlandes beitrügen.

[23] Für den Zeitraum zwischen 1970 und 1986 siehe Tabelle A25 im Anhang (S. 242).

Für die **Transfertypen 7a, 10a und 11a**, bei denen sich auf der Geberseite (Nehmerseite) alle Länder und/oder auf der Nehmerseite (Geberseite) mehrere Länder gegenüberstehen, war bei der Erläuterung der Typologie möglicher Ausgleichsbeziehungen bereits die Forderung erwähnt worden, die Ausgleichsbeziehungen durch eine Verrechnung gegenseitiger Ansprüche in einfachere Transfers der Typen 2a, 3a oder 6a umzuwandeln. Dieser Anforderung entspricht auch die Systematik des horizontalen Länderfinanzausgleichs der Bundesrepublik, so daß die Transfertypen 7a, 10a und 11a dort nicht vorkommen können.

Auflagenfreie vertikale Transfers finden sich im materiellen Finanzausgleich der Bundesrepublik lediglich als Zuweisungen "von oben nach unten", d. h. gemäß der **Typen 4a, 8a** oder **12a**. Nach Art. 107 Abs. 2 Satz 3 GG kann der Bund aus seinen Mitteln leistungsschwachen Ländern Zuweisungen "zur ergänzenden Deckung ihres allgemeinen Finanzbedarfs" (Bundesergänzungszuweisungen, BEZ) gewähren. Unzulässig wäre es allerdings, diese Zuweisungen allen Bundesländern zu gewähren (Zuweisungstyp **12a**): In diesem Fall wäre der Ausgleich nicht auf die leistungsschwachen Länder beschränkt[24] - wodurch auch die Umverteilungsmasse nicht auf das für horizontale Umverteilungsziele (innerhalb der Länderebene) erforderliche Mindestmaß begrenzt wäre und die Bundesergänzungszuweisungen ihren subsidiären ("ergänzenden") Charakter gegenüber dem horizontalen Länderfinanzausgleich verlören: Für eine ergänzende Verringerung der horizontalen Deckungsquotenunterschiede innerhalb der Länderebene müßte der Bund zumindest auf die Zahlungen an das Land mit der relativ besten Deckungsquote verzichten und die von ihm dadurch eingesparten Mittel im Rahmen der originären vertikalen Einnahmenverteilung (Umsatzsteuerverteilung) an die Länder abtreten. Die Ausweitung von Bundesergänzungszuweisungen kann daher auch nicht mit dem Argument begründet werden, ein rein horizontaler Ausgleich würde die Finanzkraft der Geberländer überfordern. Falls die Finanzkraft der Geberländer durch den horizontalen Länderfinanzausgleich tatsächlich überansprucht wird, muß die originäre vertikale Einnahmenverteilung (Umsatzsteueranteile) zugunsten der Ländergemeinschaft verändert werden.

Sofern die vertikalen Deckungsrelationen zwischen Bund und Ländern allerdings nur kurzfristig unausgeglichen sind, weil den "Ländern durch Bundesgesetz zusätzliche Ausgaben auferlegt oder Einnahmen entzogen" worden sind, kann der vertikale Ausgleich auch durch Bundeszuweisungen an alle Länder erfolgen. Verfassungsrechtliche Grundlage für diesen Transfer des **Typs 12a** bietet dann Art. 106 Abs. 4 Satz 2 GG. Die Grund-

[24] Da die "Leistungschwäche" der Länder durch einen Vergleich ihrer relativen Deckungsquoten zueinander zu bestimmen ist, können nie alle Bundesländer "leistungsschwach" sein. Selbst bei einer extremen Ungleichverteilung der Deckungsrelationen steht einer dann großen Zahl leistungsschwacher Länder definitionsgemäß mindestens ein (dann extrem) leistungsstarkes Land gegenüber.

sätze für die Bemessung und dieser Zuweisungen und für ihre Verteilung sind durch ein Bundesgesetz zu regeln, das der Zustimmung des Bundesrates bedarf. Je nach Verteilungskriterium kann sich ein solcher Ausgleich dann auf eine reine Korrektur der vertikalen Deckungsquoten zwischen Bund und Ländern beschränken (und den Ländern verteilungsneutral - etwa nach der Einwohnerzahl - zuweisen) oder auch mit horizontalen Umverteilungswirkungen innerhalb der Länderebene verknüpfen.

Vertikale Zuweisungen von "unten nach oben", d. h. von einem Land (Typ 13a), von mehreren Ländern (Typ 14a) oder von allen Ländern (Typ 15a) an den Bund gerichtete Transfers, sind im materiellen Finanzausgleich der Bundesrepublik nicht vorgesehen. Während solche Dotationen z. B. zu Zeiten des Kaiserreiches existierten[25] und zwischen Gemeinden und Ländern auch heute noch bestehen (Finanzausgleichsumlage, Krankenhausumlage u. ä.), finden sie sich zwischen Ländern und Bund heute nicht mehr. D. h. vertikale Deckungsquotenunterschiede zu Lasten des Bundes dürfen nach der Finanzverfassung nicht durch ergänzende Transfers korrigiert werden, sondern sind durch eine Anpassung der originären Einnahmenverteilung zu beseitigen.

Abbildung 21:
Materielle Finanzausgleichsformen zwischen Bund und Ländern und deren Einordnung in eine Typologie möglicher Ausgleichsformen

Ohne Verwendungsauflagen					Mit Verwendungsauflagen				
Ausgleichsberechtigte Gebietskörperschaft(en)	Ausgleichspflichtige Gebietskörperschaft(en)				Ausgleichsberechtigte Gebietskörperschaft(en)	Ausgleichspflichtige Gebietskörperschaft(en)			
	ein Land	mehrere Länder	alle Länder	nur Bund		ein Land	mehrere Länder	alle Länder	nur Bund
ein Land	1a LFA	2a LFA	3a LFA	4a BEZ	ein Land	1b ---	2b ---	3b ---	4b As
mehrere Länder	5a LFA	6a LFA	(7a) ---	8a BEZ	mehrere Länder	5b ---	6b ---	7b ---	8b GAs
alle Länder	9a LFA	(10a) ---	(11a) ---	12a 106,4	alle Länder	9b ---	10b ---	11b ---	12b GAs
Bund	13a ---	14a ---	15a ---	(16a) ---	Bund	13b ---	14b ---	15b ---	(16b) ---

( ): logisch nicht mögliche oder nicht sinnvolle Ausgleichsbeziehungen
—: Im materiellen Länderfinanzausgleich nicht vorhandene Ausgleichsbeziehung
LFA: Horizontaler Länderfinanzausgleich nach Art. 107 Abs. 2 Satz 1,2 GG
BEZ: Bundesergänzungszuweisungen nach Art. 107 Abs. 2 Satz 3 GG
106,4: Finanzzuweisungen des Bundes nach Art. 106 Abs. 4 Satz 2 GG
GAs: Gemeinschaftsaufgaben i.e.S. nach Art. 91a,b GG sowie Gemeinschaftsaufgaben i. w. S. nach Art. 104a(4) GG

[25] Vgl. HANSMEYER/KOPS 1988, Kapitel 2.1.

Wenden wir uns nunmehr den im rechten Teil von Abbildung 21 aufgelisteten **auflagengebundenen Zuweisungen** zu. Als **horizontale** Lenkungszuweisungen innerhalb der Länderebene sind derartige Transfers in der Finanzverfassung der Bundesrepublik nicht vorgesehen. Materielle Formen der Zuweisungstypen **1b, 2b** und **3b, 5b, 6b** und **7b** sowie **9b, 10b** und **11b** finden sich daher auch nur selten und in quantitativ unbedeutendem Volumen, vorwiegend als Erstattungen (Zahlungen zum Ausgleich der Kosten gemeinsam durchgeführter Projekte, Abgeltung von Amtshilfeleistungen zwischen zwei oder mehreren Ländern u. ä.), nicht aber als Internalisierungs- und Meritorisierungstransfers. Es ist daher gerechtfertigt, sie in Abbildung 21 als materiell "nicht vorhanden" einzustufen.

Auch von den vertikalen vertikalen auflagengebundenen Zuweisungen zwischen Bund und Ländern fehlen im materiellen Finanzausgleich alle von unten nach oben, d. h. von den Ländern an den Bund gerichteten Ausgleichsformen (**Typen 13b, 14b, 15b**). Vorhanden sind nur die von oben nach unten, d. h. vom Bund an die Länder gerichteten Ausgleichsformen der **Typen 4b, 8b und 12b**:

- Nach **Art. 91a GG** wirkt der Bund an Länderaufgaben in den Bereichen 1. Ausbau und Neubau von Hochschulen (einschließlich der Hochschulkliniken), 2. Verbesserung der regionalen Wirtschaftsstruktur sowie 3. Verbesserung der Agrarstruktur und des Küstenschutzes mit, "wenn diese Aufgaben für die Gesamtheit bedeutsam sind und die Mitwirkung des Bundes zur Verbesserung der Lebensverhältnisse erforderlich ist."
- Nach **Art. 91b GG** können "Bund und Länder auf Grund von Vereinbarungen bei der Bildungsplanung und bei der Förderung von Einrichtungen und Vorhaben der wissenschaftlichen Forschung von überregionaler Bedeutung mitwirken.
- Nach **Art. 104a (4) GG** kann der Bund den Ländern Finanzhilfen für besonders bedeutsame Investitionen der Länder und Gemeinden (Gemeindeverbände) gewähren, die zur Abwehr einer Störung des gesamtwirtschaftlichen Gleichgewichts oder zum Ausgleich unterschiedlicher Wirtschaftskraft im Bundesgebiet oder zur Förderung des wirtschaftlichen Wachstums erforderlich sind.

Die vom Bund übernommenen Finanzierungsanteile, die je nach Art der Gemeinschaftsaufgabe zwischen 50 % und 90 % der Gesamtausgaben betragen, werden den Ländern zweckgebunden zugewiesen. Als allokative Begründung für diese Lenkungseingriffe werden in den Formulierungen des Grundgesetzes von den Länderaufgaben verursachte positive **externe Effekte** für den Bund bzw. die Ländergemeinschaft genannt;[26] ergänzend und ersatzweise (und vom Externalitätenargument nicht sauber

[26] Art. 91a GG spricht von "für die Gesamtheit bedeutsamen Aufgaben", Art. 91b GG von der "überregionalen Bedeutung" der Bildungsaufgaben und Art. 104a Abs. 4 GG von "gesamtwirtschaftlichem Gleichgewicht", "einheitlicher Wirtschaftskraft" und "wirtschaftlichem Wachstum" (als gesamtstaatliche Ziele).

zu trennen) können die in diesen Artikeln des Grundgesetzes enthaltenen Formulierungen aber auch als Argumente für die **Meritorisierung** von Länderaufgaben verstanden werden, deren Nutzen von den Teilstaaten und den Kommunen nicht angemessen eingeschätzt wird.[27] Schließlich werden in Art. 91a GG ("Verbesserung der Lebensverhältnisse") und in Art. 104a Abs. 4 GG ("Ausgleich unterschiedlicher Wirtschaftskraft") Formulierungen verwendet, die sich auf die Korrektur regionaler Disparitäten beziehen und damit auf eine distributive Begründung der Lenkungseingriffe hindeuten.

Inwieweit durch Internalisierungs- oder (De-)Meritorisierungsargumente zentralstaatliche Interventionen per Lenkungszuweisungen gerechtfertigt sind, läßt sich wegen der geringen Operationalität von externen Effekten und (mehr noch) von (de)meritorischen Gütern nur schwer beurteilen. Das Ausmaß derartig begründeter Interventionen hängt letztlich von den politischen Auffassungen über die Qualität zentraler versus dezentraler Entscheidungskompetenzen ab bzw. davon, inwieweit es den rivalisierenden zentralstaatlichen und föderativen Kräften gelingt, sich im politischen Entscheidungsprozess durchzusetzen. Die Gefahr, daß das - theoretisch zweifellos richtige - Internalisierungs- und (De)Meritorisierungsargument überstrapaziert wird, ist dabei nicht von der Hand zu weisen.[28] -- Eine ähnliche Gefahr besteht aber auch bezüglich der distributiven Begründung von Lenkungseingriffen des Zentralstaates, da der eingängige, aber unbestimmte Rechtsbegriff der "Einheitlichkeit der Lebensverhältnisse" zur extensiven Auslegung verführt und die Rivalität dieses Verteilungsziels mit gliedstaatlicher Eigenständigkeit und mit Effizienzzielen verdeckt.[29]

---

[27] Daneben werden auflagengebundene Zuweisungen des Bundes auch durch andere Bestimmungen des Art. 104a GG begründet:

- So bestimmt Art. 104a (2) GG, daß für den Fall, daß die Länder im Auftrage des Bundes handeln, der Bund die daraus ergebenden Ausgaben zu tragen hat. - Dies begründet entsprechende (Zweck-)Zuweisungen des Bundes an die Länder.

- Art. 104a (3) GG ermöglicht bei Bundesgesetzen, die Geldleistungen gewähren und von den Ländern ausgeführt werden, daß die Geldleistungen ganz oder zum Teil vom Bund getragen werden. - Dies begründet Transfers dem Bundes an die Länder, durch die die Konnexität zwischen Entscheidungskompetenz (liegt beim Bund) und Finanzierungskompetenz (liegt wegen ihrer Verwaltungskompetenz zunächst bei den Ländern) nachträglich hergestellt wird.

[28] Siehe - in Bezug auf das Verhältnis zwischen Land und Gemeinden - hierzu ausführlicher CAESAR/KOPS 1983.

[29] Siehe oben, Teil III, Abschnitt 2.4.2.

2.3. Aus der Gegenüberstellung denkbarer und in der Finanzverfassung geregelter Ausgleichsbeziehungen ersichtliche Regelungsdefizite

2.3.1. Der nicht geregelte Ausgleich auflagengebundener Transfers innerhalb der Länderebene

Stellt man die logisch denkbaren und die materiell vorhandenen Formen von Ausgleichsbeziehungen zwischen Bund und Ländern gegenüber, so ist als eine erste Besonderheit herauszustellen, daß die auflagengebundenen Transfers zur Herstellung der Konnexität zwischen Verwaltungs- und Finanzierungszuständigkeit, zur Internalisierung und Meritorisierung bestimmter Leistungen sowie zum Ausgleich intern verschuldeter Bedarfsunterschiede innerhalb der Länderebene verfassungsrechtlich nicht geregelt sind. Dies kann kaum damit erklärt werden, daß zwischen den Bundesländern keine solche Ausgleichsbeziehungen begründenden wirtschaftlichen Verflechtungen bestünden. Im Gegenteil finden sich mannigfaltige Interdependenzen (vor allem zwischen den Stadtstaaten und ihren benachbarten Flächenstaaten), welche derartige Ausgleichsbeziehungen in Form von Erstattungen, Internalisierungszahlungen und möglicherweise auch (De-)Meritorisierungszahlungen rechtfertigen und zur Beseitung allokativer und distributiver Störungen auch erforderlich machen.

Wenn sich derartige Ausgleichsbeziehungen in der Praxis zwischen den Ländern dennoch kaum finden, so vermutlich wegen der Schwierigkeiten, sich über Art, Volumen und Richtung solcher Ausgleichszahlungen sowie der damit zu verknüpfenden Lenkungsauflagen zu einigen. Die Gleichrangigkeit und Souveränität, die das Verhältnis der Bundesländer zueinander kennzeichnet, erschwert derartige Ausgleichsregelungen - selbst wenn sie die Position beider bzw. aller betroffenen Länder gegenüber dem Status Quo verbessern würden.[30]

Die fehlende verfassungsrechtliche Grundlage für einen horizontalen auflagengebundenen Ausgleich von Sonderbedarfen zwischen den Bundesländern erklärt auch, warum derartige Ausgleichsbeziehungen innerhalb des (auflagenfreien) horizontalen Länderfinanzausgleichs geregelt werden, obwohl sie dort sowohl im Hinblick auf die Abgrenzung der Ausgleichsbeteiligten als auch die fehlenden Verwendungsauflagen falsch angesiedelt sind. Sonderbelastungen der Stadtstaaten beispielsweise, die sich aus zentralörtlichen Leistungen für die Einwohner benachbarter Flä-

[30] Die in solchen Fällen erforderlichen Verhandlungen zwischen den Beteiligten sind in einer Reihe spieltheoretischer Arbeiten (vgl. grundlegend NASH 1950 sowie die neueren Arbeiten von CRAMTON 1984, MYERSON 1984 oder - bezogen auf Umweltressourcen - KUHL 1987) untersucht worden. Die Verhandlungslösungen werden vor allem von der Risikobereitschaft der Verhandlungspartner, der Höhe der Informations- und Transaktionskosten und der Gewichtung des Verteilungsziels im Verhältnis zur angestrebten Allokationsverbesserung bestimmt und können von der Beibehaltung des Status Quo bis zur Erreichung des (Pareto-)Optimums reichen. Vgl. grundlegend hierzu BUCHANAN 1968.

chenstaaten ergeben, haben im horizontalen Länderfinanzausgleich nichts zu suchen: Der Ausgleich solcher - prinzipiell ausgleichsrelevanter - zentralörtlicher Leistungen beschränkt sich hierbei nämlich weder auf den Kreis der durch diese Leistungen begünstigten Länder, noch wird der Ausgleich zweckgebunden für die zentralörtlichen Leistungen gewährt.[31,32]

Ebenso falsch wäre es aber auch, die zwischen einzelnen Ländern bestehenden Abgeltungsansprüche, z. B. die von den Stadtstaaten gegenüber ihren benachbarten Flächenstaaten erbrachten zentralörtlichen Leistungen, über den vertikalen (ebenfalls auflagenfreien) Länderfinanzausgleich auszugleichen - und zwar unabhängig davon, ob ein solcher Ausgleich sich bei der Umsatzsteuerverteilung deckungsquotensteigernd zugunsten des Bundes auswirken würde oder nicht:

---

[31] Allokationstheoretisch ist eine solche Zweckbindung erforderlich, damit durch die Zuweisungen ausschließlich eine Ausweitung zentralörtlicher Leistungen (und damit eine Internalisierung der von ihnen ausgehenden positiven externen Effekte) bewirken.

[32] Derartige systematische Mängel führen dann auch zu inkonsistenten Verteilungswirkungen des horizontalen Länderfinanzausgleichs. Diese werden allerdings häufig erst sichtbar, wenn man nicht die Verteilungswirkungen der Einzelregelungen isoliert betrachtet, sondern durch eine geeignete Aufbereitung die Gesamtwirkungen sichtbar macht. Stellt man beispielsweise die aggregierte Bedarfsmeßzahl der Nordländer derjenigen der Südländer gegenüber, so liegt die erstere beträchtlich über der letzteren. Soweit dies aus den für die Nordstaaten anerkannten Sonderlasten für die Seehäfen - als einer gesamtstaatlichen Aufgabe - resultiert, sind die damit verbundenen Belastungen der Südländer gewünscht und richtig (falls man eine gleichmäßige Verteilung dieser Lasten auf alle Bundesländer anstrebt); soweit die höhere Bedarfsmeßzahl der Nordländer aber mit zentralörtlichen Belastungen der Stadtstaaten begründet wird, sind über die regionale Ausdehnung solcher zentralörtlichen Leistungen hinausgehende Verteilungswirkungen, hier zulasten der Südländer, nicht einzusehen. Die über alle Nordstaaten aggregierte Bedarfsmeßzahl dürfte daher infolge zentralörtlicher Sonderlasten nicht über der aggregierten Bedarfsmeßzahl der Nordstaaten liegen.

Unterschiede in den Bedarfsmeßzahlen der einzelnen Länder (und der aggregierten Bedarfsmeßzahl von Ländergruppen) wären allerdings weiterhin insoweit gerechtfertigt, als der Sonderbedarf nicht aus zentralörtlichen Lasten, sondern aus (als ausgleichsberechtigt anerkannten) Agglomerationskosten der Stadtstaaten resultiert. Eine Beurteilung von zwischen Nord- und Südländern feststellbaren Unterschieden der aggregierten Bedarfsmeßzahlen wird damit schwieriger, da sie eine Trennung zwischen den Sonderlasten aus zentralörtlichen Leistungen und denjenigen aus Agglomerationsnachteilen voraussetzt.

- Könnte der Bund den Ausgleich bei der vertikalen Umsatzsteuerverteilung nicht bedarfssteigernd geltend machen,[33] so würde er an die Stelle der ausgleichspflichtigen, d. h. durch die zentralörtlichen Leistungen der Stadtstaaten begünstigten Nachbarländer treten - und zwar unabhängig von der finanziellen Lage dieser begünstigten Länder. Dies wäre mit dem Zweck der Bundesergänzungszuweisungen (als Instrument der weiteren Verminderung von Deckungsquotenunterschieden) nicht vereinbar.

- Könnte der Bund den Ausgleich bei der vertikalen Umsatzsteuerverteilung bedarfssteigernd geltend machen, so würden die zentralörtlichen Leistungen der Stadtstaaten indirekt von allen Ländern finanziert (durch den geringeren Umsatzsteueranteil der Länder), obwohl nur die benachbarten Flächengemeinden einen Nutzen daraus haben; auch dadurch würde der Kreis ausgleichspflichtiger und tatsächlich belasteter Länder divergieren.

Sonderlasten, bei denen nur einzelne Länder ausgleichspflichtig sind, sind mithin weder über den horizontalen noch über den vertikalen Länderfinanzausgleich, sondern über (auflagengebundene) Regelungen zwischen den Beteiligten abzugelten. Solange der materielle Finanzausgleich in der Bundesrepublik für derartige direkte Beziehungen zwischen einzelnen Bundesländern keine verfassungsrechtliche Grundlage bietet, besteht die Gefahr ihrer Übernahme in den vorhandenen horizontalen oder vertikalen Länderfinanzausgleich. Dies mag als "second best solution" auch solange vorgezogen werden, solange die Alternative in einem Verzicht auf jedwede Abgeltung besteht. Langfristig sollte jedoch angestrebt werden, sowohl die verfassungsrechtlichen Grundlagen wie auch die erforderliche politische Bereitschaft für einen - systematisch richtigen - direkten Ausgleich zwischen den betroffenen Ländern zu schaffen.

---

[33] Die Umsatzsteueranteile von Bund und Ländern werden mit Hilfe der sog. Deckungsquotenberechnung festgelegt (vgl. BUNDESMINISTERIUM DER FINANZEN, 1981; WOLF 1982; PEFFEKOVEN 1985). Hierbei werden die laufenden Einnahmen ins Verhältnis zu den notwendigen Ausgaben der beiden Ebenen gesetzt und ggf. festgestellte Unterschiede in den Deckungsquoten durch eine Veränderung der Umsatzsteueranteile beseitigt. Es ist strittig, inwieweit die Gewährung von Bundesergänzungszuweisungen eine notwendige Aufgabe des Bundes darstellt, die dieser bei der Deckungsquotenberechnung bedarfssteigernd geltend machen kann. "Geht man ... davon aus, daß der Bund, wenn er im Interesse von Ausgleich, Koordination und (oder) Einheitlichkeit von seiner Kompetenz zur Mitfinanzierung und Mitsteuerung von Landesaufgaben Gebrauch macht, eine ihm übertragene Aufgabe erfüllt, so kann man ihm auch nicht die Berücksichtigung der dabei entstehenden Ausgaben im Rahmen der Deckungsquotenberechnung verweigern; zumal dies im Ergebnis darauf hinauslaufen würde, daß der Bund gar nicht mehr im Stande wäre, die ihm übertragenen Aufgaben des Ausgleichens, Koordinierens etc. zu erfüllen. Anzuerkennen ist freilich, daß die Wahrnehmung von Mitfinanzierungs- und Mitsteuerungskompetenzen durch den Bund unter Umständen deshalb nicht notwendig ist, weil kein Bedarf für Ausgleich, Koordination und (oder) Vereinheitlichung besteht. Daß in derartigen Fällen, wie stets bei nicht notwendiger Kompetenzausübung, die Berücksichtigung der bei der Kompetenzhandhabung entstandenen Ausgaben im Rahmen der Deckungsquotenberechnung ausgeschlossen ist, wird nicht bestritten." (BUNDESMINISTERIUM DER FINANZEN 1981, S. 37).

2.3.2. Die ausschließlich von oben nach unten gerichteten vertikalen Ausgleichsbeziehungen

Von den denkbaren vertikalen Ausgleichsbeziehungen zwischen Bund und Ländern fehlen im materiellen Finanzausgleich der Bundesrepublik die von unten nach oben gerichteten Transfer völlig, obwohl sie bei einer entsprechenden Ausgestaltung die gleichen allokativen und distributiven Wirkungen auslösen könnten wie von oben nach unten gerichtete Transfers. So wäre beispielsweise denkbar, daß die nach Abschluß des horizontalen Länderfinanzausgleichs verbliebenen Deckungsquotenunterschiede zwischen den Ländern nicht mit Bundesergänzungszuweisungen an die finanzschwachen Länder, sondern mit Dotationen der finanzstarken Länder an den Bund weiter angeglichen werden.

Daß eine solche Lösung in der Finanzverfassung der Bundesrepublik nicht angelegt ist, erklärt sich aus der den Bund begünstigenden Verteilung der originären Einnahmen, durch die dem Bund zunächst Finanzmittel zufließen, mit denen er im ergänzenden Finanzausgleich horizontale Deckungsquotenunterschiede innerhalb der Länderebene ausgleichen (Bundesergänzungszuweisungen) sowie die Allokationsentscheidungen der Länder beeinflussen kann (GA-Mittel, Investitionshilfen). Diese Begünstigung des Bundes bei der originären Einnahmenverteilung, die bereits in den sechziger Jahren dazu geführt hatte, daß sich der Bund in Länderzuständigkeiten "einkaufen" konnte, hat sich auch mit der Finanzreform 1969 nicht geändert. Im Gegenteil konnte der Bund den "Finanzierungsüberhang" der originären Einnahmenverteilung mit dem Hinweis auf die nötige finanzielle Beteiligung an den Gemeinschaftsaufgaben sogar rechtfertigen. -- Hinzu kommt, daß die vertikalen Deckungsrelationen zwischen Bund und Ländern - zieht man einmal die Entwicklung der Umsatzsteueranteile beider Ebenen als Indikator hierfür heran - sich im Zeitablauf stets zugunsten des Bundes verändert haben.[34] Da deren diskretionäre Korrektur, z. B. durch die Veränderung von Steuertarifen oder durch eine Verminderung des Bundesanteils an der Umsatzsteuer, erfahrungsgemäß

---

[34] Eine Messung der vertikalen Deckungsquoten zwischen Bund und Ländern ist wegen der Verschiedenartigkeit der Aufgaben und Einnahmen beider Ebenen methodisch schwierig (vgl. BUNDESMINISTERIUM DER FINANZEN, 1981; WOLF 1982). Vereinfachend wird deshalb die zeitliche Entwicklung der Umsatzsteueranteile von Bund und Ländern als Indikator der vertikalen Deckungsquoten betrachtet. Diese mußten seit 1970, als die Umsatzsteuer in eine Gemeindesteuer umgewandelt wurde, permanent zugunsten der Länder angepasst werden: von 30 % in den Jahren 1970 und 1971 über 35 % in den Jahren 1972 und 1973 auf 37 % im Jahr 1974. Nach einem vorübergehenden Rückgang des Länderanteils auf 31,75 % im Jahr 1975 und 31 % in den Jahren 1976 und 1977 (bedingt durch einen hohen Ausgabenzuwachs des Bundes für den Familienlastenausgleich - Übernahme der Kindergeldzahlungen durch den Bund -, ferner die Aufstockung der Bundesleistungen für die Kriegsopferversorung, die Sozialversicherung und die landwirtschaftliche Sozialpolitik) kam es dann wiederum zu einer dauernden Erhöhung: von 32,5 % in den Jahren 1978 - 1982 über 33,5 % im Jahr 1983 und 34,5 % im Jahr 1985 auf 35 % in den Jahren 1986 und 1987.

einer gewissen zeitlichen Verzögerung unterliegt, steht dem Bund hierdurch stets ein für vertikale Zuweisungen von oben nach unten verwendbares Finanzvolumen zur Verfügung.

Wollte man dieses beseitigen oder die Richtung der vertikalen Ausgleichsbeziehungen sogar umkehren, so wäre hierzu daher zunächst eine grundlegende Änderung der originären Einnahmenverteilung erforderlich: Die von den Ländern für vertikale Zuweisungen an den Bund benötigte Finanzmasse müßte ihnen zunächst, z. B. über einen wesentlich höheren Anteil an der Umsatzsteuer oder durch die Übernahme der Ertragskompetenz einer derzeitigen Bundessteuer (Kfz-Steuer?), zugewiesen werden, bevor sie dann an den Bund transferiert und damit die gewünschten distributiven Wirkungen innerhalb der Länderebene auslösen könnte.

Es stellt sich allerdings die Frage, ob eine solche Veränderung der originären vertikalen Einnahmenverteilung wirklich vorteilhaft wäre. Gewisse Abhängigkeiten der Länder vom Bund würden damit durch eine umgekehrte Abhängigkeit des Bundes von den Ländern ersetzt. Die eher negativen Erfahrungen im Kaiserreich, als eine solche Abhängigkeit - allerdings in extremer Form ("Der Bund als Kostgänger der Länder") - bestand, sprechen eher gegen eine solche "dezentrale" Lösung. Dies gilt vor allem dann, wenn innerhalb der Länderebene starke parteipolitische Auffassungsunterschiede über die angemessene Politik der Zentralregierung bestehen. Durch diese kämen es vermutlich zu Auseinandersetzungen über Art und Umfang der von den Ländern an den Bund abzuführenden Zuweisungen, die den politischen Entscheidungsraum der Zentralregierung erheblich behindern würden.

Sinnvoll ist es hingegen, bei der originären Einnahmenverteilung die dem Bund für Zwecke ergänzender Zuweisungen an die Länder zugewiesenen Mittel auf das erforderliche Minimum zu begrenzen. So wurde bereits erwähnt, daß die Bundesergänzungszuweisungen auf das Volumen beschränkt bleiben müssen, welches die Deckungsrelationen der nach dem horizontalen Länderfinanzausgleich "finanzschwachen" Länder auf das politisch gewollte Mindestniveau anheben.[35] Ebenso müssen aber auch die vertikalen Lenkungszuweisungen des Bundes auf das für die Allokationszwecke unabdingbare Minimum reduziert bleiben. Hat man sich beispielsweise dazu entschlossen, Art und Volumen der Gemeinschaftsaufgaben wegen der damit verbundenen Nachteile ("Politikverflechtung") abzubauen, so müssen die damit verringerten Finanzierungsverpflichtungen des Bundes gegenüber den Ländern eine entsprechende Anpassung der originären Einkommensverteilung nach sich ziehen.[36] Eine Beibehaltung

---

[35] Siehe oben, Teil V, Abschnitt 1.2.

[36] Diese Anpassung der vertikalen Einnahmenverteilung zwischen Bund und Ländern muß als wesentliche Ursache dafür gesehen werden, daß der vom beiden Ebenen angestrebte Abbau von Gemeinschaftsaufgaben und daraus begründeten Mischfinanzierungstatbeständen in den vergangenen Jahren kaum vorangekommen ist. Während die Länder sich auf den Standpunkt stellen, die ihnen vom Bund in der Vergangenheit (zweckgebunden)

der ursprünglichen vertikalen Einnahmenverteilung und deren Korrektur per derivativer Bundeszuweisungen - sei es in der Form von Bundesergänzungszuweisungen oder von Investitionszuweisungen nach Art. 104a Abs. 4 - ist abzulehnen, auch wenn die verfassungsrechtlichen Voraussetzungen formal erfüllt werden, indem die Notwendigkeit "zur Abwehr einer Störung des gesamtwirtschaftlichen Gleichgewichts", zum "Ausgleich unterschiedlicher Wirtschaftskraft im Bundesgebiet" oder zur "Förderung des wirtschaftlichen Wachstums" behauptet wird.[37]

2.3.3. Die Dominanz des direkten horizontalen Länderfinanzausgleichs gegenüber dem vertikalen Länderfinanzausgleich mit horizontalem Effekt

Der Vergleich zwischen theoretisch denkbaren und materiell vorhandenen Ausgleichsformen zeigt als weitere Besonderheit für die auflagenfreien Ausgleichszuweisungen eine Dominanz direkter horizontaler Ausgleichsbeziehungen: Nach der Konzeption des Grundgesetzes sollen ungleiche Deckungsrelationen zwischen den Bundesländern vor allem durch direkte horizontale Zuweisungen ausgeglichen werden. Mit dieser Lösung unterscheidet sich die Bundesrepublik von fast allen anderen föderativen Staaten, die Deckungsquotenunterschiede zwischen den Gliedstaaten über vertikale Transfers (vom Zentralstaat) mit horizontalem Effekt vorausgleichen.[38] Im übrigen unterscheidet sich die in der Bundesrepublik für die Länder gewählte horizontale Lösung auch von derjenigen, welche innerhalb der Länder zum Ausgleich von Deckungsquotenunterschieden zwischen ihren Gemeinden angewandt wird: Auch dieser kommunale Finanzausgleich ist in allen Bundesländern als vertikaler Ausgleich mit horizontalem Effekt gestaltet.

---

zugewiesenen GA-Mittel stünden ihnen mit Abbau der Gemeinschaftsaufgaben in gleicher Höhe als (allgemeine) Finanzmittel zu, vertritt der Bund die Auffassung, der mit Abschaffung der Gemeinschaftsaufgaben verbundene Verzicht auf die Beeinflussung von Länderaufgaben rechtfertige es, den Ländern nur einen Teil dieser Mittel als allgemeine Einnahmen zu übertragen. Ein anderer Teil sei dagegen vom Bund einzubehalten, um die zuvor über Verwendungsauflagen erreichten Ziele des Bundes nunmehr über eigene Bundesausgaben erfüllen zu können. -- Allokationstheoretisch ist diesem Argument im Grundsatz auch zuzustimmen (vgl. Abbildung 13, S. 167 und die dortigen Erläuterungen), wiewohl eine Quantifizierung des einzubehaltenden Anteils wegen der fehlenden Kenntnis der Nutzenfunktionen des Bundes und der Länder kaum möglich ist.

[37] Daher müssen auch die geplanten Strukturhilfen des Bundes in Höhe von 2,45 Mrd DM jährlich auf Skepsis stoßen. Zum einen liegt bei ihnen der Verdacht nahe, daß die für diese Mittel Verwendungsauflagen (für Investitionen) nur erlassen worden sind, um die formalen Voraussetzungen des Art. 104a Abs. 4 GG zu erfüllen; tatsächlich aber eine gezielte Aufstockung allgemeiner Deckungsmittel finanzschwacher Bundesländer geplant ist. Zum anderen - und diese Kritik wiegt schwerer - drängt sich aber der Eindruck auf, daß hier horizontale Verteilungsziele nur vorgeschoben werden, wo eigentlich die politische Zustimmung eines Bundeslandes (Niedersachsen) honoriert werden soll. Die Verteilung dieser Strukturhilfen anhand "geeigneter" Bedarfsfaktoren gewänne dann einen ganz neuen Sinn, da unter "geeigneten" Bedarfsfaktoren solche zu verstehen wären, die eine nach sachfremden Kriterien festgelegte Verteilung im nachhinein rationalisieren.

[38] Vgl. POMMEREHNE 1977; ACIR 1981; BÖS u.a. 1983; MEIER 1983.

In diesem direkten horizontalen Ausgleich muß eine wesentliche Erklärung für die hohe Aufmerksamkeit, in den letzten Jahren muß man fast sagen: für die Übersensibilität, gesehen werden, die die Länder dem Finanzausgleich entgegenbringen: Änderungen in der Abgrenzung der originären Finanzkraft und des Finanzbedarfs - und hier vor allem der (Nicht-)Anerkennung von Sonderbedarfen - wirken sich unmittelbar auf die relative Finanzposition der Länder aus und - mehr noch - lassen sich exakt quantifizieren. Jede Änderung des Verteilungsverfahrens führt damit zu einer Polarisierung zwischen einzelnen Ländern, da Begünstigte und Benachteiligte exakt ausgemacht werden können.[39] Anders als bei einem vertikalen Ausgleich beschränken sich die Benachteiligungen überdies nicht auf indirekte Schlechterstellungen, sondern führen zu einer direkten Erhöhung der Zahlungsverpflichtungen gegenüber anderen Bundesländern.

Es kommt daher auch nicht von ungefähr, daß die Bundesergänzungen in der Vergangenheit im Verhältnis zum horizontalen Länderfinanzausgleich quantitativ ständig ausgeweitet und auch andere vertikale Verteilungsformen mit horizontalen Umverteilungswirkungen innerhalb der Länderebene ausgebaut wurden. Der aktuelle Vorschlag der Strukturhilfen in Höhe von jährlich 2,45 Mrd DM, ein der horizontalen Länderfinanzausgleichsmasse entsprechendes Volumen, ist hier nur das neueste Glied einer langfristigen Entwicklung. Mag diese Entwicklung unter verfassungsrechtlichen Kriterien auf die unterschiedlichsten Bedenken stoßen (s.u.), so wird sie unter finanzpsychologischen Kriterien von verschiedenen Autoren positiv beurteilt, da durch sie die "konfliktträchtige" direkte horizontale Umverteilung mehr und mehr durch die indirekte horizontale Umverteilung via Bundeszuweisungen ersetzt wird.

Unter diesem Aspekt kann man möglicherweise auch der Auffassung des Bundesverfassungsgerichts eine positive Seite abgewinnen, Sonderbedarfe nurmehr im vertikalen, nicht aber im horizontalen Länderfinanzausgleich anzuerkennen.[40] Obwohl hierfür - wie oben gezeigt wurde[41] - keine

---

[39] Die mit der Eskalation des Verfassungsstreits mittlerweile von fast allen Bundesländern entwickelten computergestützten Simulationsprogramme, die solche Berechnungen erleichtern, tragen dabei noch zu einer weiteren Sensibilisierung und Ergebnisorientierung der Auseinandersetzungen bei. Es ist bezeichnend für die mangelnde Initiativfunktion, die der Bund bei der notwendigen Neugestaltung des Länderfinanzausgleichs in den letzten Jahren an den Tag gelegt hat (vgl. KOPS 1985), daß das Bundesfinanzministerium im Gegensatz zu den Länderministerien über kein derartiges Simulationsprogramm verfügt.

[40] Ein derartiger Vorschlag wurde unlängst auch von BARTSCH/PROBST (1988, S. 537) befürwortet: "Die Berücksichtigung von Sonderbedarfen im Rahmen des Länderfinanzausgleichs (scheint) nicht konsensfähig, weil zunehmend einzelne Länder ihre Sonderbedarfe gegenüber dem Gesamtkollektiv erfolglos anmelden.

Dies wird in Zukunft immer häufiger der Fall sein, da durch die regional unterschiedliche Streuung der einzelnen Probleme (Stadtstaaten, Kohle, Stahl, Werften, Altlasten etc.) Minderheitenpositionen geradezu vorprogrammiert sind. Darüber hinaus ist ... zum einen ein wachsendes Leistungskraft- und Bedarfsgefälle zwischen den Ländern zu verzeichnen, zum andern ist der Bund kaum noch in der Lage, über eine weitere Erhöhung der Bundesergänfinanzausgleichssystematische Begründung existiert, hätte diese Vorgehensweise den Vorteil, im besonders transparenten, sensiblen und konfliktträchtigen horizontalen Länderfinanzausgleich nur vermeindlich "objektive" und auf alle Länder angewandte Bedarfsfaktoren - im Extrem nur die Einwohnerzahl - zu berücksichtigen, während die politisch stets umstrittenen Sonderbedarfe in den weniger transparenten und konfliktträchtigen vertikalen Länderfinanzausgleich verlagert würden.

Da eine solche Lösung aber in der Tat die Notwendigkeit der Bestimmung von (Sonder-)Bedarfen nicht beseitigen, sondern nur verlagern würde, könnte sie u. U. auch dazu führen, daß auch die Sensibilität der Länder gegenüber dem vertikalen Länderfinanzausgleich erhöht würde und die Verteilungskonflikte in diesem Teil des Gesamtsystems bald die gleiche Intensität erreichten wie im horizontalen Länderfinanzausgleich.[42] Die von den Nordländern unlängst beklagte Benachteiligung bei der Verteilung der GA-Mittel, ja sogar bei der Verteilung direkter Bundesausgaben,[43] deutet eine solche Entwicklung bereits an. An ihrem Ende würde eine Regionalbilanz aller Bundesausgaben stehen, die ähnliche Verteilungskämpfe auslösen müßte, wie sie in den letzten Jahren im horizontalen Länderfinanzausgleich üblich geworden sind. Zugleich wäre der Bund in der Verfolgung allokativer und konjunkturpolitischer Ziele stark eingeschränkt.

Die Verlagerung der Sonderbedarfsproblematik in den - zunächst - intransparenteren und damit weniger konfliktreichen vertikalen Länderfinanzausgleich kann die derzeitige "Verteilungspsychose" damit kurzfristig möglicherweise abschwächen; langfristig ist sie vermutlich aber keine stabile Lösung, sondern kann im Gegenteil dazu führen, daß die Sensibilität gegenüber Verteilungswirkungen in weitere Bereiche des Finanzausgleichs hineingetragen wird. Auf die explizite Bestimmung des Finanzbedarfs der Länder und die hierbei erforderlichen Entscheidungen über die Ausgleichsrelevanz von Sonderbedarfen wird man daher langfristig nicht verzichten können - unabhängig davon, ob diese Entscheidungen im horizontalen oder im vertikalen Länderfinanzausgleich getroffen werden.

---

zungszuweisungen zu seinen Lasten eine den Erwartungen entsprechenden Ausgleich zu leisten.

Sollen nun aber, wie auch zuletzt vom Verfassungsgericht bestätigt, Bedarfselemente im Länderfinanzausgleich ergänzend berücksichtigt werden, ist es im Sinne der beschriebenen Konsensfindungsproblematik notwendig, diese so weit wie möglich aus dem horizontalen System der Entscheidungsfindung im Länderfinanzausgleich zu entflechten." Ähnlich auch die Wertung durch PEFFEKOVEN 1987, S. 205.

41 Vgl. Teil III, Abschnitt 2.4.3.

42 Diese Gefahr wird auch von PEFFEKOVEN (1987, S. 217ff.) gesehen, der hieraus allerdings die Schlußfolgerung zieht, auf die Berücksichtigung von Sonderbedarfen sowohl im horizontalen als auch im vertikalen Länderfinanzausgleich zu verzichten.

43 Siehe Ernst Albrecht: "Die Ausgabenpolitik des Bundes benachteiligt Nord- und Westdeutschland", in: Handelsblatt Nr. 13 vom 20. 1. 1988, S. 4.

Daher dürfte die "Entkrampfung",[44] die sich durch eine Verlagerung in den vertikalen Länderfinanzausgleich erreichen läßt, das Ausgleichssystem nur vorübergehend entlasten. Nehmen die Verteilungskonflikte nach einer gewissen Zeit auch innerhalb des vertikalen Finanzausgleichs zu, so wird eine weitere Problemverlagerung erforderlich - nunmehr möglicherweise durch eine Aufteilung der vertikalen Verteilungsmasse in einen "verteilungsneutralen" Teil und einen "verteilungswirksamen" Teil usw. Am Ende einer solchen Entwicklung stünde dann ein systematisch unsinniger, weil in seinen größten Teilen verteilungsneutraler Länderfinanzausgleich, der seine Umverteilungsaufgaben nicht mehr erfüllen (und damit ohne weiteres in die originäre Einnahmenverteilung überführt werden) könnte;[45] Verteilungskonflikte würden sich dann auf einen kleinen Teil der Verteilungsmasse beschränken und dort vermutlich noch wesentlich schwerer zu lösen sein als bei einem System, das eine Vielzahl verteilungswirksamer Elemente und damit die Voraussetzungen für politisches Logrolling und Verteilungskompromisse enthält. Schritte in Richtung eines solches Systems erweisen sich aus dieser Perspektive als kurzfristige Entlastungsmaßnahmen, die später nur auf Kosten noch höherer Verteilungskonflikte rückgängig gemacht werden können.

---

[44] So die Formulierung bei BARTSCH/PROBST 1988, S. 536.

[45] Ein "verteilungsneutraler" horizontaler Länderfinanzausgleich, der ausschließlich nach der Einwohnerzahl der Länder bemessen würde (wie etwa von BARTSCH/PROBST, 1988, S. 538, Anmerkung 18, gefordert) könnte beispielsweise wegfallen, da die gleichen Verteilungswirkungen durch eine Erhöhung des - ebenfalls nach der Einwohnerzahl zu verteilenden - Länderanteils an der Umsatzsteuer erreicht würden.

3. Abschließende Bemerkungen

Mit der vorliegenden Arbeit wurde versucht, die bei der Beurteilung von Sonderbedarfen anzuwendende Vorgehensweise, die dabei zu berücksichtigenden Kriterien und die für den Ausgleich solcher Sonderbedarfe relevanten Gestaltungsmerkmale darzustellen. Um auf die Fülle denkbarer Formen solcher Sonderbedarfe angewandt werden zu können, mußten diese Beurteilungs- und Gestaltungskriterien allerdings vergleichsweise abstrakt bleiben, so daß sie zugleich weite Auslegungsspielräume beinhalten, die in der politischen Praxis erfahrungsgemäß interessenbezogen ausgenutzt werden und dann zu politischen, möglicherweise auch verfassungsrechtlichen Auseinandersetzungen führen.

Für den an der Lösung politisch-praktischer Streitfragen Interessierten mögen die gewonnenen Ergebnisse deshalb möglicherweise wenig hilfreich sein, da sie nur in wenigen Fällen eine eindeutige Bejahung oder Verneinung der in der politischen Diskussion befindlichen Sonderbedarfe erlauben. Auf der anderen Seite konnten solche eindeutigen Ergebnisse angesichts der vergleichsweise geringen Operationalität der entscheidungsrelevanten Kriterien wohl auch nicht erwartet werden, weil hierfür die Kriterien selbst wie auch die bei ihrer Anwendung erforderlichen Zielabwägungen zu stark von politischen Werturteilen und Gewichtungen abhängen.

Eine Alternative zur Anwendung solcher Kriterien ist daher auch nicht in Sicht. Auf die Berücksichtigung von Sonderbedarfen im Länderfinanzausgleich vollständig zu verzichten muß als eine Kapitulation angesehen werden, die schwere allokative und distributive Nachteile für die Ländergemeinschaft und für die Volkswirtschaft als ganzer nach sich ziehen müßte. Im übrigen ist auch kaum vorstellbar, daß eine solche Verneinung jedweder Sonderbedarfe politisch durchsetzbar wäre (man denke etwa an die finanziellen und politischen Konsequenzen einer Abschaffung der Einwohnergewichtung für die Stadtstaaten). Ebensowenig befriedigen kann aber auch eine rein (macht)politische Gestaltung des Länderfinanzausgleichs, bei der alles erlaubt wäre, was in den zuständigen Entscheidungsgremien durchsetzbar ist. Ein solches Verfahren müßte auf die konsequente Ausbeutung von (Länder)minderheiten hinauslaufen. Auch mit diesem Verfahren wären schwere allokative und distributive Nachteile verbunden, ganz abgesehen von den föderativen Spannungen, die dabei zu erwarten wären. Es ist daher auch in Zukunft keinesfalls - wie verschiedentlich behauptet - eine weitere Belastung des föderativen Systems, wenn ein Bundesland erneut den Gang nach Karlsruhe antritt, um eine ihm unrechtmäßig erscheinende Regelung des Finanzausgleichs verfassungsrechtlich prüfen zu lassen.

Man wird daher auch in Zukunft nicht umhin können, den Länderfinanzausgleich im allgemeinen und die Behandlung von Sonderbedarfen im besonderen anhand wissenschaftlicher Prinzipien und Kriterien zu regeln. Vor allem die Finanzwissenschaft und die Staatslehre sind gefordert, die vorhandene Systematik zu verfeinern, die darin enthaltenen Kriterien zu präzisieren, und die auch nach dem LFA-VERFASSUNGS-URTEIL 1986 verbliebenen Interpretationsspielräume zu verringern. Dies mag eine mühselige und langwierige Strategie sein, die vor allem zur Lösung der aktuellen Probleme wenig anziehend erscheint; es ist gleichwohl die einzig vorstellbare.

Eine befriedigende Regelung der vielfältigen Finanzausgleichsbeziehungen innerhalb der Ländergemeinschaft sowie zwischen Bund und Ländern wird aber auch dadurch erschwert, daß der gegenwärtigen Finanzverfassung der Bundesrepublik hierfür einige Regelungen fehlen. Mit dem nicht geregelte Ausgleich auflagengebundener Transfers innerhalb der Länderebene, der ausschließlichen Regelung von oben nach unten gerichteten vertikalen Finanzausgleichsbeziehungen zwischen Bund und Ländern und der Dominanz direkter horizontaler Ausgleichsbeziehungen wurden drei Charakteristika der bestehenden Finanzverfassung aufgezeigt, die eine finanzwissenschaftlich konsistente Berücksichtigung von Sonderbedarfen erschweren. Im Vergleich zu einer "konstruierten" Finanzverfassung, die für jeden (Haupt)Typ horizontaler und vertikaler Ausgleichsbeziehungen ein geeignetes Instrument bereitstellt, ist die gegenwärtige Finanzverfassung daher unvollständig, unpräzise und teilweise sogar inkonsistent - zur mangelnden Präzision der Kriterien für die Beurteilung und Gestaltung des Sonderbedarfsausgleichs gesellt sich ein mangelhaftes Instrumentarium als zweites Problem. Die derzeitigen Kontroversen um die Anerkennung von Sonderbedarfen im Länderfinanzausgleich sind deshalb möglicherweise nur ein Symptom für grundlegendere Regelungsdefizite unserer Finanzverfassung.

Auch zur Lösung dieses Problems bedarfs es der Anwendung und Weiterentwicklung der von Verfassungsrechtlern und Finanzwissenschaftlern entwickelten Systematik. Gefordert ist hierbei aber auch der Gesetzgeber, der sowohl die Norm als auch die Wirklichkeit der Finanzverfassung zu verbessern und ein Instrumentarium bereitzustellen hat, mit dem die komplexen, durch vielfältige Interdependenzen und Ausgleichsbeziehungen charakterisierten Beziehungen zwischen den Gebietskörperschaften angemessen geregelt werden können.

Literaturverzeichnis

Abegg, H.: Verteilungsschlüssel bei Subventionen und Anteilen. Ein Beitrag zur Reform des Finanzausgleichs zwischen Bund und Kantonen, Bern 1948

ACIR (Advisory Commission on Intergovernmental Relations): The States and Intergovernmental Aids. The Intergovernmental Grant System: An Assessment and Proposed Policies, Washington D.C. 1977a

ACIR (Advisory Commission on Intergovernmental Relations): Improving Federal Grants Management. The Intergovernmental Grant System: An Assessment and Proposed Policies, Washington, D.C. 1977b

ACIR (Advisory Commission on Intergovernmental Relations): Summary and Concluding Observations. The Intergovernmental Grant System: An Assessment and Proposed Policies, Washington, D.C., 1978

ACIR (Advisory Commission on Intergovernmental Relations): Studies in Comperative Federalism: Australia, Canada, the United States and West Germany, Washington D.C. 1981

ACIR (Advisory Commission on Intergovernmental Relations): A Catalog of Federal Grant-In-Aid Programs to State and Local Governments: Grants Funded FY 1981, Washington, D.C. 1982

Albers, Willi: Die Aufgaben- und Einnahmenverteilung auf die öffentlichen Gebietskörperschaften und die gemeindliche Selbstverwaltung, in: Archiv für Kommunalwissenschaften, Jg. 1, 1962a, S. 65ff.

Albers, Willi: Möglichkeiten und Grenzen eines interkommunalen Finanzausgleichs, in: Kommunale Finanzreform, Schriftenreihe der Forschungsstelle der Friedrich-Ebert-Stiftung, Hannover 1962b, S. 63 - 83

Arbeitsgruppe aus sachverständigen Praktikern: Gutachten zur Berechnung der Schlüsselzuweisungen im kommunalen Finanzausgleich Nordrhein-Westfalen, hrsg. vom Innenminister des Landes Nordrhein-Westfalen, Düsseldorf 1987

Bartsch, Peter/Probst, Henning: Ansätze zur Reform des Länderfinanzausgleichs, in: Wirtschaftsdienst, X/1988, S. 533 - 540

Benkert, Wolfgang: Die Theorie der Zuweisungen, in: WISU, 13. Jg., 1984, S. 43-49 und S. 93 - 97

Bennett, Robert John: The Geography of Public Finance. Welfare under Fiscal Federalism and Local Government Finance, London/New York 1980

Benson, Kenneth: The Interorganizational Network as a Political Economy, in: Administrative Science Quarterly, Vol. 20, 1975, S. 229 - 249

Benzing, Alfred u.a.: Verwaltungsgeographie. Grundlagen, Aufgaben und Wirkungen der Verwaltung im Raum, Köln u. a. 1978

Benz, Arthur: Föderalismus als dynamisches System, Opladen 1985

Berkenhoff, H. A., u. a. (Hrsg.): Die Bundesrepublik Deutschland. Staatshandbuch. Teilausgaben, Köln u.a. 1976ff.

Biehl, Dieter: Die Entwicklung des Finanzausgleichs in ausgewählten Bundesstaaten, a) Bundesrepublik Deutschland, in: HdF, Bd. 4, 3. Aufl., Tübingen 1983, S. 68ff.

Blümel, Wolfgang: Die Allokation öffentlicher Güter in unterschiedlichen Allokationsverfahren. Eine vergleichende theoretische Untersuchung, Berlin 1987

BMF (Bundesministerium der Finanzen): Bund sorgt durch Mitfinanzierung bei den Gemeinschaftsaufgaben für einheitlichere Lebensverhältnisse im Bundesgebiet, BMF-Dokumentation 19/1979

BMF (Bundesministerium der Finanzen): Bund sorgt durch Mitfinanzierung bei den Gemeinschaftsaufgaben für einheitlichere Lebensverhältnisse im Bundesgebiet, BMF-Dokumentation, 19/79, Bonn 1979

BMF (Bundesministerium der Finanzen) (Hrsg.): Verteilung der Umsatzsteuer - Maßstäbe und Verfahren -, Schriftenreihe des BMF, Heft 30, Bonn 1981

Bös, Dieter u.a. Die Entwicklung des Finanzausgleichs in ausgewählten Bundesstaaten, Österreich, in: HdF, Bd. IV, Tübingen 1983, S. 124 - 162

Bonkowski, Sabine/Legler, Harald: Süd-Nord-Gefälle bei industrieller Forschung und Entwicklung?, in: Raumforschung und Raumordnung, 43. Jg. (1985), Heft 1, S. 1 - 10

Boulding, Kenneth E./Pfaff, Martin (Eds.): Redistribution to the Rich and the Poor. The Grants Economics of Income Distribution, Belmont 1972

Boulding, Kenneth E. et al (Eds.): Transfers in an Urbanized Economy. The Grants Economics of Income Distribution, Belmont 1973

Breuel, Birgit: Gleichwertigkeit der Lebensverhältnisse nicht gefährden, in: Wirtschaftsdienst Nr. VII/87, S. 330ff.

Buchanan, James M.: Federalism and Fiscal Equity, in: The American Economic Review, Vol. XL, 1950, S. 583 - 599

Buhl, Hans Ulrich/Pfingsten, Andreas: Eigenschaften und Verfahren für einen angemessenen Länderfinanzausgleich in der Bundesrepublik Deutschland, in: Finanzarchiv, NF Bd. 44 1986, S. 98 - 109

Bull, Hans Peter: Die Staatsaufgaben nach dem Grundgesetz, 2. Auflage, Kronberg 1977

Caesar, Rolf/Kops, Manfred: Abbau des Dotationswesens zwischen Ländern und Gemeinden? Eine Untersuchung am Beispiel Nordrhein-Westfalens, in: Archiv für Kommunalwissenschaften, 22. Jg. 1983, Erster Halbj.Bd., S. 50-73

Clark, D.H.: Fiscal Need and Revenue Equalization Grants, Toronto 1969

Committee of Enquiry: Local Government Finance. Report of the Committe of Enquiry, London 1976

Cramton, P.C.: Bargaining with Incomplete Information: An Infinite Horizon Model with Two-Sided Uncertainty, in: Review of Economic Studies, No. 51, 1984, S. 579 - 593

Dahlman, Carl J.: The Problem of Externality, in: Journal of Law and Economics, No. 22/1, 1979, S. 141 - 162

Düker, Rudi: Das Problem einer bedarfsgerechten Verteilung der Finanzzuweisungen. Diss., Freiburg 1971

Edling, Herbert K.: Zentralistische Verflechtungstendenzen im Föderalismus. Eine empirische Analyse und ein bürokratietheoretischer Erklärungsansatz am Beispiel der Bundesrepublik Deutschland, Frankfurt u.a. 1984

Ehlers, Kay E./Friedrichs, Jürgen: Qualifikationsstrukturen - Schlüssel zum regionalwirtschaftlichen Erfolg oder Beginn sozialer Segregation? in: Informationen zur Raumentwicklung, Heft 11/12 1986, S. 897 - 907

Ellwein, Thomas: Das Regierungssystem der Bundesrepublik Deutschland, 5. Aufl., Opladen 1983

Ellwein, Thomas: Gesetzgebung, Regierung, Verwaltung, in: Handbuch des Verfassungsrechts, 7. Kap.: Staatliche Funktionen, 1. Abschnitt, Studienausgabe, Teil 1, Berlin/New York 1984, S. 1093 - 1147

Enquete-Kommission Verfassungsreform: Schlußbericht der Enquete-Kommission Verfassungsreform des Deutschen Bundestages, BT-Drs. 7/5924 1976

Erichsen, Hans-Uwe: Die Konnexität von Aufgabe und Finanzierungskompetenz im Bund-Länderverhältnis, Bad Homburg u.a. 1968

Esser, Ferdinand: Schulfinanzierung und Schulbau im Lande Nordrhein-Westfalen, in Der Gemeindehaushalt, 10, 1972, S. 222ff.

Ewringmann, Dieter: Zur Voraussage kommunaler Investitionsbedarfe. Ein Beitrag zur positiven Theorie öffentlicher Bedarfe. (Forschungsbericht des Landes Nordrhein-Westfalen, Nr. 2177), Opladen 1971

Ewringmann, Dieter: Das kommunale Finanzsystem unter Veränderungsdruck, in: Informationen zur Raumentwicklung, Heft 6/7, 1983, S. 371 - 392

FAG-AUSSCHUSSEMPFEHLUNG: Empfehlungen der Ausschüsse zum Entwurf eines Achten Gesetzes zur Änderung des Gesetzes über den Finanzausgleich zwischen Bund u nd Ländern, BR-Drs. 225/1/87 vom 29.6. 1987

Finanzausgleichskommission Baden-Württemberg: Bericht der gemeinsamen Kommission zur Erarbeitung von Grundlagen und Vorschlägen für eine Neuregelung des kommunalen Finanzausg leichs, Stuttgart 1977

Finanzminister NW: Zielstrebige Politik für die Zukunft unseres Landes, Heft 34 der Reihe "Der Finanzminister des Landes Nordrhein-Westfalen informiert, Düsseldorf 1987

Fischer-Menshausen, Herbert: Finanzausgleich II, Grundzüge des Finanzausgleichsrechts, in: HdWW, Bd. 2, Stuttgart u.a. 1980, S. 636ff.

Fischer-Menshausen, Herbert: Rdnr. 1 zu Art. 104a-109 GG (Vorbemerkungen), in: Von Münch, Grundgesetz-Kommentar, Band 3, 2. Aufl., München 1983

Fischer-Menshausen, Herbert: Unbestimmte Rechtsbegriffe in der bundesstaatlichen Finanzverfassung, in: Dreißig, Wilhelmine (Hrsg.), Probleme des Finanzausgleichs I, Schriften des Vereins für Socialpolitik, N.F. 96/I, 1978, S. 135ff.

Foster, Christopher D. u.a.: Local Government Finance in a Unitary State, London u.a. 1980

Fricke, Dieter/Kops, Manfred: Zur Inzidenz von Landeshaushalten. Die Position Nordrhein-Westfalens in staatlichen Finanzströmen, Opladen 1982

Fricke, Dieter u.a.: Die regionale Inzidenz des Landeshaushalts von Nordrhein-Westfalen, Opladen 1987

Fröling, Heiner: Nicht geregelte interkommunale Finanzbeziehungen, München 1979

Füchsel, Wolf-Dieter: Gemeinschaftsaufgaben, Spardorf 1985

Ganser, Karl: Politikverflechtung zwischen Bund und Ländern - Beobachtungen am Rande der Bundesverwaltung, in: Hesse, Joachim Jens (Hrsg.): Politikverflechtung im föderativen Staat, Baden-Baden 1978, S. 45 - 73

Ganser, Karl: Kommunales Finanzsystem im Widerspruch zu Stadtentwicklung und Raumordnung?, in: Die öffentliche Verwaltung, Heft 1/2 1979, S. 8ff.

Gantner, Manfried: Der abgestufte Bevölkerungsschlüssel als Problem der Länder und Gemeinden. Schriftenreihe des Instituts für Föderalismusforschung, Bd. 7, Wien 1978

Geske, Otto-Erich: Berührt der Länderstreit über den bundesstaatlichen Finanzausgleich die Städte und Gemeinden?, in: Der Städtetag, Heft 12/1985b, S. 745 - 751

Geske, Otto-Erich: Der bundesstaatliche Finanzausgleich auf dem Prüfstand, in: Wirtschaftsdienst IX/1985, S. 446 - 451

Gläser, Martin: Die staatlichen Finanzzuweisungen an die Gemeinden. Gestaltungskriterien, Effektivität, Reform, Frankfurt 1981

Gobrecht, Horst: Gerechtigkeit für die Stadtstaaten, in: Wirtschaftsdienst Nr. VII/1987, S. 335ff.

Hacker, Horst: Art. Finanzausgleich, in: Peters, H. (Hrsg.), Handbuch der kommunalen Wissenschaft und Praxis, Bd. 3, 1. Aufl., Berlin u.a. 1959, S. 395 - 453

Haller, Heinz: Wandlungen in den Problemen föderativer Staatswirtschaften, in: Finanzarchiv, NF Bd. 27, Tübingen 1968, S. 249 - 270

Haller, Heinz: Gründe für besondere gliedstaatliche Steuertarife in Bundesstaaten, in: Hanusch, Horst u.a. (Hrsg.): Staat und Politische Ökonomie heute, Stuttgart/New York 1985, S. 209 - 220

Hansmeyer, Karl-Heinrich: Zweckzuweisungen an Gemeinden als Mittel der Wirtschaftspolitik, in: Haller, Heinz u.a. (Hrsg.): Theorie und Praxis des finanzpolitischen Interventionismus, Tübingen 1970, S. 431 - 450

Hansmeyer, Karl-Heinrich: Transferzahlungen an Unternehmen (Subventionen), in: Handbuch der Finanzwissenschaft, 3. Aufl., Bd. I, Tübingen 1977, S. 959 - 996

Hansmeyer, Karl-Heinrich: Der kommunale Finanzausgleich als Instrument zur Förderung Zentraler Orte, in: Pohmer, Dieter (Hrsg.), Probleme des Finanzausgleichs II, Berlin 1980, S. 94ff.

Hansmeyer, Karl-Heinrich/Kops, Manfred: Die Kompetenzarten der Aufgabenzuständigkeit und deren Verteilung imföderativen Staat, in: Hamburger Jahrbuch für Wirtschafts- und Gesellschaftspolitik, 29. Jahr 1984a), S. 127 - 140

Hansmeyer, Karl-Heinrich/Kops, Manfred: Finanzwissenschaftliche Grundsätze für die Ausgestaltung des kommunalen Finanzausgleichs. Schriftenreihe des Landkreistages Nordrhein-Westfalen, Köln u.a. 1985a

Hansmeyer, Karl-Heinrich/Kops, Manfred: Die Popitz'sche Hauptansatzstaffel, in: Räumliche Aspekte des kommunalen Finanzausgleichs, Veröffentlichungen der Akademie für Raumforschung und Landesplanung, Forschun gs- und Sitzungsberichte Bd. 159, Hannover 1985b

Hansmeyer, Karl-Heinrich/Kops, Manfred: Interdependenzen im passiven Finanzausgleich, in: Cansier, Dieter/Kath, Dietmar (Hrsg.): Öffentliche Finanzen, Kredit und Kapital, Berlin 1985c, S. 3 - 32

Hanusch, Horst/Kuhn, Thomas: Messung des kommunalen Finanzbedarfs. Ein alternativer Ansatz für die Schlüsselzuweisungen, in: Räumliche Aspekte des kommunalen Finanzausgleichs, Veröffentlichungen der Akademie für Raumforschung und Landesplanung, Hannover 1985, S. 55 - 74

Hauser, H.: Der innerkantonale Finanzausgleich, Bern/Stuttgart 1971

Heilmann, Martin: Krise des Finanzföderalismus in der Bundesrepublik Deutschland? Zum Verfassungsstreit der Länder über das Einnahmenverteilungssy stem, Diskussionsbeiträge aus dem Institut für Finanzwissenschaft der Universität Kiel, Nr. 17, Kiel 1987a

Heilmann, Martin: Länderfinanzausgleich und Grundgesetz. Ablauf und Ergebnis des Verfassungsstreits der Länder über das Einnahmenverteilungssystem sowie Perspektiven seiner Neugestaltung, in: Rahmann, B./Roloff, O (Hrsg.): Beschäftigungspolitik zwischen Abgabenwiderstand un d Ausgabenwachstum, Regensburg 1987b, S. 191ff.

Helmer, Wolfgang: Der Mythos der Machbarkeit. Lothar Späth als Wirschaftsgestalter, in: Frankfurter Allgemeine Zeitung vom 10. 12. 1987

Henke, Klaus-Dirk: Neuordnung des Finanzausgleichs im föderativen System der Bundesrepublik Deutschland, in: Giersch, Herbert (Hrsg.), Wie es zu schaffen ist. Agenda für die deutsche Wirtschaftspolitik, Stuttgart 1983, S. 128 - 152

Hensel, Albert: Der Lastenausgleich, in: Vierteljahresschrift für Steuer- und Finanzrecht, Bd. 3, 1929, S. 1ff.

Hirota, Shiro: Die originäre Ermittlung des Finanzbedarfs am Beispiel des japanischen Finanzausgleichs, in: Räumliche Aspekte des kommunalen Finanzausgleichs, Veröffentlichungen der Akademie für Raumforschung und Landesplanung, Hannover 1985, S. 75 - 98

Huppertz, Paul-Helmut u.a.: Beitragsatzdifferenzen und adäquate Finanzausgleichsverfahren in der gesetzlichen Krankenversicherung. Forschungsbericht Nr. 52 der Schriftenreihe Gesundheitsforschung des Bundesministeriums für Arbeit und Sozialordnung, Bonn 1981

IFO-Gutachten 1987: Die Stadtstaaten im Länderfinanzausgleich, Ifo-Studien zur Finanzpolitik, Bd. 45, von Marlies Hummel und Willi Leibfritz, München 1986

Ingram, Helen: Policy Implementation Through Bargaining: The Case of Federal Grants-In-Aid, in: Public Policy, Vol. 25, No. 4, 1977, S. 499 - 526

Julitz, Lothar: Bayern, Baden-Württemberg und Hessen liegen vorn, in: Frankfurter Allgemeine Zeitung, 31. 10. 1988, S. 18

Jung, Hans-Ulrich: Branchenstrukturen als Erklärungsfaktoren für regionalwirtschaftliche Entwicklungsdisparitäten, in: Informationen zur Raumentwicklung, Heft 11/12 1988, S. 859 - 871

Kampmann, Ricarda/Köppel, Matthias: Das wirtschaftliche Süd-Nord-Gefälle. Ein gesamtwirtschaftlicher Erklärungsansatz, in: Wirtschaftsdienst XI/1984, S. 568 - 572

Karrenberg, Hanns/Münstermann, Engelbert: Gemeindefinanzbericht 1987, in: Der Städtetag, Nr. 2/1987, S. 48ff.

Kirchhof, Paul: Der Finanzausgleich als Grundlage kommunaler Selbstverwaltung, in: Deutsches Verwaltungsblatt, 95. Jg. 1980, Heft 17/18, S. 711ff.

Kirchhof, Paul: Der Verfassungsauftrag zum Länderfinanzausgleich als Ergänzung fehlender und als Garant vorhandener Finanzautonomie, Köln 1982

Kirchhof, Paul: Rechtliche Rahmenbedingungen des kommunalen Finanzausgleichs, in: Hoppe, Werner (Hrsg.): Reform des kommunalen Finanzausgleichs, Stuttgart u.a. 1985, S. 1 - 29

Kirsch, Guy (Hrsg.): Föderalismus, Stuttgart/New York 1977

Kisker, Günter: Der bergrechtliche Förderzins im bundesstaatlichen Finanzausgleich, Baden-Baden 1983

Klanberg, Franz/Prinz, Aloys: Was taugt der Albrecht-Vorschlag? In: Wirtschaftsdienst, VI/1988, S. 291 - 297

Klatt, Hartmut: Reform und Perspektiven des Föderalismus in der Bundesrepublik Deutschland. Stärkung der Länder als Modernisierungskonzept, in: Aus Politik und Zeitgeschichte, B 28/86, S. 3-21, 1986

Klein, Franz: Erläuterungen zum Gesetz über den Finanzausgleich zwischen Bund und Ländern, in: Das Deutsche Bundesrecht, VII E/10, 1983

Klein, Franz: Bund und Länder nach der Finanzverfassung des Grundgesetzes, in: Handbuch des Verfassungsrechts, 5. Kap., Die bundesstaatliche Ordnung des Grundgesetzes, 1. Abschnitt, Studienausgabe, Teil 1 Berlin/New York 1984, S. 809 - 861

Körber-Weik, Margot/Wied-Nebbeling, Susanne: Wirtschaftskraft und Wirtschaftsentwicklung in den Bundesländern seit 1970. Eine vergleichende Analyse, Institut für Angewandte Wirtschaftsforschung Tübingen, Tübingen 1986

Kops, Manfred: Die regionalen Verteilungswirkungen des kommunalen Finanzausgleichs. Mit einer empirischen Analyse des nordrhein-westfälischen kommunalen Finanzausgleichs des Jahres 1975, Frankfurt 1983a

Kops, Manfred: Landeszuweisungen als Instrument der Raumordnungspolitik?, in: Informationen zur Raumentwicklung, Heft 6, 1983b, S. 487 - 503

Kops, Manfred: Formen und Grundprinzipien des Finanzausgleichs, I - III, in: Das Wirtschaftsstudium, Nr 5-7/1984, S. 239ff., 289ff., 341ff.

Kops, Manfred: Die Rolle des Bundes beim Verfassungsstreit, in: Wirtschaftsdienst, Nr. 4/1986, S. 137 - 143

Kops, Manfred/Mackscheidt, Klaus: Der Einsatz des Finanzausgleichs in der Gesetzlichen Krankenversicherung und seine Auswirkungen auf regionale Beitragssatzunters chiede, in: Informationen zur Raumentwicklung, Heft 3/4 1985

Kuhl, Heiner: Umweltressourcen als Gegenstand internationaler Verhandlungen, Frankfurt am Main u.a. 1987

Kuhn, Thomas: Schlüsselzuweisungen und fiskalische Ungleichheit. Eine theoretische Analyse der Verteilung von Schlüsselzuweisungen an Kommunen , Frankfurt u.a. 1988

Lamberts, Willi: Nord versus Süd: Ist die Produktionsstruktur Nordrhein-Westfalens veraltet?, in: Mitteilungen des Rheinisch-Westfälischen Instituts für Wirtschaftsforschung, Jg. 35 (1984), S. 175 - 193

Lauscher, Carl-Wilhelm: Die Delegation von Hoheitsrechten durch Gemeinden auf Gemeinden und Gemeindeverbände, Ms. jur. Diss. 1968

Le Grand, J.: Fiscal Equity and Central Government Grants to Local Authorities, in: Economic Journal, Vol. 85, 1975, S. 531-541

Lerche, Peter: Finanzausgleich und Einheitlichkeit der Lebensverhältnisse, in: Festschrift für Friedrich Berber, 1973, S. 299ff.

Mackscheidt, Klaus: Meritorische Güter: Musgraves Idee und deren Konsequenzen, in: WISU, Nr. 5/1974, S. 237-241

Mackscheidt, Klaus: Zur Theorie des optimalen Budgets, Tübingen 1973

Mäding, Erhard u.a.: Entwicklung der öffentlichen Aufgaben, Institut für Kommunalwissenschaften der Konrad-Adenauer-Stiftung, Bonn-St. Augustin 1980

Massat, Dieter: Die ökonomische Problematik von Zuweisungen an Kommunen, Thun/Frankfurt 1984

Mathews, Russel: Finanzausgleichsmechanismen in einer zusammenwachsenden Europäischen Gemeinschaft, in: Kommission der Europäischen Gemeinschaft, Brüssel 1977, S. 423 - 452

Maunz, Theodor: Kommentar zu Art. 107 GG, Rdnr. 37, in Maunz, Theodor u.a.: Kommentar zum GG, München 1970ff. (1982)

Mayer-Tasch, P.C.: Die internationale Umweltpolitik als Herausforderung für die Nationalstaatlichkeit, in: Aus Politik und Zeitgeschichte, Beilage zur Wochenzeitung "Das Parlament", B 20/1985

Meier, Alfred: Die Entwicklung des Finanzausgleichs in ausgewählten Bundesstaaten, Schweiz, in: HdF, Bd. IV, Tübingen 1983, S. 163 - 186

Metz, Hans-Günter: Der Ausgleich von Finanzkraft- und Bedarfsunterschieden im föderalistischen Staat, Frankfurt/Main 1979

Meyer, Willm, Rolf: Ressourcenumverteilung zugunsten von Problemregionen - Das Beispiel Ruhrgebiet, Diss., Duisburg 1981

Miegel, M.: Kurswechsel in der Kohlepolitik, Stuttgart 1987

Mielke, Bernd: Interkommunale Ausgabenunterschiede und Strukturmerkmale von Gemeinden am Beispiel Nordrhein-Westfalen, in: Räumliche Aspekte des kommunalen Finanzausgleichs, Veröffentlichungen der Akademie für Raumforschung und Landesplanung, Forschun gs- und Sitzungsberichte Bd. 159, Hannover 1985, S. 99 - 131

Milbradt, Georg H.: Überlegungen zu einer Reform des kommunalen Steuersystems aus ökonomischer Sicht, in: Deutsches Verwaltungsblatt, 1981, S. 522 - 538

Moll, Walter: Finanzausgleich, in: Handwörterbuch der Kommunalwissenschaften, Bd. 3, Jena 1924

Münstermann, Engelbert: Die Berücksichtigung zentralörtlicher Funktionen im kommunalen Finanzausgleich, Opladen 1975

Musgrave, Richard A./Musgrave, Peggy P.: Public Finance in Theory and Practice, 3. Auflage, Tokyo u.a. 1980

Myerson, R. B.: Two-Person Bargaining Problems with Incomplete Information, in: Econometrica, No. 52, 1984, S. 461 - 488

Nathan, Richard, P. u.a.: Monitoring Revenue Sharing, Washington D.C. 1975

Neumark, Fritz: Bemerkungen zu einigen ökonomischen Aspekten der grundgesetzlichen Vorschriften über die Einheitlichleit der Lebensverhältnisse in der Bundesrepublik, in: Dreißig, Wilhelmine (Hrsg.), Probleme des Finanzausgleichs I, Schriften des Vereins für Socialpolitik , N.F. 96/I, 1978, S. 165

Normenkontrollantrag NW: Normenkontrollantrag des Landes Nordrhein-Westfalen gegen Vorschriften des Gesetzes über den Finanzausgleich zwischen Bund und Ländern, o.O. 1983

Obermayer, Klaus: Die Übertragung von Hoheitsbefugnissen im Bereich von Verwaltungsbehörden, in: JZ 1956, S. 625ff.

OECD (Organisation for Economic Co-operation and Development): Measuring Local Government Expenditure Needs: The Copenhagen Workshop, Paris 1981

Ossenbühl, Fritz: Verfassungsrechtliche Grundfragen des Länderfinanzausgleichs gem. Art. 107 II GG, Baden-Baden 1984

Pagenkopf, Hans: Kommunalrecht. Band 1, Verfassungsrecht, 2. Aufl., Köln u.a. 1975a

Pagenkopf, Hans: Kommunalrecht, Band 2, Wirtschaftsrecht, 2. Aufl., Köln u.a. 1976

Pagenkopf, Hans: Das Gemeindefinanzsystem und seine Problematik, Schriften zum deutschen Kommunalrecht, Bd. 15, Siegburg 1978

Pagenkopf, Hans: Harmonisierungsgebote und Nivellierungsverbote im bundesstaatlichen Finanzausgleich, in: Die öffentliche Verwaltung, 32. Jg. 1979, S. 613 - 622

Pagenkopf, Hans: Der Finanzausgleich im Bundesstaat - Theorie und Praxis -, Stuttgart u. a. 1981

Palm, Guntram: Der Bund ist Partei geworden!, in: Wirtschaftsdienst VII/87, S. 334f.

Peffekoven, Rolf: Finanzausgleich I: Wirtschaftstheoretische Grundlagen, in: HdWW, Bd. 2, Stuttgart u.a. 1980, S. 608ff.

Peffekoven, Rolf: Zur Neuordnung des Länderfinanzausgleichs, in: Finanzarchiv, NF, Bd. 45, Heft 2, 1987, S. 181 - 227

Pommerehne, Werner: Quantitative Aspects of Federalism: A Study of Six Countries, in: Oates, Wallace (Ed.): The Political Economy of Fiscal Federalism, Lexington/Toronto 1977, S. 275 - 355

Popitz, Johannes: Zentralismus und Selbstverwaltung, in: Harms, B. (Hrsg.), Volk und Reich der Deutschen, Bd. 2, Berlin 1929, S. 328 - 361

Popitz, Johannes: Der künftige Finanzausgleich zwischen Reich, Ländern und Gemeinden, Gutachten erstattet der Studiengesellschaft für den Finanzausgleich, Berlin 1932

Posser, Diether: Der Gesetzentwurf ist verbesserungsbedürfig, in: Wirtschaftsdienst Nr. VII/87, S. 337f.

Posser, Diether: Zielstrebige Politik für die Zukunft unseres Landes. Rede zur Einbringung des Landeshaushalts 1988 am 16. September 1987, Schriftenreihe "Der Finanzminister des Landes Nordrhein-Westfalen informiert", Heft 34, Düsseldorf 1987

Rasch, Ernst: Die Festlegung und Veränderung staatlicher Zuständigkeiten, in: Die öffentliche Verwaltung, 1957, S. 337ff.

Rehhan, Hans Ulrich: Zukunftsperspektiven des Länderfinanzausgleichs, in: Wirtschaftsdienst, Nr. V/1988, S. 269 - 276

Reissert, Bernd: Die finanzielle Beteiligung des Bundes an Aufgaben der Länder und das Postulat der "Einheitlichkeit der Lebensverhältnisse im Bu ndesgebiet", Bonn 1975

Renner, Peter: Finanzausgleich unter den Ländern und Bundesergänzungszuweisungen, in: Geske, Otto Erich (Hrsg.), Die Finanzbeziehungen zwischen Bund, Ländern und Gemeinden aus finanzverfassungsrechtlicher und finanzwirtschaftlicher Sicht, 1982, S. 327ff.

Renzsch, Wolfgang: Alfred Kubels Vorschläge zur Neuordnung des bundesstaatlichen Finanzausgleichs, in: Rebe, B. u.a. (Hrsg.): Idee und Pragmatik in der politischen Entscheidung, Bonn 1984, S. 167 - 177

Renzsch, Wolfgang: Alfred Kubel - 30 Jahre Politik für Niedersachsen - Eine politische Biographie, Bonn 1985

Renzsch, Wolfgang: In Karlsruhe geht es um die Zukunft des Föderalismus, in: Demokratische Gemeinde, Heft 3/1986a, S. 14 - 17

Renzsch, Wolfgang: Finanzkraft und nicht Steuerkraft entscheidet über Soll und Haben, in: Demokratische Gemeinde Nr. 8/1986b, S. 27 - 29

Renzsch, Wolfgang: Die Problematik der politischen Gestaltung der Finanzverfassung und des bundesstaatlichen Finanzausgleichs im Vereinigten Wirtsc haftsgebiet und in der Bundesrepublik Deutschland 1945/46 - 1969. Eine Untersuchung zur Entwicklung der finanzwirtschaftlichen Grundlage des westdt. Föderalismus, verv. Manuskript, o.O., O.J. (1986c)

Rippe, Wolfgang: Freiwillige Übertragungen als Problem der Transferökonomie, Schriften zur öffentlichen Verwaltung und öffentlichen Wirtschaft, Band 36, Baden-Baden 1981

Rosenthal, Donald B.: Bargaining Analysis in Intergovernmental Relations, in: Publius, Vol. 10, No. 3, 1980, S. 5 - 44

Rudolph, Hermann: Veraltet und ungerecht? Das Bundesverfassungsgericht muß den Streit um den Länderfinanzausgleich schlichten, in: Die Zeit, Nr. 50 vom 6. 12. 1985, S. 33ff.

Scharpf, Fritz W. u.a. (Hrsg.), Politikverflechtung: Theorie und Empirie des kooperativen Föderalismus in der Bundesrepublik, Kronberg 1976

Schmidt-Eichstaedt, Gerd: Bundesgesetze und Gemeinden, Stuttgart u.a. 1981

Schmölders, Günter/Hansmeyer, Karl-Heinrich: Allgemeine Steuerlehre, 5. Aufl., Berlin 1980

Schuppert, Gunnar Folke/Dahrendorf, Frank: Verfassungsrechtliche und finanzwissenschaftliche Aspekte des Länderfinanzausgleichs, Baden-Baden 1985

Schuster, Franz (Hrsg.): Dezentralisierung des politischen Handelns (I), Melle 1979a

Schuster, Franz (Hrsg.): Dezentralisierung des politischen Handelns (II), Melle 1979b

Seiler, Gerhard: Ziele und Mittel des kommunalen Finanzausgleichs - Ein Rahmenkonzept für einen aufgabenbezogenen Finanzausgleich, in: Pohmer, Dieter (Hrsg.), Probleme der Finanzausgleichs II, Berlin 1980, S. 11 - 82

Selmer, Peter/Brodersen, Carsten: Finanzverfassungsrechtliche Grundfragen des horizontalen Finanzausgleichs, Schriften zum Wirtschaftsverfassungs- und Wirtschaftsverwaltungsrecht, Band 23, Hamburg 1984

Sievers, Otto-Ernst: Überregionale Finanzierungen im Bildungs- und Wissenschaftsbereich, in: Finanzministerium NW (Hrsg.): Haushaltsverwaltung in NW, Heft 1, 3. Aufl., Düsseldorf 1978

Smekal, Christian: Transfers zwischen Gebietskörperschaften (TG) - Ziele und Ausgestaltungsprobleme, in: Pohmer, Dieter (Hrsg.), Probleme des Finanzausgleichs II, Berlin 1980, S. 151 - 220

Späth, Lothar: Die Chancen der Vielfalt, Stuttgart 1979

Späth, Lothar: Wende in die Zukunft, Stuttgart 1986

Steup, J.: Der Finanzausgleich zwischen dem Land und den Gemeinden im Jahr 1975- FAG 1975 vom 4.2.1975 (GV. NW. S. 149), in: Praxis der Gemeindeverwaltung, 95. Lieferung NW (April - Juni 1975). S. 271ff.

Strauß, Franz Josef: Die Finanzverfassung, München/Wien 1969

Timmer, Reinhard: Neugliederung des Bundesgebiets und künftige Entwicklung des föderativen Systems, in: Westermann, Harry u.a. (Hrsg.), Raumplanung und Eigentumsordnung, München 1980, S. 463 ff.

Vogel, Klaus/Kirchhof, Paul: Bonner Kommentar, Art. 107 (Zweitbearbeitung 1971), 1950 (1971)

Voigt, Rüdiger: Die Auswirkungen des Finanzausgleichs zwischen Staat und Gemeinden auf die kommunale Selbstverwaltung von 1919 bis zur Gegenwart , Berlin 1975

Voss, Rüdiger von/Friedrich, Karl (Hrsg.): Das Süd-Nord-Gefälle. Gemeinsame Strategien für neue Strukturen. Stuttgart 1986

Weber, Manfred: Die Schlüsselzuweisungen - Analyse eines Instruments des kommunalen Finanzausgleichs -, Frankfurt 1981

Wissenschaftlicher Beirat beim BMF: Gutachten zur Reform der Gemeindesteuern in der Bundesrepublik Deutschland, Schriftenreihe des Bundesministers der Finanzen, Heft 31, Bonn 1982,

Wittmann, Walter: Einführung in die Finanzwissenschaft, Teil III, 2. Aufl., Stuttgart/New York 1976

Wolff, H. J./Bachof, O.: Verwaltungsrecht II, 4. Aufl. München 1976

Wolf, Gerd: Zur Umsatzsteuerverteilung zwischen Bund und Ländern, in: Der Bundesminister der Finanzen (Hrsg.), Die Finanzbeziehungen zwischen Bund, Ländern und Gemeinden, Bonn 1982, S. 251ff.

Zabel, Gerhard: Ist die Hauptansatzstaffelung noch zeitgemäß?, in: Informationen zur Raumentwicklung, Heft 6/7, 1983, S. 445 - 460

Zabel, Gerhard: Die Entwicklung des Länderfinanzausgleichs in der Bundesrepublik Deutschland, in: Akademie für Raumforschung und Landesplanung (Hrsg.): Räumliche Aspekte des kommunalen Finanzausgleichs, Hannover 1985, S. 353

Zimmermann, Horst, Allgemeine Probleme und Methoden des Finanzausgleichs, in: HdF, Bd. 4, Tübingen 1983, S. 3ff.

Zimmermann, Horst: Föderalismus und "Einheitlichkeit der Lebensverhältnisse", Das Verhältnis regionaler Ausgleichsziele zu den Zielen des föderativ en Staatsaufbaus, in: Schmidt, Kurt (Hrsg.): Beiträge zu ökonomischen Problemen des Föderalismus, Berlin 1987, S. 35 - 69

Zimmermann, Horst/Postlep, Rolf-Dieter: Beurteilungsmaßstäbe für Gemeindesteuern, in: Wirtschaftsdienst, Nr. 5/1980, S. 248ff.

Verzeichnis der Tabellen im Anhang

Tabelle A1:
Steueraufkommen aus der Vermögensteuer (in DM je Einw.), 1970 - 1986

Jahr	Nordrh.W	Bayern	Baden-W.	Nieders.	Hessen	RH.Pfalz	Schles-H	Saarland	Hamburg	Bremen	Insges.
70	49,77	47,10	47,74	34,12	56,10	32,24	26,95	32,71	111,27	58,99	47,28
71	54,45	45,04	55,34	32,82	72,25	30,42	25,00	33,87	116,90	64,11	50,79
72	52,09	43,88	51,18	33,14	63,25	32,46	24,76	35,04	111,58	60,85	48,39
73	54,20	48,40	54,89	38,70	66,91	41,42	26,58	31,78	115,89	62,39	52,08
74	59,48	49,54	58,50	34,59	73,49	32,20	31,79	31,00	131,23	63,34	54,55
75	57,55	49,71	62,57	34,23	62,88	35,70	29,34	34,88	128,32	67,71	53,76
76	64,99	67,95	74,86	33,58	76,55	41,19	31,26	44,19	149,64	75,90	63,55
77	87,41	74,19	87,60	51,39	93,36	64,47	40,44	66,11	226,53	91,99	81,38
78	76,85	70,97	79,98	50,06	86,80	50,07	38,13	61,96	188,75	93,73	73,68
79	76,66	65,51	81,49	51,88	89,41	51,23	41,88	61,39	168,86	90,99	72,94
80	84,88	65,90	84,03	57,76	84,23	48,90	43,84	49,97	178,26	83,58	75,88
81	74,69	75,93	83,44	56,69	91,62	54,51	39,69	49,22	191,60	88,36	75,83
82	83,73	74,56	89,63	62,53	96,55	55,46	41,47	54,87	211,73	87,72	81,04
83	82,67	75,13	94,60	55,24	101,08	61,79	47,30	47,30	200,26	95,54	81,41
84	72,95	76,68	84,36	52,18	87,45	47,43	42,14	40,34	167,48	77,53	73,35
85	72,44	69,65	78,22	48,38	90,28	47,67	40,31	39,42	146,61	72,16	70,03
86	69,79	74,19	82,65	56,73	87,87	48,22	39,44	36,99	151,78	81,85	71,81

Quelle: Jährliche Verordnungen zur Durchführung des LFA-Gesetzes

Tabelle A2:
Steueraufkommen aus der Erbschaftsteuer (in DM je Einw.), 1970 - 1986

Jahr	Nordrh.W	Bayern	Baden-W.	Nieders.	Hessen	RH.Pfalz	Schles-H	Saarland	Hamburg	Bremen	Insges.
70	11,25	6,45	8,96	5,35	7,15	4,43	5,23	2,66	24,92	9,77	8,51
71	10,99	8,76	6,94	4,97	6,70	5,63	6,02	2,86	15,58	11,00	8,29
72	10,14	7,69	8,98	4,90	7,97	5,46	7,43	3,55	15,06	13,05	8,34
73	7,82	8,42	6,53	3,82	8,85	5,75	5,58	3,01	11,53	8,55	7,15
74	8,15	8,16	7,02	3,94	7,09	6,53	5,70	2,84	14,05	15,84	7,33
75	8,35	10,53	10,69	3,86	7,09	5,95	3,33	3,53	13,98	11,78	8,19
76	15,50	17,12	18,04	7,86	17,35	21,40	7,17	3,27	56,40	19,12	16,42
77	14,82	16,21	16,01	9,49	10,77	11,61	8,42	4,92	34,49	21,32	14,21
78	14,62	17,54	19,10	10,70	9,07	11,93	9,80	6,88	31,47	17,91	14,84
79	18,43	17,38	17,88	11,27	10,77	9,88	8,90	4,46	36,20	10,05	15,77
80	16,15	19,03	16,47	13,20	14,44	10,43	10,67	4,80	30,63	25,06	15,92
81	18,84	15,94	17,33	10,93	13,85	10,97	10,28	9,79	33,72	29,20	16,16
82	19,43	24,43	21,25	13,81	18,40	13,34	16,30	8,91	37,87	40,17	19,90
83	19,64	30,31	20,30	15,65	30,93	14,76	13,77	13,61	49,81	28,56	22,54
84	20,97	27,04	31,23	16,15	35,08	16,75	15,61	10,14	54,50	34,40	24,79
85	24,37	26,99	27,47	18,50	20,10	15,85	15,71	16,40	41,18	35,50	23,76
86	29,09	30,65	29,44	16,68	22,09	18,97	17,98	12,75	51,92	38,72	26,59

Quelle: Jährliche Verordnungen zur Durchführung des LFA-Gesetzes

Tabelle A3:
Steueraufkommen aus der Kraftfahrzeugsteuer (in DM je Einw.), 1970 - 1986

Jahr	Nordrh.W	Bayern	Baden-W.	Nieders.	Hessen	RH.Pfalz	Schles-H	Saarland	Hamburg	Bremen	Insges.
70	62,89	63,26	66,16	60,59	65,80	63,79	63,48	56,43	68,22	66,40	63,61
71	65,84	68,57	72,20	65,33	71,12	68,76	68,58	64,95	72,93	71,25	68,29
72	75,20	77,37	81,79	73,22	78,72	78,65	76,26	72,07	82,02	83,44	77,19
73	78,37	80,87	86,71	77,51	82,94	83,09	81,19	76,96	84,09	90,00	81,12
74	82,33	82,68	88,40	80,87	85,05	84,67	83,45	79,28	86,90	91,72	83,79
75	83,20	87,16	90,99	85,01	87,51	88,02	87,10	81,07	86,73	92,48	86,37
76	89,96	92,39	97,38	90,64	92,20	93,33	93,08	85,25	89,70	95,21	92,14
77	95,42	97,16	101,85	95,96	96,96	100,12	95,19	92,64	96,20	98,43	97,22
78	100,56	103,66	108,44	101,71	101,31	105,82	103,33	98,93	102,11	106,63	103,07
79	122,42	122,09	132,21	119,63	124,00	132,35	117,18	122,09	126,39	127,54	124,22
80	104,62	108,08	113,00	105,10	113,09	112,22	104,06	102,60	99,82	101,89	107,64
81	103,44	109,81	113,36	105,00	110,65	111,96	104,15	104,47	100,53	101,85	107,48
82	104,13	111,89	116,25	106,08	109,90	115,96	107,75	107,67	102,49	101,80	109,08
83	111,67	116,48	120,57	110,57	113,51	119,53	112,79	113,17	105,71	106,58	114,31
84	115,60	124,49	127,66	114,51	120,05	125,78	110,05	117,74	110,31	114,81	119,67
85	115,93	125,59	127,05	118,00	123,47	128,11	116,36	117,16	110,87	112,10	121,02
86	151,38	157,21	161,53	148,40	158,82	162,77	138,54	152,04	140,39	138,41	154,09

Quelle: Jährliche Verordnungen zur Durchführung des LFA-Gesetzes

Tabelle A4:
Steueraufkommen aus der Rennwett- und Lotteriesteuer (in DM je Einw.), 1970 - 1986

Jahr	Nordrh.W	Bayern	Baden-W.	Nieders.	Hessen	RH.Pfalz	Schles-H	Saarland	Hamburg	Bremen	Insges.
70	8,99	8,30	7,11	7,37	8,34	6,88	7,46	8,52	19,92	9,05	8,46
71	9,28	8,24	7,79	7,56	8,51	7,87	7,52	8,58	20,50	9,23	8,75
72	10,04	9,39	8,04	6,85	8,77	7,78	7,72	9,79	21,79	10,23	9,22
73	10,43	6,99	8,66	7,51	13,34	7,86	8,01	10,28	21,53	10,75	9,52
74	11,39	7,73	9,69	8,41	13,54	9,29	9,12	12,12	22,20	11,78	10,41
75	14,14	9,12	11,32	10,32	11,72	12,06	10,39	13,64	29,04	14,35	12,24
76	15,56	10,63	12,48	11,77	12,54	15,10	12,38	15,55	28,25	15,44	13,65
77	16,80	12,21	14,31	13,03	14,40	16,80	13,61	16,63	29,69	16,40	15,12
78	17,81	12,85	14,82	14,27	15,36	21,71	14,24	17,78	31,78	17,33	16,26
79	18,82	14,11	16,10	15,86	16,70	24,73	15,56	19,56	33,99	18,38	17,63
80	20,67	15,10	16,50	17,19	17,01	26,98	16,34	21,11	35,17	19,83	18,84
81	20,70	15,82	17,86	18,14	17,59	28,76	16,87	22,21	36,90	20,51	19,56
82	22,66	17,15	19,74	19,49	19,61	28,94	19,01	22,80	38,90	22,63	21,19
83	22,95	17,37	19,72	19,58	19,11	28,90	18,87	22,87	39,89	22,35	21,29
84	22,33	17,93	20,64	18,55	19,54	28,24	19,18	22,17	40,75	22,02	21,25
85	24,33	20,32	22,93	21,82	22,74	31,00	22,15	26,36	42,06	25,28	23,75
86	27,39	22,32	27,53	24,11	26,18	34,35	24,08	29,73	46,68	27,70	26,80

Quelle: Jährliche Verordnungen zur Durchführung des LFA-Gesetzes

Tabelle A5:
Steueraufkommen aus der Biersteuer (in DM je Einw.), 1970 - 1986

Jahr	Nordrh.W	Bayern	Baden-W.	Nieders.	Hessen	RH.Pfalz	Schles-H	Saarland	Hamburg	Bremen	Insges.
70	20,54	29,22	17,33	9,57	17,48	18;20	4,75	25,23	20,43	31,62	19,41
71	21,30	30,41	17,68	9,82	18,23	18,81	4,80	26,08	20,44	33,25	20,07
72	21,89	30,57	17,57	9,65	18,02	19,23	4,78	26,95	22,50	35,59	20,34
73	22,13	30,56	17,53	10,13	18,37	20,42	4,44	28,53	21,42	36,41	20,55
74	22,30	30,31	17,45	9,72	17,69	20,03	4,58	29,34	20,94	38,49	20,43
75	22,87	31,14	16,92	10,33	17,21	20,07	4,62	31,49	19,94	38,01	20,70
76	23,64	32,06	17,07	11,70	17,80	21,51	5,12	33,11	21,59	37,46	21,51
77	22,70	31,82	17,22	10,69	17,94	21,61	5,87	31,91	20,53	37,06	21,09
78	22,35	31,09	16,77	9,47	18,50	20,96	6,76	30,53	19,59	37,33	20,64
79	22,10	30,52	16,79	10,93	18,07	20,63	6,40	30,16	19,39	36,44	20,55
80	22,48	30,69	17,19	10,04	17,56	21,06	6,54	32,06	19,94	35,86	20,66
81	23,16	31,21	16,96	10,54	17,86	21,54	6,68	33,51	20,01	36,23	21,07
82	23,27	31,28	16,79	10,32	18,15	21,34	7,29	34,54	20,12	37,04	21,13
83	23,44	31,11	16,72	10,53	19,13	20,33	8,33	34,58	20,25	37,57	21,25
84	23,01	29,68	16,05	10,42	18,85	19,99	9,41	33,32	18,51	36,74	20,67
85	22,96	30,65	15,64	9,72	18,89	20,02	9,74	32,36	19,10	38,39	20,72
86	22,64	30,22	15,87	11,01	18,87	20,41	10,92	32,13	19,97	40,79	20,86

Quelle: Jährliche Verordnungen zur Durchführung des LFA-Gesetzes

Tabelle A6:
Steueraufkommen aus dem Länderanteil an der Einkommen und Körperschaftssteuer (in DM je Einw.), 1970 - 1986

Jahr	Nordrh.W	Bayern	Baden-W.	Nieders.	Hessen	RH.Pfalz	Schles-H	Saarland	Hamburg	Bremen	Insges.
70	490,04	406,95	509,49	360,54	519,58	370,39	335,48	320,02	797,26	540,27	457,93
71	548,01	461,16	580,20	386,35	558,00	417,77	409,01	350,52	906,24	636,43	512,85
72	642,05	553,77	688,73	452,36	681,90	488,02	479,22	377,28	1.037,03	736,85	605,50
73	760,78	673,63	796,33	555,27	805,95	614,34	603,75	492,80	1.229,90	888,26	724,42
74	851,78	714,92	859,73	619,52	879,40	677,22	699,07	595,20	1.440,07	990,35	799,42
75	867,56	730,29	909,47	668,83	889,93	700,52	732,16	618,45	1.456,17	1.014,24	825,20
76	966,04	817,57	998,57	725,25	966,43	759,49	797,51	650,37	1.504,29	1.125,33	906,46
77	1.093,86	962,69	1.190,15	914,12	1.144,11	918,93	896,62	753,49	1.757,43	1.198,32	1.062,18
78	1.131,16	1.037,11	1.225,84	935,61	1.239,44	946,90	938,52	821,37	1.822,16	1.284,32	1.110,88
79	1.184,52	1.094,35	1.297,53	998,69	1.300,00	1.018,04	992,58	860,02	2.111,29	1.279,59	1.176,27
80	1.267,08	1.146,89	1.411,26	1.089,72	1.326,30	1.102,59	1.097,54	899,78	1.881,00	1.465,15	1.246,72
81	1.253,60	1.159,99	1.431,37	1.052,10	1.335,72	1.080,17	1.063,41	955,52	2.027,23	1.487,44	1.247,01
82	1.287,85	1.230,19	1.509,78	1.042,98	1.375,88	1.132,14	1.085,55	900,82	2.069,44	1.444,22	1.288,15
83	1.331,11	1.280,90	1.533,75	1.074,38	1.437,01	1.181,73	1.123,73	962,91	2.138,15	1.492,64	1.331,07
84	1.398,40	1.369,68	1.592,00	1.128,04	1.572,12	1.252,76	1.187,72	985,82	2.234,65	1.518,31	1.404,96
85	1.524,70	1.511,59	1.763,34	1.278,72	1.778,13	1.356,66	1.262,49	974,65	2.554,81	1.717,34	1.551,50
86	1.617,63	1.561,33	1.869,07	1.270,06	1.849,35	1.413,13	1.325,42	1.079,79	2.495,90	1.653,78	1.615,00

Quelle: Jährliche Verordnungen zur Durchführung des LFA-Gesetzes

Tabelle A7:
Steueraufkommen aus dem Länderanteil an der Gewerbesteuerumlage (in DM je Einw.), 1970 - 1986

Jahr	Nordrh.W	Bayern	Baden-W.	Nieders.	Hessen	RH.Pfalz	Schles-H	Saarland	Hamburg	Bremen	Insges.
70	40,52	30,77	35,96	28,91	38,93	30,18	23,34	24,05	70,18	51,83	35,89
71	45,32	38,60	47,85	31,17	46,12	35,90	28,97	29,58	70,51	54,76	42,16
72	51,63	44,48	54,58	36,00	49,96	41,45	31,03	22,53	76,04	61,97	47,54
73	62,95	50,35	66,63	42,39	59,86	48,37	37,79	42,08	87,30	74,01	56,95
74	64,16	52,71	67,65	47,41	60,35	52,73	44,31	36,50	100,62	82,89	59,46
75	59,84	47,69	64,21	41,39	57,87	48,99	43,31	36,27	109,47	76,71	55,71
76	65,97	51,69	68,00	43,49	59,00	49,71	42,62	45,37	108,87	83,17	59,36
77	74,38	62,10	84,39	58,50	73,27	63,30	53,47	47,96	134,68	84,96	71,41
78	75,82	64,90	84,15	57,32	71,76	60,78	48,68	49,64	129,76	88,29	71,57
79	79,49	71,92	92,81	65,05	80,14	66,57	60,68	43,82	150,62	89,13	78,31
80	53,83	47,14	63,36	43,45	52,31	46,65	40,90	38,61	91,36	61,89	52,54
81	49,68	46,36	61,94	42,99	53,76	43,99	37,97	30,04	91,92	61,90	50,64
82	50,20	46,55	60,95	41,22	51,64	41,58	35,93	31,02	91,85	62,22	50,03
83	35,58	33,48	45,06	25,66	36,87	29,47	27,85	23,13	65,71	44,10	35,56
84	33,55	33,01	40,60	27,67	34,04	29,16	23,33	18,68	56,83	36,33	33,56
85	36,13	36,73	44,25	27,79	40,40	31,86	25,09	18,88	61,26	41,45	36,57
86	36,87	37,86	48,54	27,42	44,22	32,04	25,91	16,71	60,81	40,22	37,96

Quelle: Jährliche Verordnungen zur Durchführung des LFA-Gesetzes

Tabelle A8:
Steuern der Länder nach dem Aufkommen (in DM je Einw.), 1970 - 1986

Jahr	Nordrh.W.	Bayern	Baden-W.	Nieders.	Hessen	RH.Pfalz	Schles-H	Saarland	Hamburg	Bremen	Insges.
70	671,57	580,28	680,82	497,92	699,35	518,04	459,96	461,45	1.084,38	753,17	629,26
71	741,57	649,52	774,15	529,81	762,86	577,55	543,65	507,98	1.193,86	864,02	698,49
72	850,02	756,17	898,08	607,83	892,78	664,93	625,00	538,46	1.338,11	986,75	804,43
73	983,14	887,12	1.023,56	725,66	1.039,49	810,89	760,69	677,49	1.542,69	1.154,78	938,78
74	1.084,71	933,67	1.093,82	795,81	1.118,24	874,61	870,07	778,53	1.783,21	1.278,57	1.021,76
75	1.099,12	953,21	1.150,52	845,42	1.118,49	902,38	902,92	810,61	1.811,58	1.298,36	1.048,74
76	1.225,42	1.072,42	1.267,68	915,90	1.222,73	991,44	981,33	866,05	1.921,33	1.432,65	1.157,21
77	1.383,52	1.237,85	1.489,63	1.140,33	1.427,46	1.180,71	1.103,51	997,13	2.242,93	1.525,48	1.342,26
78	1.419,95	1.320,40	1.529,10	1.166,63	1.520,54	1.205,65	1.149,93	1.071,60	2.278,42	1.622,10	1.392,53
79	1.503,28	1.399,51	1.634,43	1.260,34	1.616,73	1.310,63	1.232,71	1.126,15	2.604,52	1.629,37	1.487,47
80	1.569,71	1.432,82	1.721,81	1.336,46	1.624,94	1.368,83	1.319,90	1.148,93	2.336,19	1.793,27	1.538,19
81	1.544,12	1.455,07	1.742,26	1.296,39	1.641,05	1.351,89	1.279,04	1.204,76	2.501,92	1.825,48	1.537,74
82	1.591,25	1.536,06	1.834,39	1.296,44	1.690,12	1.408,77	1.313,30	1.160,64	2.572,40	1.795,79	1.590,53
83	1.627,05	1.584,78	1.850,72	1.311,61	1.757,62	1.456,51	1.352,64	1.217,56	2.619,78	1.827,35	1.627,43
84	1.686,83	1.678,51	1.912,54	1.367,54	1.887,12	1.520,11	1.407,45	1.228,21	2.683,03	1.840,14	1.698,25
85	1.820,85	1.821,53	2.078,89	1.522,93	2.094,01	1.631,17	1.491,85	1.225,23	2.975,89	2.042,22	1.847,35
86	1.954,79	1.913,78	2.234,63	1.554,41	2.207,40	1.729,90	1.582,30	1.360,13	2.967,46	2.021,47	1.953,11

Quelle: Jährliche Verordnungen zur Durchführung des LFA-Gesetzes

Tabelle A9:
Nach der Einwohnerzahl verteilte Umsatzsteueranteile (in DM je Einw.), 1970 - 1986

Jahr	Nordrh.W.	Bayern	Baden-W.	Nieders.	Hessen	RH.Pfalz	Schles-H	Saarland	Hamburg	Bremen	Insges.
70	141,36	141,36	141,36	141,36	141,36	141,36	141,36	141,36	141,36	141,36	141,36
71	157,47	157,47	157,47	157,47	157,47	157,47	157,47	157,47	157,47	157,47	157,47
72	199,97	199,97	199,97	199,97	199,97	199,97	199,97	199,97	199,97	199,97	199,97
73	209,63	209,63	209,63	209,63	209,63	209,63	209,63	209,63	209,63	209,63	209,63
74	228,87	228,87	228,87	228,87	228,87	228,87	228,87	228,87	228,87	228,87	228,87
75	208,28	208,28	208,28	208,28	208,28	208,28	208,28	208,28	208,28	208,28	208,28
76	220,96	220,96	220,96	220,96	220,96	220,96	220,96	220,96	220,96	220,96	220,96
77	237,38	237,38	237,38	237,38	237,38	237,38	237,38	237,38	237,38	237,38	237,38
78	291,28	291,28	291,28	291,28	291,28	291,28	291,28	291,28	291,28	291,28	291,28
79	334,63	334,63	334,63	334,63	334,63	334,63	334,63	334,63	334,63	334,63	334,63
80	370,01	370,01	370,01	370,01	370,01	370,01	370,01	370,01	370,01	370,01	370,01
81	386,54	386,54	386,54	386,54	386,54	386,54	386,54	386,54	386,54	386,54	386,54
82	386,43	386,43	386,43	386,43	386,43	386,43	386,43	386,43	386,43	386,43	386,43
83	433,08	433,08	433,08	433,08	433,08	433,08	433,08	433,08	433,08	433,08	433,08
84	467,26	467,26	467,26	467,26	467,26	467,26	467,26	467,26	467,26	467,26	467,26
85	465,74	465,74	465,74	465,74	465,74	465,74	465,74	465,74	465,74	465,74	465,74
86	477,89	477,89	477,89	477,89	477,89	477,89	477,89	477,89	477,89	477,89	477,89

Quelle: Jährliche Verordnungen zur Durchführung des LFA-Gesetzes (negative Werte eingeklammert)

Tabelle A10:
Ergänzungsanteile bis 92 % (in DM je Einw.), 1970 - 1986

Jahr	Nordrh.W.	Bayern	Baden-W.	Nieders.	Hessen	RH.Pfalz	Schles-H	Saarland	Hamburg	Bremen	Insges.
70	0,00	0,00	0,00	81,00	0,00	60,88	118,96	117,47	0,00	0,00	20,90
71	0,00	0,00	0,00	112,80	0,00	65,06	98,97	134,64	0,00	0,00	24,46
72	0,00	0,00	0,00	132,25	0,00	75,15	115,07	201,62	0,00	0,00	29,35
73	0,00	0,00	0,00	138,01	0,00	52,78	102,98	186,19	0,00	0,00	27,82
74	0,00	6,35	0,00	144,21	0,00	65,41	69,95	161,49	0,00	0,00	28,62
75	0,00	11,63	0,00	119,42	0,00	62,46	61,92	154,23	0,00	0,00	25,93
76	0,00	0,00	0,00	148,73	0,00	73,19	83,30	198,58	0,00	0,00	29,81
77	0,00	0,00	0,00	94,55	0,00	54,17	131,37	237,75	0,00	0,00	24,87
78	0,00	0,00	0,00	114,50	0,00	75,47	131,20	209,53	0,00	0,00	28,07
79	0,00	0,00	0,00	108,13	0,00	57,84	135,76	242,32	0,00	0,00	26,97
80	0,00	0,00	0,00	78,67	0,00	46,31	95,23	266,20	0,00	0,00	21,30
81	0,00	0,00	0,00	118,33	0,00	62,84	135,69	209,96	0,00	0,00	27,88
82	0,00	0,00	0,00	166,85	0,00	54,52	149,99	302,65	0,00	0,00	35,54
83	0,00	0,00	0,00	185,62	0,00	40,73	144,59	279,67	0,00	0,00	36,38
84	0,00	0,00	0,00	194,85	0,00	42,28	154,94	334,17	0,00	0,00	39,08
85	0,00	0,00	0,00	176,63	0,00	68,39	207,71	474,33	0,00	0,00	43,27
86	0,00	0,00	0,00	242,46	0,00	66,97	214,57	436,74	0,00	0,00	50,73

Quelle: Jährliche Verordnungen zur Durchführung des LFA-Gesetzes (negative Werte eingeklammert)

Tabelle A11:
Umsatzsteueranteile zur Auffüllung auf die Mindestzuweisungen (in DM je Einw.), 1970 - 1986

Jahr	Nordrh.W.	Bayern	Baden-W.	Nieders.	Hessen	RH.Pfalz	Schles-H	Saarland	Hamburg	Bremen	Insges.
70	0,00	47,12	0,00	0,00	0,00	0,00	0,00	0,00	0,00	0,00	8,44
71	0,00	52,49	0,00	0,00	0,00	0,00	0,00	0,00	0,00	0,00	9,43
72	0,00	66,66	0,00	0,00	0,00	0,00	0,00	0,00	0,00	0,00	12,01
73	0,00	69,88	0,00	0,00	0,00	17,09	0,00	0,00	0,00	0,00	13,67
74	0,00	69,94	0,00	0,00	0,00	10,89	6,35	0,00	0,00	0,00	13,59
75	0,00	57,79	0,00	0,00	0,00	6,97	7,50	0,00	0,00	0,00	11,21
76	0,00	73,65	0,00	0,00	0,00	0,46	0,00	0,00	0,00	0,00	13,39
77	0,00	79,13	0,00	0,00	0,00	24,96	0,00	0,00	0,00	0,00	15,92
78	0,00	97,09	0,00	0,00	0,00	21,62	0,00	0,00	0,00	0,00	19,00
79	0,00	111,54	0,00	3,42	0,00	53,70	0,00	0,00	0,00	0,00	24,05
80	0,00	123,34	0,00	44,66	0,00	77,03	28,10	0,00	0,00	0,00	33,88
81	0,00	128,85	0,00	10,51	0,00	66,01	0,00	0,00	0,00	0,00	28,88
82	0,00	128,81	0,00	0,00	0,00	74,29	0,00	0,00	0,00	0,00	28,15
83	144,36	144,36	0,00	0,00	0,00	103,63	0,00	0,00	0,00	0,00	73,86
84	155,75	155,75	0,00	0,00	0,00	113,48	0,81	0,00	0,00	0,00	79,80
85	155,25	155,25	0,00	0,00	0,00	86,86	0,00	0,00	0,00	0,00	77,86
86	0,00	159,30	0,00	0,00	0,00	92,33	0,00	0,00	0,00	0,00	35,22

Quelle: Jährliche Verordnungen zur Durchführung des LFA-Gesetzes (negative Werte eingeklammert)

Tabelle A12:
Umsatzsteueranteile nach Kontrollrechnung (in DM je Einw.), 1970 - 1986

Jahr	Nordrh.W.	Bayern	Baden-W.	Nieders.	Hessen	RH.Pfalz	Schles-H	Saarland	Hamburg	Bremen	Insges.
70	172,23	188,48	172,23	222,36	172,23	202,24	260,32	258,83	172,23	172,23	188,48
71	189,78	209,96	189,78	270,27	189,78	222,53	256,44	292,11	189,79	189,79	209,96
72	243,92	266,62	243,92	332,22	243,92	275,12	315,04	401,59	243,92	243,92	266,62
73	258,96	279,50	258,96	347,64	258,96	279,50	312,61	395,81	258,96	258,97	279,50
74	288,14	305,17	288,14	373,09	288,14	305,17	305,17	390,36	288,14	288,14	305,17
75	264,45	277,70	264,45	327,70	264,45	277,70	277,70	362,50	264,45	264,45	277,70
76	274,01	294,61	274,01	369,69	274,01	294,61	304,26	419,53	274,01	274,01	294,61
77	304,23	316,51	304,23	331,93	304,23	316,51	368,75	475,13	304,23	304,23	316,51
78	378,54	388,38	378,54	405,79	378,54	388,38	422,48	500,81	378,54	378,54	388,38
79	440,23	446,18	440,23	446,18	440,23	446,18	470,39	576,96	440,23	440,23	446,18
80	488,88	493,34	488,88	493,34	488,88	493,34	493,34	636,21	488,88	488,88	493,34
81	512,34	515,38	512,34	515,38	512,34	515,38	522,22	596,50	512,34	512,34	515,38
82	514,51	515,23	485,96	553,28	485,96	515,23	536,41	689,07	485,96	485,96	515,24
83	577,44	577,44	551,63	618,70	551,63	577,44	577,67	712,75	551,63	551,63	577,44
84	623,01	623,01	595,45	662,11	595,45	623,01	623,01	801,43	595,45	595,45	623,01
85	620,99	620,99	584,25	642,37	584,25	620,99	673,45	940,07	584,25	584,25	620,99
86	635,51	637,18	578,31	720,35	578,31	637,18	692,46	914,62	578,32	578,32	637,18

Quelle: Jährliche Verordnungen zur Durchführung des LFA-Gesetzes (negative Werte eingeklammert)

Tabelle A13:
Im LFA angerechnete Einnahmen aus dem Förderzins (in DM je Einw.), 1970 - 1986

Jahr	Nordrh.W.	Bayern	Baden-W.	Nieders.	Hessen	RH.Pfalz	Schles-H	Saarland	Hamburg	Bremen	Insges.
70	0,00	0,00	0,00	0,00	0,00	0,00	0,00	0,00	0,00	0,00	0,00
71	0,00	0,00	0,00	0,00	0,00	0,00	0,00	0,00	0,00	0,00	0,00
72	0,00	0,00	0,00	0,00	0,00	0,00	0,00	0,00	0,00	0,00	0,00
73	0,00	0,00	0,00	0,00	0,00	0,00	0,00	0,00	0,00	0,00	0,00
74	0,00	0,00	0,00	0,00	0,00	0,00	0,00	0,00	0,00	0,00	0,00
75	0,00	0,00	0,00	0,00	0,00	0,00	0,00	0,00	0,00	0,00	0,00
76	0,00	0,00	0,00	0,00	0,00	0,00	0,00	0,00	0,00	0,00	0,00
77	0,00	0,00	0,00	0,00	0,00	0,00	0,00	0,00	0,00	0,00	0,00
78	0,00	0,00	0,00	0,00	0,00	0,00	0,00	0,00	0,00	0,00	0,00
79	0,00	0,00	0,00	0,00	0,00	0,00	0,00	0,00	0,00	0,00	0,00
80	0,00	0,00	0,00	0,00	0,00	0,00	0,00	0,00	0,00	0,00	0,00
81	0,00	0,00	0,00	0,00	0,00	0,00	0,00	0,00	0,00	0,00	0,00
82	0,00	0,00	0,00	0,00	0,00	0,00	0,00	0,00	0,00	0,00	0,00
83	0,00	1,20	0,71	84,94	0,05	0,79	4,18	0,00	2,91	0,00	10,99
84	0,00	1,23	0,60	92,26	0,05	0,90	4,06	0,00	3,16	0,00	11,89
85	0,00	1,15	0,59	97,43	0,04	1,22	4,00	0,00	3,77	0,00	12,52
86	0,00	0,92	0,58	101,13	0,02	0,74	2,74	0,00	1,64	0,00	12,77

Tabelle A14:
Im LFA veranschlagte Gemeindesteuern insgesamt (in DM je Einw.), 1970 - 1986

Jahr	Nordrh.W.	Bayern	Baden-W.	Nieders.	Hessen	RH.Pfalz	Schles-H	Saarland	Hamburg	Bremen	Insges.
70	148,37	138,12	170,41	119,14	160,72	117,21	109,00	95,77	211,42	167,53	145,03
71	183,58	145,71	169,60	140,06	173,94	139,45	131,45	120,35	296,56	229,45	166,32
72	214,49	179,89	213,46	158,45	209,54	167,01	158,79	150,40	334,59	261,24	198,50
73	250,41	219,34	253,17	188,11	241,09	200,90	184,38	159,94	371,65	302,74	233,45
74	273,52	230,96	282,47	208,71	263,54	218,09	205,82	185,93	404,23	330,16	254,97
75	282,41	239,09	283,68	213,35	265,71	227,19	218,81	200,75	440,58	352,81	262,61
76	313,91	268,60	323,83	243,22	307,26	250,61	251,38	222,27	528,91	394,32	296,86
77	359,63	304,24	366,75	261,86	336,63	286,69	271,48	248,42	559,75	437,94	332,90
78	365,16	309,25	384,57	294,52	352,01	301,32	285,45	269,09	594,88	419,41	346,13
79	372,09	326,31	396,54	297,08	375,49	301,70	289,33	279,07	598,83	437,93	356,21
80	419,49	375,09	457,16	348,50	414,37	355,86	349,05	281,46	714,53	483,49	407,58
81	402,78	373,72	445,50	342,44	404,04	351,00	332,70	298,76	623,53	467,62	395,61
82	408,92	379,40	458,56	344,11	422,01	356,18	340,10	304,97	666,07	484,83	404,39
83	434,11	406,90	486,06	363,16	444,86	368,95	358,91	309,79	724,65	516,68	428,91
84	467,95	436,27	530,72	376,90	485,11	383,69	382,46	331,55	747,53	560,05	459,63
85	502,90	480,85	565,34	410,13	519,65	442,88	405,21	343,55	799,45	556,99	496,59
86	516,32	509,21	587,18	427,32	561,84	467,12	411,51	345,90	822,30	584,91	517,84

Quelle: Jährliche Verordnungen zur Durchführung des LFA-Gesetzes

Tabelle A15:
50 % vom Gemeindeanteil an der Einkommensteuer (in DM je Einw.), 1970 - 1986

Jahr	Nordrh.W.	Bayern	Baden-W.	Nieders.	Hessen	RH.Pfalz	Schles-H	Saarland	Hamburg	Bremen	Insges.
70	65,07	55,03	64,60	47,91	62,17	47,61	48,37	41,58	103,09	75,97	59,91
71	75,83	65,75	76,88	57,71	73,73	57,14	60,54	48,35	121,89	89,78	71,03
72	89,89	79,25	91,15	67,11	88,77	67,22	71,99	57,82	138,50	105,71	84,18
73	106,43	94,75	108,91	80,74	105,33	83,44	89,81	71,78	163,22	123,83	100,60
74	120,26	103,23	120,34	93,97	116,83	94,24	104,36	82,80	182,60	139,89	112,76
75	123,57	105,45	123,21	99,00	120,71	98,38	109,09	86,45	201,28	140,95	116,58
76	136,95	116,38	135,46	109,06	133,41	106,15	118,83	97,76	211,38	157,60	128,26
77	153,36	134,41	155,17	127,35	150,69	124,96	132,11	109,69	228,14	170,53	145,64
78	155,00	141,62	158,25	130,11	156,26	127,80	135,60	112,16	241,76	176,66	149,57
79	160,16	148,18	167,49	133,38	162,21	133,61	142,07	116,94	250,70	179,36	155,60
80	189,06	170,84	202,96	158,57	185,64	164,95	170,34	135,41	265,27	211,00	182,97
81	187,50	176,96	201,82	156,86	192,47	163,26	165,07	136,71	282,26	216,85	184,11
82	193,40	183,04	206,97	160,21	197,01	170,05	167,27	142,08	293,43	218,32	189,45
83	197,82	189,31	210,42	163,41	201,92	169,38	174,85	145,54	302,63	217,52	193,81
84	206,53	195,82	218,94	168,88	213,90	177,14	180,80	151,02	304,82	224,89	201,53
85	224,06	213,69	236,48	181,47	234,18	190,35	192,98	159,83	334,28	243,14	218,44
86	230,89	221,50	249,49	185,95	247,77	199,57	197,59	162,99	326,24	235,62	226,20

Quelle: Jährliche Verordnungen zur Durchführung des LFA-Gesetzes

Tabelle A16:
Im LFA veranschlagte Anteile des Aufkommens aus der Grundsteuer A (in DM je Einw.), 1970 - 1986

Jahr	Nordrh.W.	Bayern	Baden-W.	Nieders.	Hessen	RH.Pfalz	Schles-H	Saarland	Hamburg	Bremen	Insges.
70	1,98	4,72	4,66	5,96	3,59	5,05	6,17	1,57	0,48	0,47	3,80
71	1,79	4,31	4,13	5,42	3,22	4,57	5,69	1,49	0,45	0,43	3,45
72	1,81	4,09	3,89	5,42	2,88	4,37	5,72	1,60	0,41	0,45	3,34
73	1,83	4,22	3,62	5,58	2,84	4,33	6,02	1,43	0,45	0,45	3,35
74	1,86	4,23	3,73	5,61	3,03	4,36	6,08	1,52	0,47	0,45	3,41
75	1,98	4,09	3,83	5,36	2,97	4,27	5,92	1,45	0,40	0,29	3,38
76	2,20	4,53	3,78	5,48	3,32	4,75	6,21	1,51	0,49	0,31	3,61
77	2,22	4,66	3,73	5,27	3,27	4,42	5,84	1,52	0,46	0,32	3,57
78	2,33	4,38	3,51	5,20	3,39	3,88	5,74	1,30	0,49	0,32	3,48
79	2,26	4,53	3,26	5,51	2,94	4,16	6,00	1,45	0,53	0,33	3,48
80	2,27	4,66	3,19	5,78	2,81	4,45	6,18	1,46	0,61	0,35	3,55
81	2,25	4,63	3,10	5,54	2,76	4,33	6,06	1,44	0,60	0,34	3,48
82	2,28	4,58	3,10	5,73	2,82	4,26	6,21	1,36	0,60	0,36	3,51
83	2,32	4,76	3,15	5,88	2,97	4,38	6,53	1,42	0,57	0,36	3,62
84	2,37	4,80	3,21	5,99	2,97	4,45	6,44	1,44	0,58	0,37	3,67
85	2,42	4,87	3,18	6,10	2,98	4,52	6,54	1,41	0,58	0,35	3,71
86	2,44	4,88	3,20	6,14	2,91	4,43	6,52	1,39	0,57	0,36	3,72

Quelle: Jährliche Verordnungen zur Durchführung des LFA-Gesetzes

Tabelle A17:
Im LFA veranschlagte Anteile des Aufkommens aus der Grundsteuer B (in DM je Einw.), 1970 - 1986

Jahr	Nordrh.W.	Bayern	Baden-W.	Nieders.	Hessen	RH.Pfalz	Schles-H	Saarland	Hamburg	Bremen	Insges.
70	20,26	16,28	16,14	15,30	17,29	15,14	15,83	18,29	27,12	31,69	17,86
71	21,59	17,23	17,04	16,53	18,12	16,10	17,21	18,38	28,79	33,78	18,96
72	23,28	18,56	18,31	17,58	19,68	17,52	18,40	22,32	31,37	36,53	20,47
73	24,79	20,15	19,71	19,57	21,13	18,97	19,66	22,62	33,73	38,98	22,02
74	27,78	21,86	21,89	21,83	24,13	21,19	22,09	24,86	37,12	42,79	24,49
75	33,27	28,44	29,14	22,86	28,23	23,53	22,19	30,39	58,13	50,32	29,82
76	37,51	35,64	33,55	28,37	34,14	28,99	25,91	40,20	65,13	54,15	35,15
77	40,93	38,56	41,34	31,31	39,08	33,66	32,93	45,14	62,74	57,24	39,32
78	43,46	36,74	44,92	34,81	41,38	33,72	31,98	45,87	66,39	57,36	40,97
79	44,67	38,38	47,05	36,16	44,15	35,87	36,56	44,00	70,57	62,42	42,83
80	44,72	38,73	45,30	38,75	48,93	35,51	36,31	46,74	70,50	60,38	43,39
81	47,69	40,24	46,56	39,69	45,75	37,34	37,18	49,86	71,29	63,25	44,77
82	49,79	42,49	48,81	41,83	52,13	39,48	40,19	51,09	75,68	66,31	47,42
83	53,55	46,35	53,33	45,53	55,59	42,33	44,17	54,59	82,53	71,89	51,32
-84	57,00	49,75	56,68	48,66	56,60	45,00	46,43	53,98	85,55	75,84	54,29
85	59,78	51,79	58,77	50,80	58,03	46,64	48,82	57,50	88,74	80,30	56,56
86	62,65	54,49	61,63	53,77	62,30	49,24	51,64	59,62	91,05	84,01	59,50

Quelle: Jährliche Verordnungen zur Durchführung des LFA-Gesetzes

Tabelle A18:
Im LFA veranschlagte Anteile des Gewerbesteueraufkommens (in DM je Einw.), 1970 - 1986

Jahr	Nordrh.W.	Bayern	Baden-W.	Nieders.	Hessen	RH.Pfalz	Schles-H	Saarland	Hamburg	Bremen	Insges.
70	101,58	92,86	120,97	78,87	116,59	79,59	61,98	58,38	150,91	111,22	99,35
71	129,68	97,02	119,39	91,56	124,99	97,54	76,99	81,71	215,93	160,24	115,04
72	151,14	122,47	154,69	104,33	148,17	119,36	93,70	91,19	240,35	180,53	138,05
73	180,32	150,58	187,55	124,60	171,65	142,53	106,69	106,19	261,54	213,50	164,44
74	187,78	154,36	204,16	134,71	179,88	151,04	117,60	113,25	284,67	229,93	173,77
75	183,43	148,81	191,70	127,52	171,67	149,99	124,91	118,74	290,25	237,96	168,53
76	203,22	163,74	219,04	143,81	195,40	160,42	143,05	128,17	360,78	265,42	189,19
77	237,49	188,72	250,91	156,44	216,85	186,95	154,08	140,03	403,08	294,81	215,78
78	240,19	191,42	262,05	181,72	222,75	196,69	160,81	159,40	416,00	273,37	223,68
79	244,49	207,14	271,54	187,07	246,33	194,63	165,38	160,48	427,65	284,95	232,61
80	237,27	208,00	269,08	188,84	229,30	197,59	177,12	136,46	469,52	273,66	230,21
81	215,02	198,23	255,96	183,34	216,82	190,05	162,37	140,79	361,30	249,07	213,88
82	213,65	195,84	260,63	177,57	221,69	183,96	162,36	141,46	388,22	262,07	214,03
83	216,00	199,96	264,22	174,00	221,25	182,34	161,20	131,36	404,64	271,01	215,71
84	235,59	218,93	292,48	181,04	245,67	186,26	172,13	143,79	413,42	295,27	233,70
84	235,59	218,93	292,48	181,04	245,67	186,26	172,13	143,79	413,42	295,27	233,70
85	252,77	247,22	311,15	199,56	264,86	233,23	181,97	143,69	437,11	274,64	254,45
86	257,20	266,19	321,41	208,88	293,08	245,93	181,67	138,61	465,25	305,14	266,39

Quelle: Jährliche Verordnungen zur Durchführung des LFA-Gesetzes

Tabelle A19:
Im LFA veranschlagte Anteile der Gewerbesteuerumlage (in DM je Einw.), 1970 - 1986

Jahr	Nordrh.W.	Bayern	Baden-W.	Nieders.	Hessen	RH.Pfalz	Schles-H	Saarland.	Hamburg	Bremen	Insges.
70	(40,52)	(30,77)	(35,96)	(28,91)	(38,93)	(30,18)	(23,34)	(24,05)	(70,18)	(51,82)	(35,89)
71	(45,32)	(38,60)	(47,85)	(31,17)	(46,12)	(35,90)	(28,97)	(29,58)	(70,51)	(54,76)	(42,16)
72	(51,63)	(44,48)	(54,58)	(36,00)	(49,96)	(41,45)	(31,03)	(22,53)	(76,04)	(61,97)	(47,54)
73	(62,95)	(50,35)	(66,63)	(42,39)	(59,86)	(48,37)	(37,79)	(42,08)	(87,30)	(74,01)	(56,95)
74	(64,16)	(52,71)	(67,65)	(47,41)	(60,35)	(52,73)	(44,31)	(36,50)	(100,62)	(82,89)	(59,46)
75	(59,84)	(47,69)	(64,21)	(41,39)	(57,87)	(48,99)	(43,31)	(36,27)	(109,47)	(76,71)	(55,71)
76	(65,97)	(51,69)	(68,00)	(43,49)	(59,00)	(49,71)	(42,62)	(45,37)	(108,87)	(83,17)	(59,36)
77	(74,38)	(62,10)	(84,39)	(58,50)	(73,27)	(63,30)	(53,47)	(47,96)	(134,68)	(84,96)	(71,41)
78	(75,82)	(64,90)	(84,15)	(57,32)	(71,76)	(60,78)	(48,68)	(49,64)	(129,76)	(88,29)	(71,57)
79	(79,49)	(71,92)	(92,81)	(65,05)	(80,14)	(66,57)	(60,68)	(43,82)	(150,62)	(89,13)	(78,31)
80	(53,83)	(47,14)	(63,36)	(43,45)	(52,31)	(46,65)	(40,90)	(38,61)	(91,36)	(61,89)	(52,54)
81	(49,68)	(46,36)	(61,94)	(42,99)	(53,76)	(43,99)	(37,97)	(30,04)	(91,92)	(61,90)	(50,64)
82	(50,20)	(46,55)	(60,95)	(41,22)	(51,64)	(41,58)	(35,93)	(31,02)	(91,85)	(62,22)	(50,03)
83	(35,58)	(33,48)	(45,06)	(25,66)	(36,87)	(29,47)	(27,85)	(23,13)	(65,71)	(44,10)	(35,56)
84	(33,55)	(33,01)	(40,60)	(27,67)	(34,04)	(29,16)	(23,33)	(18,68)	(56,83)	(36,33)	(33,56)
85	(36,13)	(36,73)	(44,25)	(27,79)	(40/40)	(31,86)	(25,09)	(18,88)	(61,27)	(41,45)	(36,57)
86	(36,87)	(37,86)	(48,54)	(27,42)	(44,22)	(32,04)	(25,91)	(16,71)	(60,81)	(40,22)	(37,96)

Quelle: Jährliche Verordnungen zur Durchführung des LFA-Gesetzes

Tabelle A20:
Steuerkraftmeßzahl (in DM je Einw.), 1970 - 1986

Jahr	Nordrh.W.	Bayern	Baden-W.	Nieders.	Hessen	RH.Pfalz	Schles-H	Saarland	Hamburg	Bremen	Insges.
70	992,17	906,87	1.023,45	838,58	1.032,30	832,00	817,26	766,94	1.437,39	1.058,98	959,51
71	1.114,93	1.005,19	1.133,54	939,30	1.126,59	934,08	919,68	871,43	1.649,46	1.249,36	1.071,54
72	1.308,43	1.202,69	1.355,46	1.097,66	1.346,24	1.101,63	1.087,09	1.041,38	1.885,64	1.457,97	1.266,35
73	1.492,51	1.385,97	1.535,69	1.260,58	1.539,55	1.286,57	1.246,03	1.183,94	2.142,00	1.682,31	1.448,59
74	1.646,37	1.469,80	1.664,43	1.376,78	1.669,92	1.393,81	1.369,44	1.305,20	2.444,01	1.862,45	1.578,80
75	1.645,97	1.470,00	1.698,64	1.385,64	1.648,65	1.403,87	1.387,82	1.323,88	2.484,74	1.880,95	1.585,98
76	1.813,34	1.635,63	1.865,51	1.527,98	1.804,00	1.533,92	1.525,36	1.457,53	2.692,04	2.065,93	1.745,64
77	2.047,37	1.858,59	2.160,61	1.733,29	2.068,31	1.781,85	1.732,15	1.670,01	3.074,32	2.232,27	1.988,67
78	2.163,65	2.018,03	2.292,21	1.866,11	2.251,08	1.893,98	1.846,27	1.790,42	3.218,94	2.384,38	2.124,08
79	2.315,60	2.172,00	2.471,19	2.002,77	2.432,45	2.057,82	1.980,87	1.930,76	3.610,41	2.471,65	2.286,94
80	2.478,08	2.301,25	2.667,85	2.177,48	2.528,20	2.218,03	2.150,78	2.015,11	3.506,25	2.729,66	2.436,25
81	2.459,24	2.344,17	2.700,09	2.153,39	2.557,43	2.218,27	2.122,49	2.048,35	3.604,25	2.769,31	2.445,88
82	2.514,68	2.430,69	2.778,91	2.193,00	2.598,09	2.280,18	2.178,36	2.102,82	3.690,69	2.730,29	2.507,29
83	2.638,60	2.570,33	2.889,12	2.377,59	2.754,17	2.403,69	2.281,94	2.187,91	3.864,98	2.859,02	2.641,89
84	2.777,78	2.739,03	3.039,31	2.497,97	2.967,74	2.527,71	2.405,50	2.299,38	3.994,81	2.958,41	2.789,72
85	2.944,74	2.924,51	3.229,06	2.672,02	3.197,96	2.696,26	2.563,03	2.446,84	4.328,69	3.145,79	2.974,39
86	3.106,62	3.061,08	3.400,70	2.802,37	3.347,57	2.834,95	2.677,52	2.558,36	4.334,80	3.146,67	3.117,85

Quelle: Jährliche Verordnungen zur Durchführung des LFA-Gesetzes

Tabelle A21:
Meßzahl zum Ausgleich der Ländersteuern (in DM je Einw.), 1970 - 1986

Jahr	Nordrh.W.	Bayern	Baden-W.	Nieders.	Hessen	RH.Pfalz	Schles-H	Saarland	Hamburg	Bremen	Insges.
70	802,35	802,35	802,35	802,35	802,35	802,35	802,35	802,35	1.083,17	1.083,16	814,48
71	891,91	891,91	891,91	891,91	891,91	891,91	891,91	891,91	1.204,07	1.204,04	905,23
72	1.052,33	1.052,33	1.052,33	1.052,33	1.052,33	1.052,33	1.052,33	1.052,33	1.420,62	1.420,68	1.067,85
73	1.197,72	1.197,72	1.197,72	1.197,72	1.197,72	1.197,72	1.197,72	1.197,72	1.616,95	1.616,94	1.215,13
74	1.305,04	1.305,04	1.305,04	1.305,04	1.305,04	1.305,04	1.305,04	1.305,04	1.761,77	1.761,79	1.323,83
75	1.304,70	1.304,70	1.304,70	1.304,70	1.304,70	1.304,70	1.304,70	1.304,70	1.761,37	1.761,37	1.323,38
76	1.428,45	1.428,45	1.428,45	1.428,45	1.428,45	1.428,45	1.428,45	1.428,45	1.928,42	1.928,43	1.448,78
77	1.632,75	1.632,75	1.632,75	1.632,75	1.632,75	1.632,75	1.632,75	1.632,75	2.204,21	2.204,27	1.655,77
78	1.753,42	1.753,42	1.753,42	1.753,42	1.753,42	1.753,42	1.753,42	1.753,42	2.367,15	2.367,17	1.777,95
79	1.904,32	1.904,32	1.904,32	1.904,32	1.904,32	1.904,32	1.904,32	1.904,32	2.570,79	2.570,71	1.930,72
80	2.001,16	2.001,16	2.001,16	2.001,16	2.001,16	2.001,16	2.001,16	2.001,16	2.701,59	2.701,53	2.028,67
81	2.022,65	2.022,65	2.022,65	2.022,65	2.022,65	2.022,65	2.022,65	2.022,65	2.730,57	2.730,57	2.050,26
82	2.074,72	2.074,72	2.074,72	2.074,72	2.074,72	2.074,72	2.074,72	2.074,72	2.800,82	2.801,02	2.102,90
83	2.183,47	2.183,47	2.183,47	2.183,47	2.183,47	2.183,47	2.183,47	2.183,47	2.947,65	2.947,56	2.212,98
84	2.299,28	2.299,28	2.299,28	2.299,28	2.299,28	2.299,28	2.299,28	2.299,28	3.104,02	3.104,16	2.330,10
85	2.445,26	2.445,26	2.445,26	2.445,26	2.445,26	2.445,26	2.445,26	2.445,26	3.301,15	3.301,13	2.477,80
86	2.566,11	2.566,11	2.566,11	2.566,11	2.566,11	2.566,11	2.566,11	2.566,11	3.464,26	3.464,16	2.600,01

Quelle: Jährliche Verordnungen zur Durchführung des LFA-Gesetzes

Tabelle A22:
Meßzahl zum Ausgleich der Gemeindesteuern (in DM je Einw.), 1970 - 1986

Jahr	Nordrh.W.	Bayern	Baden-W.	Nieders.	Hessen	RH.Pfalz	Schles-H	Saarland	Hamburg	Bremen	Insges.
70	149,92	142,19	141,28	140,86	142,63	139,37	141,88	139,16	171,41	159,53	145,03
71	171,83	163,15	162,05	161,56	163,86	159,80	162,65	159,51	196,48	182,89	166,32
72	205,02	194,62	194,10	192,39	196,23	190,54	193,71	189,97	233,99	217,83	198,50
73	240,86	229,42	228,08	228,02	230,33	223,45	227,07	222,68	274,29	255,35	233,45
74	262,33	249,90	248,60	251,87	251,13	243,57	247,62	253,84	298,81	278,14	254,97
75	272,42	256,05	256,55	258,03	257,92	249,58	253,69	260,04	306,10	284,92	262,61
76	307,95	289,18	290,13	291,83	291,59	282,33	286,92	294,14	346,18	322,19	296,86
77	344,94	324,33	325,14	327,11	329,33	316,44	321,53	329,61	387,95	361,08	332,90
78	358,39	338,35	337,85	339,93	342,25	328,79	334,08	342,39	403,08	375,14	346,13
79	368,81	348,31	347,72	349,86	352,28	338,48	343,78	352,39	414,78	386,09	356,21
80	422,05	398,61	397,99	400,39	402,73	387,35	393,34	403,20	474,63	441,78	407,58
81	409,67	386,92	386,39	388,64	390,95	375,99	381,80	391,40	460,70	428,87	395,61
82	418,79	395,53	394,99	397,32	399,68	384,37	390,32	399,53	470,94	438,40	404,39
83	444,16	419,57	418,99	421,49	423,90	407,77	414,08	423,83	499,54	464,96	428,91
84	475,72	449,80	449,20	451,86	454,32	437,23	443,99	454,44	535,50	498,24	459,63
85	513,97	485,96	485,51	488,21	490,90	472,50	479,86	491,08	578,61	538,16	496,59
86	536,18	506,68	506,21	509,02	511,83	492,62	500,59	512,31	603,62	561,44	517,84

Quelle: Jährliche Verordnungen zur Durchführung des LFA-Gesetzes

Tabelle A23:
Ausgleichsmeßzahl (in DM je Einw.), 1970 - 1986

Jahr	Nordrh.W.	Bayern	Baden-W.	Nieders.	Hessen	RH.Pfalz	Schles-H	Saarland	Hamburg	Bremen	Insges.
70	952,27	944,54	943,63	943,21	944,98	941,71	944,23	941,51	1.254,59	1.242,69	959,51
71	1.063,74	1.055,06	1.053,96	1.053,47	1.055,76	1.051,71	1.054,55	1.051,42	1.400,55	1.386,93	1.071,54
72	1.257,35	1.246,95	1.246,43	1.244,72	1.248,56	1.242,87	1.246,04	1.242,31	1.654,61	1.638,52	1.266,35
73	1.438,58	1.427,14	1.425,80	1.425,74	1.428,05	1.421,17	1.424,79	1.420,39	1.891,24	1.872,28	1.448,59
74	1.567,37	1.554,94	1.553,64	1.556,91	1.556,16	1.548,61	1.552,66	1.558,88	2.060,58	2.039,93	1.578,80
75	1.577,12	1.560,75	1.561,24	1.562,73	1.562,62	1.554,28	1.558,39	1.564,74	2.067,47	2.046,29	1.585,98
76	1.736,41	1.717,63	1.718,58	1.720,28	1.720,04	1.710,78	1.715,37	1.722,59	2.274,60	2.250,62	1.745,64
77	1.977,69	1.957,08	1.957,89	1.959,87	1.962,08	1.949,19	1.954,28	1.962,36	2.592,16	2.565,36	1.988,67
78	2.111,82	2.091,78	2.091,27	2.093,36	2.095,67	2.082,22	2.087,51	2.095,81	2.770,24	2.742,31	2.124,08
79	2.273,13	2.252,63	2.252,04	2.254,17	2.256,60	2.242,80	2.248,09	2.256,70	2.985,57	2.956,79	2.286,94
80	2.423,21	2.399,76	2.399,15	2.401,55	2.403,89	2.388,51	2.394,50	2.404,35	3.176,21	3.143,32	2.436,25
81	2.432,31	2.409,56	2.409,04	2.411,29	2.413,60	2.398,64	2.404,44	2.414,04	3.191,27	3.159,44	2.445,88
82	2.493,51	2.470,25	2.469,71	2.472,04	2.474,40	2.459,09	2.465,04	2.474,25	3.271,76	3.239,42	2.507,29
83	2.627,63	2.603,05	2.602,47	2.604,96	2.607,38	2.591,24	2.597,55	2.607,30	3.447,18	3.412,52	2.641,89
84	2.775,00	2.749,08	2.748,48	2.751,13	2.753,60	2.736,51	2.743,27	2.753,72	3.639,52	3.602,40	2.789,72
85	2.959,23	2.931,21	2.930,77	2.933,47	2.936,16	2.917,76	2.925,11	2.936,34	3.879,76	3.839,29	2.974,39
86	3.102,30	3.072,79	3.072,32	3.075,13	3.077,94	3.058,74	3.066,71	3.078,42	4.067,88	4.025,59	3.117,85

Quelle: Jährliche Verordnungen zur Durchführung des LFA-Gesetzes

Tabelle A24:
Überschüsse/Fehlbeträge zwischen Steuerkraft- und Ausgleichsmeßzahl (in DM je Einw.), 1970 - 1986

Jahr	Nordrh.W.	Bayern	Baden-W.	Nieders.	Hessen	RH.Pfalz	Schles-H	Saarland	Hamburg	Bremen	Insges.
70	39,90	(37,66)	79,82	(104,63)	87,32	(109,71)	(126,97)	(174,56)	182,80	(183,71)	37,29
71	51,19	(49,87)	79,58	(114,17)	70,83	(117,63)	(134,87)	(179,99)	248,91	(137,58)	40,95
72	51,08	(44,27)	109,02	(147,06)	97,68	(141,25)	(158,95)	(200,92)	231,03	(180,54)	47,30
73	53,94	(41,17)	109,89	(165,16)	111,50	(134,60)	(178,76)	(236,45)	250,76	(189,97)	50,09
74	79,00	(85,14)	110,79	(180,13)	113,75	(154,80)	(183,22)	(253,68)	383,43	(177,48)	61,44
75	68,85	(90,75)	137,39	(177,09)	86,03	(150,41)	(170,57)	(240,86)	417,27	(165,34)	60,93
76	76,93	(82,00)	146,94	(192,30)	83,95	(176,86)	(190,01)	(265,06)	417,44	(184,69)	64,40
77	69,68	(98,48)	202,72	(226,57)	106,23	(167,34)	(222,13)	(292,34)	482,16	(333,09)	74,66
78	51,83	(73,75)	200,94	(227,25)	155,41	(188,24)	(241,23)	(305,39)	448,71	(357,93)	72,87
79	42,47	(80,62)	219,15	(251,41)	175,85	(184,99)	(267,23)	(325,94)	624,85	(485,14)	79,80
80	54,87	(98,51)	268,70	(224,07)	124,31	(170,48)	(243,72)	(389,25)	330,03	(413,66)	78,03
81	26,92	(65,40)	291,05	(257,90)	143,83	(180,37)	(281,95)	(365,70)	412,97	(390,13)	77,65
82	21,18	(39,55)	309,20	(279,03)	123,69	(178,91)	(286,68)	(371,43)	418,93	(509,13)	77,08
83	10,97	(32,72)	286,65	(227,37)	146,79	(187,56)	(315,61)	(419,39)	417,80	(553,49)	72,77
84	2,78	(10,05)	290,83	(253,16)	214,13	(208,80)	(337,77)	(454,34)	355,29	(643,99)	75,70
85	(14,49)	(6,70)	298,29	(261,45)	261,80	(221,50)	(362,08)	(489,50)	448,93	(693,51)	83,16
86	4,33	(11,71)	328,38	(272,76)	269,63	(223,79)	(389,18)	(520,06)	266,92	(878,92)	85,10

Quelle: Jährliche Verordnungen zur Durchführung des LFA-Gesetzes

Tabelle A25:
Beiträge (-) und Zuweisungen (+) im horizontalen LFA nach Kontrollrechnung (in DM je Einw.), 1970 - 1986

Jahr	Nordrh.W.	Bayern	Baden-W.	Nieders.	Hessen	RH.Pfalz	Schles-H	Saarland	Hamburg	Bremen	Insges.
70	(18,73)	14,12	(35,31)	57,47	(53,84)	62,62	79,75	127,49	(163,72)	121,57	20,74
71	(21,56)	18,70	(42,17)	62,95	(35,83)	65,04	82,14	127,42	(192,86)	68,23	21,78
72	(20,03)	16,60	(64,97)	84,82	(56,17)	79,10	96,65	138,81	(174,63)	98,62	26,10
73	(19,82)	15,44	(64,09)	93,88	(65,32)	66,97	107,52	165,44	(188,50)	96,36	27,14
74	(33,22)	31,93	(55,03)	102,28	(57,60)	80,80	105,58	175,73	(291,57)	75,49	31,83
75	(25,24)	34,03	(71,81)	98,96	(37,05)	80,03	92,65	162,62	(315,30)	63,02	30,83
76	(29,52)	30,75	(78,75)	106,28	(34,67)	93,18	104,24	178,93	(317,17)	72,16	32,87
77	(20,98)	36,93	(115,99)	128,58	(46,66)	78,61	124,42	194,23	(366,26)	204,82	38,55
78	(7,18)	27,66	(119,14)	122,58	(84,98)	97,83	136,86	200,60	(349,58)	220,82	38,14
79	0,00	30,23	(124,00)	138,70	(93,10)	80,16	154,82	213,11	(502,07)	337,30	41,82
80	(4,48)	36,94	(162,86)	103,99	(53,27)	67,79	123,99	269,03	(189,95)	256,49	36,73
81	0,00	24,52	(176,64)	138,69	(63,85)	83,20	161,73	244,99	(260,16)	232,16	40,53
82	0,00	14,83	(192,73)	155,43	(49,92)	76,47	163,43	247,72	(264,28)	347,16	41,83
83	0,00	12,27	(154,33)	97,12	(59,39)	70,33	185,73	289,03	(238,58)	382,87	36,03
84	0,00	3,77	(158,07)	115,60	(103,59)	78,30	200,60	316,65	(183,98)	463,87	39,28
85	5,43	2,51	(156,08)	114,78	(131,02)	103,43	215,83	342,68	(256,43)	501,54	43,53
86	0,00	4,39	(187,80)	119,01	(141,58)	105,09	235,85	366,14	(126,26)	677,64	46,09

Quelle: Jährliche Verordnungen zur Durchführung des LFA-Gesetzes

FORSCHUNGSBERICHTE
des Landes Nordrhein-Westfalen

Herausgegeben
vom Minister für Wissenschaft und Forschung

Die „Forschungsberichte des Landes Nordrhein-Westfalen" sind in zwölf Fachgruppen gegliedert:

Geisteswissenschaften
Wirtschafts- und Sozialwissenschaften
Mathematik / Informatik
Physik / Chemie / Biologie
Medizin
Umwelt / Verkehr
Bau / Steine / Erden
Bergbau / Energie
Elektrotechnik / Optik
Maschinenbau / Verfahrenstechnik
Hüttenwesen / Werkstoffkunde
Textilforschung

WESTDEUTSCHER VERLAG
5090 Leverkusen 3 · Postfach 300620

GPSR Compliance

The European Union's (EU) General Product Safety Regulation (GPSR) is a set of rules that requires consumer products to be safe and our obligations to ensure this.

If you have any concerns about our products, you can contact us on ProductSafety@springernature.com

In case Publisher is established outside the EU, the EU authorized representative is:

Springer Nature Customer Service Center GmbH
Europaplatz 3
69115 Heidelberg, Germany

Batch number: 10809636

Printed by Printforce, the Netherlands